Das Buch

Am 6. Juni 1944 beginnt nach jahrelanger Vorbereitung in der französischen Normandie die anglo-amerikanische Invasion. Sie leitet das Ende des Zweiten Weltkrieges ein und bringt den Franzosen zwar die Befreiung, aber auch noch einmal Krieg. Fesselnd schildert Danièle Philippe, wie ihre Familie die Befreiung Frankreichs erlebte. Ihr Bericht beginnt 1939. Sie ist gerade zehn Jahre alt – eine heitere und unbefangene Augenzeugin, für die sich das Geschehen anfangs wie ein Kinderabenteuer ausnimmt. Die – mitunter schmerzlichen – Erfahrungen prägen ihre Denkweise: Nur einige Kilometer von »Omaha-Beach«, wo Truppen der Alliierten landen, finden Begegnungen zwischen einer »ganz normalen Familie« und Amerikanern, Belgiern, Deutschen, Engländern, Franzosen und Kanadiern statt. Die Hoffnung auf eine zukünftige Völkerverständigung wächst – dies ist auch ein Motiv, das wesentlich zum Entstehen des Buches beigetragen hat. Danièle Philippe geht es bei diesen Aufzeichnungen aus ihrer Kindheit weniger um Kriegsberichterstattung als vielmehr um menschliche Begegnungen und um die Reaktionen der Betroffenen, die sie einfühlsam vermittelt. Die Authentizität der Darstellung, entstanden auch mit Hilfe von Tagebüchern, Briefen, Gesprächen mit Augenzeugen und unveröffentlichten Dokumenten, beleuchtet das Menschliche eines unmenschlichen Krieges. Dieser ungewöhnliche Aspekt macht das Buch zu einem Lehrstück über das Menschsein in einer solchen Zeit.

Die Autorin

Danièle Philippe wurde 1929 in Le Molay in der Normandie geboren. Nach dem Abitur in Caen zog sie 1947 mit ihrer Familie nach Paris. Von 1949 bis 1952 studierte sie Volkswirtschaft in München. Sie lebt heute mit ihrem Mann und ihren beiden Kindern in der Nähe von München.

dtv
zeugen und zeugnisse

Danièle Philippe:
Es begann in der Normandie
Eine französische Kindheit im Zweiten Weltkrieg

Deutscher
Taschenbuch
Verlag

dtv

Originalausgabe
September 1986

Umschlaggestaltung: Celestino Piatti
Gesamtherstellung: C. H. Beck'sche Buchdruckerei, Nördlingen
Printed in Germany · ISBN 3-423-10634-4

Inhalt

Ein Krieg, der sich mitten im Frieden breit macht 7
Rückkehr nach der Flucht in den Süden 23
Eine gefährliche Bescherung und veränderte Tatsachen . . . 37
Die »rote Gefahr«, Kinder auf dem Blechdach
und die Gestapo 46
Winter 1941/42 – Weltnachrichten und Hunger 55
1943 – die Atlantikküste, Russen und eine Einquartierung 59
Wie man lernt, mit der Angst zu leben 65
Unmittelbar vor dem Tag X 81
Die Landung und der Beginn unseres Wühlmauslebens . . 84
Es flattern auch harmlose Dinge vom Himmel herunter . . 98
Amerikanische Gefangene und deutsche Soldaten zu Gast 103
Spinnen und die Front, die uns unbemerkt überrollt 111
Konfrontation und Freundschaft 119
Von Menschen und Bäumen, die sterben müssen 134
Sollen die französischen Männer in den Krieg ziehen? . . . 143
Belagerung und ein Mondscheinerlebnis 152
Marschbefehl: »3e Bataillon de Génie«
und »Independence day« 160
Von Rosen, die nach England fliegen 167
Falsche und richtige Helden 171
Caen wird befreit! 179
Französische Offiziere unter sich 181
Der 14. Juli 1944 und Berichte aus Caen 192
Explosion in der Fabrik 202
Operation »Cobra« und Vergangenheitsbewältigung 215
Paris befreit, Ratten in Caen und Gedanken
zur Menschlichkeit 225
Probleme der Alliierten und Überlegungen
junger Mädchen 233
Die Ardennen-Offensive und ein Selbstmord
mitten im Frühling 238
Das Ende des Krieges und unsere Umsiedelung nach Paris, 241
Basel, Bayern, Baden-Baden 250
Die normannische Versuchung 264

Karte 276

Ich frage nicht,
wer sie waren,
woher sie kamen.

Dieses Buch widme ich dir, Franzjosef, und unseren Kindern, Danielle und Philipp.

Ob es toleranter macht, wenn man – wie sie – mit zwei Sprachen aufwächst? Ich hoffe es.

Unsere Kinder sprechen deutsch und französisch. Sie lernen andere Sprachen. Es gibt nichts Schöneres, als Brücken über die Grenzen zu bauen, egal, um welche es sich handelt. Es gibt nichts Schöneres, als Menschen zu begegnen.

Deutschland – Frankreich ... eine lange Geschichte, die glücklich endet und doch immer neu erdacht werden muß.

Ein Krieg, der sich mitten im Frieden breit macht

Bis zum Sommer 1939 war die Welt für mich in Ordnung – hübsch in Länder aufgeteilt, die friedlich nebeneinander lagen wie auf den farbigen Landkarten beim Erdkundeunterricht. Ich war zehn Jahre alt und konnte hingebungsvoll Frankreich auswendig zeichnen. Die anderen europäischen Länder bekamen noch ziemlich verschwommene Konturen; sie interessierten mich sozusagen nur am Rande. Mit einer Ausnahme: Die Engländer, unsere Nachbarn, hatten mich, wie jede Normannin, gelegentlich beschäftigt. Mit vier Jahren wachte ich voller Entsetzen auf und schrie: »Die Engländer kommen. Sie wollen Jeanne d'Arc verbrennen!« Meine Eltern hatten uns anscheinend diese Geschichte zu früh erzählt.

Uns, das waren meine Schwester, ich und mein Bruder Michel, alle knapp hintereinander geboren, ein fröhliches Trio, das unsere Mutter gelegentlich an die Grenze ihrer Geduld gebracht haben muß, obwohl ich keinerlei Erinnerungen an irgendeine ungerechte Mahnung oder gar Strafe habe. Mit ihr und meinem Vater, der gelegentlich einem Wirbelwind glich, erlebten wir die schönste Kindheit, die man sich vorstellen kann.

Wir wohnten in Le Molay, einer Ortschaft mit 735 Einwohnern und ebenso vielen Kühen mitten in üppigen Wiesen, unweit von herrlichen Laubwäldern, wo Riesenpfifferlinge wuchsen. Die ganze Gegend war ein Paradies, vor allem im April, wenn die Apfelbäume blühten, die unserem Landkreis Calvados zum Ruhm verholfen haben.

Das Städtchen Bayeux lag mit seiner Kathedrale und den alten Fachwerkhäusern 15 Kilometer von uns entfernt. Dort konnte jedermann in der prächtigen Tapisserie der Königin Mathilde wie in einem Bilderbuch nachsehen, wie die Normannen 1066 England erobert hatten. Wir waren als Schulkinder mit Begeisterung dort gewesen, aber unser Leben verlief so spannend, daß wir wenig Zeit hatten, über die Geschichte nachzugrübeln. Wir waren eben ganz normale Kinder.

Richtung Meer, genau nördlich von Le Molay, gab es an der Küste einen schönen Strand, wo wir mit den Eltern öfter unsere Sommerferien verbrachten. Er hieß Vierville. Zwölf Kilometer Luftlinie trennten uns davon. Die Amerikaner haben später auf ihren Geheimkarten für die Landung am 6. Juni 1944 Vierville und das nebenan gelegene Dorf in Omaha-Beach umgetauft, was nicht ohne Bedeutung für die weitere Erzählung dieser Geschichte ist. Doch der »längste Tag« liegt noch fern.

Im Juni 1939 war die Welt für mich noch friedlich. In der Schule malte ich Frankreich meistens in Rosa mit einem nach außen heller werdenden Rand: blau für das Meer, das ich liebte, gelb für die Südländer und Belgien, die ich nicht kannte, grün für Deutschland, das weit im Osten lag. Plötzlich erlangte diese grüne Zone eine schlimme Bedeutung: Mein Vater wurde als Reserveoffizier eingezogen.

Nun kamen Briefe, die von langen Märschen durch eine traurige Landschaft mit fremdklingenden Namen erzählten. Sollte dort noch Frankreich sein? Oder war Papa schon drüben? Natürlich nicht. Sein Regiment hielt sich hinter der Maginot-Linie auf.

In der Normandie aufgewachsen, war mir bisher nicht bewußt geworden, daß die Geschichte Elsaß-Lothringens auch im Zusammenhang mit einer Gegenüberstellung zweier Sprachen betrachtet werden konnte. Bei meiner ersten Begegnung mit der deutschen Sprache hatte ich den Eindruck, ein von Tabus umgebenes Thema berührt zu haben.

Einer der traurigsten Abende meines Lebens war der 3. September 1939. Meine Geschwister waren schlafen gegangen, und ich saß mit meiner Mutter am Kamin, unruhig auf die Meldungen lauschend, die eine kalte, sachliche Stimme in kurzen, mit Musik gefüllten Abständen im Rundfunk ankündigte.

»Krieg!«

Erklärungen folgten, die ich nicht mehr hörte. Meine Mutter weinte, und ich fragte verzweifelt:

»Kann man nichts mehr dagegen tun?«

Ich dachte an die Toten, die es geben würde. Auch an Papa. Wie erbärmlich machtlos waren nur die Erwachsenen! Seitdem hasse ich die offiziellen Nachrichten, die schonunglos Ereignisse bekanntgeben, die unwiderruflich sind. Als ich in dieser Septembernacht erschöpft vom langen Weinen einschlief, konnte ich nicht ahnen, was aus den Trümmern meiner kindlichen Welt einmal entstehen würde.

Am Anfang geschah erstaunlicherweise gar nichts. Meine Schwester Colette und ich kamen nach Caen ins Internat. Es war unser Eintritt ins Gymnasium. Wir lernten Englisch, kämpften mit der lateinischen Grammatik und entdeckten die Völker des Altertums. Im Geschichtsunterricht fanden wir, beim Kampf um die Thermopylen angelangt, insgeheim »unseren Krieg« sonderbar. Viele unserer Väter waren an der Front, die Fenster des Internats hatten Verdunklungsvorhänge bekommen, und draußen auf der Straße sahen wir gelegentlich große Plakate: »Wir werden siegen, denn wir sind stärker.« Sonst geschah nichts.

Mitten in unserem frommen Zöglingsleben erbat ich mir ein Privileg. Wir gingen, ich glaube dreimal in der Woche, nüchtern in die Frühmesse. Weil ich dort ohnmächtig wurde, trug man mich nach draußen. Später verließ ich rasch den Raum, wenn mir schwindelig wurde, und spazierte durch den Park und den großen Gemüsegarten des Internats. Ich fand bald heraus, daß es sich entschieden besser zwischen Bäumen und jungen Salaten beten ließ als in der engen Kapelle. Ich unterhielt mich auch mit der Schwester, die den Garten versorgte, war über die neuen Pflanzungen bestens informiert und kehrte rechtzeitig zum Frühstück zurück. Die Mutter, die die jungen Zöglinge betreute, duldete anstandslos diese frommen Ausflüge in die Natur. Ich war ihr dankbar. Meine Schwester Colette und ich hatten große Mühe, uns an die Stadt zu gewöhnen. Wir trauerten unserem verlorenen Paradies nach. Wären wir nicht zu zweit gewesen, hätten wir den Schock wahrscheinlich schwer überwunden. Die Bindung zwischen uns wurde dadurch verstärkt, daß wir in derselben Klasse waren; das half uns beiden.

Trotz allem blieb das erste Jahr im Internat sehr hart. Es ließ sich einfach nicht leugnen, daß uns mit unseren zehn und elf Jahren die Eltern sehr fehlten. Andererseits waren wir uns darüber im klaren, daß Internat und Gymnasium für uns unabänderlich miteinander verbunden waren: Das Leben im Internat ermöglichte eine Zukunft, die wir uns wünschten. Manchmal weinte ich jedoch nachts unter meiner Bettdecke und dachte an Le Molay. Was tat sich dort, 60 Kilometer von uns entfernt? Unsere Mutter wartete täglich auf Nachrichten von Papa und auch von uns. Wir schickten lange Briefe, die vieles erzählten, ohne zu klagen. Warum hätten wir ihr das Leben noch schwerer machen sollen? Zwei von drei Kücken auf einmal entflogen und der Mann im Krieg; es muß für sie schlimm gewesen sein. Ein Glück, daß wenigstens Michel noch zu Hause war!

Hier im Internat umsorgten uns die Nonnen, Ursulinen, so gut es ging. Die Schule machte uns Spaß, obwohl wir beide für die mathematischen Fächer weniger spontane Zuneigung als für die anderen empfanden. Wir begeisterten uns für die Helden von Corneille in Le Cid, bekamen Ballettunterricht und entdeckten Ravel und Debussy ...

Dann nahm, im sonnigen Mai 1940, der Krieg seinen furchtbaren Lauf. Nachrichten platzten in die Ruhe unseres Klosters: Rotterdam liege in Schutt und Asche, die Deutschen seien in Belgien, hätten die französische Grenze überschritten. Alles überstürzte sich. In Dünkirchen war die Hölle los.

Spätere Berichte machten das tatsächliche Ausmaß deutlich: Über den Hafen von Dünkirchen konnten vom 26. Mai bis zum 3. Juni 1940 insgesamt 338226 alliierte Soldaten nach England entkommen. Ungefähr 200000 davon gehörten der britischen Expeditionsarmee an. 24000 französische Soldaten waren dabei. 40000 ihrer Kameraden fielen oder gerieten in Dünkirchen in deutsche Gefangenschaft.

Die Internatskinder wurden nach Hause geschickt.

In Le Molay fanden wir unsere Mutter damit beschäftigt, vorsorglich Kisten mit allem Möglichen voll zu packen. Der Salon war bereits ausgeräumt und mit fremden Perserteppichen, Gemälden und versiegelten Kisten gefüllt, die Bekannte aus Paris bei uns in Sicherheit gebracht hatten.

Am nächsten Tag kam eine ganze Kolonne von Flüchtlingen, die knapp vor der Sprengung der Brücken über die Seine nach dem Süden gefahren waren. Sie sahen müde und verstört aus. Sie erzählten grausame Geschichten von Stukas, die mit gellendem Geheul Tiefangriffe flogen, von deutschen Panzern, die unaufhaltsam vorwärts stürmten, von einem unbeschreiblichen Chaos auf den Straßen, wo Zivilisten und Soldaten mühsam versuchten, sich fortzubewegen. Sie waren von dem, was sie erlebt hatten, noch ganz aufgewühlt. Sie wollten kaum rasten, nur weg, weiter weg.

»Wohin?« fragten wir.

Das wußten sie nicht. Nach Süden, vielleicht nach Spanien. Am besten wäre es, wenn wir gleich mitführen, ohne die Nacht abzuwarten. Meine Mutter sagte:

»Wir haben aber noch nicht fertig gepackt.«

Die Flüchtlinge sahen uns verständnislos an, so als ob wir eine ihnen bereits fremd gewordene Sprache benützten, die Sprache von Menschen, die noch ein Zuhause haben, und sie sagten lediglich:

»Wir haben die Hölle gesehen und Sie, mit drei Kindern, wollen hier bleiben?!«

Am nächsten Tag fuhren auch wir weg. Es war der 17. Juni 1940. Um Mittag erreichten wir Vire. Die Gegend wurde sehr hügelig, die Straße kurvenreich. Militärkonvois fuhren vorbei. Wir überholten Soldaten, meistens in Gruppen und zu Fuß, die wechselnde Nummern von Regimentern trugen. Wir lasen viele Zahlen, suchten aber in Wirklichkeit nur eine: die 8! Es war das Regiment von Papa. Mama schaltete gelegentlich den Motor aus, wenn wir bergab fuhren, um Benzin zu sparen. Das ruckartige Anlassen, welches sich zunächst wie ein plötzliches Bremsen auswirkte und uns nach vorn schleuderte, das anschließende bange Stottern des Motors, die Gefahren, die wir im Leerlauf in den Kurven witterten, alles hatte auf uns Hintensitzende eine üble Wirkung. Wir waren heilfroh, als die Straße nach Saint-Hilaire-du-Harcouët ebener wurde und solche Kunststücke nicht mehr zuließ.

Am Straßenrand lag zuweilen Kriegsmaterial, das man nicht weiter hatte befördern können. Sogar Kanonen standen dort verlassen: Waren das die Dinge, die uns angeblich stärker als den Gegner gemacht hatten? Bei Louvigne-du-Désert gab es eine Sperre. Während wir warteten, hörten wir, daß Maréchal Pétain Deutschland um die Bedingungen für einen Waffenstillstand ersucht hatte, hielten aber diese Nachricht für eine falsche, propagandistische Meldung. Man ließ uns weiter fahren.

Wir schliefen die erste Nacht, eingehüllt in unsere Decken, auf dem Boden eines Gasthauses. Neben uns lagen völlig fremde Menschen. Es war seltsam. Als wir aber, aufgeschreckt von tieffliegenden Flugzeugen, gegen drei Uhr wach wurden und, von der gleichen Angst ergriffen, gemeinsam in einem Graben Schutz suchten, waren wir plötzlich Gefährten. Der Himmel war voller Sterne, aber die Ruhe hatte uns endgültig verlassen. Wir waren auf der Flucht. Wovor? Vor den Deutschen? Vor dem Krieg? . . . Wo war Papa geblieben?

An vielen Kreuzungen kamen neue Flüchtlinge hinzu, die alle die Loire überqueren wollten, so als ob dieser Fluß die magische Kraft besessen hätte, dem Schrecken Einhalt zu gebieten. Unsere Fahrt wurde von Minute zu Minute beschwerlicher, langsamer, bis unser Wagen ein winziger Punkt innerhalb einer endlosen Kolonne von Fahrzeugen, Pferdewagen oder gar Handkarren geworden war, die sich im Schrittempo ab und zu vorwärts bewegte. Meine Mutter hatte einige Monate zuvor den Führerschein erworben, und ich frage mich heute noch, wie sie uns in diesem furchtbaren Gedränge heil weiterbringen konnte.

Ich weiß nur noch, daß Michel mit großem Eifer die Handbremse betätigte!

Endlich fuhren wir über die Loire, so langsam allerdings, daß wir mit entsetzten Augen in allen Einzelheiten die weiße Schnur, die die Sprengladungen verband, deutlich entlang der Brücke verfolgen konnten. Unter den Brückenbogen sah es vermutlich noch viel aufregender aus!

Die Überquerung der Loire änderte wenig an unserer Lage. Es stellte sich heraus, daß wir bald kein Benzin mehr bekommen würden, auch nicht gegen die Butter, die wir mitgenommen hatten. Damit war – Gott sei Dank – unsere Flucht nach Spanien vereitelt. Während wir so ohne wirkliches Ziel weiterfuhren, entdeckte Mama ein Verkehrsschild, das ihr wie ein Wink des Himmels vorkam: Saint-Jean-d'Angely. Sie hielt den Wagen an, stieg aus und sprach mit dem Fahrer des Lastwagens, der uns seit Le Molay begleitet hatte. Dann fuhren wir alle weiter, Richtung Saint-Jean, bis wir Antezant unweit von Cognac erreichten.

Die kleine Ortschaft schien zu schlafen – wie zu Friedenszeiten. Plötzlich gab es weder Staub noch Lärm. Die Vögel sangen. Wir fuhren sehr langsam durch eine Allee von herrlichen Bäumen. Um uns eine grüne Welt. Unsere Mutter war auf einer Fährte, und wir schwiegen gespannt. Sie versuchte, alte Erinnerungen wachrufend, den Weg zu einem Gut zu finden, wo sie als junges Mädchen im Ersten Weltkrieg Zuflucht gefunden hatte. Wir sollten bald mehr darüber erfahren.

Nach einer Kurve erblickten wir, halb verdeckt hinter Kastanienbäumen, ein wunderschönes, altes Haus.

»Da!« sagte Mama, und wir fühlten so sehr ihre Erleichterung, daß auch wir von Dankbarkeit ergriffen waren.

Dann stiegen wir mit unserem jungen Hund aus dem Auto. Eine Dame mit weißem Haar stand vor dem Haus. Sie beobachtete uns abwartend, dann lief sie plötzlich zu uns und rief:

»Marie-Thérèse! Wie ist das nur möglich?«

Es gab Umarmungen und einige Tränen. Wir wurden vorgestellt.

»Arme Marie-Thérèse!« sagte Monsieur Guibet, der, dem Ruf seiner Frau folgend, zu uns gekommen war.

»Alle 20 Jahre das gleiche Malheur wieder! Moment, nein . . ., es sind 22 Jahre. Aber egal. Die Menschheit ist nicht zu retten! Kinder, ihr seid sicher halbverdurstet. Kommt schnell, ein Glas vom berühmten hausgemachten Johannisbeersaft von Ma Mie trinken!« Und zu unserer Mutter gewandt: »Du erinnerst dich doch daran, nicht wahr? Ihr habt ihn so gern getrunken damals, du und deine Schwester Simone.«

Wir betraten gemeinsam das gemütliche Haus. Man holte schöne Kristallgläser herbei, und wir tranken mit Genuß. Alles schien uns köstlich, nicht nur der zu Recht gepriesene Saft, sondern auch die leicht singenden Stimmen unserer Gastgeber und der liebenswerte Kosename aus der Zeit der Minnesänger, den Monsieur Guibet für seine Frau verwendete. »Ma Mie« – »mein Lieb« –, wo hatten wir dies zuletzt gehört? War es nicht in einem Gedicht von Ronsard?

Diese Gegend der Charentes – abseits der Invasionen, die die Geschichte Frankreichs im Laufe der letzten Jahrhunderte erschüttert und geprägt hatten – hatte sich in ihrer Sprache einen altmodischen Charme bewahrt. Hier, im ehemaligen Kulturkreis der schönen »Langue d'oc«, südlich der Loire, haftete den goldenen Regeln der Gastfreundschaft noch der Charakter eines heiligen Brauches an. Wir konnten unsere Mutter immer besser verstehen, die, von der Nostalgie nach einer sicheren Zuflucht getrieben, nach Antezant wie nach einer erhofften Erlösung gesucht hatte.

»Daß ihr noch da seid!« sagte Mama zu den Guibets. »Ihr könnt euch gar nicht vorstellen, wie sehr ich mir dies bei unserer Fahrt von Saint-Jean-d'Angely zu euch gewünscht habe!«

»Wohin sollten wir denn?« sagte Ma Mie mit ihrer sanften, singenden Stimme. »Schön, daß ihr gekommen seid, Kinder ... Nun wird in unserem Haus alles wieder gut.«

»Ihr habt wirklich nie vorgehabt, Antezant zu verlassen?« fragte unsere Mutter.

»Nein!« antwortete Monsieur Guibet, und es klang fast erstaunt, so als ob er sich diese Frage bis jetzt nie gestellt hätte.

»Na, was ist mit euch, Kinder?« rief er. »Ihr könnt ruhig lachen, oder habt ihr beim Geschichtsunterricht nicht aufgepaßt? In unserer Gegend flieht man nicht; das Meer ist zu nah. Man harrt aus und versteckt sich, wenn es unbedingt sein muß, bis bessere Zeiten kommen. Glaubt mir: Nichts ist vergänglicher als anormale Zustände. Sogar die Französische Revolution haben wir überstanden ..., und die war nicht von Pappe! Unsere Ahnen, die Chouans, haben sich ganz schön dagegen gewehrt ... Ihr wißt schon, wer die ›Chouans‹ waren?«

Er imitierte mit beiden Händen vor dem Mund das eigentümliche, langgezogene Kreischen der Eule – ehemaliges Feldgeschrei der Königsanhänger. Es klang so perfekt, daß wir lachen mußten.

»Na, seht ihr. So gefallt ihr mir schon viel besser. Und euren Papa, den werden wir auch noch finden! Nur keine Bange! Aber, sagt mal, wo habt ihr euren Hund gelassen?«

»Okay, Okay!« riefen wir erschrocken, denn unser junger Irish Terrier hieß tatsächlich »Okay«. Man schrieb zwar erst Juni 1940, aber der Name »Okay« war in unserer Familie ein Überbleibsel des Ersten Weltkrieges – wieder eines! Papa, damals 14 Jahre alt, hatte sich in Vichy mit Amerikanern befreundet, die der Rot-Kreuz-Einheit der US-Army angehörten. Vichy, bereits 1914 zur Rot-Kreuz-Stadt erklärt, wurde Ende 1917 den Amerikanern übergeben, die alle Hotels der Stadt in Lazarette umfunktionierten, so daß 80000 Verwundete dort gleichzeitig behandelt werden konnten. Damals hatte unser Vater den Ausdruck »Okay«, den er unkompliziert, vielsagend und lustig fand, oft gehört. Er war ihm eingefallen, als wir nach einem Namen für unseren Hund gesucht hatten. »Damit er in jeder Weise großartig wird!«

Unser Terrier wird im Laufe dieser Geschichte noch zu Ehren kommen. Damals, bei den Guibets in Antezant, war er keineswegs okay. Als wir ihn wiederfanden, hatte er soeben ein Huhn gerissen und lief gierig nach dem nächsten. Es gab eine furchtbare Aufregung und ein unbeschreibliches Gegacker auf der Wiese hinter dem Hühnerstall! An die 30 Hühner – alle weiß – liefen und flogen, von Panik ergriffen, in alle Richtungen und Okay sauste wie ein brauner Teufel kreuz und quer hinterher. Die Federn, die er bereits erwischt hatte, lagen zerstreut am Boden, auch das tote Huhn. Als wir unseren Hund zurückriefen, horchte er zwar für den Bruchteil einer Sekunde, rannte aber gleich weiter, viel zu sehr im Jagdfieber, um gehorchen zu können. Endlich konnte Colette ihn am Halsband packen: Keuchend war er gefangen. Mama entschuldigte sich betreten, aber Monsieur Guibet unterbrach sie:

»Was ist schon ein Huhn in dieser verrückten Zeit! Es sind heute leider ganz andere Dinge passiert«, und nach einer Weile: »Diese Terrier sind phantastisch schnell. Ihr werdet Mühe haben, Okay abzurichten, nachdem er diese Jagd so genossen hat.«

Herr Guibet sollte Recht behalten. Es gelang uns nie. Anderen Tieren, auch unserer Katze, tat der Hund nichts; sobald er aber ein Huhn sah, ritt ihn der Teufel! Für den Augenblick sperrten wir ihn ein. Der Lastwagen, schwerbeladen mit allem, was wir aus Le Molay mitgebracht hatten, wurde in eine Scheune gefahren. Allein eine lange, schwarze Kiste, die mit zwei Griffen versehen war, wurde heruntergeholt. Sie war scheinbar schwer, und die Erwachsenen taten sehr geheimnisvoll, als sie sie ins Haus trugen.

Inzwischen waren Betten hergerichtet worden, richtige Betten mit allem Drum und Dran! Am liebsten hätten wir sie gleich ausprobiert. Wir waren auf einmal ungeheuer müde. Nach französischer Sitte soll aber ein Wiedersehen mit Freunden – egal unter welchen Umständen – möglichst kulinarisch gefeiert werden. Wir wußten, daß daran nicht zu rütteln war, und fügten uns. Nach der Suppe gab es getrüffelte Entenpastete, eine Spezialität von Ma Mie, immer bereit – wie wir hörten – für improvisierte Essen, Picknicks und dergleichen. Das Eßzimmer war besonders schön und gemütlich. Wir schlummerten schon halb, während die Erwachsenen von der Vergangenheit sprachen.

Was gesagt wurde, klang wie ein Märchen. War unsere Mutter vielleicht Rosenrot? Ich versuchte, alles zusammenzufassen: Zwei junge Mädchen lebten einmal, von ihren Eltern geliebt, sorglos auf einem Gut unweit von Amiens an der Somme. Seit sieben Generationen war die Familie, die aus dem Norden gekommen war, dort seßhaft. Das eine Mädchen hieß Simone; sie war groß, blond, ihre Haut war hell, ihre Augen ebenso. Das andere hieß Marie-Thérèse; sie war brünett, klein und zierlich, und hatte dunkle Augen. Plötzlich hörte ich genau zu.

»Es war eine schlimme Zeit 1914 an der Somme«, sagte Herr Guibet. »Als ich zu euch kam, fühlte ich mich endlich ein wenig zu Hause. Es waren Sommerferien, und ihr, Simone und du, wart aus dem Internat von Amiens nach Boves zurückgekommen. Ihr konntet so nett Klavier spielen! Wenn ihr vierhändig ein neues Stück einstudiertet und zwischendurch lachtet, dann wußte ich, daß es wieder Frieden auf der Welt geben würde. Bis dahin sollte es allerdings noch lange dauern. Ich hatte Angst um euch, deshalb sagte ich zu euren Eltern: ›Wenn es hier schlimm werden sollte, kommt bitte zu uns, nach Antezant!‹ Ende August 1914 näherte sich der Krieg rasend schnell. Zwei Wochen lang rückten die Deutschen nach vorn auf einer Front von fast 200 Kilometern. Die erste Marneschlacht fand im September statt.«

»Ich kann mich gut daran erinnern«, sagte Mama. »Am 11. September hatte ich Geburtstag. Unsere Mutter besuchte uns im Internat. Sie hatte es eilig und war sehr traurig. Vater war zwei Tage zuvor eingezogen worden. Man erzählte sich grausame Geschichten von der Marne: Die Deutschen hätten Gewehre, die ständig schießen konnten ... Ich fing an zu weinen, aber Mutter sagte: ›Gott wird Vater schützen. Seid ruhig und fleißig. Ich werde versuchen, es auch zu sein.‹«

»Eure Großmama war eine großartige Frau, Kinder. Ich muß euch eine Geschichte von ihr erzählen ... Aber, daß ihr mir trotzdem nachher einschlaft! Es ist fast eine Kriminalgeschichte. Dein Vater wurde, wie du sagtest, Marie-Thérèse, eingezogen. Alle Männer waren weg. Aber eure liebe Großmama ließ sich nicht unterkriegen. Sie, die früher nicht einmal gewußt hatte, wo ihre Äcker lagen, führte nun das Gut weiter. Ein taubstummer Knecht und eine Magd waren ihr geblieben. Zwei Frauen, Flüchtlinge aus Péronne im Osten, lebten seit kurzem bei ihr und halfen mit. Eine aus der Not entstandene Frauenwirtschaft, wie es in Kriegszeiten immer welche gegeben hat. Und nun paßt auf!

Eure Großmama hatte bald Gelegenheit, ihren Mut unter Beweis zu stellen. Ein Landstreicher kam vorbei. Die Tür stand offen, und er schlich sich ins Haus. Damals streunten gelegentlich hinter der Front üble Gestalten – auch desertierte Soldaten. Sie nutzten die Ausnahmesituation, um leere Häuser nach Lebensmitteln, Geld oder Wertgegenständen zu durchsuchen, immer auf der Hut, nicht gefaßt zu werden.

Und nun werdet ihr gleich das Wichtigste hören. Eure Großmama kam mit der Magd von der Scheune zurück, wo sie Geräte aufgeräumt hatte. Es dämmerte, aber man sah noch genug, um ohne Licht auszukommen. Sie wollte sich für den Abend umziehen, betrat das Schlafzimmer und sah einen Mann, direkt neben ihr, der die Klappe ihres Sekretärs aufmachte. Eure Großmama war eine stattliche, große Frau aus dem Norden und nicht so leicht zu erschrecken. Der Dieb hörte sie und drehte sich um, so daß ihr keine Zeit blieb zum Überlegen. Sie verabreichte dem Mann eine so schallende Ohrfeige, daß er verdutzt stotterte: ›Ich habe nichts genommen.‹ – ›Dann machen Sie, daß Sie schleunigst verschwinden!‹ sagte eure Großmama wütend. ›Schämen sollen Sie sich! Während alle anständigen Männer an der Front ihr Leben riskieren, Sie ...‹ Er verschwand so schnell, daß er beim Hinausgehen mit der herbeieilenden Magd zusammenstieß.

›Ein Mann!‹ schrie die Magd, als sie wieder sprechen konnte.

›Ein Dieb!‹ konterte die Großmama, immer noch empört.

Ich konnte mir alles gut vorstellen, als die Magd davon erzählte. Inzwischen war eure Großmutter schlafen gegangen, als ob nichts passiert wäre, denn sie mußte sehr früh aufstehen, seitdem sie allein für das Gut verantwortlich war. Und nun würde ich euch raten, ebenfalls schlafen zu gehen ...«

Dieser Monsieur Guibet war nicht nur ein guter Erzähler, sondern ein Kinderpsychologe mit Phantasie und ein Gastgeber mit Einfühlungsvermögen. Wir schliefen tatsächlich bald ein. Es war ihm gelungen, uns von unserem echten Kummer, der Ungewißheit über das Schicksal unseres Landes, unserer Familie und vor allem über das Verbleiben von Papa für eine Weile zu erlösen. Vor dem Essen war uns bestätigt worden, daß Maréchal Pétain sich eingeschaltet hatte, um einen Waffenstillstand zu erreichen. Wir hatten auch erfahren, daß die deutschen Truppen Orléans besetzt hatten.

Einige Tage lebten wir so dahin und nicht einmal schlecht, denn die Guibets waren immer bemüht, uns unsere Lage vergessen zu lassen. Ihr Enkel Robert, der damals 17 gewesen sein mag, nahm uns auf sein Boot mit, und wir paddelten die Boutonne entlang unter einem weichen Dach von grünen Blättern, die nachgaben, wenn wir sie streiften. Die Landschaft war eigenartig schön. Man hatte den Eindruck, ein Teil von ihr zu sein, weil man sich in ihrem Grün völlig versteckt und geborgen fühlte. Es war ein anderes Grün als in der Normandie, nicht so strotzend gesund, weicher, wärmer, mit mehr Ocker gemischt als bei uns. Alles schien hier milder, nachgiebiger, unkomplizierter zu sein: das Klima, die Menschen ... Die Stunden auf dem Wasser zwischen den Trauerweiden, die die Boutonne umsäumten, waren mehr als ein Geschenk – sie waren eine Wohltat. Während wir dahinglitten und uns dankbar und willenlos führen ließen, bauten wir unsere Ängste ab und sammelten unbewußt neue Kräfte.

Die Welt, in der wir bisher gelebt hatten, war gefällt worden wie ein Baum, der sich trotz makelloser Rinde in seinem Kern als morsch erweist. Für uns eine abrupte Konfrontation mit der Wahrheit: Noch vor sechs Tagen hatten wir behütet im Internat gelebt! Wieviel festverankerte Anschauungen waren wie ein Kartenhaus zusammengestürzt! Manche unserer Gedanken schwammen einfach dahin, während wir unsere Hände in das lauwarme Wasser der Boutonne tauchten und sie der Wirkung der Strömung überließen. Wir haben damals ziemlich viel Ballast abgeworfen: utopische Selbstgefälligkeit und nationale Verherrlichung zum Beispiel. Es war nicht schade darum, wie wir viele Jahre danach begriffen.

Am zweiten Tag fühlten wir uns schon etwas wohler. Tragik ist kein Zustand für Zehnjährige. Wir bespritzten uns während der Fahrt gelegentlich mit Wasser und konnten wieder unbefangen lachen. Unsere Freude wurde aber am dritten Tag jäh unterbrochen. Wir hörten plötzlich in der Ferne ein rollendes, gewaltig anschwellendes Geräusch, das sich wie ein anhaltender Donner vernahm. Wir überließen Robert das Boot und liefen, so schnell wir nur konnten, nach Hause. Im Garten fanden wir die Erwachsenen, in ihrer Mitte die geheimnisvolle Kiste, die aus Le Molay mit unserem Hab und Gut gekommen war und als einziger Gegenstand bei der Ankunft von unserem Lastwagen heruntergeholt worden war. Was sollte nun mit ihr geschehen?

Es wurde offensichtlich darüber debattiert. Ma Mie stand dabei, zierlich und ein wenig unbeholfen mit einem schweren Spaten in der Hand. Als wir näher kamen, faßten Monsieur Guibet und Mama jeweils einen Griff der schwarzen Kiste, hoben diese hoch und marschierten, von Ma Mie gefolgt, zu dem großen Kirschbaum. Dann sahen sie uns.

»Gut, daß ihr da seid«, sagte Monsieur Guibet beruhigend. »Was ihr hört, sind wahrscheinlich die deutschen Panzer, die bei der Hauptstraße an uns vorbeirollen. Sie kommen nicht hierher.«

»Geht ins Haus!« befahl Mama aufgeregt. »Es ist besser, wenn ihr von der Kiste nichts wißt.«

Wie angewurzelt, blieben wir stehen. Was nun geschah, von trommelndem Donner begleitet, hatte Ähnlichkeit mit einer Pantomime. Die Kiste sollte anscheinend schnell im Garten vergraben werden. Aber wo? Dort. Nein, hier . . ., oder vielleicht da drüben, wo die Erde weicher war? Die Kiste wurde hin und her geschleppt, abgestellt, erneut hochgehoben. Der Sinn dieses Tuns wollte uns Kindern nicht einleuchten. Das Ganze schien uns durch die Wiederholung nahezu komisch. War der Inhalt der Kiste sehr kostbar? War er wert, sich so viel Mühe zu machen und so aufgeregt zu sein? Als die Erwachsenen letztlich die Kiste entmutigt ins Haus zurückschleppten, hatten sie sich mit ihrer Last lediglich im Kreis durch den Garten gedreht. Der Donner hörte langsam auf, und es wurde unheimlich still.

»Was ist denn drin?« fragte Michel.

»Unser ganzes Silber . . . und Gold«, gab Mama kleinlaut zu.

»Also doch eine Schatztruhe!« rief Michel strahlend.

»Aber nein, Kinder, nur unsere Bestecke, Leuchter und alles, was wir aus Silber in Le Molay besaßen.«

»Und Gold?« fragte Colette.

»Nur Münzen, die wir schon lange haben – wie fast alle Franzosen«, sagte Mama, die bereits bereute, uns eingeweiht zu haben.

»Sonst nichts?« fragte ich.

»Doch!« antwortete Mama mit einem Lächeln. »Eure Kinderphotos. Die wollte ich unbedingt mitnehmen. Jetzt hätte ich sie glatt vergessen!«

»Warum wolltest du alles verstecken? Es gehört uns. Die Deutschen werden nichts davon mitnehmen wollen.«

»Hoffentlich«, antwortete Mama plötzlich müde. »Ich weiß es nicht. Im Ersten Weltkrieg ist das passiert. Wenigstens habe ich davon gehört. Damals, an der Somme, vergrub jeder, was er konnte.«

»Dürfen wir die Photoalben anschauen?«

»Aber ja!« antwortete Monsieur Guibet rasch. »Es ist eine glänzende Idee. Nehmen wir sie gleich heraus!« Dann sagte er: »Setz dich hin, Marie-Thérèse! Du bist ganz blaß.« Und zu uns: »Colette und Nany, ihr packt den anderen Griff. Wir bringen die olle Kiste in den Weinkeller!«

Später schauten wir die Photos an. Wie weit schien Le Molay, die Welt unserer glücklichen Kindheit zu sein! Wir wurden zusehends trauriger. Ma Mie sagte zu ihrem Mann:

»Willst du nicht den Kindern die Bilder zeigen, wo du einen Rock trägst? Die sind lustig.«

Einen Rock? Unsere Augen wurden kugelrund. Die Vorstellung von dem großen Monsieur Guibet mit einem Rock war verblüffend. Karneval feiern die Erwachsenen in Frankreich nicht, und selbst dann? Die Photos konnten uns nicht erheitern. Der Mann, der da mit Röckchen in einer südländisch geprägten Umgebung stand, hatte sich für einen kurzen Scherz mit einer griechischen Uniform verkleidet. »1918, Saloniki / Mazedonien« hieß die handschriftliche Eintragung unter den Photos. Prompt fiel uns ein: »Mazedonien, Perserkrieg, Alexander, 400 vor Christus ...« Anscheinend waren die Menschen im Laufe der Jahrhunderte nicht friedlicher geworden, aber wieso Mazedonien in Verbindung mit einem Krieg gegen Deutschland? Wir erfuhren von einem Bündnis der Franzosen mit den Serben und von einem Herrn Franchet d'Esperey, der eine bunte Armee von Verbündeten geführt hatte. Frankreich, Serbien, Bulgarien, England, Deutschland, Rußland, Österreich ... Mein Gott war das ein Salat: Das einzig Positive war der letzte Satz von Monsieur Guibet:

»Der Krieg dauerte an dieser Front nicht mehr lange. Als ich im Oktober nach Hause kam, wart ihr beide hier – du und Simone.«

Wann war Mama nach Antezant gekommen? Mit dieser harmlosen Frage sollten wir eine Schranke, hinter der schlimme Erinnerungen verstaut waren, öffnen. Plötzlich traten die Erwachsenen als Zeugen, als Zeitgenossen einer vergangenen Periode auf. Ihre Erinnerungen, anscheinend durch die unmittelbare Nähe der deutschen Truppen zum Leben erwacht, überfluteten die Unterhaltung, und alle drei sprachen bald darauf los, uns völlig vergessend.

Mama war im April 1918 nach Antezant gekommen.

»Bereits dreieinhalb Jahre war die Somme Kriegsschauplatz gewesen, aber im Frühjahr, als die englische Front kurz zusammenbrach, erreichten die Deutschen das Plateau de Sancerre, fünf Kilometer von Boves entfernt«, erklärte Monsieur Guibet.

Damals hatte Großmama kurzerhand ihre Töchter gepackt, sie Richtung Antezant gebracht und auf halber Strecke Bekannten übergeben, die sie zu Ma Mie führten. Dann war sie rasch nach Boves zurückgekehrt.

»Die Frühjahrsoffensive von Ludendorff hatte inzwischen ein ganzes Arsenal von Neuigkeiten in den Kampf geworfen«, fuhr Monsieur Guibet fort. »Der Krieg war ein Wettlauf mit den wirksamsten mörderischen Techniken geworden.«

Wir hörten von Flammenwerfern, von Schrapnell-Haubitz-Granaten, von leichten Maschinengewehren, von Gasbomben, von Giftgasen ... Wir hörten von verkrüppelten Menschen, von Gasverseuchten, die ein qualvolles Dasein bis zu ihrem Tod fristen mußten, weil ihre Lungen unheilbar geschädigt waren. Wir hörten, daß die Flieger hatten lernen müssen, sich in der Luft zu bekämpfen ... Wir liebten Mermoz und Saint-Exupéry und hatten mit Leidenschaft Berichte über die ersten Flüge der Menschen über Wüsten, Berge und Meere gelesen – eine Welt voller Träume und Poesie. Wie hatte man die Fliegerei so schnell degradieren können?

»Die Hölle war vollkommen!« schloß Monsieur Guibet seine Ausführungen ab. »Die Menschen starben wie die Fliegen. Später hat man von achteinhalb Millionen Toten unter den Militärangehörigen berichtet, mit einem Zuschlag von 20 Prozent für die Zivilisten. Eine entsetzliche Bilanz des Wahnsinns!«

»Die Bayern waren schlimm«, schaltete sich Mama ein. »Sie kämpften tapfer mit ihrem Kronprinzen und fügten uns im Norden die meisten Schäden zu. Man fürchtete sich vor ihnen, mit ihren Spitzhelmen . . .«

Plötzlich schaute Mama uns an, verstummte erschrocken und legte schnell ihre Hand auf den Arm von Ma Mie.

»Wir sollten vor den Kindern nicht so viel erzählen«, sagte Ma Mie.

»Es war wirklich töricht von uns«, pflichtete ihr Monsieur Guibet bei, während er uns besorgt betrachtete. »Wir haben uns leider von unseren Erinnerungen überrumpeln lassen. Aber Kinder, diese Zeiten sind endgültig vorbei; es kann nur noch Blitzkriege geben. Vielleicht haben wir sogar schon morgen Frieden!«

Der muntere Ton seiner Stimme klang nicht echt.

»War der Hof zerstört, als die Großmama nach Hause kam?« fragte einer von uns.

»Zum Teil ja«, antwortete unsere Mutter, »aber der Keller, den ihr so liebt, war unbeschädigt.«

»Ich kann mir gut vorstellen, daß ihr dort eine Menge anstellen möchtet«, sagte Monsieur Guibet sichtlich erleichtert, ein neues Thema gefunden zu haben. »Auch ich träumte damals davon, den Geheimgang des Königs zu untersuchen. Eure Großeltern hatten mir die Geschichte erzählt, als wir hinunter gegangen waren, um eine alte Flasche Wein auszusuchen. Mein Gott, waren die frühgotischen Bögen da unten schön!«

Die Geschichte mit dem Geheimgang, der zum Schloß oberhalb der Ortschaft geführt hatte, war spannend. Möglicherweise würden wir jetzt Neuigkeiten erfahren, die uns bei unserem Vorhaben weiterhalfen: Wir wollten den Gang, der in den Keller der Großeltern mündete und vermauert war, irgendwann freilegen. Wir sahen uns bereits wie die Sioux behutsam vorwärts schleichend. Daran erinnert zu werden war schön, weil es unseren Träumen von verborgenen Schätzen und gruseligen Funden neue Nahrung gab.

Der Geheimgang hatte folgende Bewandtnis: Der legendäre Henri IV., König von Frankreich, unser erster Bourbone, hatte diesen inzwischen zugeschütteten Weg angeblich öfter benutzt, um seine schöne Geliebte, die Marquise Gabrielle d'Estrées, zu besuchen. Das war um 1600 gewesen. Man hatte damals Krieg gegen Spanien geführt, aber anscheinend einen gemütlichen Krieg, denn der bedeutendste der vielen französischen Heinriche hatte nebenbei Zeit gefunden, eine schöne Frau zu lieben. Daß es im Leben des Königs eine Menge solcher schöner Frauen gegeben hatte, wußten wir schon, aber das hatte den Reiz unseres Geheimganges nicht gemindert und unserer Sympathie für Henri IV., den Helden voller Bravour und Geist, keinen Abbruch getan. In Boves hatten wir noch von einem kleinen Bastard gehört, der beinahe König geworden wäre. Lauter aufregend romantische Geschichten!

Und nun hätten wir wie brave Kinder sofort schlafen müssen! Weil ich Durst hatte, trödelte ich noch ein wenig in der Nähe der Küche herum. Ich hörte unsere Mutter beim Aufräumen leise mit Ma Mie reden:

»Wie mag es nun in Boves aussehen? Am Abend vor unserer Abreise aus Le Molay wurde uns von Flüchtlingen erzählt, daß die 7. und die 10. französische Armee den Versuch unternommen hatten, die Deutschen an der Somme aufzuhalten.«

»Arme Gegend!« sagte Ma Mie. »Es ist fast ein Glück, daß deine Eltern das nicht mehr erleben müssen.«

Während ich zu Colette und Michel ging, dachte ich nach. In Boves war der Hof längst verpachtet. Großmutter, über die wir in Antezant viel erfuhren, war ziemlich jung an einem Herzversagen gestorben. Wir wußten, daß sie bereits mit 18 geheiratet hatte und unter anderem 80 weiße Tauben mit in die Ehe gebracht hatte. Dies hatte unsere poetische Vorstellung der Großmutter mit den sanften, hellen Augen bildlich untermalt, so als ob die Tauben damals ihren weißen Schleier im Flug mit ihren Schnäbeln gehalten hätten, während sie dem Großvater langsam entgegenschritt.

»Wie alt war denn Großmama, als dieser Krieg anfing?« fragte ich meine Geschwister, die bereits im Bett lagen. Wir rechneten nach: knapp 30 Jahre.

»Oh!« sagte Michel erstaunt, »eigentlich jung, jünger als Mama jetzt. Ich finde, sie war verdammt mutig.«

Wir waren alle drei stolz, daß es in unserer Familie eine solche Frau gegeben hatte.

Dieser beglückende Gedanke ließ uns rasch einschlafen, aber der Schlaf spendete uns in dieser Nacht wenig Ruhe. Er beschwor im Gegenteil wirre Bilder, die scheinbar ohne logischen Zusammenhang rasch aufeinander folgten, bis das ganze Kaleidoskop des Schreckens in einen furchtbaren Alptraum ausartete. Ich erwachte schweißgebadet und war froh, daß alles um mich dunkel war. Die Nacht liebte ich in der Überzeugung, daß die Natur den Menschen nur Schönes schenken kann. Allerdings war diese Nacht keine gewöhnliche Nacht. Das dröhnende Geräusch der deutschen Panzer hatte mich unmittelbar zuvor im Traum erschreckt, und der Lärm schien noch in meinen Ohren zu hallen. Ich lauschte gespannt ... Nein, es war wirklich still.

Dann meldeten sich nach und nach Fragen, die alle nicht beantwortet werden konnten. Lebte Papa noch? Wurde das Haus in Le Molay zerstört? Das Haus in Boves wieder zerstört? Was hatte sich alles ereignet, während wir in Antezant lebten? Wo waren nun die Deutschen? Lauerten sie irgendwo in der Nähe? Wie sahen sie aus?

Am 25. Juni 1940 wurde ein Waffenstillstand mit Deutschland vereinbart, am 26. Juni mit Italien. Am 27. Juni verließen wir Antezant.

Rückkehr nach der Flucht in den Süden

Unsere Rückfahrt in die Normandie begann unter chaotischen Bedingungen. Die Straßen waren überfüllt. Nur die Richtung hatte sich radikal geändert: Jeder fuhr nach Norden, zurück in die Heimat. Wir hatten den Tag für diese lange Fahrt wieder bestens ausgesucht: Die Rückwanderungswelle schien ihren Höhepunkt erreicht zu haben. Die Kolonne, in die wir eingeklemmt waren, geriet ins Stocken. Die Menschen um uns sahen müde, verbissen, ängstlich aus. Niemand lachte. Auf einmal standen wir.

Unmittelbar neben uns, in der Öffnung unseres rechten Fensters, sahen wir zwei merkwürdige, nierenförmige Schilder, die, an Ketten befestigt, auf der Brust von Soldaten in grau-grünen Uniformen hingen. Waren die Buchstaben in deutscher Schrift und hieß die Inschrift vielleicht »Feldgendarmerie«? Ich weiß es nicht mehr. Jedenfalls sah das Ganze so fremdartig aus, daß wir sofort instinktiv wußten: Das sind die Deutschen!

Wir hatten zuvor die Autofenster heruntergekurbelt, weil uns die Hitze bei dem geringen Tempo der Kolonne fast unerträglich erschienen war. Wir fühlten uns nun schutzlos dem Blick der Soldaten ausgeliefert, unfähig auszuweichen, und trauten uns nicht aufzublicken. Ein blonder Kopf bückte sich lächelnd zu uns, und unmittelbar danach reichte uns eine Hand eine angebrochene Tafel Schokolade. Wir saßen noch immer wie versteinert.

»Ja, ja!« sagte die Stimme des blonden Soldaten beruhigend und im Lärm des Verkehrs nur für uns vernehmlich. Unsere Blicke richteten sich zaghaft nach oben. Zwei junge Soldaten schauten uns fröhlich und – wie wir mit Erstaunen feststellten – um Sympathie werbend an. Weil der Wagen anfuhr und wir bezüglich der Schokolade noch keine Entscheidung getroffen hatten, landete plötzlich die Tafel im Auto. Mama, zu sehr mit dem Fahren beschäftigt, hatte nichts bemerkt.

»Die Deutschen haben uns Schokolade geschenkt«, sagten wir noch ganz verdutzt.

»Wie?« fragte Mama entsetzt.

»Durch das Fenster.«

»Woher wißt ihr, daß es Deutsche waren?«

»Nur so, und sie haben ›Ja, ja‹ gesagt.«

»Ihr werdet doch nicht Schokolade von den Deutschen angenommen haben!«

»Wir haben es nicht. Sie haben uns eine Tafel ins Auto gelegt.«

»Um Gottes willen!« sagte Mama, der eine solche Geste nicht ins Konzept passen wollte. »Eßt bitte nicht davon! Sie könnte ..., also ich weiß es nicht ..., aber sie könnte vielleicht doch vergiftet sein.«

Wir schauten die Tafel an. Ein Stück davon war abgebrochen. Okay, der süße Sachen gern mochte, schnupperte in die Richtung der Schokolade, als ob es etwas besonders Leckeres wäre. Wir gaben ihm ein Stückchen, das er verschlang, und dann war uns bange, weil wir zu schnell gehandelt hatten. Würde unser Hund nun sterben müssen? Er tat es nicht, sondern wollte mehr haben. Mama, krampfhaft auf das Fahren konzentriert, kümmerte sich nicht um uns. Auf einmal gab es keine Schokolade mehr. Wir hätten nicht sagen können, wer sie gegessen hatte. Der Hund allein war es nicht gewesen! Nach einer Weile sagte Michel:

»Ihre Helme hatten keine Spitzen. Sie waren ganz rund oben.«

»Natürlich, du Dummkopf«, sagte Colette. »Die waren doch nur in dem Krieg 1914/18 mit Spitzen!«

»Sei nicht so eklig!« antwortete Michel, der beleidigt einen der unzähligen Gegenstände, die um uns herum lagen, nach Colette warf. Colette wehrte ab und traf mich mit ihrem Ellbogen.

»Du nimmst überhaupt zuviel Platz ein«, stellte ich verärgert fest.

»Und ich habe es satt, in der Mitte zu sitzen«, konterte Colette wütend. »Jetzt will ich wieder einen Platz am Fenster.«

In dem engen, überladenen Fond unseres Renaults war auf einmal dicke Luft. Die Spannung von vorhin entlud sich.

»Seid endlich still!« sagte Mama. »Wir werden die Plätze wechseln, wenn wir die Ladung umbauen können; dann kommt Michel wieder nach vorne, wie bei der Hinfahrt. Im Moment dürfen wir nicht halten. Es fährt sich gerade gut.« Und sanfter: »Kinder, seid lieb! Ich weiß, die Fahrt ist lang für euch; für mich aber auch. Ich brauche Ruhe.«

Plötzlich hielt die Kolonne an. Mama bremste abrupt. Colette, Michel, ich und Okay flogen gegen die vorderen Lehnen.

»Oh!« sagte Mama. »Ich wäre beinahe hineingefahren! Was ist denn vorne los?«

Am Straßenrand standen in einiger Entfernung von uns zwei Militärautos und daneben eine Gruppe von acht Deutschen in Uniform, die solche Schilder mit Ketten auf der Brust trugen, wie die, die wir vorher beobachtet hatten. Zwei Offiziere waren dabei, sehr groß und schon älter. Mit ihren vielen Ketten, ihren strengen Helmen, ihren Gürteln, ihren Stiefeln und allem, was uns zu blitzen schien, machten uns diese uniformierten, ernsten Deutschen – im Gegensatz zu den zwei jungen von vorhin – Angst. Sie sahen martialisch aus, unnahbar, wie Herolde, die Wappenschilder eines düsteren, weit entfernten Reiches trugen. Wir fröstelten.

Die Deutschen verteilten sich, und unmittelbar danach fuhr eine ganze Reihe uns entgegenkommender Fahrzeuge zügig an uns vorbei. Dann näherten sich zwei Deutsche, davon ein Offizier, unserer Kolonne. Es wurde uns angedeutet, daß wir zu fahren hatten. Die Autos vor uns setzten sich prompt in Bewegung. Unser Renault hüpfte lediglich. Mama hatte in der Aufregung vergessen, die Handbremse zu lösen! Dann schossen wir nach vorne, an zwei lachenden deutschen Gesichtern vorbei. Der Offizier winkte uns sogar fröhlich zu. Unsere Verwunderung war groß. In der Gruppe schienen die Deutschen keine eigenen Gesichter zu besitzen. Kam man ihnen jedoch näher, dann waren sie in der Lage, Humor zu zeigen. Waren sie am Ende vielleicht gar nicht so sehr anders als wir? Dieser

Gedanke kam mir – so konkret formuliert – natürlich erst später.

Es sollte in den Jahren 1940 bis 1944 mehr Haß zwischen Frankreich und Deutschland gesät werden als je zuvor. Aber Menschen hatten dabei die Möglichkeit, sich zu begegnen und durch persönliche Kontakte eigene Erfahrungen zu sammeln.

Je mehr wir uns der Normandie und unserer engsten Heimat, dem Departement Calvados, näherten, desto unerträglicher wurde die Spannung. Endlich erreichten wir eine kleine Ortschaft, die sich bereits in dem Milcheinzugsgebiet unserer Molkerei befand. Mama sprach – in Angst vor den schlechten Nachrichten, die sie möglicherweise dadurch erfahren würde – zaghaft Leute an, die zufällig am Straßenrand standen. Sie schauten uns verwundert an.

»In Le Molay ist alles in Ordnung. Warum fragen Sie?«

»Wird die Milch jeden Tag eingesammelt?«

»Aber natürlich. Nur drei Tage hat es nicht geklappt; es ist schon länger her.« Und dann leicht mißtrauisch: »Warum wollen Sie das wissen?« Unsere Mutter sagte, wer sie war. Die Gesichter erhellten sich.

»Der Herr Direktor – ich meine Ihr Mann, Madame – ist auch wieder da«, sagte die Frau. »Die haben ihn vom Militär, wegen der Fabrik, nach Le Molay geschickt, kurz bevor die Deutschen einmarschiert sind.«

»Mein Mann ist in Le Molay?« wiederholte Mama ungläubig.

»Aber ja!« sagte der Bauer fast feierlich. »Monsieur B... ist wieder da.«

»Papa!« riefen wir zusammen.

Auch unsere Gesprächspartner waren gerührt. Eine Weile sprach niemand.

»Wie lange sind Sie schon unterwegs?« fragte der Mann.

»Seit dem 17. Juni.«

»Dann muß Ihr Mann gleich danach zurückgekommen sein.«

»Wollen Sie nicht ein Glas Cidre trinken, bevor Sie weiterfahren?« schlug die Frau vor. »Wir wohnen gleich um die Ecke.«

»Es ist nett, aber wir wollen schnell nach Hause.«

»Hast Du gehört, Okay?« sagte Michel, unseren Hund tätschelnd.

»Zu Hause ist alles in Ordnung! Man braucht sich keine Sorgen mehr zu machen.«

Jeder lachte, und wir fuhren weiter.

Am Anfang redeten wir aufgeregt durcheinander, dann sangen wir wie verrückt. Wir schienen alle beschwipst vor Freude zu sein. Unmittelbar vor Le Molay wurden wir still: Wir saugten die bekannte Landschaft mit allen Fasern unseres Wesens auf und freuten uns über jede wiedererkannte Einzelheit.

Als wir das Tor zu dem eingezäunten Fabrikgelände erreichten und unser Haus mitten in seinem gepflegten Garten sahen, erblickten wir zwei auffällige Holztafeln, die mit einem unverständlichen, ziemlich langen Text und mit Stempeln versehen waren. Was sollten diese Schilder hier? Bald hatten wir sie vergessen. Es gab Wichtigeres: Papa war zu Hause. Die Welt stimmte endlich wieder!

Am nächsten Tag beim Frühstück fielen uns die Tafeln wieder ein, und wir fragten Papa danach.

»Wir haben sie anbringen lassen müssen«, antwortete er, »weil wir hier keine Ruhe hatten. Die deutschen Soldaten benahmen sich zwar nicht schlecht, aber sie kamen oft in die Fabrik. Niemand verstand sie, und sie liefen so herum.«

»Wovon sprecht ihr?« fragte Mama. »Ich habe keine Tafeln gesehen.«

Wir gingen gemeinsam zu dem Tor und schauten die großen, weißen Holzschilder mit der deutschen Beschriftung stumm und eigenartig betroffen an. Später habe ich beide Texte genau abgeschrieben:

»Betreten und Besichtigung der Fabrik für Soldaten ohne Genehmigung der Ortskommandantur verboten.«

»Verkauf von Käse und Butter an einzelne Soldaten verboten, Verkauf nur im Ladengeschäft.«

»Was heißt ›verboten‹?« fragte ich.

»Dieses Wort werdet ihr öfter sehen«, belehrte uns Papa, »interdit heißt es. Kommt! Ich zeige euch ein anderes Schild.«

Wir gingen über die Straße bis zur Eisenbahnlinie. Dort war an einem Telefonmast ein Schild in französisch befestigt:

»Résidence surveillée. Bewachter Wohnbezirk. Sperrgebiet von der Eisenbahn bis zum Meer. Nur mit Sondergenehmigung zugänglich.«

Wir schauten uns entgeistert an.

»Es ist nicht so schlimm, wie es aussieht«, erklärte Papa. »Nachdem wir an der Grenze wohnen, dürfen wir praktisch jederzeit hinüber. Bis jetzt bin ich nie kontrolliert worden. Wie weit wir gehen dürfen, weiß ich allerdings nicht.«

Drüben, in der verbotenen Zone, stand die Kirche von Le Molay. Unsere Schule, das Haus unserer besten Freunde ..., ja die ganze Ortschaft war eigentlich drüben . . ., und weiter, viel weiter das Meer, »unser Meer«. Nichts hatte sich in Le Molay geändert, und doch schien alles anders geworden zu sein.

»Wie kommst du mit den Deutschen aus?« fragte Mama.

»Nicht schlecht bisher«, antwortete Papa. »Sie benehmen sich korrekt und höflich. Eine merkwürdige Armee von Fachleuten . . . Sie haben die Fabrik sehr gelobt, aber ich bin nicht sicher, daß es für uns gut ist.«

»Warum?«

»Ich weiß es noch nicht. Laßt uns nach Hause gehen!« sagte Papa, und wir wußten, daß er vor uns nicht reden wollte.

Das Leben organisierte sich. Wir hatten so schlimme Befürchtungen mit uns herumgetragen, daß wir erstaunt waren, wie glatt alles ging. Die Erwachsenen betonten immer wieder, wie »korrekt« die Deutschen sich benahmen. »Sie haben Anweisungen«, hieß es. »Nur abwarten«, sagten die Pessimisten. »Ihr wahres Gesicht werden sie noch zeigen.«

Unsere Eltern sprachen vor uns wenig darüber. Sie benahmen sich abwartend und wollten, daß wir unsere Sommerferien trotz allem genossen. Sie luden Kinder ein, vor allem unsere Freunde Morice.

Es gab in diesem Sommer eine besonders gute Beerenernte. Wir pflückten mit Begeisterung Himbeeren und aßen viele davon. Zu Hause reihten sich die rubinroten Marmeladengläser, und es duftete köstlich. Papa ließ so viel Zucker kommen, daß wir zwei große Milchkannen damit füllen konnten; solche Mengen von Zucker hatten wir noch nie gehabt! Vater versuchte, diese Vorsichtsmaßnahme zu rechtfertigen, und Mama pflichtete ihm bei:

»Der Quittenbaum ist voller Früchte; wir werden im Herbst viel Gelee und Konfekt machen.«

Auch Prinzeßbohnen gab es im Garten in Fülle. Mama legte sie sorgfältig in Gläser ein. Es war wie eine Invasion von selbstgemachten Konserven. Als die Spargelsaison anfing, kaufte man eiligst neue Gläser ein. Sie waren rar geworden. Wir bekamen die letzten. Spargelausstechen gehörte zu jenen begehrenswerten, schwierigen Aufgaben, für die wir bisher als zu jung gegolten hatten. Plötzlich durften wir diese Tätigkeit ausüben, ja, man bat uns sogar darum. Waren wir auf einmal älter geworden, oder mußten die Erwachsenen – jetzt mit so viel anderen Dingen beschäftigt – uns notgedrungen einen Teil ihrer Befugnisse überlassen? Alle schienen in der letzten Zeit überfordert. Auch

Thomas, der den Garten versorgte, Antoinette, die bei uns half, und Mademoiselle Renée, die zum Nähen und Bügeln kam. Niemand hatte mehr Zeit zu plaudern.

Der September kam mit dem doppelten Geburtstag von Mama und Michel; wie jedes Jahr war das Haus mit Riesensträußen bunter Dahlien angefüllt. Wie schnell war der Herbst gekommen! Es war Zeit für Colette und mich, ins Internat zurückzukehren. Papa brachte uns nach Caen. Michel durfte noch ein Jahr zu Hause bleiben.

In »Sainte Ursule« verfügten wir noch nicht über die Standhaftigkeit der älteren Jahrgänge, die den Betrieb auswendig kannten, aber ganz neu waren wir auch nicht mehr. Im großen Schlafraum wurde uns als Geschwistern sogar eine doppelte Zelle zugeteilt – das heißt, ein Raum, der vom übrigen Geschehen durch weiße Vorhänge von drei Seiten abgeschirmt werden konnte. Die Wand mit einem Fenster bildete die vierte Seite. Wir fühlten uns damit entschieden mehr zu Hause als im ersten Jahr, als wir noch zu den Kleinen gehörten, die in der Mitte des Schlafsaals leben mußten, von allen Seiten zu sehen.

Auch hatten wir dieses Jahr die Möglichkeit, nach Belieben zwischen musischen Fächer zu wählen. In gewohnter und doch erstaunlicher Übereinstimmung entschieden sich Colette und ich für Malen und Zeichnen. Mit unserer Wahl begegneten wir einer bemerkenswerten Frau, die uns einen goldenen Schlüssel anvertrauen würde: Marguerite-Marie Leboeuf! Sie besaß eine Wohnung und ein großes Atelier in dem schönen, uralten Haus, wo Malherbes, der Hofdichter von Henri IV., im Jahr 1555 geboren war (schon wieder der König mit der schönen Gabrielle, dachten wir belustigt!). Unsere Lehrerin war eine bekannte Malerin, eine Meisterin im Aquarellieren. Wir waren von ihr fasziniert. Die Sehnsucht nach dem harmonischen Reich aus Formen und Farben, zu dem sie einen leichten Zugang zu haben schien, würde uns ungeahnte Freude bescheren. Den Stunden, die wir vier Jahre lang im Haus von Malherbes verbrachten, haftete ein Erleben von seltener Intensität an. Ist aber nicht alles von erstaunlicher Tiefe, was man zwischen zehn und 18 Jahren empfindet?

Jeden Tag marschierten wir mit unseren Schulranzen in der Hand durch die Stadt, denn der Unterricht fand nicht im Internat statt, sondern neben der Sankt-Peter-Kirche, ziemlich im Zentrum von Caen. Mit dem häufigen normannischen Regen, mit dem Wind, der vom Kanal her durch die schmalen Straßen der Altstadt blies, bereitete uns im Winter der lange Weg zu Fuß nicht immer Vergnügen. Zweifelsohne war er aber für uns eine willkommene Abwechslung. Das Treiben der Stadt fügte sich in unser fromm-pflichtbewußtes Leben von Internatszöglingen wie eine interessante exotische Würze ein und vermittelte unserem Alltag einen Hauch von brennender Aktualität.

Neu unter unseren Bürgersteigbegegnungen waren die Deutschen. Merkwürdig, daß wir sie nicht als Kriegsherren antrafen, sondern, mit allen möglichen Paketen beladen, als eifrige Einkaufsbummler. Der Ausverkauf Frankreichs hatte begonnen! Neugedruckte Geldscheine wanderten in die Kassen der kleinen Händler, die sich des Segens der schnellen Käufe der Deutschen nicht zu erwehren wußten. Offiziere und Soldaten schleppten die von ihnen ehrlich erworbene Beute an uns vorbei. Altbewährte Ware wurde zu Papier (bei einem Wechselkurs von 1 zu 20). Lederkoffer waren begehrt; sie hatten den Vorteil, als Behältnisse für andere Schätze zu dienen. In den übrigen Päckchen ließ sich vieles vermuten. Sogar eine Harfe begann eines Dezembertages vor unseren erstaunten Augen am Trottoir der Rue Saint-Jean ihre beschwerliche Reise nach Deutschland; ein Feldwebel in grau-grüner Uniform umarmte sie selig.

Wir marschierten tagein tagaus in Reihen von je zwei Schülerinnen, gut 60 insgesamt, und bildeten damit eine lange wandernde Schlange. Vorn gingen zwei Nonnen, hinten eine. Wir entwickelten bald eine Technik, die die deutschen Uniformierten zwang, sich mit ihren Einkäufen an die Wand zu drücken oder das Trottoir zu verlassen, während unsere Kolonne, mit Schulranzen bewaffnet, den schmalen Bürgersteig besetzte. Vor allem wenn es sich um Offiziere handelte, empfanden wir einen diebischen Spaß, den die Nonnen uns gelegentlich aus Angst verdarben. Alberner Krieg ohne Sinn und Bedeutung; denn der trotzige Blick unserer Kinderaugen verursachte lediglich kurzes Erstaunen im Vorbeigehen. Augen, oft hell wie die unseren, schauten uns den Bruchteil einer Sekunde fragend an. Sehr selten reagierten unsere Gegner mit Worten, die wir ohnehin nicht verstanden.

Mehr Respekt flößte uns die Besatzungsmacht ein, wenn sie singend an uns vorbeimarschierte. Die rhythmischen Lieder, ohne falsche Töne gesungen, die tadellose Disziplin der Schritte der jungen Soldaten imponierten uns unwillkürlich. Die Nonnen sahen solche Begegnungen nicht gern. Die meisten Schülerinnen gingen zwar besonders aufrecht und still neben den Soldaten, auch wenn diese, belustigt über den Anblick eines Mädchenpensionats, nach ihren Liedern gelegentlich pfiffen.

Ich dachte an unseren stolzen Wilhelm, dessen mittelalterliche Burg ganz in der Nähe über die Altstadt wachte. Wie hätte er getobt, der »Eroberer«, wenn er fremde Stiefel auf den normannischen Boden hätte hämmern gehört! Wo waren die roten Fahnen mit den goldenen Leoparden geblieben, die die Burg von Caen ehedem schmückten? Wir sprachen unter uns Mädchen in der letzten Zeit öfter von unserem ruhmreichen Herzog. Der Titel, den er nach der Eroberung Englands getragen hatte, bedeutete uns ohne Zweifel Trost. Es war nichts anderes, als eine kindliche Flucht vor der Wahrheit in die Legende. Als Normannen waren wir nicht unterlegen gewesen – deshalb fühlten wir uns gerne als Normannen und konnten somit die Gegenwart überspielen.

Mitte Dezember kam ein trauriger Brief von Mama. In Le Molay hatte man unsere schmucken weißen Pfautauben innerhalb von zwei Tagen alle schlachten müssen. Befehl der Kommandantur von Bayeux, unter Androhung schwerer Strafe. Fürchtete man sich vor Brieftauben? Die Anordnung galt vorsichtshalber für alle Arten von Tauben. Unsere schneeweißen Pfautauben, die Attraktion der Umgebung, waren jedoch zu einfältig, um Briefe nach England zu schleppen. Dafür konnten sie wunderschön radschlagen, hielten still, wenn man im richtigen Ton turtelte, und flogen danach mit einer unnachahmlichen Grazie weg.

Es gab andere Bestimmungen, die auf lange Sicht viel schwerwiegender waren, uns Kinder aber nicht störten:

Allgemeines Ausgehverbot zwischen 19 Uhr abends und 7 Uhr früh.

Schließung aller Bars und Restaurants um 19 Uhr, ausgenommen die für deutsche Militärangehörige reservierten Lokale.

Am 23. Dezember fuhren alle Internen, Caen und die sanfte Obhut der Ursulinen verlassend, nach Hause. Die sonst so heitere Welt der Ferien fanden Colette und ich diesmal nicht. Wir hatten bei unserer Ankunft nur das Weihnachtsfest im Sinn, aber von Weihnachten war zu Hause nicht im geringsten die Rede. Jeder sprach von der Rettung des Schlosses von Le Molay! Dieses Schloß, das seit Jahren einen Dornröschenschlaf hinter seinem schönen Barockgitter schlief, weil niemand es bewohnte, war mit Schrecken erwacht.

Die Deutschen waren dort einquartiert, und sie versuchten,

die durchdringende Kälte seiner Räume zu vertreiben, indem sie anfingen, alles in die offenen Kamine zu werfen, was ihnen brennbar erschien. Es gab im Schloß eine Unmenge sehr alter Bücher! Ein deutscher Leutnant, zu Friedenszeiten Notar in Bayern, rannte erregt zum Leiter der Volksschule von Le Molay und bat ihn, schnell etwas zu unternehmen. Er wäre bereit, sich persönlich einzusetzen, um eine Genehmigung des Ortskommandanten zu erwirken, wenn die Gemeinde den Abtransport der Bücher organisieren würde.

Am nächsten Tag fuhren zwei vollgepackte Lastwagen durch das Tor unseres Fabrikgeländes. Die Bücher waren gerettet. Wir blätterten darin voller Bewunderung, während sie sorgfältig in einem Speicher verstaut wurden.

Die Männer erzählten uns, daß die Deutschen dabei waren, im Schloß einen großen Weihnachtsbaum zu schmücken. Waren es wirklich die gleichen Soldaten, die sich gedankenlos benommen hatten?

Einer von ihnen hatte aber den Mut gehabt, sich gegen seine bequemen Kameraden zu stellen, um alte Bücher, Zeugen einer ihm fremden Vergangenheit, zu schützen. Warum hátte sich dieser Offizier verantwortlich gefühlt? Weil er als Notar der mutwilligen Zerstörung unersetzbarer Urkunden nicht untätig zusehen konnte? Weil er mehr Bibliophile als Soldat war? Oder vielleicht, weil er ein Mensch war, der über den Augenblick hinaus in die Zukunft dachte? Ein Humanist im schönsten Sinne des Wortes, der Achtung vor seinen Mitmenschen und Solidarität mit ihrer Kultur – auch in Ausnahmesituationen – nicht verleugnen wollte?

Die Deutschen waren inzwischen bei uns zum wiederholten Tischgespräch avanciert. Nun beschäftigte meine Eltern die Frage: Warum hatten die Vorgesetzten des »Nur-Leutnants« die von ihm eingeleitete Rettungsaktion unterstützt? Von nun an schien es uns unmöglich, alle Deutschen pauschal zu beurteilen. Ebenso unmöglich war es allerdings, die Deutschen aus unserem täglichen Leben wegzudenken: Sie waren überall.

Unweit des Schlosses der Lecoulteux du Molay wohnte ein älteres Ehepaar mit zwei erwachsenen Töchtern. Er: ein ehemaliger Offizier der Kavallerie, aufrecht und schlank wie in einem Bilderbuch; sie: feingliedrig und sanft mit der Haltung einer Königin, wenn die langen Kleider, die sie zu jeder Tageszeit trug, die Treppe ihres großen Hauses wie eine Schleppe streiften. Nie hatte mich ein Ehepaar in meiner Kindheit mehr fasziniert als dieses. Monsieur und Madame d'Estel bewegten sich wie die Helden meiner Phantasie. Was sie sagten, was sie taten – im selben Augenblick hatte ich es von ihnen erwartet oder mir gewünscht. Alle Jahre hindurch haben sie keine Geste angedeutet, die nicht perfekt zu der Rolle gepaßt hätte, die sie zu spielen schienen. Nur war dies keine Rolle. Die d'Estels lebten überzeugend ein Leben abseits des Alltäglichen.

Abseits der Hauptstraße stand auch das schöne weiße Haus, das sie bewohnten. Eine geheimnisvolle Allee von jeweils zwei Reihen alter Bäume führte dorthin. Diese Baumreihen setzten sich auf Erdwällen fort, die, wie überall in unserer Boccagelandschaft, jedes Feld und jede Wiese umsäumten. Bis zu anderthalb Metern hoch waren diese Schutzböschungen, die seit Jahrhunderten unsere Gegend »Bessin« in kleine Rechtecke teilten. Breite Tore aus Baumstämmen, die sich, richtig verankert, mit ihrem Gewicht leicht öffnen ließen, riegelten die Wiesen ab. Notwendig, um die Kühe durchzulassen, wenn die Bauern sie von einer Wiese in die nächste führten, stellten sie ein echtes Problem bei unseren Versteckspielen dar, denn dort, wo die Tore angebracht waren, mußten wir herunterklettern und konnten dabei gesehen werden.

Dreieinhalb Jahre später sollten in dieser unübersichtlichen normannischen Landschaft mörderische Panzerschlachten stattfinden. Nichtsahnend, daß viele Menschen in diesem grünen, buschigen, waldigen Landstrich ihr Leben lassen würden, betrachteten wir ihn damals als ein ideales Gelände für Spiele mit wechselnder Rollenverteilung – als Gallier und Normannen oder Piraten und Prinzessinnen. Der ländliche Besitz der d'Estels bot dazu einen besonderen Vorteil: Die doppelte Bepflanzung, die ihm eigen war! Dazwischen konnte man sich fast ungesehen bewegen und von oben herab die Gegner entdecken.

Dort trafen wir oft die Morice-Kinder, die in der Nähe der Familie d'Estel wohnten. Die Freundschaft zwischen unseren drei Familien hat in unserer Jugend eine wichtige Rolle gespielt; mit ihr bleiben für mich viele Erinnerungen verknüpft – unter anderem die Teegesellschaften in dem weißen Haus vor dem Krieg. Um fünf Uhr wurde uns – wie den Erwachsenen – Tee im zierlichen Porzellan angeboten. Es hatte keine alberne Schokolade gegeben. Nach dem Tee pflegte der Hausherr, von den Gästen begleitet, galant seine Frau vom Tisch in den nächsten Salon zu führen. Madame d'Estel setzte sich neben ihre Harfe und rückte ihren langen Rock zurecht, während die ältere

Tochter ihr Violoncello stimmte oder sich an den Flügel setzte. Hausmusik war in unserer Umgebung unbekannt, so war dies seltsam wie alles, was die d'Estels taten.

Nachdem die Erwachsenen im Musikzimmer die Louis-XVI.-Sessel in Beschlag genommen hatten, setzten sich die Kinder auf den weichen Teppich. Ich war bemüht, in der Nähe der Harfe Platz zu nehmen, und betrachtete voller Bewunderung die schlanken Finger von Madame d'Estel, die so wunderschöne Töne hervorzauberten. Auch die Wirkung ihrer kleinen Füße, die unter dem langen Rock die Pedale betätigten, war unerwartet. Ich hätte stundenlang zuhören und zusehen können.

Die Musikalität unserer Gastgeberfamilie war übrigens ein Segen für die ganze Gemeinde. Denn die Damen d'Estel spielten bei den Gottesdiensten Orgel auf der Empore der Kirche von Le Molay. Die Mutter hatte es jahrelang getan. Jetzt war die Tochter an der Reihe, beziehungsweise die Töchter waren es, denn die jüngere, die kinderliebe und sportliche Christiane, betätigte mit Hingabe den Blasebalg, während ihre ältere Schwester spielte. Auch am Weihnachtstag des Jahres 1940, als die Bewohner von Le Molay um elf Uhr die geräumige Kirche in Scharen betraten, begleitete feierliche Orgelmusik ihre leisen Schritte. Die Motette »Adeste fideles, laeti, triumphantes« klang allerdings an dem Tag eher wie ein Hohn: »Beeilt euch, ihr Treuen, Fröhlichen, Triumphierenden!« Was hatte dieser Satz mit unserer diesjährigen Weihnachtsstimmung zu tun?

Zum Frohlocken gab es nichts. Die Christmette war wegen der nächtlichen Ausgangssperre verboten worden, und wir hatten soeben etwas Schlimmes erfahren: Die d'Estels durften seit fünf Tagen nicht mehr in Le Molay wohnen! »Venite, adoremus Dominum« – den Text hatten wir bei den Ursulinen auswendig gelernt. Unwillkürlich übersetzte ich ihn und war nicht in der Lage, nur der Melodie zu lauschen. An der Orgel ließ sich Mademoiselle d'Estel schöne Variationen einfallen, als ob sie von den Ereignissen nicht betroffen wäre. Das große Haus ihrer Familie war von der Wehrmacht beschlagnahmt worden. Alle Bewohner hatten es innerhalb einiger Stunden verlassen müssen. (Es war der erste Fall in Le Molay.) Die Nachricht hatte sich soeben wie ein Lauffeuer durch die Gemeinde verbreitet.

»Erhobenen Hauptes sind sie gegangen, ohne ein Wort des Streits«, hatte eine Frau – mit dem natürlichen Sinn der Normannen für eine edle Sprechweise in dramatischen Momenten – vor dem Gottesdienst erzählt. Madame d'Estel sei königlicher denn je die Treppe hinunter geschritten, während ihr Mann in der großen Halle auf sie wartete. Er sei ihr entgegen geeilt. Dann hatten sie Arm in Arm die Halle durchquert. Die deutschen Offiziere salutierten. Monsieur d'Estel habe kurz mit dem Kopf genickt. Oberhalb der Terrasse habe das Ehepaar noch eine ganze Weile gestanden ...

Die diskret, ohne Dialog endende Erzählung, setzte ich in Gedanken fort. Welche Worte, überlegte ich, mögen zwischen Aurélie und Gérard d'Estel gefallen sein, als sie von ihrem Garten Abschied nahmen? Möglicherweise hat Monsieur d'Estel sogar wenig gesagt, denn er fühlte sich beobachtet und damit veranlaßt, seine Gefühle nicht zu zeigen. Seine Frau dagegen wollte ihm zumindest ersparen, sich ihretwegen Sorgen zu machen.

»Auch in Saonnet werden wir leben, Liebster. Alles geht einmal vorbei. Aber irgendwann werden wir hierher zurückkehren, vielleicht schneller, als wir denken.«

Die letzte Szene, auf dem Weg zu den Autos, haben uns später die Betroffenen selbst erzählt:

»Wo steckt denn Christiane?« hatte Madame d'Estel, um eine Ablenkung bemüht, gefragt. »Unsere Tochter ist erstaunlich in letzter Zeit. Sie findet sich mit allem zurecht, organisiert den ganzen Tag. Was täte ich ohne sie – und ohne Sie, mein tapferer Mann?«

Am Ende der Terrasse stand ihr wunderschönes, altmodisches Auto mit den Riesenscheinwerfern und den blankgeputzten Messingteilen, ein Auto, wie es keines mehr gab, ein Oldtimer vor der Zeit.

»Da seid ihr«, rief erfreut die ältere Tochter, die bereits im Fond saß. »Mein Violoncello ist hier. Auch Ihre Schmuckkassette habe ich bei mir, Mutter.«

Madame d'Estel stieg vorne ein, ihren Rock nachziehend.

»Seien Sie unbesorgt, Mutter!« rief Christiane, die fröhlich zum Wagen gelaufen war. »Ihre Harfe ist gut untergebracht – mit allem, was wir vorbereitet hatten. Sogar Ihr Sèvres-Service habe ich mitnehmen können! Hans hat mir geholfen, die Tassen einzupacken«, fügte sie hinzu, auf die Ordonnanz des deutschen Hauptmanns deutend. Der Soldat, der bei dem Citroen gestanden war, näherte sich.

»Danke!« sagte Monsieur d'Estel auf deutsch. Bevor er in seinen Delahaye einstieg, fragte er Christiane: »Mein Kind, willst du wirklich den überladenen Kombi fahren?«

»Ja, hinter euch, Vater.«

Als der Delahaye würdevoll startete, schlug Hans beeindruckt zum Abschied die Hacken zusammen.

Die merkwürdige Art einer solchen Unterhaltung, bei der sich die Eheleute per Sie anreden und ebenso von ihren Kindern angeredet werden, erstaunte uns immer ein wenig. In unserem übrigen Bekanntenkreis war sie unüblich. Auch diese besondere Sprechweise war ein Element des Lebensstils der Familie d'Estel.

»Wie geht es uns, Danielle«, so sprach Monsieur d'Estel mich gewöhnlich an, das Du vermeidend. Mit sechs Jahren hatte ich diese Begrüßung verwirrend gefunden, mit acht großartig. »Wie geht es uns?« war ein Zauberspruch, der die Grenzen zu der Welt der Erwachsenen abschuf. Mit »uns« waren wir Komplizen, gemeinsame Teilhaber einer phantastischen Welt, wo lange Röcke, altmodische Courtoisie, Harfenmusik und kostbares Porzellan alltägliche Gegebenheiten waren, eine Welt, in der Oldtimer durch geheimnisvolle Alleen fuhren.

Diese Welt hatte plötzlich aufgehört zu existieren. Nie mehr würde sie sein, wie sie gewesen war. Als die Orgel in der nun bis zum letzten Platz gefüllten Kirche verstummte, kullerten Tränen aus meinen Augen. Ich versteckte rasch mein Gesicht in meinen Händen. Inzwischen hatte der Gottesdienst begonnen. Der Eindruck des endgültig Vergangenen, des nie Wiederkehrenden hielt mich gefangen. Es war so viel dahingegangen in der letzten Zeit, auch unsere sorglose Kindheit ... Sie war wie ein Buch, dessen Seiten gewaltsam gewendet werden, bevor man sie zu Ende gelesen hat.

Als ich mich etwas gefaßt hatte, sah ich, daß Papa neben mir aufstand. Auch er hatte gekniet? Er, der uns ausnahmsweise heute in die Kirche begleitet hatte! Die Welt schien an diesem Weihnachtstag ganz und gar anders als sonst zu sein.

Der Pfarrer, gefolgt von den jungen Ministranten, verließ den Altar. Ungeduldige Schritte wurden laut, während die Orgel in voller Kraft aus allen Registern freudig »Gloria in excelcis Deo« spielte. Der mittlere Gang war überfüllt, und wir standen eine Weile in der schön geschnitzten Holzbank, die unseren Namen trug. Die Familie Morice ebenfalls. Mit ihren sechs Kindern belegte sie die zwei Bänke vor uns. Ich war froh, daß ich nicht mehr weinte.

Bevor wir die Kirche verließen, sahen wir in der hintersten Bank vor dem Ausgang einen deutschen Offizier, der scheinbar im Gebet versunken war. Neben ihm standen drei Soldaten in Uniform. Alle Vorbeigehenden starrten dorthin.

Ob der liebe Gott sich mit all den verschiedenen Gebeten innerhalb seiner Kirche auskennen würde?

Eine gefährliche Bescherung und veränderte Tatsachen

Am Nachmittag desselben Tages führte uns Papa in sein Arbeitszimmer. Mama sah blaß aus. Wir waren aufgeregt, wie von ihr angesteckt. Der Augenblick schien feierlich, denn nur bei besonderen Anlässen war es uns erlaubt, diesen Raum zu betreten. Einige Papiere, mit vielen Stempeln und Hakenkreuzen versehen, lagen – bedrohend, wie es mir schien – auf dem Schreibtisch. Wir standen stumm und ratlos davor. Papa sagte:

»Irgendwann werdet ihr damit konfrontiert; es ist also besser, wenn ihr genau informiert seid, bevor man euch darauf anspricht.«

»Was ist los?« fragte Colette ungeduldig.

»Warte doch!«, und mit einer gewollt unpersönlichen Stimme wie bei einem Zitat: »Die Fabrik von Le Molay ist verpflichtet, einen Teil ihrer laufenden Produktion der deutschen Wehrmacht zur Verfügung zu stellen.«

»Verpflichtet? Steht das da?«

»Ja, eindeutig. Dies hier ist eine Beschlagnahmeverfügung der Heeresverpflegungsstelle in Paris ... Und hier steht: ›Die Untersuchungen haben gezeigt, daß die Butter und der Käse von Le Molay keinerlei Anlaß zur Beanstandung geben und daher für die Versorgung der Wehrmacht in Frankreich geeignet sind.‹«

»Warum gerade wir? Können die Deutschen ihre Lebensmittel nicht aus Deutschland kommen lassen?«

»Frischprodukte nicht. Im übrigen tun sie das überhaupt nicht. Wir haben eben den Krieg verloren. Schöne Worte ändern leider nichts daran. Daß wir es sein müssen, die dafür geradestehen, ist allerdings schlimm.«

»Nur weil ihr zu gut arbeitet!«

»Daran werden wir nichts ändern. Wir dürfen es auch nicht. Schaut! Hier ist geschrieben: ›Es werden laufend Qualitätsuntersuchungen durchgeführt. Warenproben werden bei jeder Lieferung entnommen.‹«

»Und wohin geschickt? Auf dem Briefkopf steht es ganz groß ›Laboratoire Central de la Ville de Paris‹!«

»Ja, Rue de Danzig sogar. Sie müssen sich im Zentrallaboratorium der Stadt Paris glatt zu Hause fühlen, die Chemiker der Heeresverpflegungsstelle!«

»Roger!«

Meistens sagte Mama »Chéri«. Wir hörten selten den Vornamen unseres Vaters. Das machte uns hellhörig.

»Du hast recht«, sagte er prompt. »Es hat keinen Sinn. Bisher haben wir sogar weniger Scherereien, als ich dachte. Die Deutschen halten sich an die vorgeschriebenen Mengen, und die Produktion für die Zivilbevölkerung läuft damit gut. Wichtig ist, daß der Betrieb ohne Einschränkung weitergeführt werden kann. Ob es uns auf die Dauer gelingt? Es wird immer schwieriger, Ersatzteile zu beschaffen, ebenso manche Chemikalien . . . Sogar die Holzkohle, mit der wir den Mangel an Benzin zu beheben hofften, wird knapp. Dabei ist das Milchsammeln entscheidend für uns!«

»Mit der Holzkohle ist es eine komische Sache.« Michel, der oft beobachtet hatte, wie die Lastwagen auf das neue Verbrennungssystem umgestellt wurden, fühlte sich berechtigt, seine Meinung kundzutun. »Die Fahrer schimpfen zwar über den schwarzen Staub, aber einer sagte neulich: ›Wir müssen zusammenhalten – nur so werden wir es schaffen!‹«

»Seit wann müssen wir die Wehrmacht beliefern?« wollten wir noch wissen.

»Als ihr von der Flucht aus Antezant zurückgekommen seid, fingen wir gerade an. Ich sprach nicht davon, um euch nicht zu beunruhigen, aber es war der wirkliche Grund, weshalb wir die Verbotstafeln bei dem Eingang der Fabrik bekommen hatten. Könnt ihr euch daran erinnern? Ihr hattet sie gleich entdeckt. Sie haben sich übrigens als sehr wirksam erwiesen, diese Schilder. Es ist paradox, aber wahr. Wir leben seitdem in einer Enklave, in der die hier ansässigen Besatzungstruppen nichts zu suchen haben.«

»Sind deshalb die Bücher der Lecoulteux du Molay bei uns?«

»Nein, die Bücher sind offiziell hierher gebracht worden. Aber es mag eine Rolle gespielt haben.«

Als wir das Arbeitszimmer von Papa an diesem Weihnachtstag verließen, hatten wir das bange Gefühl, daß von nun an eine undefinierbare Gefahr auf unsere Familie lauerte. Ohne uns vorher darüber verständigt zu haben, würden wir sowohl unter uns wie unseren Kameraden gegenüber die Lieferungen an die Wehrmacht nie erwähnen. Wir würden das konfliktbeladene Thema scheu meiden, während die Eltern uns von den auftauchenden Komplikationen fernhielten. Eine Stunde später war es, als hätten wir das Ganze vergessen. Die neuen Spiele, die wir in der Früh unter dem Christbaum vorgefunden hatten, beschäftigten uns vollends.

»Wie ihr lacht!« sagte Mama, die plötzlich in den Salon kam. In ihrer Stimme klang deutliches Erstaunen. War nicht ein leiser Vorwurf dabei?

»Sehr laut waren wir aber nicht«, sagte Colette prompt. »Stören wir Papa?«

»Aber nein, ihr spielt sogar sehr schön.«

»Bist du noch traurig, Mama?«

Sie strich mir über den Kopf.

»Nein. Wie sollte ich? Ich habe euch drei. Macht euch keine Gedanken. Spielt nur weiter.«

Von der kindlichen Begabung des Vergessens – eigentlich Vertrauen den Eltern gegenüber – machten wir monatelang Gebrauch, bis die Ereignisse unsere Sorgen wachriefen. Die Auswirkungen der Beschlagnahmeverfügung der deutschen Heeresverpflegungsstelle sollten nach und nach manche Freunde unserer Eltern verwirren, Papa mit der Gestapo in Berührung bringen und uns sogar in eine lebensgefährliche Lage versetzen.

Vorher mußte jedoch manches in dieser bemerkenswerten Zeit geschehen, in der die Tage Geschichte schrieben. Im Laufe des Jahres 1941 wurde das Schicksal unzähliger Menschen durch die Ereignisse aus der Bahn geworfen.

Am 14. Februar 1941 begann der Einsatz deutscher Truppen unter General Erwin Rommel in Afrika. Der Wüstenfuchs, wie man ihn später nannte, hamsterte legendäre Erfolge ein und sicherte sich die Achtung seiner Gegner. An der gleichen Front hatten die Italiener nur eine klägliche Niederlage mit dem Verlust Abessiniens geerntet. Wir fanden dies gerecht. Sieben Monate zuvor, als Frankreich bereits besiegt war, hatten uns im letzten Moment die Italiener den Krieg erklärt. Mussolini hatte seinen Truppen den Befehl gegeben, nach Frankreich zu marschieren. Es war seitdem zu wenig Zeit vergangen, als daß wir das hätten vergessen können. Der am 6. April gestartete deutsche Angriff auf Jugoslawien endete mit der Kapitulation am 17. April.

Kreta wurde erobert, Griechenland besetzt. Wir kamen überhaupt nicht mehr mit. Unsere Welt zerfiel immer mehr. In der Schule lasen wir gerade ›Iphigenie in Aulis‹ von Racine. Wir schrieben Aufsätze über die zarten Gefühle und Ängste der armen Iphigenie, die geopfert werden mußte und doch gerettet wurde. Agamemnon war für uns ein wankelmütiger Held, Achilles stürmisch und ungeschickt, Kalchas grausam. Wir spürten, daß die Tragödie von Racine normalerweise mit dem Opfergang der Iphigenie hätte enden müssen. Iphigenie aber waren wir. Die glückliche Prinzessin, die in einer heilen Welt mit den geliebten Eltern lebt, bis sie entsetzt und doch gefaßt die Tragik ihres Schicksals erfährt, die gütige und enttäuschte Freundin der bösen Eriphile, die romantische Prinzessin, die leidenschaftlich wird bei dem Gedanken, ihren Bräutigam durch den Tod verlieren zu müssen; dies war eine Heldin, mit der wir uns identifizieren konnten! Die Welt der Antike hatte für uns fast mehr Bestand als der Wirrwarr, in dem wir lebten. Und gerade jetzt wurde Griechenland besetzt. Auf welcher Seite standen eigentlich die Helden? Gab es überhaupt noch welche?

Am 22. Juni 1941 erteilte Hitler den Angriffsbefehl gegen die Sowjetunion. Wir hatten uns inzwischen daran gewöhnt, daß es irgendwo immer Krieg gab. Rußland lag weit entfernt.

Als wir für die großen Ferien nach Hause fuhren, freuten wir uns auf den Sommer. In Le Molay angekommen, gingen wir von Zimmer zu Zimmer auf der Suche nach unseren Erinnerungen, alle Details erfassend, die nicht dazu gehörten – glücklich, von unserem Reich erneut Besitz zu nehmen.

Dabei fiel uns eine große Landkarte von Rußland auf, die im Eßzimmer in der Nähe des Radiogerätes an der Wand befestigt war. Von dem Krieg in der Sowjetunion waren wir doch mehr betroffen, als wir zunächst gedacht hatten.

Colette hatte sich verändert. Sie sperrte sich gelegentlich im Bad ein. Wir trafen uns nackt nicht mehr so unbekümmert wie früher. Wir zogen uns schnell an. Mein Busen wuchs. Ich fand das hübsch und aufregend. Ich war zwölf und trug Zöpfe. Daß die Zärtlichkeit als wichtiger Ausdruck sexueller Verbundenheit eine Ehe trägt, das wußten wir schon längst. Die Eltern hatten es uns mit kleinen alltäglichen Gesten vorgelebt. Über das große Wie wußte ich allerdings wenig. Zugegeben, die Biologie war in dieser Aufklärung bisher sehr kurz gekommen. Ich erfuhr, was Pubertät ist, genau zu dem Zeitpunkt, als ich sie hinter mir ließ. Nachträglich glaube ich, daß es mir manches Kopfzerbrechen erspart hat. Ich bin unbeschwert und nichtsahnend an manchen Problemen vorbeigegangen zu einer Zeit, die ohnehin voller Dramatik steckte.

Die Sommerferien gestalteten sich 1941 sehr einfach: Es gab keine Alternative. Unser normannischer Familienstrand, zwölf Kilometer von uns entfernt, war tabu. Zu den Großeltern nach Vichy durften wir nicht fahren. Wir blieben in unserem geliebten Le Molay.

Die Geographie unseres Landes hatte sich inzwischen grundlegend verändert. Bereits seit dem 22. Juni 1940 war Frankreich durch eine sogenannte Demarkationslinie geteilt: Die nördliche Hälfte und die ganze Atlantikküste standen unter dem Besatzungsregime. Elsaß und Lothringen wurden »integriert«. Der Rest Frankreichs war »Zone libre«. Damit lebten unsere Großeltern in der »freien Zone«, zu der wir keinen Zugang hatten, und – was uns aufregend und zugleich verwirrend zu sein schien – in der »Hauptstadt« Frankreichs!

Vichy, die friedliche Kurstadt unserer Kinderferien mit ihren verträumten Parks entlang des Flusses konnten wir uns als Schauplatz einer hektischen Betriebsamkeit kaum vorstellen. Und doch war es so. Man sprach bei den Abendnachrichten, in Verbindung mit der Regierung von Maréchal Pétain und Pierre Laval, dauernd von Vichy. Papa, wenn er die für ihn so vertrauten Namen hörte, erzählte gern von früher. Einige Hotels, die im Ersten Weltkrieg als Lazarett gedient hatten, waren als Amtsgebäude für Ministerien umgebaut worden. Zu diesem Vichy gab unser Vater wenig Kommentare.

Vor dem Treffen von Montoire zwischen Hitler und Pétain hatten die Eltern den Maréchal bewundert, überzeugt davon, daß der 84jährige ehemalige Held Frankreichs so viel wie möglich in unserer miesen Lage rettete. Papa, mit seiner Sympathie für die Amerikaner, war sogar überzeugt, daß der Maréchal Geheimverhandlungen mit den Verbündeten Frankreichs aus dem Ersten Weltkrieg führte.

»Die Amerikaner werden uns nicht im Stich lassen«, hatte er damals öfter gesagt.

Auf die Engländer war er dagegen seit Mers-el-Kebir nicht gut zu sprechen. Der Angriff der Royal Navy auf unsere Flotte hatte ihn empört: Es hatte am 3. Juli 1940, bei der sogenannten Operation Katapult/Attila, 1297 Tote gegeben. Diese acht Tage nach der Unterzeichnung des Waffenstillstands zwischen

Deutschland und Frankreich durchgeführte Aktion – war sie wirklich, wie Churchill in seinen Memoiren später meinte, »die notwendigste Handlung für das Leben Englands« gewesen? »Es war eine entsetzliche Entscheidung, die unmenschlichste, die grausamste aller, an denen ich mitgewirkt habe.« So schrieb Churchill nachträglich, indem er diese Entscheidung, ein Geschwader eingesperrter französischer Schlachtschiffe nach einem kurzen Ultimatum zu versenken, zu »einer griechischen Tragödie« erhob. Für die Franzosen war dies eine echte, tieferlebte Tragödie.

Im Oktober 1940 hatten die in den Zeitungen gezeigten Bilder von Montoire, wo Hitler und Maréchal Pétain händeschüttelnd photographiert worden waren, die Sehweise der Familie verändert. Anschließend wurde im Rundfunk zu oft von »collaboration« gesprochen.

Papa, der früher mit seiner Meinung schnell herausrückte, hatte inzwischen aufgehört, viel zu erzählen. Die Erwachsenen trauten sich scheinbar immer weniger, laut zu denken. Was sollten wir Kinder für Schlüsse daraus ziehen? Irgendwie waren wir froh, überhaupt eine Regierung zu haben. Die Großvaterfigur des Maréchal Pétain paßte gerade für uns nicht schlecht in das Bild von Vichy. Das Hôtel Sévigné, in dem der Maréchal wohnte, kannten wir gut; es stand unweit des Hauses unserer Großeltern. Carlton, Ambassadeurs, Hôtel Thermal, Hôtel Majestic waren uns geläufig. Wir wußten auch, wie das oft erwähnte Hôtel du Parc aussah. Was dort beschlossen wurde, konnte nicht so schlimm sein. Oder? Die spärlichen Nachrichten, die wir von den Großeltern erhielten, brachten keine Erleuchtung. Sie bestanden aus einigen Worten auf vorgedruckten, offenen Postkarten.

»Es geht uns gesundheitlich ... sehr gut«, schrieben die Großeltern dort, wo die Pünktchen den freien Raum markierten.

»Wir haben ... keine ... finanziellen Schwierigkeiten«, schrieben sie noch.

Unten, bei den freien Linien fügten sie hinzu:

»Wir denken viel an Euch. Wie geht es den Kindern?«

Bei den ersten Karten freute sich die Familie noch sehr. Es war aber eine magere Ernte, die in ihrer Wiederholung die Eltern aufregte und uns bald nicht mehr interessierte. In Wirklichkeit hatte die schwere und traurige Zeit längst begonnen, in welcher echte Briefe über die Grenze geschmuggelt werden mußten. Ein reger und gefährlicher Verkehr organisierte sich über die Demarkationslinie. Menschen wurden in die »freie Zone« geschleust – auch solche, die um ihr Leben bangten und hofften, danach Spanien und mit viel Glück England zu erreichen. In der Normandie ahnten wir von all diesen Tragödien nichts.

Es sollte für uns drei Kinder ein begnadeter Sommer 1941 werden, ein Sommer voller Heiterkeit und Abenteuer, ein für Kinder maßgeschneiderter Sommer ... fast!

Gleich zu Beginn wurden wir bei den d'Estels eingeladen, nun nicht mehr in Le Molay, sondern in Saonnet, wo sie jetzt lebten. Wir fuhren mit Aigrette hin. Aigrette war eine hübsche Fuchs-Stute mit einem weißen Streifen auf der Stirn. Daß die Benzinknappheit dazu geführt hatte, einen Pferdewagen anzuschaffen, fanden wir großartig. Wir hatten alle fünf im Wagen Platz und fühlten uns in die Vergangenheit zurückversetzt. Es stellte sich heraus, daß Mama Pferde führen konnte; ihre Eltern hatten es sie gelehrt. Papa konnte es auch, aber was konnte er nicht?

Daß wir in dieser Equipage zu den d'Estels fuhren, fand ich überaus passend; unser Gespann sah sehr gut aus. Es wurde eine lange Reise durch ungeteerte Hohlwege, wie sie damals in der Normandie üblich waren, und wie es sie dort noch heute gibt. Die Zweige der Bäume streiften gelegentlich das Dach unseres Wagens mit einem kratzenden Geräusch. Wenn wir abwärts fuhren, freuten wir uns über die schnellen Schritte von Aigrette, die in Trab fiel. Man hatte – viel besser als mit dem Auto – Zeit, alles zu beobachten. Auch konnte man die ganze Landschaft beschnuppern! Blühende Liguster oder Holunder, Moos, Pappeln in einem feuchten Tal, Fliedersträucher in einem Garten, eine einsame Tanne in der prallen Sonne, ein rauchender Kamin in der Nähe ..., die Landschaft kündigte sich an oder bestätigte sich mit Gerüchen.

Wir erreichten Saonnet. Es war keine geschlossene Ortschaft, sondern mitten im Grünen waren Höfe versteckt, die man im letzten Moment entdeckte, oder weiße Häuser in verträumten Gärten, die von Hundegebell wach wurden. Wo wohnten die d'Estels? Sie wohnten – wie hätte es anders sein können – in einem Märchenschloß. Wir hatten befürchtet, sie in einer unpassenden Umgebung wiederzufinden. Als unsere müde Aigrette langsam die Allee hinaufschritt, die so lang war, daß man kein Gebäude erblicken konnte, wußte ich, daß alles in

Ordnung war. Das Schloß – denn es war wirklich eines – stand leicht erhöht in einer Wiese, wo Kühe hätten weiden können. Die Fassade des Gebäudes war in ihren Proportionen schön und doch fehlte irgend etwas.

Als Christiane grüßend auf dem Holzpodest auftauchte, das bei dem Hauptgang aufgestellt war, wußte ich, was fehlte: die Treppe! Wahrscheinlich hatte man vorgehabt, eine monumentale Treppe aus Stein oder aus Marmor zu bauen, und dies wurde nie verwirklicht. Als Provisorium war dieses komische Gestell mit Stufen angebracht worden, dem Anschein nach vor sehr langer Zeit. Auch die weiße Fassade war verwittert, mindestens seit einem halben Jahrhundert dem normannischen Wind ausgesetzt ... Alles schien in diesem Haus rätselhaft, unvollendet. Im Salon gab es kaum Möbel, aber die Harfe stand dort, und ich streichelte sie im Vorbeigehen. Große Spiegel verliehen dem Raum ein ungewöhnliches Ausmaß. Wo waren unsere Gastgeber? Christiane, die Anweisungen wegen Aigrette gegeben hatte, kam herein.

»Meine Eltern sind mit der Familie Morice auf der anderen Seite des Gartens. Wollen Sie bitte kommen?«

Wir freuten uns, die Familie Morice wieder zu treffen: Véronique, Pierre, Sophie und Jacky waren unsere besten Freunde. Die Mädchen, wie wir Schülerinnen der Ursulinen in Caen, besuchten als Externe das Gymnasium. Der Vater war Chirurg und Professor an der Universität. Nur während der Ferien kamen sie alle nach Le Molay und bewohnten dort ein gemütliches Haus vis-à-vis vom nun besetzten Haus der Familie d'Estel. Véronique war so alt wie Colette, Pierre so alt wie ich, Sophie so alt wie Michel: ein Glücksfall!

Bei der Begrüßung gab es ein freudiges Durcheinander. Damit die Eltern ruhig sprechen konnten, schickten sie uns aus dem Haus. Wir rannten los und waren bald nicht mehr zu sehen. Wir wollten zum Bach. Später entdeckten wir den Taubenturm. Er war sehr hoch, rund gebaut, mächtig und verschlossen wie eine alte Burg, und stand abseits in der Wiese. Kein einziges Fenster! Unter dem konischen Dach gab es unzählige Öffnungen im Mauerwerk. Wir wußten nicht, wozu sie dienten – zumindest waren wir nicht sicher. Vorsichtig machten wir die schwere Tür auf. Mäuse huschten davon, dann wurde es still. Die ganze Höhe war bis zum Dach frei, unten glatt, über unseren Köpfen bis nach oben mit kleinen Nischen gespickt. Es gab, wie es uns schien, Hunderte und Hunderte davon. Überall

Spinngewebe. Eine unheimliche Stille. An der Wand war eine Leiter angelehnt, ein Monstrum von einer Leiter. Sollten wir hinaufklettern? Pierre war dafür. Im selben Moment erschien Christiane:

»Kinder, was wollt ihr im alten Taubenschlag?«

»Haben Sie alle Tauben töten müssen?«

»Nein. Ich glaube, seit 100 Jahren hat es hier keine Tauben mehr gegeben«, erwiderte Christiane gutgelaunt. »Ihr hattet doch nicht vorgehabt, auf die alte Leiter zu klettern?«

Wir schauten uns an und schwiegen. Sie lachte nur.

»Kommt zum Tee, bevor euch noch mehr Dummheiten einfallen!«

Wir kamen zu den Nebengebäuden.

»Ist der Delahaye da drin?« fragte Pierre.

»Ja, in den alten Stallungen, aber schaut her!«

Aigrette stand im Schatten angebunden und bewegte ihre Ohren, als wir ihren Namen riefen. Wir waren stolz, sie unseren Freunden zu zeigen. Christiane führte uns weiter, an uralten Fliedersträuchern in allen Farbschattierungen vorbei.

»Seit wann gehört dieser Besitz eurer Familie?« fragte Véronique.

»Erst seit fünf Jahren. Die Eltern kauften ihn, als kein Mensch an einen Krieg dachte. Man müßte im Haupthaus viel investieren: Sanitäranlagen sind kaum vorhanden. In der Barockzeit wurden hier, in diesem Garten-Pavillon, Toiletten eingerichtet.«

Neugierig betraten wir das hübsche Haus und staunten über die Delfter-Kacheln an der Wand: Windmühlen in blauen Tönen wechselten mit Blumenmotiven ab. Auch das Täfelwerk zeugte von besseren Zeiten. Wir stellten uns vor, wie die Schloßbewohner abends, mit Kerzen in der Hand, durch den Park gewandert waren, um hier sitzend gepflegte Konversation zu führen. »Der Schloßherr trug sicher eine Waffe bei sich«, sagte Pierre, der gern ritterlich dachte.

»Ungewöhnlich und abenteuerlich war das Leben früher schon«, meinte Christiane, »und jetzt? Wir sind jedenfalls sehr froh, daß wir in Saonnet wohnen können. Ich liebe das große Haus, so unfertig es ist.«

Nach dem Tee fuhren wir nach Le Molay zurück. Es hatte keine Hausmusik gegeben. Mit Aigrette hatten wir wieder einen langen Heimweg vor uns.

Am Ende der Ferien wurden wir noch einmal eingeladen. Das

Schloß von Saonnet war inzwischen ebenfalls von der Wehrmacht besetzt. Lediglich über zwei Zimmer im Parterre und über den Bügelraum im Tiefgeschoß, wo sie ihre Gäste empfingen, verfügten die d'Estels noch. So, als ob nichts geschehen wäre, spielte Madame d'Estel im langen Rock die perfekte Gastgeberin. Niemand klagte. Es war furchtbar eng, aber das Sèvres-Porzellan wurde auf dem derben Eichentisch aufgedeckt. In den kostbaren Tellern servierte man Marmeladenbrote, von einer langen Baguette heruntergeschnitten. Der Tee wurde in einem alten Samowar zubereitet. Man vermied die gemeinsame Küche mit den ungebetenen Gästen, sprach aber nicht davon. Alle großen Häuser der Gegend waren besetzt.

Die Damen d'Estel hatten diesmal Mozart und Bach gespielt. Von Freunden war ein Klavier gestiftet worden, das in einer Ecke stand und den Raum noch mehr einengte.

»Musik ist für uns so wichtig«, entschuldigte sich Aurélie d'Estel.

Haltung hatten sie, unsere Freunde.

Die »rote Gefahr«, Kinder auf dem Blechdach und die Gestapo

Mit der Sowjetunion war es eine zwiespältige Geschichte. Die Deutschen marschierten rasch vorwärts, und die Eltern schienen diesmal nicht unglücklich darüber zu sein. Sie hatten sogar Stecknadeln parat und markierten nach den Nachrichten den Vormarsch der Deutschen auf der Landkarte an der Wand. Es gab drei Stoßrichtungen: auf Leningrad, Moskau und das Schwarze Meer. Papa erwähnte zwar mit Besorgnis, daß Hitler das gewonnene Land als Rohstoffbasis benützen würde, aber gelegentlich sprachen die Eltern auch von Napoleon. Sie betonten, daß die Stecknadeln dazu da waren, damit wir Geographie lernten. Es war plausibel, denn die Eltern waren immer bemüht gewesen, uns auf unkonventionelle Art etwas beizubringen. Wir spürten aber, daß etwas anderes dahinter stecken mußte. Zum ersten Mal war die Aussage der Eltern uns gegenüber unklar ..., bis Papa eines Tages deutlich von der »roten Gefahr« sprach, die auf lange Sicht nicht minder gravierend wäre als die Nazis.

»Die rote Gefahr« . . ., dieser Ausdruck war Zündstoff. Er ließ für mich eine Reihe Erinnerungen im grellen Licht aufleuchten, die ich nach fünf Jahren noch nicht verdaut hatte. Plötzlich tauchten sie aus meinem Gedächtnis auf. Ich fühlte mich in die Vergangenheit zurückversetzt.

Man schrieb damals 1936. Papa war schrecklich nervös. Er explodierte bei jeder Gelegenheit. Wir versuchten, mucksmäuschenstill zu sein. Die Tatsache, daß die Volksfront nach einer Periode der Unruhe, die Frankreich an den Rand der Revolution gebracht hatte, im Frühjahr 1936 die Wahl gewann, interessierte uns als noch nicht einmal Zehnjährige kaum. Ebenso wenig konnten wir begreifen, weshalb eine Welle von Streiks Frankreich erfaßte, obwohl die gewünschten und nötigen Sozialreformen unter der Regierung Blum gut vonstatten gingen. Überall wurden Fabriken besetzt.

Im ganzen Land wurde leidenschaftlich diskutiert . . ., auch an unserem Mittagstisch, obwohl dort eher von einem Monolog die Rede sein konnte, der uns Kinder – nach dem Motto »Erwachsene unterbricht man nicht!« – zu langem Schweigen verurteilte. Papa sprach von ungelösten Problemen, die Frankreich seit 1932 schwer zu schaffen machten. Sein Hinweis, daß ich just mit der Wirtschaftskrise geboren war, vermochte mich wenig zu fesseln, sondern erfüllte mich eher mit Grauen. Dieses um sich fressende Ungeheuer von einer Weltkrise brandmarkte mein bisher gemütliches Geburtsjahr! An diesem Sommertag lag irgend etwas in der Luft. Vielleicht ein Gewitter? Papa hatte uns schon mehrmals zur Ruhe ermahnt, aber wir hörten nicht auf, uns zu zanken.

Plötzlich, als unser Vater von der »roten Gefahr« sprach, geschah es: Er verlor die Selbstbeherrschung und feuerte seine Gabel durch das Zimmer! Sie durchbohrte den Seidenvorhang, zertrümmerte die unterste Glasscheibe der Tür und landete im Salon! Dieser Gewaltakt, einmalig in unserer Familiengeschichte, hatte uns vor Schreck auf unseren Stühlen erstarren lassen. Erst als Papa endlich in seinem Büro verschwunden war, hatten wir uns getraut, aufzustehen und zu dritt stumm nach der Gabel Ausschau zu halten. Mama, die in die Küche gegangen war, kam mit geröteten Augen zurück. Das war für uns zuviel.

»Nein!« schrie Colette, mit dem Fuß auf den Boden stampfend.

»Bitte, sei du still!« sagte Mama. »Wenn jeder hier anfängt, sich abzureagieren, werden wir nicht fertig. Papa ist absolut übermüdet.«

Sie setzte sich auf den Teppich und bedeutete uns, das Gleiche zu tun. Unbewußt hatten wir damit, ihrer Aufforderung nachkommend, den Kreis der glücklichen Stunden gebildet, als sie mit uns am Boden spielte. Wir waren aber noch voller Abwehr – außer Michel –, und Mama war sehr ernst. Dann sprach sie lange.

Ich weiß nur noch, daß im Laufe ihrer komplizierten Erläuterungen über die Ausnahmesituation, in der sich Frankreich befand, viele Worte aufgetaucht waren, die ich kaum zuvor gehört hatte: ein ganzer Katalog von brandneuen Begriffen, die nach einem festen Inhalt suchten!

Plötzlich sagte sie – ich erinnere mich genau daran – etwas Simples und völlig Unerwartetes: Sie sagte, daß Papa noch sehr jung sei.

»Jung?« fragten wir stutzig.

»33 ist nicht alt«, beteuerte Mama, und ihr Gesicht wurde weicher. »Er ist wirklich jung für das, was er tut.« Nachdenklich sagte sie noch: »Vielleicht fühlen sich die Leute in der Fabrik deswegen verstanden. Le Molay ist das einzige Werk unserer Gesellschaft, wo nicht gestreikt wird.«

Dann sprach sie von zahlreichen Sitzungen, an denen Papa teilnahm und davon, daß er seit Wochen kaum noch schlief.

»Deshalb hat er vorhin ...«

»... die Gabel geworfen«, beendete Michel fast stolz ihren letzten Satz. Wir standen auf und gingen alle ins Eßzimmer, um den beschädigten Vorhang zu untersuchen. Die Stelle sah übel aus.

Der Grund, der zu »unserer« Fabrik gehörte, war weit gesteckt, rund 60 Hektar grüne Landschaft an einem Bach. Das Werk Le Molay war ein Reich für sich, das nahezu unabhängig von der Umwelt mit eigener Strom- und Wasserversorgung leben konnte. Unser Glück! Ab 1941 verlangten die erschwerten Lebensbedingungen eine noch engere Bindung zu den Bauern des Milcheinzugsgebiets. Holzkohle zum Beispiel wurde nun bei uns aus dem Holz der ganzen Umgebung gebrannt, weil die Zuteilung der offiziellen Stelle in Caen – Girpia (Groupement interprofessionnel des produits indispensables à l'agriculture) genannt – nicht ausreichten. Auch das Heu, das Stroh, die Melasse für die Pferde waren zu knapp rationiert. Geheime Abmachungen mit den Bauern wurden getroffen. Unser Reich organisierte sich.

Als »Molkerei« betitelt, war die Fabrik zwar auf die Herstellung von Butter, Emmentaler, Assiago und vor allem Butterkäse spezialisiert, aber es gehörte dazu eine echte Landwirtschaft mit rund 25 Pferden, die in einem Musterstall untergebracht waren. Alle nötigen Handwerkszweige waren vertreten; in einer eigenen Straße in der Nähe des großen Wasserturms gab es eine Schreinerei, nebenan einen Schmied. Im Lagerhaus arbeitete ein Sattler. Seit 1940 wurde im werkseigenen Laden, wie in allen Läden, Zucker, Mehl, Kaffee, Schokolade und Fett nur gegen Lebensmittelmarken verkauft. Die Vorräte waren längst aufgebraucht. Auch Fleisch, Brot und Textilien waren streng rationiert. Wir waren sogar verpflichtet, einen Teil der Eier, die unsere Hühner legten, bei einer Sammelstelle abzugeben. Die Felle unserer weißen Kaninchen wurden regelmäßig abgeholt, um Stoff und Filz herzustellen.

Die Gebäude auf dem Werksgelände variierten, je nach Zweckbestimmung in ihrer Größe, aber sie waren alle im gleichen normannischen Stil mit bunten Ziegeln und schrägen Dächern aus Schiefer gebaut. Auch die Verwaltung besaß einen eigenen Pavillon. Unweit davon stand unser Haus.

Aus dem Gebäudekomplex, von einem Architekten entworfen, der mehr Sinn für Lebensfreude und Schönheit als für nüchterne Planung besessen hatte, war keine rationelle Fabrik geworden, sondern eine liebenswürdige, menschliche Arbeitsstätte, wie Ökologen sie heute erträumen würden, wenn sie Wunschfabriken ohne den Zwang der Rentabilität und ohne Rücksicht auf die Kosten bauen dürften. Wurde deswegen niemals in Le Molay gestreikt?

Zwischen den verschiedenen Gebäuden gab es Gärten oder geteerte Flächen, die wir abends mit unseren Fahrrädern gelegentlich als Rennbahnen benutzten. Das Gelände fügte sich ohne Übergang in die grüne Landschaft ein. Unweit von dem großen Wasserturm führte ein Wiesenweg zu dem Bach, wo wir angelten. Anschließend gab es einen großen Weideplatz mit einer Allee von Pappeln, dann wieder Wiesen, die sich, zum Teil mit Apfelbäumen bepflanzt, über einen Hügel erstreckten. Ganz oben stand ein verfallenes Bauernhäuschen. Es hatte keine Küche, dafür einen sehr breiten offenen Kamin, in dem man auf einer Bank bei der Feuerstelle sitzen konnte. Der alte Kesselhaken, an den man früher die Kochkessel gehängt hatte, war noch vorhanden.

Wir gingen in diesem Sommer oft dorthin, weil Papa das

Haus reparieren ließ. War es Vorahnung? Alles sollte demnächst eine Bedeutung erlangen, die wir damals nicht erraten konnten. Auf dem Rückweg, statt die Straße der Handwerker zu benutzen, bogen wir gern nach links ein, an den Obst- und Gemüsegärten vorbei, bis zum dunklen Teich, dem wir uns nicht ganz nähern durften. Der Teich lag mitten zwischen dichten, bunten Bäumen versteckt, so still, daß Wasserhühner, durch unsere Ankunft aufgeschreckt, jedesmal kreischend wegflogen. Sie berührten in ihrem schnellen Flug fast die Wasseroberfläche, um bald unauffindbar in den hohen Gräsern zu verschwinden. Dann war alles im Nu absolut still, und niemand hätte an diesem Ort ahnen können, daß sich in der Nähe eine Fabrik befand.

Es gab viele Heimgärten, die in der Zeit der Lebensmittelknappheit von großer Bedeutung waren. Man hatte 1941 neue Gärten anlegen müssen, um die Werks-Kantine mit Gemüse zu versorgen. Eine Entscheidung ergab die andere. Im Sommer 1941 fing man an, Schweine zu züchten, die von den Küchenabfällen dick wurden.

Alles, was man unternahm, war beschwerlich, meldepflichtig. Man mußte seine Ansprüche ständig durchfechten. Viele Fabriken schränkten sich ein. Papa organisierte und rebellierte in der Zwangsjacke der für Frankreich völlig neuen Planwirtschaft. Er wollte partout den Stand der Produktion zumindest halten, war dauernd unterwegs und ... schwebte im Glück, obwohl er es nie zugegeben hätte. Er lebte in ständiger Spannung – aber war das nicht sein normaler Rhythmus? – und machte sich zu Hause Luft, indem er uns seinen ganzen Ärger erzählte. Gelegentlich sprach er dabei sehr laut, und wir zogen die Köpfe ein, so als ob wir persönlich gemeint wären, wenn er Zustände oder Menschen kritisierte.

Ich will nicht sagen, daß wir diese Gewitter liebten, aber sie schienen uns nun mal zu unserem Hausklima zu gehören, und Papa erzählte dabei aufregende Geschichten, in die wir uns persönlich verwickelt fühlten. Mit echten Problemen der Erwachsenen ständig konfrontiert zu werden war nicht übel, vor allem, weil wir im voraus wußten, daß Papa uns über kurz oder lang *die* patente Lösung frei Haus liefern würde! Vor Überraschungen waren wir dabei nicht sicher, vor Langweile ganz und gar.

Aber auch wir sorgten dafür, daß die Tage spannend verliefen. Unterstützt wurden wir dabei von den Morice, unseren Freunden, die oft zu uns kamen, weil unser Gelände als abgeschirmt und damit frei von Gefahren galt. Unsere Eltern wiegten sich in Sicherheit. Es war trügerisch. Bisher hatte die lose Kette unserer unauffälligen, überall im Betrieb verteilten Freunde und Aufpasser genügt, um uns vor Unsinn zu bewahren. Erfinderischer geworden, schlüpften wir nun immer öfter durch die Maschen der wohlgemeinten Aufsicht.

Wir hatten zum Beispiel entdeckt, wo der Schlüssel für den Zugang zu den Dächern des Hauptgebäudes aufbewahrt wurde. Er hing in einem merkwürdig riechenden Raum, der einer Hexenküche glich und uns in doppelter Weise lockte: Es tat sich dort Erstaunliches, und die verschlossene Tür zu unseren Geheimwanderungen auf die Dächer befand sich drin.

Wir hatten vor unseren Freunden davon geschwärmt. Jetzt wollten wir ihnen alles zeigen und schlichen uns, sieben an der Zahl, so unauffällig es ging, dorthin. Wir schlossen rasch die Eisentür hinter uns zu. Die Morice-Kinder betrachteten fasziniert den Dampf, der unmittelbar über der großen Wanne mit der Sole gefangen zu sein schien. Die dunkle Flüssigkeit bewegte sich um die kastenförmigen Behältnisse, in denen sich Eis bildete. Nebenan zitterte ein mächtiger Elektromotor, der an einen offenen Transmissionsriemen angeschlossen war. Wir erzählten unseren Freunden, wie man es uns erklärt hatte, daß der Motor eine Kühlpumpe betätigte und daß der laufende Riemen sehr gefährlich sei. Der Eiszubereitungsraum war im Sommer warm, weil er unmittelbar unter dem Dach lag; trotzdem fröstelten wir hier immer ein wenig.

»Ich habe Angst!« sagte Jacky.

Véronique steckte, wie wir es früher getan hatten, vorsichtig einen Finger durch die Nebelschicht in das Salzbad und zog ihn rasch heraus. Den Finger im Mund, schüttelte sie sich angewidert.

»Es schmeckt wirklich scheußlich«, sagte Colette.

»Und es ist fürchterlich kalt«, ergänzte Véronique, ihren Finger reibend.

»Wo geht es hier weiter?« fragte Pierre.

Der Schlüssel hing ordentlich an seinem Platz. Michel sperrte die Eisentür auf. Einer nach dem anderen gingen wir nach draußen. Die schwere Tür schnappte von selbst hinter uns zu. Unsere Wanderung konnte beginnen. Es gab dort Zwischenterrassen, schräge und schmale Pfadwege, nervenkitzelnde Abgründe. Hintereinander legten wir, leise wie Diebe, den Weg zu unserem Lieblingsplatz zurück: das fast flache Dach der Milchannahmestation. Von dort aus hatten wir öfters, auf dem Bauch liegend, die Betriebsamkeit um die Last- und Pferdewagen vormittags beobachtet. Das Abladen der Milchkannen verursachte einen solchen Lärm, daß wir oben ungeniert sprechen und lachen konnten, ohne bemerkt zu werden.

Jetzt, am Nachmittag, war jedoch alles unter uns still, leer und ordentlich. Am Ende der asphaltierten Fläche, halb vom Zaun des Fabrikgeländes verdeckt, lag die Straße zum Bahnhof; parallel dazu, aber etwas erhöht, die Eisenbahnlinie Paris-Cherbourg. Diese Strecke war eine der wichtigsten Verbindungen zum Atlantikwall. Oft fuhren schwerbeladene Güterzüge an uns vorbei. Die Dampflokomotiven hatten Mühe, die langen Züge zu ziehen. Weil es bei uns bis zur steinernen Brücke leicht anstieg, fuhren sie langsam. Schleppten sie Munition nach Cherbourg?

Die meist geschlossenen Waggons trugen Inschriften mit den Namen ihrer Ursprungsbahnhöfe: Berlin, Stettin, Rostock, Königsberg, Breslau. Diese Städte lagen für uns abenteuerlich weit im Osten. Seit dem russischen Feldzug waren solche Namen häufig zu lesen. Auch polnische und österreichische Güterwagen hatten wir von den anderen zu unterscheiden gelernt. Irgend etwas Edles und Verwischtes in schwarz oder in rot zeichnete sie aus: heraldische Adler? Die deutschen Militärzüge offenbarten uns ein bisher ungeahntes, durcheinandergewürfeltes Europa, dessen Tragik wir deshalb nicht begreifen konnten, weil die Ferne jungen Menschen (vor allem, wenn sie nicht reisen dürfen) immer verlockend erscheint.

Wir rätselten um manchen Namen von Städten und stritten uns darüber, ob München – Munich, Köln – Cologne heißen konnten. Weiter hergeholt schien uns Aix-la-Chapelle für Aachen, aber in Verbindung mit Karl dem Großen – pardon mit Charlemagne! – kannten wir den deutschen Namen dieser Stadt. Als wir versuchten, um die Wette alle Inschriften zu lesen, die an uns vorbeifuhren, übersahen wir Papa, der gerade durch den Hof ging und unsere Stimmen hörte. Er erblickte – es muß ein Bild für Götter gewesen sein – sieben Kinderköpfe, die über das Blechdach herauslugten und geradeaus starrten, ohne ihn zu sehen. Normalerweise hätte es ein Donnerwetter geben müssen, aber Papa, vermutlich selbst blaß vor Schreck, sagte:

»Was tut ihr da oben, Kinder?«

Es war gut, daß wir bäuchlings lagen, der Schreck fuhr uns in die Glieder.

»Geht jetzt langsam zurück, wie ihr gekommen seid!« befahl Papa.

Wir entfernten uns auf allen Vieren von der ungeschützten Kante, kletterten nacheinander über die Leuchtschrift des Firmennamens und traten bange den Rückweg an. Unten gab es eine Predigt, aber gemäßigt. Wir gaben freimütig zu, daß wir oft oben gewesen waren, und versprachen »nie mehr wieder«. Wir wußten, daß wir unser Versprechen halten würden, und waren entsetzt, daß wir uns hatten erwischen lassen. Gefahren sahen wir oben keine ... Wir trauerten nur unseren Logenplätzen nach.

Dann kam die Heusaison, und wir verbrachten lange Stunden mit Monsieur Jagoury im Freien. Seit eh und je war er unser Freund. Wir waren ihm, als wir kleiner gewesen waren, oft auf Schritt und Tritt bei seinen Beschäftigungen gefolgt, im Stall, bei den Kühen, am Bach, beim Heckenschneiden, bei der Apfelernte, überall, wo er zu tun hatte. Wir hatten ihm immer wieder Fragen gestellt; unermüdlich hatte er sie beantwortet. Seit Jahren! Wir liebten ihn. Er liebte uns. Bei ihm waren wir sicher aufgehoben.

Dieses Jahr war das Heu besonders wichtig. Wir hatten oft zugeschaut, wie Monsieur Jagoury und seine Gehilfen im Handumdrehen Heubündel mit einem auch aus Heu angefertigten Strick rasch zusammenbanden. Wir konnten das längst nicht so gut. Meistens lösten sich unsere Bündel wieder, oder sie bekamen nicht die richtige Größe. Das Heu auf den hohen Wagen zu stapeln machte uns mehr Spaß. Wir sprachen mit den Pferden, spielten und waren glücklich.

An einem verregneten Nachmittag waren wir im Haus geblieben. Plötzlich ging die Tür des Arbeitszimmers von Papa auf und zwei deutsche Offiziere standen vor uns. Das war so überraschend, daß Okay wütend seine Zähne zeigte. Sein ganzes Haar sträubte sich; wir hatten unseren Hund noch nie so gesehen. Er knurrte richtig boshaft, und es sah so aus, als ob er springen wollte. Einer der Uniformierten richtete seine Pistole auf ihn. Uns blieb das Herz stehen. Der Hund knurrte weiter, wich aber nicht von der Stelle. Die Pistole blieb auf ihn gerichtet. Wir standen auf und packten Okay an seinem Halsband. Da kamen die Eltern aus dem Salon, und wir erfuhren, daß wir zwei Gestapo-Offiziere vor uns hatten. Sie sahen sehr aufgeregt aus, nicht nur wegen des Empfangs. Sie hatten die Außentür des Arbeitszimmers von Papa offen gefunden und waren auf diese Weise ins Haus gelangt.

Sie suchten einen geflohenen Kriegsgefangenen, der bei uns angeblich seit Wochen arbeitete. Sie hatten schon herumgefragt und wußten, daß der Gesuchte täglich in der Fabrik gewesen war und oben in einem der Junggesellenzimmer über der Garage wohnte. Papa sollte sofort kommen.

All dies hatten sie rasch in einem harten Französisch gesagt. Papa ging gleich mit ihnen. Wir blieben ängstlich zurück und streichelten unseren Hund, um ihn und uns zu beruhigen.

»Er hätte glatt geschossen!« sagte Michel. Wir waren empört, aufgewühlt, verständnislos. Wir banden Okay am Treppengeländer fest.

»Braver englischer Hund!« sagte Colette.

Nach einer Weile kam Papa zurück. Er sagte nichts.

»Ob wir in der letzten Zeit jemanden hier im Hause gesehen hätten, den wir nicht kannten«, fragten uns die Deutschen.

»Nein!« antworteten wir mit Augen, in denen sich echtes Erstaunen spiegelte. Wir waren in der Tat fassungslos darüber, daß wir nichts bemerkt hatten und zutiefst erschrocken, daß Papa so unvorsichtige Dinge machen konnte. Daß oben in dem Zimmer niemand gefunden worden war, freute uns. Wie würde sich das aber für uns auswirken?

Während Papa mit den Offizieren in sein Arbeitszimmer ging, sagte er:

»Am vergangenen Dienstag ist dieser Mann nicht an seinem Arbeitsplatz erschienen. Wir dachten, er sei krank, und ich schickte jemand hinauf. Sein Zimmer . . .«

»Das haben Sie schon gesagt«, unterbrach ihn der Gestapo-Mann.

»Was uns viel mehr interessiert, sind die Papiere, die Ihnen dieser Kommunist angeblich gezeigt hat, und warum er nicht ordnungsgemäß von Ihnen deklariert wurde!«

Die Tür wurde zugemacht. Wir wollten horchen, aber Mama nahm Colette bei der Hand, legte einen Finger auf den Mund und zog uns in den Salon.

»Hast du davon gewußt?« fragten wir leise.

»Nein!« antwortete sie sehr bestimmt. »Papa wußte sicher auch nicht, wer er war.«

Erst nach dem Krieg erfuhren wir die Wahrheit: Da kam der geheimnisvolle Mann, um sich zu bedanken. Er war ein wichtiger Mann in der Partei geworden und sagte, daß Papa und die Genossen, die ihn rechtzeitig gewarnt hatten, ihm damals das Leben gerettet hätten. Anschließend sei er untergetaucht, aber

»bei uns hätte er fast normal leben können«. 1941 hatte Papa nahezu alles gewußt. Weil dieser Mann als entflohener Kriegsgefangener und als Kommunist ernsthaft gefährdet war, hatte er ihn versteckt. Seine politische Gesinnung war für ihn nebensächlich gewesen.

Winter 1941/42 – Weltnachrichten und Hunger

Zum neuen Schuljahr ging es um die Entscheidung Griechisch oder nicht Griechisch. Während der Ferien hatten wir das Thema nicht einmal erwähnt. Jetzt mußten die Weichen für das Abitur gestellt werden. Latein und Englisch lernten wir bereits. Es gab für uns drei Möglichkeiten: Griechisch, mehr Mathematik oder eine neue Fremdsprache. Colette wählte die mittlere Sektion. Ich wollte Griechisch lernen.

Wieder im Internat, schrieben wir nach Hause, um das Einverständnis der Eltern einzuholen. Dieses kam postwendend ohne jegliche Einschränkung. Mein pragmatischer Vater hatte keine Einwände gegen die griechische Sprache, wenn sie mir Spaß machte! Er sträubte sich nicht gegen eine Fehlentscheidung, die nachträglich bestenfalls als geistiger Luxus eingestuft werden kann. Mitten im Krieg Griechisch erlernen zu wollen war zweifelsohne ein ausgemachter Unsinn. Griechenland war besetzt, griechische Kultur wenig gefragt.

Hätte ich nicht mit wesentlich größerem Nutzen Deutsch erlernen können? Es wäre klug gewesen, aber lernt man die Sprache einer Macht, die das eigene Land besetzt? Der Gedanke wäre mir nicht gekommen. Gottlob! ... In der nach England orientierten Normandie waren 1941 die Deutschlehrer sicher nicht die besten. Vielleicht hätten sie mir die Freude an der später so heißgeliebten deutschen Sprache für alle Zeiten vermasselt!

Unsere Griechisch-Lehrerin bei den Ursulinen von Caen war eine sympathische, moderne und vornehme Nonne. Noch jung und begeisterungsfähig, lehrte sie uns mehr als nur die Sprache. Sie liebte die griechische Kultur. Auch sympathisierte sie mit England und de Gaulle. Sie sagte es nicht, aber wir spürten es, vor allem später, als wir mit ihr Demosthenes übersetzten. Sie lobte »die formale und hinreißende Schönheit der Redekunst von Demosthenes«, wenn er gegen die Verweichlichung und gegen die Geschwätzigkeit der Griechen tobte, um sie zum Widerstand zu ermahnen. Es war geschickt formuliert. Wenn sie aber während des Unterrichts unsere schlechten Übersetzungen des Verfechters der griechischen Freiheit ausbesserte, wurde sie so persönlich, daß wir manchmal nicht mehr wußten, ob sich die Sätze, die die Erhaltung der Autonomie der Freistaaten leidenschaftlich forderten, gegen Hitler oder gegen Philipp von Mazedonien richteten!

Sobald unsere Lehrerin die Kapelle betrat, schien es allerdings für sie nur noch Gott und die Musik zu geben. Ihre geschulte engelhafte Sopranstimme leitete den Chor. Wir fühlten, wie uns neben ihr Flügel wuchsen, und sangen mit Inbrunst mit.

Unsere Lateinlehrerin, Tochter eines Generals, lenkte unsere Begeisterung in andere Bahnen, jedoch mit dem gleichen Ziel. Auch sie war sehr kultiviert und noch jung. Sie schwärmte für Rom, für Cicero, für die Wiedergeburt Frankreichs, für eine neue Ordnung abseits Deutschlands, aber mit Maréchal Pétain. Letzten Endes träumte sie von einem friedlichen, vereinten Europa. Sie war sehr modern. Über alle Themen konnten wir uns mit ihr ausführlich unterhalten.

Sie war allerdings eine Verfechterin der Genauigkeit, und ich bekam dies bei ihren Korrekturen zu spüren. »Dem Text näher bleiben!«, bemerkte sie oft am Rand meiner Übersetzungen. Einmal schrieb sie: »sehr schön . . . leider meinte Tacitus etwas ganz anderes!«

Ihr Ordnungssinn ließ sie jedesmal, wenn sie ein Klassenzimmer betrat, zu unserem Entsetzen das Fenster aufreißen. Die Heizung war mehr als lau in diesem strengen Winter 1941/42. Wir protestierten heftig, aber sie ließ sich nicht erweichen.

»Ohne Sauerstoff könnt ihr unmöglich arbeiten!« sagte die Tochter des Generals. »Nur eine Minute!«

Wir schlotterten und zählten die Sekunden. Auch versuchten wir vorzubauen. Wenn es vor ihrer Ankunft eine kleine Pause gab, kuschelten wir uns, so gut es ging, an den lauwarmen Heizkörper, um Wärme zu speichern. Ich erinnere mich: Kohle wurde damals mit Postpaketen nach Paris geschickt. Ohne Holz litten die Menschen in der Hauptstadt mehr als wir in der Normandie.

In Rußland hatte unterdessen dieser außergewöhnliche Winter schwerwiegende Folgen. Bei Wintereinbruch hatte sich die

Front vor Leningrad, Nowgorod, Moskau, Kursk, Charkow und Rostow stabilisiert. In unserem Internat, wo es für die Schülerinnen kein Radio gab, erfuhren wir nur spärliche Nachrichten. Die wichtigsten aber erreichten auch uns und wurden heftig diskutiert. Sie waren unfaßbar: Der Krieg verbreitete sich wie eine Epidemie über die ganze Welt.

- Am 7. Dezember 1941 griff Japan ohne Kriegserklärung Pearl Harbor an. Unzählige Menschen starben. (Später sprach man von 2729 Toten.)
- Am nächsten Tag erklärten die USA und Großbritannien Japan den Krieg.
- Am 11. Dezember erfolgte die Kriegserklärung Deutschlands und Italiens an die USA.
- Am 19. Dezember hatte Hitler angeblich den Oberbefehl über das Heer übernommen. Diese Nachricht verstanden wir nicht. Wir dachten, daß er diese Führung schon längst inne hatte.

Die Nonnen ließen uns für alle Menschen, die in der Welt litten und starben, beten. Wir sollten unsere Gedanken Gott anvertrauen und an den Frieden glauben. Manchmal schien uns Gott hoffnungslos fern und unerreichbar – der Frieden ebenso. Die Ursulinen bemühten sich, uns den Sinn unseres augenblicklichen Tuns zu erhalten. »Wir sollten so viel lernen, wie wir konnten, um später einer Welt besser dienen zu können, die mühsam den Frieden aufbauen würde.« (»Serviam«, »ich werde dienen«, ist die Devise der Ursulinen.) Wir sollten tapfer die Unannehmlichkeiten der Gegenwart hinnehmen. Wie unwichtig war es zum Beispiel, daß das Essen nicht schmeckte!

Es schmeckte uns in der Tat immer seltener – auch wenn das Thema tabu war –, und wir hatten oft und echt Hunger. Schon das Frühstück, eine dünne Mischung aus Ersatzkaffee und Magermilch, war zum Übelwerden. Auch die Qualität des Mittagessens im Gymnasium wurde zunehmend schlechter. Es ging so stufenlos, daß ich nicht mehr sagen kann, ab wann nach und nach Speisen auftauchten, die wir nie zuvor gekostet hatten. Sie verwirrten uns. Kartoffeln und Nudeln gab es nur noch selten. Sie wurden durch Topinamburknollen (wegen ihres Gehalts an Insulin als Viehfutter bestens geeignet!) und Saurüben ersetzt, die merkwürdig süßlich schmeckten. Statt Spinat bekamen wir gelegentlich gekochte Brennesseln mit langen Fasern, die nicht herunterrutschen wollten. (Brennesseln: als Geflügelfutter und als blutstillende oder harntreibende Volksmedizin bekannt.)

Wir akzeptierten wohl oder übel, gelegentlich meckerten wir, was aber als »unfein« getadelt wurde. (Die tägliche Ration eines erwachsenen Franzosen betrug damals offiziell 1700 Kalorien!)

Auf unserem täglichen Weg zwischen Gymnasium und Internat begegneten uns im Laufe dieses eiskalten Winters nur noch selten deutsche Soldaten. Sie hatten es eilig. Meistens fuhren sie an uns vorbei. Fußgänger waren selten geworden. Die Schaufenster wurden oft mit Papierblenden verkleinert, um die Armut der Auslage zu vertuschen. Bei den Lebensmittelgeschäften waren hinter den Glasscheiben armselige Dosen gestapelt, deren Inhalt undefinierbar erschien, weil die farblosen Aufkleber ohne Aussagekraft blieben. Wie schnell hatte sich unsere Umwelt verändert!

Von der Schule zurück, standen wir in der großen Halle des Internats eingereiht und durften – ein Zögling nach dem anderen – ein Stück Brot in Empfang nehmen. Es kostete Überwindung, sich nicht vorzudrängen. Dieses Stück Baguette war jeden Tag unsere größte Sehnsucht. Nach den Hausaufgaben durften wir lesen, was wir wollten. Die Bibliothek war reichhaltig. Wenn die Glocke zum Abendessen rief, erschrak ich meistens, der Gegenwart so entrückt, daß ich die Unterbrechung als störend empfand. Was habe ich damals nicht alles gelesen!

Im Internat, wo nicht so viele satt werden mußten wie im Gymnasium, war die Qualität unserer Nahrung ein wenig besser. Vor allem durften wir sie mit unserem eigenen Besteck essen, und unser jeweils eingraviertes Monogramm erinnerte an zu Hause und ließ uns auf bessere Zeiten hoffen. Oben in den Schlafräumen holten wir, wenn niemand zusah, aus unseren Nachttischkästchen eßbare Dinge, Überbleibsel von Paketen, die unsere Eltern mit Liebe sandten. Die Nonnen, die spätabends die Aufsicht hatten, drückten ein Auge zu, in der Überzeugung, daß wir diese Nahrungszugabe brauchten. Es wurde nicht von uns verlangt, daß wir untereinander teilten, was wir bekamen, denn alle Eltern schickten irgend etwas, wie sie es eben konnten. Colette und ich schnitten uns mit Wonne Scheiben von einem runden Butterkäse (unsere durchweg »laufende« Nahrung) ab. Der Käsegeruch beherrschte hartnäckig unsere Schränkchen.

Die Fahrten von Le Molay ins Internat standen ganz im Zeichen unseres heimischen Käses, absolut mager, durchsichtig, aber reich an Eiweiß. Der Kombiwagen wurde bis zur Decke mit ihm vollgepackt. Samt Koffer wurden wir in den übriggebliebenen Laderaum hineingezwängt (sozusagen als Deckmantel für die gestapelten Kartons). Die Tür klappte mühsam hinter uns zu. Es hieß nun, eine Stunde gerüttelt, geschubst, ohne Sicht auszuharren. Jedes längere Halten ließ uns eine plötzliche Kontrolle vermuten. Als die hintere Tür nach einer Vorwarnung von Papa – denn sie war unsere Lehne bei der Fahrt – endlich aufging, stiegen wir im Internat blaß, verrenkt und benommen aus, während die Nonnen unseren Vater wie einen König empfingen.

In der Normandie waren aber die Ernährungsprobleme nicht so akut wie in anderen, von der Natur nicht so begünstigten Regionen Frankreichs. Verwandte oder Freunde aus der Normandie standen in ganz Frankreich hoch im Kurs; durch die Sendung von Postpaketen wurden Freundschaften bestätigt, auch neue Bande geknüpft. Wenn die Stadtbewohner über keine persönliche Beziehung zu dem Hinterland verfügten, waren sie nirgends zu beneiden, in Paris damals am allerwenigsten.

Wenn man nachträglich den Menschen vorwirft, sich in den Jahren 1941 bis 1944 zu wenig um die Politik gekümmert zu haben, sollte man nicht vergessen, daß es überall um einen fast täglichen, sehr kleinlichen, aber notwendigen Kampf um das nackte Dasein ging.

1943 – die Atlantikküste, Russen und eine Einquartierung

Was tat sich an unserer normannischen Atlantikküste? Wir fuhren im Sommer 1943 dorthin. Plötzlich hatte uns die Sehnsucht nach dem Meer gepackt. Wir wollten wie früher nach Vierville fahren, bevor man es uns endgültig verbot. Wir besaßen, als Bewohner einer Gemeinde, die sich zur Hälfte in den Sperrbezirk erstreckte, Ausweise, die uns zur Einreise in die Küstensperrzone des Departements Calvados berechtigten. »Erlaß der Feldkommandantur 723 vom 23. Oktober 1941 und vom 22. Mai 1942 TGB Nr. 547741« stand darauf. Wir hatten uns schlecht daran gewöhnt, mit Zahlen, Vorschriften, Bescheinigungen, Verwarnungen und Bittschriften zu leben. Vor allem schien sich dieses ungemütliche Netz nach und nach zu verdichten.

Wir fuhren los, voller Freude. Die abwechslungsreiche, hügelige Landschaft war uns vertraut. Wir überquerten zunächst die Tortonne, ein mitten ins Grüne gebettetes Flüßchen, halb versteckt in der üppigen Vegetation seiner Ufer. Dort hatten früher unsere Eltern gelegentlich Forellen geangelt. Das Wasser der normannischen Bäche war damals so rein, daß die Aale, vom Saragossameer kommend, regelmäßig durch die Gewässer aufwärts wanderten, um dort zu Weibchen zu reifen. Der Anblick dieser dichtgedrängten, schlangenförmigen, durchschimmernden Aalkörper, die einem zwingenden Instinkt folgend vorbeischwammen, ist mir unvergeßlich geblieben. Es schien mir unheimlich, daß diese Tiere, wie Papa es uns erzählte, nahezu 5000 Kilometer dem Golfstrom folgend zurückgelegt hatten, bevor sie die Normandie erreichten.

In der Ortschaft Trévières treffen sich drei dieser klaren Flüsse – daher der Name »Trois Rivières«, weil »tré« im Normannischen »trois« heißt. Trévières kannten wir gut: Dort war der Metzger ansässig, der unsere Kälber und Schweine schlachtete und die Kantine mit Fleisch belieferte. Das Städtchen Trévières stand adrett in der Sonne. Die von hohen Hecken umsäumten Wiesen, die Bäche, die zwischen Büschen und Bäumen ihren Weg suchten, alle diese Merkmale unserer Landschaft konnten sich im Nu als natürliche Befestigung entpuppen. Oft genug war der normannische Boden Schauplatz kriegerischer Auseinandersetzungen gewesen.

An der großen Kreuzung von Formigny regelten deutsche Feldgendarme den Verkehr, weil ein Militärkonvoi vorbeifuhr. Dieser Standort, vier Kilometer Luftlinie vom Meer entfernt, hatte eine besondere Bedeutung, weil sich dort in der Ebene zwei wichtige Straßen kreuzen, die Route Nationale Caen-Bayeux-Cherbourg und die von der Küste ins Landesinnere führende Straße (Vierville, Trévières, Le Molay, Balleroy, Caumont).

Formigny war uns auf eine besondere Art sympathisch. Vor nicht zu langer Zeit hatte uns eine befreundete Familie geheimnisvolle, sehr dünne Silbermünzen geschenkt, die hier unter einem uralten Apfelbaum gefunden worden waren. In der Gegend von Formigny waren Kriegserinnerungen lebendig. Im Jahre 1450 hatte dort eine bedeutende Schlacht gegen die Engländer stattgefunden. Der Kampf war so mörderisch gewesen, die Erde davon so aufgewühlt, daß die Bauern noch gelegentlich Gegenstände aus dieser Zeit beim Pflügen entdeckten.

Die Schlacht von Formigny soll die Engländer dazu bewegt

haben, ohne Friedensschluß die Normandie, ja den Kontinent zu verlassen. Wir waren stolz über den Sieg des Grafen de Richemont, Kronfeldherr von Frankreich, aber vielleicht waren die Engländer am Ende des sogenannten Hundertjährigen Krieges einfach aus Überdruß nach Hause gegangen. Wer sollte ihnen verdenken, nach 100 Jahren den Krieg endgültig satt gehabt zu haben? Seit dieser weisen Entscheidung waren fast fünfhundert Jahre vergangen ...

In Vierville gab es eine unpassierbare Grenze. Die Strandstraße war mit dicken Stacheldrahtrollen verbaut. Überall Warnschilder. Von einer kleinen Erhöhung schauten wir zu unserem Strand hinunter. So wie man ein Fernrohr nachstellt, um eine klare Sicht zu bekommen, so versuchten wir, die vor uns liegende Landschaft mit unseren Erinnerungen in Einklang zu bringen. Ich fand, daß es gar nicht so viel zu sehen gab. Die wichtigtuerischen Erzählungen, die uns erreicht hatten, die Geheimniskrämerei, die das Gebiet umgab, hatten uns mehr erwarten lassen. Trotzdem sah der Strand ausgesprochen feindselig aus. Das Meer war gerade ziemlich hoch, so daß man nicht weit sehen konnte, aber Stangen sprossen überall, von den herankommenden Wellen umspült. Sie waren fest verankert und hielten stand.

»Da sind sie, die verflixten Rommelspargel!« sagte Papa, auf die Pfähle in der Brandung deutend. »Die Bauern unseres Milcheinzugsgebiets aus der Gegend von Cerisy sind wütend darüber. Täglich fällt man dort Bäume, um diese Strandhindernisse zu bauen! Ganze Waldstreifen werden zwischen Cerisy und Balleroy abgeholzt, dort, wo ihr früher immer so viel Pfifferlinge gefunden habt!«

»Muß denn alles kaputt gehen?« fragte Colette, die oft für uns drei sprach.

Michel versetzte dem Metallpfosten vor ihm einen Fußtritt. Ganze Reihen von ähnlichen in den Boden gerammten Winkeleisen versperrten den Strandzugang. In unserer Nähe gab es zusätzlich massenweise Rollen aus Stacheldraht. Das große Hotel in der Mitte der Promenade schien befestigt. Nebenan standen kleine Häuser, die wir nicht kannten – Tarnobjekte, wie wir später erfuhren. Die Villen rundherum waren unbewohnt und sahen heruntergekommen aus. Die Farbe blätterte überall ab. Fensterläden hingen herunter. Der Wind blies. Eine trostlose Gegend, die mit unseren Erinnerungen wenig gemeinsam hatte.

»Die Pointe de la Percée sieht man von hier aus nicht«, sagte Michel.

Häuser verbauten uns in der Tat die Sicht westwärts; trotzdem richteten sich unsere Blicke alle dorthin, wo der mächtige Felsenvorsprung im Meer stehen mußte, der den kilometerweiten Strand überragte. Die steile Klippe unterhalb dieses Felsens hatte bei uns Kindern für gemischte, zum Teil angstvolle Erinnerungen gesorgt, wenn wir dort schwarzglänzende, nach frischem Meer duftende Muscheln sammelten. Unterhalb der Pointe de la Percée kam die Flut mit einer unfaßbaren Geschwindigkeit, und man erzählte sich tragische Geschichten von ahnungslosen Menschen, die das Meer an dieser unerklimmbaren, steilen Klippe gefangengenommen hatte.

Obwohl uns dort bei Ebbe keine Gefahr drohte, bekamen wir abends Angst, wenn Papa und seine Freunde aus Abenteuerlust die Zeit zu vergessen schienen, während sie mit Haken und Fanggarn nach Hummern und Krebsen zwischen den Felsen suchten. Die anwesenden Mütter wurden nervös und begannen zum Aufbruch zu mahnen. Als sich die Väter endlich bereiterklärten, zu den Autos zurückzukehren, waren wir so erleichtert, daß wir den halben Kilometer am Fuß der Felsenwand entlang eilten. Die restliche Strecke bis zu unserem Wagen fiel uns wesentlich schwerer. Müdigkeit, Kälte und Hunger wurden uns bewußt; wir quengelten. Michel war damals noch nicht sechs Jahre alt.

Genau an diesem halbmondförmigen, neun Kilometer langen Strand werden am 6. Juni 1944 etwa tausend amerikanische Soldaten sterben müssen. Hoch oben, lange unverwundbar, wird die deutsche Artillerie alles zerfetzen, was sich unten bewegt. Die anderen Geschützstellungen, die das Gelände flankierend abdecken, werden die amerikanische Sturmtruppe ins Kreuzfeuer nehmen. Nach drei Stunden wird »unser« Strand mit einem schrecklichen Wirrwarr von Leibern, brennenden Fahrzeugen und zerschmetterten Booten bedeckt sein. Man wird sogar eine Meldung verfassen, keine Fahrzeuge mehr anzulanden, sondern lediglich Truppen, Menschenmaterial also. »Bloody OMAHA« werden die Beteiligten diesen Strand nennen!

Wir fuhren an diesem Sommerabend 1943 ziemlich schweigsam von Vierville nach Le Molay zurück. Vorahnungen hatten wir keine. Im Gegenteil. Wir waren überzeugt, daß die Landung irgendwo im Norden stattfinden würde, dort wo die Entfernung zwischen England und dem Kontinent geringer ist als bei uns. Niemandem wünschten wir, den Ansturm zu erleben. Uns aber am allerwenigsten!

Wir wußten jedoch, daß der Tag der Entscheidung, der Decision-Day (D-Day) sich näherte. Wir sagten »le jour J«, wenn wir bange von ihm sprachen. Wir begriffen immer mehr, daß er nötig und wünschenswert war, verschoben ihn trotzdem gedanklich auf den Nimmerleinstag, sollte er – Gott bewahre! – uns jemals persönlich betreffen. Wir waren nicht unbedingt Helden. Später wurde gelegentlich behauptet, daß sich die Normannen geradezu nach der Landung gesehnt hätten. Das ist natürlich nicht wahr. Die Normannen sind in der Lage, ohne Pathos, ohne Theater (das sie hassen), ruhig und effizient da zu sein, wo Not am Mann ist. Ihr Wirklichkeitssinn und ihre Verbundenheit zu ihrem Land sind jedoch stark ausgeprägt. Im übrigen, wer wünscht sich schon einen Krieg zu Hause?

»Ich bin der größte Festungsbauer aller Zeiten«, prahlte unterdessen Hitler. »Ich habe den Atlantikwall gebaut.«

Ich? War er damals so sicher, oder tat er nur so? Manchmal muß man sich über alte Protokolle wundern. Die Könige sagten »wir«, wenn sie von sich sprachen; es klang besser, irgendwie höflicher als »ich«. »Nous, roi de France et de Navarre ...« Jeder, der dem König nahestand, konnte sich in dem »wir« vermuten und eine Illusion von Selbstlob mit dieser Redensart erhaschen.

Allerdings hatte noch nie in der Geschichte ein Herrscher den Befehl erteilt, eine fast 5000 Kilometer lange Verteidigungslinie zu bauen. Dies war, wie Hitler betonte, in der Tat ein Novum. Nicht einmal die erlauchten Kaiser von China hatten mit ihrer Mauer eine so gewaltige Länge erreicht! Die als größtes Bauwerk der Erde geltende Chinesische Mauer war aber durchgehend, was man vom Atlantikwall nur bedingt behaupten konnte.

5000 Kilometer ... eine Unendlichkeit. Neun lächerliche Kilometer davon waren »unsere«. Mit uns meine ich die Bewohner unserer glücklichen Gegend. Wir fühlten uns dabei keineswegs großartig, im Gegenteil. Wir dachten ganz simpel: Warum sollte gerade hier etwas passieren?

Wie ein Lauffeuer verbreitete sich im Juli die Nachricht, daß Kosaken – manche sprachen von Mongolen – in Le Molay ansässig geworden waren. Sie hatten braune und eigenartig schekkige Pferde kleinen Wuchses mit sich gebracht. Schmale und niedrige Pferdewagen waren ebenfalls aus den Zügen entladen worden. Normannen interessieren sich seit eh und je für Pferde, weil sie selbst welche züchten. Wilde Gerüchte kursierten, wonach die ehemaligen russischen Kriegsgefangenen der Deutschen teuflisch schnell auf diesen Pferden reiten konnten. Wir Kinder dachten an Attila; schön gruselig das Ganze! Wir verließen das Gelände unserer Fabrik nicht mehr allein.

Die ganze Gegend war verunsichert. Bald lernten wir in Verbindung mit diesem Ausländerbataillon einen nie zuvor gehörten Namen: Bordell. In der Wirtschaft, dem Bahnhof von Le Molay gegenüber, hatte man angeblich einen Bordellbetrieb organisiert und dafür Frauen aus Caen und sogar Paris kommen lassen (»zum Schutz der Bevölkerung«). Die Russen sollten für Bau- und Transportaufgaben innerhalb des Küstensperrbezirks eingesetzt werden. Ob sie mit der deutschen Organisation Todt zu tun hatten, die unter anderem an der Küste die Befestigungen baute, wußten wir nicht.

Als uns durch die Gemeindeverwaltung mitgeteilt wurde, daß wir einen deutschen Offizier in unser Haus aufnehmen mußten, waren wir über diese Einquartierung nicht einmal unglücklich. Die Straße, die von unserer Fabrik zum Bahnhof führte, war einsam, ohne jegliche Bebauung: eine ruhige Straße, die auf halber Strecke unseren Bach überquerte. Ihre Ränder waren von Bäumen und Büschen aller Art prächtig überwuchert. Ein Kilometer nur trennte uns von den Russen.

Der deutsche Leutnant, den man uns schickte, wohnte nur eine knappe Woche in unserem Gästezimmer im ersten Stock. Seine Ordonnanz, ein Lothringer aus Metz, brachte ihm jeden Morgen das Frühstück nach oben und freute sich, anschließend mit uns französisch zu sprechen, während er die Offiziersstiefel putzte. Am ersten Tag war er vorsichtig. Bald sprach er unverblümt: »In Rußland ginge es schlecht. Irgendwann wäre Schluß und jeder würde nach Hause gehen können. In Metz wohne er in der Nähe des Auslieferungslagers unserer Firma. Ob Papa vielleicht ...

Wir fingen an, uns über die »deutsche« Armee zu wundern: russische Gefangene, Lothringer. Es fiel uns wieder ein, daß man ein Jahr zuvor offiziell für die »Légion tricolore« geworben hatte. Mit wenig Erfolg. Ein einziger junger Mann unserer Ortschaft hatte sich freiwillig für die Ostfront in diesem Korps gemeldet, das man auch »Légion des volontaires français contre le Bolchevisme« nannte. Er hieß Pierre. Man munkelte, er sei betrunken gewesen; so verrückt erschien seine Entscheidung, freiwillig in den Krieg nach Rußland ziehen zu wollen. Pierre war ein guter Schüler gewesen. Er hatte gerade mit 19 Jahren seine Lehre als Kfz-Mechaniker bei uns abgeschlossen. Er trank nie. Aus Rußland schrieb er seinen Eltern einen Brief. Dann galt er als verschollen, in dem Riesenland am Ende der Welt umgekommen.

War Rußland wirklich so weit von Le Molay? Wir hatten es gedacht, und plötzlich waren die Russen bei uns, in der Normandie!

Am Samstag erschien die Ordonnanz »unseres« Leutnants sehr in Eile und sagte nur: »Wir ziehen um.«

Der deutsche Offizier kam die Treppe herunter und bedankte sich höflich, während der Soldat aus Metz das Gepäck hinaustrug. Wir hatten keine Möglichkeit, die Gründe des plötzlichen Umzugs zu erfahren. Eigentlich war der Leutnant nett gewesen. Wir hatten ihn kaum gehört. Als er sich verabschiedete, schien er buchstäblich erleichtert, uns zu verlassen. Was hatte ihn veranlaßt, nur eine Woche zu bleiben? War es ihm – kilometerweit von den anderen Deutschen entfernt – zu einsam vorgekommen? Oder war ihm die Nähe der Eisenbahnlinie Paris-Cherbourg unheimlich?

Er blieb unser einziger Quartiergast. Die Gemeinde schickte uns keinen mehr.

Wie man lernt, mit der Angst zu leben

Die Luftangriffe auf die Militärzüge, die an unserer Fabrik vorbeifuhren, häuften sich. Wie hatten wir jemals diese unheilbringende Bahn interessant finden können? Dabei lag das Erlebnis mit den Logenplätzen auf dem Blechdach der Milchannahmestation gar nicht so lange zurück! Die Zeit schien keinen Bestand zu haben. Was gestern galt, konnte morgen blanker Unsinn sein.

Der erste Kampf über Le Molay zwischen englischen Flugzeugen und der Flak eines Militärzuges hatte uns unvorbereitet getroffen. Weil ein Zug plötzlich laut quietschte, während die Lokomotive schrill pfiff, rannten wir, Colette und ich, von unserem Schlafzimmer ins Badezimmer. Dort streckten wir unsere Köpfe nach draußen, um besser sehen zu können. Der Zug lag in seiner ganzen Länge sichtbar vor uns, weil die Lokomotive bei der steinernen Brücke stehen geblieben war. Lärmend brauste von rechts ein Flugzeug heran; es knallte und ratterte fürchterlich. Das Flugzeug drehte im Steilflug ab und verschwand, aber es ballerte weiter. Das zweite Flugzeug sauste im Tiefflug an uns vorbei.

Wir blieben fassungslos am Fenster stehen. Es war kein Leichtsinn, sondern pure Ahnungslosigkeit über das fesselnde Geschehen.

»Da seid ihr!« rief Mama. »Ich schreie wie verrückt, und ihr antwortet nicht, sondern steht ausgerechnet vor diesem Fenster! Das darf doch nicht wahr sein!«

Vor Erregung überschlug sich fast ihre Stimme, während sie nach uns griff und uns ins Zimmerinnere zurückzog.

»Oh, Kinder! Ihr seid nicht bei Trost. Gehen wir schnell in den Keller!«

Ihr Gesicht war von Angst gezeichnet. Plötzlich wurde uns bewußt, daß alles bitter ernst war. Wir liefen mit ihr die Treppe hinunter. Als ein pfeifender Ton ansetzte und sogleich bedrohlich anschwoll, hatten wir gerade die Halle mit der durchgehenden Fensterfront erreicht.

»Sie kommen wieder!« schrie Colette, die mich plötzlich festhielt.

Wir schauten uns an und duckten uns entsetzt. Die knallenden Geräusche der Maschinengewehre hörten sich anders an als zuvor. Daß sie Tod bedeuten konnten, hatten wir inzwischen begriffen. Als das Schießen aufhörte, liefen wir alle drei weiter. Im Keller trafen wir Michel.

»Schnell!« rief er. »In dieser Ecke ist es am besten. Es ist die einzige Stelle ohne Fenster.«

In der Hocke warteten wir bange Minuten auf das zweite Flugzeug. Es kam nicht. Colette kaute an ihren Nägeln. Auch später sollte sie von uns allen am meisten leiden; vielleicht weil sie in ihrer spontanen Art die Ohnmacht unserer Lage tiefer empfand als wir. Sie, die so gern rebellierte, fühlte sich, glaube ich, erbärmlich ausgeliefert.

Die Stille hielt an, und wir atmeten befreit auf. Es war ein Trugschluß: Der Angriff begann gerade von neuem. Colette gab einen klagenden Laut von sich, sagte dann aber nichts. Wir konnten uns genau vorstellen, was draußen geschah, und zogen erneut die Köpfe ein.

Der Keller, gut ausgebaut und fast wohnlich hell, besaß in jedem Zimmer viele Fenster, die gut einen halben Meter hoch waren. Der Platz, den Michel, von Mama hinuntergeschickt, allein ausfindig gemacht hatte, war zweifelsohne der beste. Dort, unter dem schweren Betonpodest des Eingangs, waren wir zumindest von oben geschützt. In den folgenden Tagen ließ Papa diesen winzigen Raum mit Holzsäulen verstärken, um die Betonplatte zu stützen. Eine lange Seite des kleinen Raums blieb jedoch völlig offen.

Unser Vater kam, als der Angriff endgültig aufgehört hatte. Er umarmte uns erleichtert und lobte unser Verhalten.

»Wo bist du gewesen!« fragte Mama.

»In einem Emmentaler-Keller mit allen Leuten, die ich zusammenrufen konnte ... Wir werden alle etwas Besseres brauchen, weiter von der Eisenbahnlinie entfernt: einen gedeckten Zickzack-Schutzgraben in der Erde, wie an der Front ...«

Niemand antwortete und Papa fragte:

»Habt ihr Angst gehabt, Kinder?«

»Du nicht?« sagte Colette trotzig. Unser Vater, der die wesentlichen Dinge zu unserem Schutz in weiser Voraussicht plante und rechtzeitig verwirklichen lassen sollte, war nie bei uns, wenn etwas geschah. Daran würden wir uns später gewöhnen müssen. Diese Tatsache verfolgte uns. Wenn wir ihn gern in unserer Nähe gehabt hätten, war er prompt unabkömmlich, irgendwo in seiner Verantwortung für andere festgenagelt.

Nun ging er mit uns nach oben, und wir schauten abwechselnd durch das Fenster unseres Badezimmers. Der Zug war weggefahren. Der Kampf schien – in dieser Entfernung – keine Spur hinterlassen zu haben. Wir waren maßlos erstaunt. Wozu hatten wir uns vorhin so aufgeregt?

Einige Wochen später wurde uns deutlicher gezeigt, daß wir als Zuschauer ausgespielt hatten. Zwangsweise waren wir Partei in einer Auseinandersetzung geworden, die über unseren Köpfen entschieden wurde. Als wir nach einem besonders lauten Kelleraufenthalt unser Schlafzimmer betraten, war alles dünn mit weißem Staub bedeckt. Im Bad lagen Gips- und Ziegelbrocken am Boden – auch Glasscherben. Geschosse waren durch das Mauerwerk und das Fenster eingedrungen. Eins davon hatte den Spiegel über dem Waschbecken zerschlagen: Das entsetzte uns am meisten. Unser Spiegelbild sah jetzt durchlöchert und gesprenkelt aus. Stücke fehlten darin wie in einem unfertigen Puzzle.

Die Vorstellung, daß wir vorhin hier hätten stehen können, war ausgesprochen ungemütlich. Von nun an brauchte uns niemand zu warnen. Sobald ein Zug anhielt, rannten wir in den Keller. Das geschah öfter. Wir hatten das Pech, innerhalb der Gemeinde Le Molay genau an der falschen Stelle zu wohnen. Die französischen Lokführer hatten sich rasch daran gewöhnt, unter der steinernen Brücke Schutz zu suchen. Sobald Flugzeuge gemeldet wurden, brachten sie ihre Lok dort zum Stehen. Die Brücke war schon ganz verrußt, denn der Qualm, der aus den Kaminen hochschoß, umwehte, durch den Bogen geteilt, beide Seiten, bevor er sich als Tarnwolke über der gefährdeten Stelle ausweitete. Unser Haus stand außerhalb dieses Bereichs, ungefähr dort, wo die Chancen am größten waren, von der Schießerei etwas abzubekommen; der Waggon, in welchem die Flak untergebracht war, stand meistens ganz in unserer Nähe.

Nicht jedes Anhalten eines Zuges vor unserer Fabrik hatte allerdings Folgen. Vor allem im Jahre 1943 gab es oft nur blinden Alarm. Der Zug setzte sich nach einer Weile wieder in Bewegung, und wir empfanden Erleichterung darüber, daß die Soldaten von dannen zogen. Weg von uns!

Daß eine solche momentane Erleichterung als egoistisch und im patriotischen Sinn fast als verwerflich hätte gelten können, war uns nicht bewußt. Das heißt jedoch nicht, daß uns der Widerstandsgedanke völlig fremd war. Er lockte uns manchmal wie eine romantische Vorstellung vom Unerreichbaren. Denn uns war klar, daß aktiver Widerstand in unserem dichtbesetzten Sperrbezirk sträfliche Gefährdung von Menschenleben bedeutet hätte.

Unsere Weisheit kam nicht von ungefähr. Seit 1941 wurden wir regelmäßig mit dem Thema konfrontiert, wenn Papa – wie alle männlichen Dorfbewohner – bei der Eisenbahn in der Nacht Wache schob. Dies geschah einmal im Monat.

Als der russische Feldzug begonnen hatte, waren Militärzüge angegriffen worden. Die Résistance FER – die Widerstandsbewegung der Eisenbahner – konstituierte sich, angespornt durch die radikale Wende der deutschen Politik Rußland gegenüber. Ihr Hauptziel war, Medlungen über die Militärzüge zu erstatten. Sprengstoffattentate waren allerdings nicht ausgeschlossen. Sehr bald wurde die Zivilbevölkerung verpflichtet, die Eisenbahnlinie zu bewachen. Ein Mann pro 100 Meter hatte von acht Uhr abends bis in der Frühe hin und her zu pendeln. Natürlich benahmen sich die Männer nicht so akkurat. Gelegentlich saßen sie kurz zusammen, plauderten und tranken warmen Ersatzkaffee. Jeder brachte eine Thermosflasche und ein wenig zu essen mit. Unruhig waren sie jedoch immer, weil sie sich unter Lebensgefahr dafür verantwortlich fühlten, daß an der Bahn nichts geschah.

Die Nachtwache von Papa hatte inzwischen so oft ohne besondere Vorkommnisse stattgefunden, daß wir Kinder uns nicht mehr ängstigten, wenn er dorthin fuhr. Mama tat es nach wie vor. Es sollte aber während der ganzen Besatzungszeit keine spektakuläre Handlung der Résistance in unserem Sperrbezirk geben.

Daß die Deutschen es mit dem Verbot von Feuerwaffen mehr als ernst meinten, hatten wir ein Jahr zuvor – im Herbst 1942 – mit Bestürzung erfahren. Der Schmied, der in unserer Fabrik arbeitete, war Vater von sechs Kindern. Wir hatten oft zugeschaut, wenn er glühende Eisen zurechtbog oder Pferde mit Eisen beschlug. Dieser Schmied hatte sein Jagdgewehr in seinem Haus versteckt, weil er sich von der geliebten Waffe nicht hatte trennen wollen, wie die Vorschriften es verlangten. Eines Abends – war er angetrunken? – bekam er mit seinem ältesten Sohn Streit. Er holte die Waffe aus dem Versteck und schoß draußen einmal in die Luft. Dies wurde gemeldet. Der Schmied, am nächsten Tag von den Deutschen abgeholt, kam nie wieder. Papa hatte noch versucht, ihn zur »unentbehrlichen Arbeitskraft« zu erklären. (Die Geschichte hatte nachweislich mit der Widerstandsbewegung nichts zu tun.) Aber es war vergeblich. Der Mann verschwand auf Nimmerwiedersehen. Seine Familie erfuhr erst zwei Jahre später von seinem Tod.

Unsere 25 Pferde bereiteten unterdessen Papa Kummer. Der Beruf des »Maréchal-ferrant« war ein aussterbendes Handwerk. Hufschmiede waren in unserer Gegend mit der Verbreitung der modernen Verkehrsmittel selten geworden. Zu Friedenszeiten hatte man sie kaum noch benötigt; nun hatten die übriggebliebenen Maréchaux alle Hände voll zu tun.

Am 22. September 1943 flatterten Flugblätter in den Hof der Fabrik. »Seien Sie mißtrauisch!« stand groß darauf. Wir sammelten eifrig eine Menge von den kleinen Zetteln. Die Flugblätter waren beidseitig bedruckt. Unter »mißtrauisch« stand klein geschrieben:

»Folgende Ratschläge wurden am 6. September 1943 vom Sprecher des Oberbefehlshabers der Alliierten im Rundfunk durchgegeben: Nehmen Sie sich in acht vor feindlicher Provokation! Wir haben erfahren, daß die Deutschen Gerüchte verbreiten, wonach die zur Zeit in den britischen Küstengebieten konzentrierten Truppen für eine Landung auf dem Kontinent bestimmt sind. Achten Sie nicht auf solche Gerüchte! Sie wurden von den Deutschen lanciert, in der Hoffnung, Reaktionen zu provozieren, die als Vorwand für harte Repressalien dienen würden. Disziplin, Verschwiegenheit, Geduld, das ist die Parole. Wir werden unser Versprechen halten. Den Tag, an dem Ihr aktives Mitwirken gebraucht wird, werden Sie rechtzeitig erfahren.«

Auf der Rückseite stand dick geschrieben:

»Les Boches lassen Gerüchte kursieren.«

»Wir werden unser Versprechen halten, Sie zu benachrichtigen, sobald es darum geht, zu handeln.«

Das Ganze war furchtbar aufregend. Zum ersten Mal hatten wir einen direkten Kontakt mit England. Man redete mit uns wie mit bewährten Verschwörern. Die Eltern sahen eher bekümmert aus, als wir stolz das Ergebnis unserer Sammelaktion nach Hause brachten. Nach der Lektüre ließen sie uns alle Flugblätter vernichten – alle! (Später erfuhr ich, daß sie ein Exemplar davon behalten hatten. Ich habe es noch heute.) Über unsere momentane Enttäuschung trösteten wir uns mit dem Gedanken hinweg, daß es bei Sondermissionen üblich ist, belastendes Material sofort zu vernichten.

»Haben die Engländer nur hier solche Flugblätter abgeworfen oder auch anderswo?« fragte plötzlich einer von uns.

»Vermutlich überall an der Küste«, antwortete Papa, aber die Frage blieb bedrohlich in der Luft.

Daß Truppen in den britischen Küstengebieten konzentriert waren, hatten wir vorher nicht gewußt. Diese Tatsache war eigentlich die einzige klare Aussage des Flugblattes, die nicht zu widerlegen war. Für alles andere mußte angenommen werden, daß die Alliierten ihre Meldung nicht im Klartext verfaßt hatten und vielleicht sogar das Gegenteil von dem meinten, was sie schrieben. Sollte das heißen, daß wir bald »fällig« waren? Der Verdacht war so ungeheuerlich, daß wir ihn in dem natürlichen Bestreben, ganz normal zu leben, bald wieder vergaßen.

Ob die Eltern sich so leicht wie wir damit abfanden, bleibt anheimgestellt. Vater hatte einen Platz ausgesucht, um den Schutzgraben bauen zu lassen: einen schmalen Grund mit wirrem Gebüsch, am Ende der Handwerkerstraße, unweit von dem großen Wasserturm. Er war damit beschäftigt, Skizzen des Grabens anzufertigen, als wir von Le Molay nach Caen ins Internat zurückfuhren.

Wir waren froh, daß das Schuljahr wieder begonnen hatte. Hier war unser Weg vorgezeichnet: Französisch, Latein, Mathematik, Physik, Erdkunde, Geschichte ..., schön der Reihe nach. Leider stand die Französische Revolution auf dem Programm. Schon wieder! Wir hatten es einfach satt zu hören, daß Menschen, egal zu welchem Zweck, umgebracht wurden.

Die Lehrerin, die uns in französischer Literatur unterrichtete, trug ihr Haar in einem Knoten gebunden; wir hatten viel im voraus von ihr gehört. Diese »weltliche Dame« hatte die lebhaftesten Augen, die man sich vorstellen kann, und bestätigte ihren Ruf. Sie duldete in unseren Aufsätzen nicht den geringsten Denkfehler. Orthographische Fehler unterstrich sie mit Wonne dreimal rot. Schlechte Formulierungen wurden von ihr regelrecht an den Pranger gestellt, oft vor der ganzen Klasse vorgelesen. Sie war nicht bequem, die alte Dame, aber immer interessant. Eigenartigerweise mochten wir sie. Chic angezogen war sie auch. Man erzählte sich, daß sie nicht geheiratet hatte, weil ihr Bräutigam 1918 gefallen war. Diese Lehrerin besaß zwei Doktortitel, eine für ihre Generation ungewöhnliche Leistung. Philosophie war ihr Lieblingsfach. Damit geriet sie in einen Zwiespalt: Sie bewunderte die deutschen Philosophen, die deutsche Musik und verabscheute die momentane deutsche Politik. Sie war ein eigenwilliges Geschöpf und schien vor niemandem Angst zu haben.

Auch wenn wir, mitten im Unterricht, in den Keller flüchten mußten, blieb sie gelassen. Diese mit heulender Sirene angekündigten Unterbrechungen unseres Unterrichts bedeuteten für uns keine erfreuliche Pause. In einem muffigen Keller, der – wie sich später herausstellen sollte – keinerlei Schutz bot, ließen uns die Nonnen beten. Dies war an und für sich eine gute Idee, denn die Schülerinnen, die anfänglich durch Weinen und Winseln die allgemeine Stimmung belastet hatten, fühlten sich nun verpflichtet, leiser zu sein. Die Jüngeren taten uns oft leid. Angst läßt sich nicht leicht unterdrücken. Manche Kinder kuschelten sich mit hilfesuchenden Augen an eine größere Schülerin oder ergriffen plötzlich eine Hand, wenn dumpfe Geräusche in der Ferne zu hören waren. Angst ist ansteckend. Ruhe ebenfalls. Es fragt sich nur, welche Ausstrahlung die stärkere ist.

»Heilige Maria, Mutter Gottes, bitte für uns jetzt und in der Stunde unseres Todes ..., jetzt und in der Stunde unseres Todes.«

Ob beides einnmal für uns zusammenfallen würde? Aber

selbst dann? Winkte uns nicht der Himmel? So ein Rosenkranz war weise, für alle Eventualitäten richtig. Auch der Ton des sich wiederholenden Gebetes beruhigte. Hätten wir allerdings so viel an den Tod gedacht, wenn wir seinen Namen nicht so oft wiederholt hätten? Manchmal fühlten wir uns wie die Frühchristen in den Katakomben, die selig und voller Zuversicht auf ihren sicheren Tod warteten.

Dieser feuchte Keller hatte etwas Makabres an sich. Es trug sich zu, daß eine ganz alte Nonne in unserem Internat starb. Sie war sehr lange bettlägerig gewesen; wir hatten sie deshalb kaum gekannt. Als sie zwischen Blumen und Kerzen friedlich aufgebahrt war, sprach die Oberin zu uns Schülerinnen der letzten Klassen: Wir dürften, wenn wir wollten, uns von der verstorbenen Mutter Dorothea verabschieden und sie in der Einfriedung des Klosters besuchen. Die meisten von uns hatten noch nie einen Toten gesehen. Wir zögerten. Diese uns überlassene Entscheidung war nicht leicht zu treffen. Der Reiz, einmal die Klausur betreten und somit sehen zu können, wo unsere Ursulinen privat lebten, zog uns aber doch dorthin. Durch den Hinweis beruhigt, daß Mutter Dorothea sanft und sogar schön aussehe, weil sie ganz und gar in Frieden mit dem Herrn gestorben war, beschlossen viele Schülerinnen gemeinsam hinzugehen. Ich gehörte dazu und war wirklich erstaunt, wie friedlich der Tod sein kann. Genau dies hatten vermutlich unsere Erzieherinnen erreichen wollen: Daß der Anblick des Todes einen Teil seines Schreckens verlor. Ahnten sie damals schon, daß manche von uns bald die Erinnerung an Mutter Dorothea brauchen würden, um mit schlimmeren Bildern fertigzuwerden?

An einem Sonntagnachmittag unternahmen wir, wir waren etwa 50, einen sehr langen Spaziergang. Die Caen-Ebene mit ihrem weiten Himmel über großflächigen Feldern lud dazu ein. Es war ein herrlicher Tag, kalt und trocken, wie man ihn in der Normandie selten im Herbst erlebt. Der Wind blies stark und schmeckte ein wenig salzig. Die ersten Wolken des nächsten Atlantiktiefs huschten bereits mit einem begeisternden Tempo über uns vorbei.

Wir bekamen Lust, uns auf den Boden niederzulegen, um ihre rasche Wanderung am Himmel besser zu verfolgen. Die beiden Nonnen, die uns begleiteten, schlugen auf unsere Bitte hin eine Pause vor. Bald lagen wir, vier nebeneinander auf dem harten Boden eines geernteten Getreidefeldes, während die anderen Schülerinnen sich hinsetzten oder stehend plauderten.

Über uns zogen auf blauem Grund rasch wechselnde Formen von aufgepusteten Wolken dahin, schneeweiß mit grauen Rükken und bedrohlich schwarzen Schatten, die diesen wandernden Gestalten eine merkwürdige, kurzlebige Existenz verliehen. Manchmal hatte man wirklich den Eindruck, daß die Wolken miteinander kämpften, sich bedrohten, sich sogar verschlangen oder um die Wette liefen: eine Schlacht von Rittern, die sich während des Reiterkampfspiels gelegentlich in Nichts auflösten.

Wo waren diese Wolken geboren? Weit über dem Atlantik oder über England? Was hätte man alles gesehen, wenn man sich in einer von ihnen hätte verstecken können? Die berühmten Schiffe, die an der Küste Englands in großer Zahl warteten? Es wäre, dachte ich, wirklich lustig, auf einer Wolke schwebend, alles zu beobachten, was die dummen Menschen überall da unten auf der Erde mit ihren ewigen Kriegen anstellen, und, wenn man ganz oben wäre, hätte man vielleicht den Eindruck, daß ihre Bemühungen sich auf die Dauer in Nichts auflösen wie die Wolken.

Irgendwann, mitten in der Woche, tauchte einmal Papa am Abend auf. Obwohl es eigentlich verboten war, Besuch zu bekommen, holte man uns aus dem großen Saal, in dem wir gerade Hausaufgaben machten. Unten, im kleinen Salon, fanden wir Papa sehr aufgeregt. Er war bei der Kommandantur von Caen gewesen und wollte uns unbedingt sehen, bevor er nach Le Molay zurückfuhr.

»Ist etwas los mit dir?« fragte Colette entsetzt.

»Wenn du nach Hause fährst, ist alles in Ordnung, nicht wahr?« fragte ich fast zu gleicher Zeit. Mein Herz schlug wild. Das von Colette sicher ebenso.

»Nicht ganz, Kinder. Ich werde nach Paris fahren müssen ..., übermorgen. Es wird sich wahrscheinlich alles klären, aber ich wollte euch sehen – wenn ich schon hier bin.«

Papa sagte das mit einem traurigen Lächeln. Seine Unterlippe verzog sich verdächtig. Am liebsten hätten wir beide unseren Vater umarmt. (Später, als wir flüsternd den Vorfall in unserer Schlafzelle besprachen, stellten wir unsere Einstimmigkeit fest.) Während der kurzen Zeit des Besuchs von Papa mußten wir aber mehr erfahren. Wir mußten ihn ausreden lassen.

»Worum geht es?« fragte ich zaghaft.

»Ich bin beschuldigt worden, die Deutschen seit Monaten zu betrügen, indem ich der Heeresverpflegungsstelle falsche Daten zukommen lasse, die zwar mit der vorgeschriebenen Qualität für unseren Butterkäse übereinstimmen, nicht aber mit der tatsächlich gelieferten Ware.«

»Stimmt das?«

»Natürlich nicht. Wir werden uns nicht ans Messer liefern. Wieso die Deutschen im Zentrallaboratorium von Paris 38 Prozent Fettgehalt herausbekommen, während wir in Le Molay die nötigen 40 oder gar 40,5 Prozent bei jeder Warenprobe haben, weiß ich allerdings nicht. Das ist ja das Schlimme. Ich habe keine Erklärung dafür, überhaupt keine Erklärung.«

»Wollen sie dir eine Falle stellen?«

»Was hätten sie davon? Nein, es kann nicht sein. Aber wie soll ich beweisen, daß unser Laboratorium in Le Molay ehrlich arbeitet? Ich brauche handfeste Beweise ..., wenn überhaupt mit diesen Deutschen zu reden ist. Freund heißt der Kerl, mit dem ich vorhin zusammen war. Ausgerechnet Freund!«

»Wieso?«

»Das heißt ›ami‹. Hole ihn der Teufel!«

Und dann, einer plötzlichen Eingebung folgend, sagte Papa fast feierlich:

»Ich habe mit euch noch nie so geredet. Ihr seid beide groß und könnt begreifen, wie wichtig alles ist. Ihr dürft niemandem erzählen, was ich gesagt habe, keiner einzigen Freundin, wirklich niemandem. Und wenn die Deutschen euch fragen sollten, ob ich hier gewesen bin, dann sagt die Wahrheit und wie bestürzt ich war, weil die Zahlen von Le Molay stimmen.«

»Zwei Prozent Unterschied«, sagte Colette, »ist das wirklich so schlimm?«

»Das ist es schon«, antwortete Papa, in seine Gedanken versunken. Als er weitersprach, hatten wir den Eindruck, daß er eher laut dachte:

»Er ließ mich nicht einmal reden, dieser Deutsche. Er sprach pausenlos. Dann rief er Paris an. Den Telefonhörer in der linken Hand, schrie er ›Heil Hitler, Herr Oberst!‹ und hob zugleich die rechte Hand steif zum Gruß, so als ob sein Vorgesetzter ihn in Paris hätte sehen können!«

»War sonst niemand im Zimmer?«

»Nein, nur ich. Nachträglich könnte man fast darüber lachen; mir war allerdings nicht danach zumute. Es war fast gespenstisch. Ich verstand wenig von dem, was er am Telefon sagte. Es gab lange Pausen, die er mit ›Jawohl, Herr Oberst‹ beendete. Zum Schluß stand er noch einmal stramm vor dem Telefon und sagte dann scheinbar sehr zufrieden zu mir: ›Sie werden übermorgen nach Paris fahren, Monsieur. Um 14 Uhr werden Sie in der Rue de Danzig erwartet.‹«

»Sprach er französisch?«

»Oh, ja. Sehr gut sogar. Er sagte weiter: ›Wir haben Sie mehrmals gewarnt, aber Sie wollten Ihren verflixten Fettgehalt nicht erhöhen. Sabotage ist das! Und Sie stellen sich auch noch stur und behaupten, Ihr Käse hätte doch 40 Prozent. Was glauben Sie eigentlich? Deutsche Chemiker irren sich nicht. Sie haben wohl gedacht, daß wir nichts merken würden? Seit Monaten betrügen Sie die deutsche Wehrmacht. Jetzt ist Schluß, verstehen Sie?‹«

»Was sagtest du dazu?«

»Nichts.«

»Nichts?«

»Es hätte doch keinen Sinn gehabt. Ich hoffe nur, daß sie in Paris sachlicher sind als dieser Leutnant Freund.«

Wir dachten oft an diesen letzten Satz. Papa war schon zwei Tage in Paris, und wir hörten noch immer nichts von ihm. Die Welt um uns schien immer düsterer zu werden, aber es durfte niemand ahnen, daß wir das dachten. Schweigen läßt sich zu zweit leichter ertragen. Wir wußten mit Blicken, daß wir das Gleiche empfanden, beinahe wie Zwillinge, die keine Worte brauchen, um sich zu verstehen.

Ob Michel in seinem Internat bei Saint-Lô Bescheid wußte? Von ihm sprachen wir jetzt öfter. Er fehlte uns sehr, der jüngste der Familie. Mit seinem blinden Glauben an die Fähigkeiten unseres Vaters, hätte er wahrscheinlich gesagt: »Warum habt ihr Angst? Papa wird die Leute in Paris überzeugen. Er ist ja im Recht.« Im Recht? Ob das in dieser seltsamen Welt ausreichend war? Genügte es, das Recht auf seiner Seite zu haben, um sich durchzusetzen? Genügte es, um zu überleben?

Papa hatte Glück! Der verantwortliche Mann für die Lebensmittelkontrolle aller Lieferungen der Wehrmacht in Frankreich war ein pflichtbewußter Chemiker. Er hieß Dr. Lindner und hatte zu Friedenszeiten eine vergleichbare Stellung in München für die Bevölkerung Bayerns innegehabt. Als Oberst Lindner sehr distanziert Papa einen Stuhl in seinem Büro anbot, war die Stimmung noch beklemmend.

»Es liegt gegen Sie eine schwerwiegende Anschuldigung vor«, sagte der Oberst in gutem Französisch. »Der Bericht aus Caen ist sehr belastend. Was können Sie dazu sagen?«

Papa freute sich, daß er keinen Dolmetscher brauchte.

»Ich kann nur wiederholen, daß unsere Messungen in Le Molay stets 40 Prozent Fettgehalt ergeben haben und daß ich einfach nicht begreife, warum Zahlen zwischen 38,5 und 37,5 gefunden wurden. Es muß einen Grund haben. Da wir sicherlich die gleiche Methode für die Untersuchungen der Proben anwenden, habe ich einfach keine Erklärung.«

Oberst Lindner hatte aufmerksam zugehört. Es wurde gefachsimpelt: Von Gerber, Weibull war die Rede, von Buttersäure, von »butyromètre« . . . und vom Eichmaß. Papa fühlte sich langsam wohler. Oberst Lindner stellte viele Fragen, auch über die Meßgläser, die man in Frankreich in den Laboratorien anwandte. Und plötzlich – Papa spürte dies – hatte der deutsche Oberst Zweifel. Ob man dem vor ihm sitzenden Mann nicht etwa Unrecht tat? Aufatmend erklärte Papa nun ganz sachlich, daß die in Le Molay benützten Meßgeräte aus der Zeit vor 1939 stammten und damit noch von den Eichbehörden geprüft worden waren. Dr. Lindner war ein Mann, der nicht gern mit ungelösten Fragen lebte. Er kümmerte sich sofort darum und ließ Untersuchungen durchführen: Abweichungen in den Ergebnissen wurden entdeckt, die nicht innerhalb der zulässigen Fehlergrenzen lagen. Die im Krieg nicht mit der nötigen Sorgfalt hergestellten Gläser wurden von nun an mit einem kalkulierten Fehlerkoeffizienten im Laboratorium der Rue de Danzig angewandt.

Unser Vater durfte in die Normandie zurückfahren. Mama war außer sich vor Freude, als ihr Mann nach Hause kam.

»Oberst Lindner ist ein großartiger Mann«, sagte Papa. »Zum Abschied sagte er zu mir: Wer weiß? Vielleicht sehen wir uns später mal in München.«

»Oh, nein!« erwiderte Mama.

»Warum nicht? In einigen Jahren vielleicht . . .«

Auftragsgemäß mußte sich Papa unterdessen bei der Kommandantur von Caen zurückmelden. Er fuhr beschwingt dorthin.

»Sie haben Glück!« sagte Leutnant Freund großartig. »Ich hätte Sie die ganze Macht des Deutschen Reiches spüren lassen. Passen Sie in Zukunft auf!« Nach einer Pause verabschiedete er sich knapp: »Den Franzosen ist doch nicht zu trauen. Heil Hitler!«

Nachträglich ärgerte sich Papa sehr, daß er schweigsam alles hingenommen hatte.

»Ich konnte damals nicht anders – leider –, aber ich hätte am liebsten ›Es lebe Frankreich geschrien!‹. Solche Typen können sogar ruhige Menschen zur Raserei bringen.«

»Und du bist die Ruhe in Person«, sagte Mama verschmitzt.

»Manchmal ja, gerade wenn ich platzen möchte.«

»Das ist wahr!« sagte Mama wieder ernst. »Ich wundere mich manchmal.«

Weihnachten 1943 brachte keine erfreuliche Bescherung. Die Eltern hatten bei der Gemeinde von Le Molay drei Anträge mit der Bitte um neue Wintermäntel für uns Kinder gestellt. Als Begründung stand geschrieben:

»Die alten Mäntel, über zwei Jahre alt, sind abgenützt und viel zu klein.«

Alle drei Anträge, versehen mit einem schwarzen Stempeldruck kamen zur: »Refusé« (abgelehnt)! Dieses dicke Wort hatte etwas Endgültiges, persönlich Beleidigendes an sich. Aus den Säumen unserer Mäntel war der Stoff schon längst herausgelassen worden. Die Knöpfe vorne, im Laufe der Zeit mehrmals gewandert, jetzt an den extremen Rand genäht, hemmten im geschlossenen Zustand unsere Bewegung so sehr, daß wir sie meistens offen ließen. Besonders Michel sah in seinem Mantel schlimm aus; seine Arme und seine Beine, die herausguckten, wirkten erschreckend dürr.

»Wenn sie wenigstens einen Mantel für Colette genehmigt hätten«, sagte Mama, »dann hättet ihr, Nany und Michel, die zwei größeren Mäntel bekommen können . . .«

»Darf man nicht einmal mehr wachsen?« fragte Colette.

»Bringt es was?« antwortete Michel mit einer Weisheit, die uns erstaunte. Unser Bruder war in der letzten Zeit wirklich größer geworden. Er fuhr nach Saint-Lô zurück, wir nach Caen.

Wenn wir das Internat in der Früh verließen, war es noch absolut finster. Die nasse Kälte des Winters legte sich schwer und feindselig über uns, während wir in der trüben Beleuchtung der blaubemalten Straßenlaternen zur Schule gingen. Ab und zu fuhr zaghaft ein halberblindetes Auto vorbei, dessen Scheinwerfer mit einer Art Lid aus Metall ausgestattet waren, damit sein ohnehin abgeblendetes Licht unsichtbar für die Flugzeuge blieb.

Wir sprachen nicht miteinander. Erst das Gehen machte uns allmählich wach und verdrängte das Gefühl, hinausgeworfen worden zu sein, das wir zu Beginn unserer stummen Wanderung immer wieder empfanden. Unsere Schulranzen waren schwer. Warum mußten wir jeden Tag eine solche Menge Bücher schleppen? Wenn wir die Rue Saint-Jean erreichten, machte unsere Kolonne bereits einen munteren Eindruck. Am Sankt-Peter-Platz schwätzten wir regelrecht. Aber es war immer noch dunkel.

1941 waren die Uhren zwei Stunden vorgestellt worden, um die Organisation des deutschen Imperiums zu vereinfachen. Von Rußland bis zum letzten Zipfel des Kontinents lebten wir »à l'heure allemande«. In der Normandie, am westlichen Rand Europas, wirkte sich die Einführung zentraleuropäischer Zeit besonders kraß aus.

Der Frühling brachte uns mehr Licht aber auch mehr Bewegung am Himmel. Ganze Geschwader flogen, perfekt geordnet, in großer Höhe über uns. Von diesen Flugzeugen hatten wir nichts zu befürchten; sie flogen eindeutig nach Osten und waren zu hoch, um sich für uns zu interessieren. Das rollende, sich eintönig wie ein Schnarchen wiederholende Brummen war entnervend. Was geschah mit diesen ungeheuren Wellen von Flugzeugen, die wie eine nicht aufzuhaltende Armada immer häufiger zwischen England und ihrem Bestimmungsort hin und her pendelten? Für wen waren die Bomben bestimmt, die sie trugen? Der Osten blieb allgemein für uns fern und ohne bestimmte Grenzen: Von den militärischen Zielen, die es dort gab, wußten wir wenig. In Caen hatten wir allerdings erfahren, daß Bomben nicht immer nach Wunsch fallen. Manche hatten Häuser zerstört, die weit vom Hauptbahnhof standen, und eine Bombe war mitten auf der großen Wiese von Caen explodiert.

Bei schönem Wetter versuchten wir gelegentlich, die winzigen hellen Kreuze, die neben- und hintereinander am Himmel gereiht waren, zu zählen. Obwohl sie wegen der großen Flughöhe lange sichtbar blieben, war eine Zählung nur möglich, wenn man systematisch multiplizierte. Diese Tatsache erfüllte uns mit Unbehagen. Was so viele Flugzeuge anrichteten, mußte verheerend sein.

»Les Boches werden ganz schön was abkriegen«, sagte einmal eine Schülerin.

Wir schauten uns betroffen an. Nicht, daß der damals landläufige Ausdruck »les Boches« uns gestört hätte! Nein, aber die freudige Bemerkung der Schülerin war irgendwie erschütternd: Waren die Toten nicht Menschen, vielleicht sogar Kinder wie wir?

Wir beobachteten auch, wie manche Gruppen innerhalb dieser strenggeordneten Formationen von Flugzeugen unvollständig nach England zurückflogen. Wir dachten dann: Wie viele Piloten sind heute abgeschossen worden? Wie viele werden nie mehr nach Hause kommen?

55000 britische Bombenflieger fanden über Deutschland den Tod. Nachträglich wurde ausgerechnet, daß die Lebenserwartung einer britischen Bomberbesatzung damals bei nur 30 Einsätzen lag.

Es wäre für uns bequem gewesen, einfach nur für die Engländer Partei zu ergreifen. Wir tendierten ohnehin dazu, aber unsere Phantasie hielt uns davor zurück, ganz einseitig zu denken. Wir stellten uns zuviel vor, das war wohl unser Fehler. Ob unsere christliche Erziehung dabei nicht eine große Rolle spielte?

Ende Mai hatten in Le Molay zwei niedrig fliegende Jagdflugzeuge aus heiterem Himmel die Magazine ihrer Maschinengewehre im Hof der Fabrik leergeschossen. Papa verhandelte gerade mit deutschen Offizieren, deren Autos draußen neben Papas Peugeot standen. Diesen erwischte es: Ein Geschoß bohrte ein Loch durch die Windschutzscheibe und durchdrang die vordere Lehne, dort wo Papa vorher gesessen hatte. Im Hof wurde niemand verletzt.

»Ist es möglich,« fragte Mama später, »daß sie gewußt haben, daß Deutsche hier waren?«

»Ich glaube, wir drehen langsam alle durch«, antwortete Papa. »Es ist natürlich nicht möglich, und doch habe ich mir vorhin genau die gleiche Frage gestellt.«

»Ich hätte gern die Kinder bei uns«, sagte sie nachdenklich. »Es passiert so viel in der letzten Zeit. In Amiens sind bei den Bombenangriffen auf den Bahnhof viele Menschen umgekommen, und Caen..«

»Du denkst nach wie vor an deine Somme«, unterbrach er sie leicht spöttisch.

»Aber nein, ich wollte nur sagen, daß alle größeren Städte sehr gefährdet sind.«

»Du brauchst dich nicht zu verteidigen«, sagte er fröhlich, sie umarmend. »Auch ich hätte die Kinder lieber hier.«

»Du auch?«

»Aber natürlich. Dann wären wir eben zusammen. Der

Schutzgraben wird nicht schlecht. Was weiß man, was sie in den Klöstern von Caen und Saint-Lô für Keller haben?«

»Die Kinder haben vermutlich sowieso keinen regelmäßigen Unterricht mehr.«

»O,k! Ich fahre morgen nach Caen und hole die Mädchen heim. Eigentlich komisch, daß wir beide dies gerade heute wünschen, nachdem wir einen Angriff erlebt haben. Ob es hier mit unserer Eisenbahn und der Fabrik besser ist? . . . Ich habe auch gehört, daß man in der Nähe des Schlosses von Le Molay eine Abschußrampe für V-1 baut. Die Deutschen haben das Gelände streng abgesperrt und sollen sehr rasch arbeiten.«

»O Gott!« sagte Mama entsetzt. »Das hat uns gerade noch gefehlt.«

»Man erzählt so viel. Es ist nicht unbedingt wahr. Sicher ist nur, daß die Deutschen eine größere Fläche abgeholzt haben und daß sie viel Beton brauchen. Möglicherweise wollen sie nur einen großen Bunker bauen.«

Mama stöhnte.

»Nur keine Bange, Chérie. Sobald du deine Kücken um dich hast, geht es dir besser. Mir übrigens auch! Morgen hole ich also die Mädchen, Sonntag unseren Jungen.«

Dieser Samstag war der 27. Mai 1944, der 10. Tag vor dem Countdown der Alliierten.

Durch diese Entscheidung der Eltern blieb uns manches erspart. Sie holten uns aus zwei Städten heraus, um die erbitterte Kämpfe entstanden: Nach 33 Tagen andauernder Kampfhandlungen wurde die belagerte Stadt Caen am 9. Juli – nach einem letzten Bombenangriff mit 460 Flugzeugen, die innerhalb 40 Minuten je fünf Tonnen Bomben abwarfen – zum Teil befreit. Vierzehn unserer Kameradinnen starben dort im Juni 1944. Saint-Lô erging es nicht besser als Caen. Das Städtchen, zu 80 Prozent zerstört, wurde von den Amerikanern »Ruinenhauptstadt« genannt. Genau zehn Einwohner überlebten dort die Befreiung. 1000 Menschen lagen unter den Trümmern begraben.

Es ist Sonntag. Glücklich, wieder vereint zu sein, sitzen wir zu fünft in dem nach Apfel und Bienenwachs duftenden Eßzimmer von Le Molay. Wir haben den Eindruck, daß von nun an uns niemand mehr etwas anhaben kann. Unsere selbsthergestellten Kerzen brennen hell in dem Leuchter auf dem Tisch. Seit einigen Jahren stehen zwei Bienenhäuser in unserem Garten, weil wir, wie viele, versuchen, mit erlaubten Mitteln Kalorien herzuzaubern; Bienen sind nicht meldepflichtig. Voriges Jahr konnten wir allerdings nur wenig Honig ernten. Weil wir sogar ein wenig Zucker verfüttern mußten, haben wir ein Bienenhaus aufgelassen. Durch den häufigen Regen ist die Erntezeit der Bienen beschränkt, und sie haben sich in der Gegend derart vermehrt, daß sie sehr weit nach Blumen suchen müssen.

Am 3. Juni wird das Wetter miserabel. Während des Abendessens heult plötzlich der Wind gespenstisch durch sämtliche Kamine des Hauses. Dies bedeutet Windstärke 6 im Seemannsjargon! Das Meer muß wild aussehen mit Wellen, die anderthalb Meter hoch gehen und über die Deiche spritzen. Wir haben öfters in Vierville stumm zugesehen, wie die Wellen die Promenade entlang der Deiche wütend überspülten, und wir haben damals um die Schiffe gebangt, die mit dem Sturm kämpfen mußten. Sind die kleinen Kutter von Port-en-Bessin alle zum Hafen zurückgekehrt? Früher wäre diese Frage wichtig gewesen. In der letzten Zeit dürfen die Fischer ohnehin nicht mehr weit auslaufen. Die Sperrzone, wo die Minen an ihren Ankertauen bedrohlich baumeln, ist kein Spaß. Die strikten Verordnungen sind es auch nicht.

Der Wind heult erneut, ein langgezogenes Geräusch wie bei den Herbststürmen. Es ist Hochsommer, keine normale Zeit für dieses alljährlich wiederkehrende Naturschauspiel, welches die Normannen erschauern läßt und zugleich – eine alte Sehnsucht nach dem Abenteuer auf hoher See in ihren Seelen wachrufend – stolz und glücklich macht. Vor einigen Jahren, ich erinnere mich, hatte der Sturm eine von mir geliebte Eiche entwurzelt. Ich war damals so traurig gewesen, daß ich ein Gedicht über den getöteten Riesen geschrieben hatte:

»Maudit vent, cruelle tempête ...«

»Verfluchter Wind, grausamer Sturm ...«

In unserem Eßzimmer sitzen wir gemütlich beisammen, alles

sieht beneidenswert friedlich aus! Der Tisch ist abgedeckt. Einer von uns zündet das immer bereitgestellte Holz im Kamin an. Das unterlegte Papier brennt sofort. Es ist das Signal zum Beginn eines schönen Abends. Bald werden die gestapelten Scheite aus Buchenholz den unvergleichbaren, etwas verräucherten Duft ausströmen, der sich seit meiner frühesten Kindheit harmonisch in viele Erinnerungen mischt. Wir haben die Stühle und Sessel im Halbkreis vor dem Kamin zurechtgerückt und schauen nun dem Spiel der tänzelnden Flammen zu, während wir dem Radio lauschen. Die Neun-Uhr-Nachrichten aus London sind – Gottlob! – vorbei: Nichts Besonderes ist geschehen. Jetzt freuen wir uns auf die rätselhaften Sätze, welche die BBC jeden Tag unmittelbar nach den Nachrichten sendet. Diese unzusammenhängenden Mitteilungen, Parolen für die Untergrundbewegung in Frankreich, versetzen uns Kinder in eine Stimmung von behaglicher Verschwörung und phantastischen Vermutungen.

»Les carottes sont cuites« (die Karotten sind gar), hat soeben eine männliche Stimme langsam und deutlich verkündet. Es wird wiederholt, dann kommt die nächste Meldung: »La guerre de Troie n'aura pas lieu« (der Trojanische Krieg findet nicht statt). Nach einer Pause hören Colette und ich voller Freude den Anfang eines wehmütigen Gedichts, das wir sofort erkennen, weil wir es kurz zuvor in der Schule gelernt haben:

»Les sanglots longs
des violons
de l'automne . . .«

(Das lange Schluchzen herbstlicher Geigen . . .) Der begonnene Satz braucht geradezu seine harmonische Vollendung. Wie aus einem Munde rezitieren wir:

»bercent mon coeur
d'une langueur
monotone.«

(Die mein Herz mit eintöniger Mattigkeit verwunden.)

»Was erzählt ihr schon wieder?« fragt Michel.

»Ein Gedicht von Verlaine«, antwortet Colette stolz.

»Kenn ich nicht«, erwidert Michel mürrisch, weil er sich als Jüngster im Nachteil fühlt. Eine Stille voll unausgesprochener Gedanken breitet sich zwischen uns aus, aber sie dauert nur einige Sekunden.

»Die Karotten waren mir schon lieber«, kontert Michel rasch und erntet dafür einen Lacherfolg.

»Warum sind sie gar?« fragt Mama nachdenklich. »Soll das heißen, daß sie bald landen werden?«

»Aber der Trojanische Krieg findet nicht statt? Es paßt wie immer nicht zusammen.«

»So simpel werden sie es auch nicht sagen!«

Jeder stellt seine Vermutungen an. Man spricht von Luftangriffen auf die Eisenbahnlinie Paris-Cherbourg, die in der letzten Zeit nahezu jeden Tag, manchmal öfters am Tag, erfolgen. So kann es nicht weitergehen. Es muß etwas passieren!

»Ich glaube, bei uns ist etwas anderes gar als die Karotten«, sagt Michel ruhig. »Horcht!« Ein gewaltiges Rauschen dröhnt jetzt im Kamin, und die Flammen schießen hoch. Der Kamin brennt! Nun sind Spekulationen nicht mehr gefragt, sondern präzises Handeln. Papa, der zuvor in seinem Ledersessel Zeitung gelesen hat, ergreift rasch die Wasserkaraffe und schüttet ihren Inhalt auf die Feuerstelle, während Mama in die Küche läuft. Sie bringt in Windeseile zwei nasse Scheuertücher. Papa nimmt eins davon und schließt den Eisenvorhang des Kamins, vier breite Lamellen, die sich mit Hilfe eines Griffes übereinander nach unten schieben lassen, bis die Öffnung des Kamins wie mit einer Metalltür geschlossen ist. Mama rollt die zwei nassen Scheuertücher wie eine dicke Wurst zusammen und legt sie auf den Marmorboden unmittelbar vor den Kaminvorhang, um das schwarze Wasser aufzufangen, das jetzt durchsickert. Wir schauen uns erleichtert an, obwohl das Rauschen im Kamin noch immer so stark ist wie zuvor.

»Ich glaube, wir haben es wieder geschafft«, sagt Papa.

Es klingt für uns Kinder wie ein Startschuß. Wir laufen nach draußen und schauen zum Dach empor, um festzustellen, ob und wie lange die Flammen aus dem verhältnismäßig hoch gemauerten Kamin herausschlagen. Bald können wir den Eltern stolz verkünden, daß die Aktion Kaminkehren beendet ist. Der Sturm, der uns ins Haus zurückgetrieben hat, tobt draußen weiter. Plötzlich prasselt der Regen heftig auf die Dächer. Daß wir uns ausgerechnet am 3. Juni 1944, unmittelbar vor den heranstürzenden Ereignissen, einen Kaminbrand genehmigten, ist in meiner Erinnerung wie ein Witz in dieser verdammt ernsten Zeit.

In der Normandie habe ich nie Kaminkehrer gesehen. In Le Molay sorgte die Natur alle zwei bis drei Jahre, meistens im Herbst, für eine gründliche Reinigung unseres Kamins. Daß die

Welt der Erwachsenen solche abenteuerlichen Zwischenfälle zuließ, gefiel uns Kindern außerordentlich gut und verwischte die üblichen Grenzen zwischen den Generationen für einige Stunden. In solchen Augenblicken waren wir echte Kameraden. Wir sollten sehr bald ausgiebig Gelegenheit bekommen, diese Denkweise in die Tat umzusetzen . . ., denn die BBC hatte soeben, mit dem seit Januar 1944 vom Geheimdienst vereinbarten Sprüchlein von Verlaine »das lange Schluchzen herbstlicher Geigen«, die Landung angekündigt.

Als Colette und ich ». . .die mein Herz mit eintöniger Mattigkeit verwunden« rezitiert hatten, waren wir allerdings voreilig gewesen. Dieser letzte Vers sollte erst 48 Stunden vor der Landung ausgesprochen werden. So war es vorgesehen, und niemand dachte (nicht einmal Generalfeldmarschall Rommel), daß die Landung bei so erbärmlich schlechtem Wetter vorbereitet wurde.

Den 5. Juni begann Papa mürrisch. Nach dem Frühstück mußten wir in den Keller fliehen.

»Verflixte Bahn!« sagte er, während wir alle unten hockten.

Er war ärgerlich, weil er die kommende Nacht draußen verbringen mußte, um die Eisenbahn zu bewachen, statt mit uns seinen Geburtstag zu feiern.

»Eine Gemeinheit ist das! Ich wäre – weiß Gott! – lieber zu Hause 41 geworden.«

Als Mama am Abend die Thermosflasche mit dem Ersatzkaffee vorbereitete, war sie so nervös, daß sie sich eine Hand leicht verbrühte. Papa, der gleich danach die Küche betrat, sprach munter und nichtsahnend:

»Was soll's? Ich werde heute Nacht philosophische Gespräche mit dem Pfarrer führen. Meistens stehen wir wegen der Anfangsbuchstaben unserer Namen auf derselben Liste. Herrn D. nehme ich mit; er kommt in fünf Minuten hierher. Wir werden mit dem weißen Kombi nach Crouay fahren. Dort, Richtung Bayeux, müssen wir heute Nacht Wache schieben!«

»So weit?« sagte Mama, die Tränen in die Augen bekam. Ich wußte nicht, ob sie traurig war oder Schmerzen wegen ihrer Hand hatte.

»Nur sieben Kilometer von hier!« antwortete unser sachlicher Vater, während Mama, mit dem Rücken zu ihm, Brötchen einpackte. Ich hätte gern beide getröstet, beide schnell versöhnt:

»Und morgen früh werden wir alle zusammen den Geburtstag feiern, ganz groß!«

Es war ein grober Irrtum. Der Countdown bis zur Stunde X hatte schon begonnen.

Die Landung und der Beginn unseres Wühlmauslebens

Unmittelbar nach der stotternden Abfahrt des mit Holzkohle angetriebenen Kombiwagens hörten wir Flugzeuge. Schon ballerte irgendwo die Flak. Wir waren nervös. Mama sammelte warme Jacken, Zahnbürsten und dergleichen und füllte damit zwei Koffer. Dann hörten wir Radio. Paris meldete nichts Besonderes. Die satirische Chronik von Jean-Herold Paquy lief planmäßig und endete wie immer mit dem stereotypen Satz: »...et l'Angleterre comme Carthage sera détruite« (und England wird zerstört wie Karthago). Militärfahrzeuge fuhren auf der Landstraße. Wir gingen in den Garten. Wegen des Flugzeugdröhnens betrachteten wir den Himmel aufmerksam. Es war längst Nacht, und Mama hatte uns bisher nicht aufgefordert, ins Bett zu gehen. Sie war unschlüssig und lief sinnlos im Haus hin und her.

»Wie mag es Papa ergehen?« fragte sie.

Gegen elf Uhr legten wir uns endlich schlafen. Kurz nach Mitternacht weckte uns das donnernde Krachen von Bomben. Flugzeuge flogen in sehr niedriger Höhe. Es prasselte und ballerte aus verschiedenen Richtungen; die Flak schoß fast ununterbrochen. Wir zogen uns an und warteten. Seltsamerweise gingen wir nicht in den Keller. Wir sprachen nur davon. Warum hörte der Krach nicht auf? Mama versuchte, ihre Angst um Papa zu verbergen; es gelang ihr schlecht. Immer öfter sprachen wir vom fernen Schutzgraben. Sollten wir dorthin laufen?

Durch die Fenster im Parterre war wenig zu sehen – im ersten Stock störten die Bäume. Wir beschlossen, zum Speicher hinaufzugehen, wo es ein Dachfenster gab, das man schräg stellen konnte, um hinauszusehen. Nur waren wir alle zu klein, auch Mama. Wir stellten einen Hocker hin und kletterten nacheinander darauf, uns bald gegenseitig bedrängend, um das schier unglaubliche Bild anzuschauen, das sich uns bot: Der Himmel brannte! In Richtung Meer erstreckte sich am Horizont eine breite, hellbeleuchtete Fläche, in welcher grelle Lichter flackerten, die Nacht vertreibend. Es gab dort auch leuchtende Punkte, die in der Luft zu hängen schienen. Helle Bündel von Scheinwerfern bewegten sich bis zu uns durch die Dunkelheit. Sie kreuzten sich, schienen sich zu suchen. Lichter blinkten, weiße und rote. Die Nacht lebte auf eine erschreckende, unwirklich schöne Weise. Es war wie ein phantastisches Feuerwerk, das uns die Sprache verschlug. Immer wieder wollten wir durch die Luke schauen, von der gefährlichen Pracht des Himmels fasziniert.

Vor den begleitenden Geräuschen fürchteten wir uns zunächst nicht. Es gab viel zu sehen . . ., und wir hatten uns an die dumpfen, fernen Explosionen der Bomben schon fast gewöhnt, auch an das ständige scharfe Knallen. In dieser gewaltigen Geräuschkulisse erschreckten uns aber plötzlich neue zischende, langanhaltende Laute, die mit einem furchtbaren Krach endeten. Davon nun fühlten wir uns unmittelbar bedroht. Wir hatten den Speicher verlassen und versuchten, uns im Wohnzimmer hinzulegen, aber wir waren unfähig, uns zu entspannen.

Sollte das die Landung sein? Oder handelte es sich um ein Täuschungsmanöver, so etwas Ähnliches wie bei Dieppe zwei Jahre zuvor, als die Alliierten eine erfolglose Probelandung unternommen hatten? Damals, am 19. August 1942, waren 5000 Kanadier in Dieppe gelandet. Es hatte unter ihnen 900 Tote gegeben. Im Grunde genommen ahnten wir, daß wir mit solchen Gedanken versuchten, uns selbst zu täuschen. Eine Art moralische Beruhigungspille, von der wir wußten, daß sie nichts taugte.

Plötzlich gab es eine so gewaltige Explosion, daß wir zusammenzuckten. Dann war es eine Weile still. Vielleicht hatten die Alliierten die Absicht, sehr viel Krach bei uns zu schlagen, um anderswo, im Norden, unauffällig zu landen? Während wir so redeten, mehrten sich die zischenden, einzeln vernehmbaren brutalen Laute der schweren Waffen . . ., und Mama erkannte sie. Schon eine ganze Weile hatte sie nichts gesagt. Jetzt sprudelte es aus ihr heraus:

»Es ist die Artillerie. Es donnert wie an der Somme während des Krieges 1914/18. Oh, Kinder, ich erinnere mich so gut daran!«

»Weißt du das noch, nach so langer Zeite?«

»Leider ja. So etwas vergißt man anscheinend nicht. Ich wollte euch nicht zu früh beunruhigen, aber jetzt bin ich völlig sicher: Eine Schlacht ist im Gange. Es sind schwere Kanonen, die schießen.«

Ich glaube, ihr Blick wäre nicht entsetzter gewesen, wenn ein Abgrund sich vor uns geöffnet hätte. Dann sagte sie rasch:

»Wir müssen weg von hier, auch ohne Papa. Wir müssen zum Schutzgraben. Nehmt die Koffer! Ich werde einen Zettel schreiben, damit er weiß, wo wir sind. Oh, warum sind wir schon wieder getrennt! Nany, nimm die Mohairdecke und die Thermosflasche mit. Ich trage den Korb mit dem Proviant.«

»Dürfen wir Okay mitnehmen?« fragte Michel.

»Okay? Ah ja ... Natürlich nimmst du ihn mit. Er würde nur Papa stören, wenn er zurückkommt.«

(Später werden wir erfahren, daß die Geschütze der Schlachtschiffe 40 Minuten vor der Landung zu feuern begonnen haben. Eine ganze Flotte ist im Einsatz, die mächtigste, die es je gegeben hat: Sie besteht aus 1500 Kriegsschiffen, davon 7 Schlachtschiffe, 23 Kreuzer, 148 Zerstörer und eine Menge Schaluppen, Fregatten, Trawler, Korvetten. Als Vorboote die vielseitig bewaffneten Minenräumer.)

6 Uhr 30, die Stunde X.

Wir laufen durch den Hof, an Gebäuden entlang, jeden Augenblick bereit, uns hinzulegen. Zwei Bungalows haben wir hinter uns gebracht, als es beginnt, fürchterlich zu knallen. Die Flak-Geschosse hinterlassen lange helle Spuren am Himmel. Ein Flugzeug fängt Feuer und stürzt trudelnd ab. Wir laufen den sehr langen Garagenbau entlang und sehen ein zweites Flugzeug abstürzen. Alles kommt uns beängstigend nah vor, und wir können es kaum fassen, als ein Milchwagen plötzlich am Ende des großen Hofes auftaucht. Der Mann läßt sein Pferd halten und zieht es anscheinend vor, die weite, freie Fläche nicht zu betreten. Daß er überhaupt da ist, tut gut. Daß er gewagt hat, Milch einzusammeln!

Plötzlich sind mehrere Menschen um uns: Arbeiter, die trotz alledem gekommen sind, und solche, die über den Garagen wohnen. Sie wollen wissen, wo Papa ist. Mama muß erklären, daß er heute Nacht die Eisenbahnlinie bei Crouay zu bewachen hat und daß sie überhaupt nicht weiß, wo er steckt (ob er noch lebt, meint sie, aber sie sagt es nicht). Im selben Moment fallen Bomben, ziemlich nahe. Wir rennen alle in die einzige offene Garage. Bald darauf erscheint Herr D., kreideweiß und völlig außer Atem.

»Sie waren heute Nacht mit meinem Mann«, sagt Mama voller Hoffnung. »Ist er auch zurückgekommen?«

»Nein. Ich bin allein zurück. Es ist die Hölle. Lassen Sie mich! Ich will meine Frau und die Kinder holen.«

»Aber Herr D.«, sagt ein Mann betont ruhig. »Hier ist nichts passiert. Ihre Familie wartet oben in Ihrer Wohnung auf Sie. Beruhigen Sie sich doch! Was ist mit unserem Direktor? Warum ist der weiße Kombi nicht zurück?« Dann erfahren wir, daß Papa noch zwei Männer, die bei der Nachtwache dabei waren, nach Hause ins Dorf fahren wollte, bevor er hierher zurückkäme.

»Ich bin raus und über die Felder gerannt. Ich wollte nicht weiter. Die Bomben fielen um uns. Laßt mich bitte! Ich will meine Kinder zum Schutzgraben bringen!«

»Wo waren Sie, als Sie ausgestiegen sind?«

»In der Nähe des Bahnhofs.« Schon ist er weg, der sonst wirklich nette Abteilungsleiter, dessen Zuverläßigkeit und Sachlichkeit von Papa immer gerühmt wurden. Nun will er zu seinen Kindern, klar! Das ist sehr verständlich. Und Papa? Was für einen Narren von Vater wir haben! ... Haben wir ihn noch? O lieber Gott, mach daß es so ist!

Es wird Zeit, daß ich unseren Schutzgraben beschreibe. Auf meiner damaligen Schnitt-Zeichnung sieht unser Bunker im fertigen Zustand fast wie ein mit Laub geschmückter Hut aus. Allerdings fehlt am D-Day der Schmuck vollends. Auch die zweite Schicht Erde, die uns schützen muß, ist nicht vorhanden, und viele Baumstämme liegen noch herum. Die Landung läuft auf Hochtouren, aber unser Fuchsbau ist nicht fertig!

Wir stehen zaghaft mit unserem Gepäck davor und denken: Wenn doch nur Papa hier wäre, um die Plätze zu verteilen! Wir gehen die Treppe hinunter und stellen fest, daß noch nicht viele Menschen unten sind. Wir setzen uns nahe dem Eingang auf die sich gegenüber stehenden Bänke. Diese zwei Bankreihen setzen sich durch den ganzen Graben fort. Der Boden unter unseren Füßen besteht aus dünnen Baumstämmen, die etwaige Nässe durchsickern lassen sollen. Die Gesamthöhe des Grabens beträgt zwei Meter. Der Erdbunker ist ungefähr fünfzehn Meter lang und nicht verschlossen. Der unterirdische Gang mündet an seinen beiden Enden in eine Zick-Zack-Treppe, die nach oben führt. Bald werden wir dort unter der Erde mit 23 Menschen leben.

6 Uhr 45.

Schnelle Schritte von Holzpantinen hallen oben auf dem asphaltierten Weg und eine weibliche Stimme ruft:

»Madame B.?«

Wir rennen alle hinaus. Beinahe wäre ich über die Leine von Okay gestolpert.

»Mein Mann?«

»Nein, Madame. Von ihm weiß ich nichts. Kann ich etwas tun?«

Dieses Mädchen arbeitet im Laboratorium und wohnt in Le Breuil, zwischen Le Molay und Crouay, wo Papa heute Nacht Wache hielt.

»Wie sieht es aus in Le Breuil?« fragt Mama, die ihr die Hand voller Erregung schüttelt. »Was haben Sie unterwegs gesehen, Marguerite?«

»Oh, Madame! Es ist furchtbar. Viele Bauernhöfe sind kaputt. Monsieur Jagoury ist heute Nacht umgekommen.«

»Monsieur Jagoury?«

»Ja. Er wurde am Kopf getroffen und war gleich tot, auf der Stelle.«

»Wo?«

»Bei sich im Hof. Er ist hinausgegangen, um sein Pferd zu beruhigen. Es war ein Höllenkrach bei uns ... Ich weiß, Kinder; ihr habt ihn sehr gern gehabt. Er hat bestimmt nicht gelitten, der Arme! Es sind heute Nacht viele Menschen in Le Breuil gestorben.«

(»Am 6. Juni 1944«, schreibt der Landrat von Bayeux in seinem offiziellen Bericht, »ist die Gemeinde Le Breuil, obwohl von jedem militärischen Ziel entfernt, wörtlich mit Bomben begossen worden.«)

Marguerite erzählt noch grausame Dinge, die wir erst später erfassen werden. Im Moment sind wir wie betäubt. Mir ist so, als ob ich das Gesicht von Monsieur Jagoury sehen könnte. Er war, so lange wir zurückdenken können, unser Schutzengel. Er ist ein Teil unserer Kindheit. Sein Tod tut weh, so weh, daß man nicht einmal weinen kann. Lang noch verfolgt uns die schlimme Nachricht. Wir können und wollen nicht glauben, daß unser Freund gestorben ist.

Trotzdem fügt sich sein Tod in die heiteren Erinnerungen, die er uns als Beschützer der Tiere hinterläßt; starb er nicht, zwischen Haus und Stall, weil er sein vom Krach aufgescheutes Pferd beruhigen wollte? Diese sorgende Geste paßt zu ihm. Sicher gibt es ein Paradies für Schutzengel, aber ohne Weiden, ohne Bäume, ohne Kühe, Pferde, Kälber, Kücken . . . und ohne Kinder. Was soll er dort tun, unser lieber, guter Monsieur Jagoury? Dieser Mann hat uns die Natur nahe gebracht. Von ihm lernten wir, wie man Pferden das Geschirr anlegt, wie man Kühe beruhigt, die bald kalben werden, wie man Heu bindet, welche Apfelmischung den besten Cidre ergibt und welches Futter Entenkücken brauchen. Von ihm lernten wir auch, daß man nicht weint, wenn man stürzt, weil es nichts nützt, und daß man nicht schreit, wenn Tiere in der Nähe sind, weil sie leicht erschrecken können. Wir lernten so viel von ihm . . . Werden wir jemals einen Pferdestall betreten können, ohne an seine Ratschläge zu denken? Werden wir die alten Reime jemals vergessen, die er uns lehrte?

»Rouge à sè, la mare a sè«, was in französisch bedeutet: »Rouge le soir, la mare a soif.« (Rot am Abend, durstig der Teich, ein alter normannischer Spruch, mit dem die Bauern das Wetter für den nächsten Tag voraussagen.)

Diese Gedanken kommen uns später, als wir endlich in der Lage sind zu weinen. Was hat Marguerite alles erzählt? Von einem 17jährigen Mädchen aus ihrer Ortschaft hat sie gesprochen, die diese Nacht allein auf dem Bett verblutet ist, wo ihre Angehörigen sie mit einem amputierten Arm und einer schweren Verletzung am Bein zurückgelassen haben. Den Eltern dieses Mädchens, von dem andauernden Lärm der tieffliegenden Flugzeuge und der Explosionen halb verrückt geworden, war in ihrer Panik und in ihrem Schmerz nichts anderes eingefallen, als die Tochter schön zu betten. Anschließend waren sie geflohen, unfähig den Anblick länger zu ertragen. Als Menschen ihnen begegneten, konnten sie vor Grauen nicht sprechen. Hätte man etwas tun können, um das Mädchen zu retten? Vermutlich nicht.

(An diesem unendlich langen 6. Juni 1944 fallen in einer Stunde, zwischen 7 und 8 Uhr, 8000 Tonnen Bomben auf die Normandie nieder. 2000 Jagd- und Fernbomber sind im Einsatz.)

Kurz nach halb acht steht plötzlich Papa da. Einfach da, in der Öffnung unseres Grabens. Er umarmt uns, so als ob er uns ewig nicht gesehen hätte, und Mama bekommt prompt feuchte Augen.

»Ihr wart tüchtig!« sagt er. »Ich habe so gehofft, daß du, Chérie, die Entscheidung triffst, das Haus zu verlassen. Ich habe so gewünscht, euch hier wieder zu finden!«

»Wir haben lange genug überlegt«, antwortet Mama. »Dieses Mal – lache nicht! – hat mir meine Somme geholfen.«

»Hast du Hunger?« fragt Michel.

»Ich habe ein Stück kaltes Huhn mitgebracht«, beeilt sich Mama zu sagen.

»Warmen Kaffee haben wir auch!«

Papa lacht. Während wir zusammensitzen, erzählt er kindergerecht von seiner Nacht, und es klingt nicht einmal schlimm. Das Verrückteste scheint uns, als er sagt, daß ein ganzes Haus schlagartig in seinem Rückspiegel verschwand!

»Es gab eine Kurve, und ich schaute beim Fahren links in den Spiegel. Ich sah ein Haus, und dann sackte es mit einem furchtbaren Krach zusammen. Ich konnte es nicht glauben und guckte nach hinten. Das Haus war wirklich verschwunden, und es krachte rundherum. Ein richtiger Bombenteppich! Kurz danach ist Herr D. ausgestiegen. ›Sie mit Ihrem weißen Kombi, den jeder sieht‹, hat er gesagt. ›Ich halte es nicht mehr aus. Es tut mir leid.‹«

Das letztere sagt Papa leise. Die Familie D. sitzt nun in der Mitte des Schutzgrabens, dort wo die Entfernung zu den beiden Ausgängen am größten ist. Papa hat sie entdeckt und geht alle begrüßen. Am Ende des Tunnels trifft er einige Männer, die vorhin mit uns in der Garage gesprochen haben. Sie gehen mit ihm nach draußen, um unseren Erdbunker fertig zu bauen. Auch wir wollen helfen; wir fangen an, nach Zweigen zu suchen. Plötzlich schreit jemand:

»Achtung, Tiefflieger! Alle Mann rein!«

Wir sehen sie gut, diese Flugzeuge. Ein weißer Stern ist auf ihren Rumpf gemalt. Sie haben merkwürdige Schwänze mit zwei Seitenrudern, wie zwei Teller, die am Höhenleitwerk angebracht sind. Die Flugzeuge zischen über uns hinweg, ohne zu schießen.

Kaum haben wir uns alle in Sicherheit gebracht, geht es ganz fürchterlich los. Die Kinder schreien vor Angst, während die Flugzeuge immer wieder zum Angriff herunterstoßen. Die MGs scheinen die Luft zu zerreißen. Eine Frau kreischt. Kann nicht alles endlich aufhören? So niedrig sind doch noch keine Flugzeuge geflogen! Wir haben den scheußlichen Eindruck, daß sie es auf uns abgesehen haben und daß wir, so halbbegraben, zur Passivität verurteilt sind. Ich werde langsam wütend, ohne genau zu wissen, wogegen sich mein Zorn richtet. »Was wollt ihr?« würde ich am liebsten schreien. »Geht doch weg mit eurer schönen Befreiung, bevor ihr uns alle tot schießt. Es war so friedlich, bevor ihr gekommen seid! Schön vielleicht nicht, aber still.« Wenn die Kinder wenigstens nicht so furchtbar jammern würden! denke ich. Und ihre Mutter . . . O Gott!

»Kann sie nicht endlich still sein!« schreit Colette, die vorhin gelegentlich leise gewinselt hat. Ich bin heilfroh, daß jemand die Frau gescholten hat.

Wir warten nun seit einigen Sekunden auf die Fortsetzung des ohrenbetäubenden Lärms. Nichts! Plötzlich lacht jemand unnatürlich, erschreckend in der unglaublichen Stille. Unsere Nerven sind alle nicht mehr die besten, aber wir haben es überstanden! Niemand ist verletzt worden. Der Graben hat sich bewährt!

Draußen wartet auf uns eine Überraschung: Der große Wasserturm, 30 Meter von uns entfernt, ist eine riesige Gießkanne geworden! Das Wasser rinnt aus den Löchern, die vorhin in den großen Tank geschossen worden sind. Vermuteten die Amerikaner einen Beobachtungsstand auf dem Wasserturm? Das Ergebnis der so oft wiederholten Angriffe ist so augenscheinlich, daß es fast zum Lachen wäre. Wir sind nur zu verblüfft dazu. Der Erfolg der Flieger ist durchschlagend! Weil der Wasserdruck sehr stark ist, schießt das Wasser in hohen Bögen zur Erde. Das Schauspiel wird eine ganze Woche dauern, bis die 400000 Liter Wasser abgeflossen sind. Es wird uns an Trinkwasser nicht fehlen, weil wir über einen tiefen Brunnen verfügen, aber allgemein versorgt müssen wir werden, und das ist gar nicht so einfach.

Die Kantine im Hauptgebäude neben den Fabrikationshallen steht ziemlich am Ende des Werkgeländes. Wird sich jemand trauen, dort zu kochen und wie soll man das Essen und die Getränke in unseren Schutzgraben bringen? Von der Familie D. zum Beispiel ist keine Hilfe zu erwarten: Eltern und Kinder kleben an ihren Bänken. Wir können gerade noch von Glück reden, wenn sie wenigstens kurz hinausgehen, um ihre dringenden Bedürfnisse unter den naheliegenden Büschen zu erledigen. Dabei kannten wir sie alle als tüchtig und durchaus hilfsbereit. Anscheinend gelten nun andere Maßstäbe des Verhaltens.

Draußen schleppen die bereits bewährten Männer Schubkarren voller Erde, die sie über den Grabenhügel ausbreiten, um die Schutzschicht zu erhöhen. Wir beginnen, dort, wo sie mit ihrer Arbeit fertig sind, Tarnzweige in die Erde zu stecken.

Besonders hilfsbereit wird sich in den kommenden Wochen ein älterer Mann mit einem Holzbein zeigen, bei dem wir nie recht wußten, wie wir ihm begegnen sollten. Deshalb mieden wir ihn. Jetzt bekommen wir Gewissensbisse und bewundern ihn restlos. Er sagt zu Papa:

»Was soll bei mir noch kaputt gehen? Mir kann nichts passieren, und kochen kann ich auch, denn ich habe oben in meinem Junggesellenzimmer immer für mich gesorgt.«

Dieser Mann wird, in der Küche der Kantine hockend, gelegentlich für die 30 Insassen unseres Bunkers kochen. Auch mit Nachrichten wird er uns versorgen, denn er hört in seinem Mansardenzimmer den englischen Rundfunk.

Am Nachmittag kommt unverhofft Thomas, der Gärtner, ein Mann, der stählerne Nerven zu haben scheint. Er hat früher nie viel geredet, der lange, dürre Mann, und jetzt steht er da und sagt mit seiner durch eine Hasenscharte entstellten Stimme:

»Ich will die jungen Stiefmütterchen gießen und die Bohnen ernten. Sonst werden sie zu dick, Ihre Prinzeßbohnen. Es wäre schade.«

Am liebsten würden wir ihn umarmen! Die Welt hat doch noch Bestand. Papa versucht, ihn nach Hause zurückzuschikken, aber er antwortet:

»Wenn ich schon den Weg gemacht habe, bleibe ich auch da, bis ich meine Arbeit getan habe.«

»Aber Thomas«, sagt Papa, »die Bohnen sind heute nicht wichtig ..., obwohl wir jetzt wissen, wie wir sie kochen können. Und mit dem Gießen? Haben Sie gesehen, was die Amerikaner uns angetan haben?«

»Ja«, antwortet Thomas kühl, »aber ich gieße nur mit Wasser aus meiner Regentonne, nie mit Kalkwasser!«

»O Thomas!« Papa klopft ihm fröhlich auf die Schulter. »Wenn wir Sie nicht hätten!«

Thomas grinst vergnügt, und wir betteln, ihn in den naheliegenden Garten begleiten zu dürfen. Mama ist dagegen, aber Papa sagt:

»Es ist nur ein kurzer Weg. Die Kinder sind gleich da, und ein wenig Bewegung brauchen sie auch.«

»Wir werden Himbeeren essen!« jubelt Michel.

»Bringt mir welche mit«, sagt Colette.

»Ah was; komm doch mit!«

Wir haben alle drei schon viele Beeren gepflückt, manche gegessen, die anderen in Krautblättern für die Eltern gesammelt, als sich plötzlich Flugzeuge nähern.

»Hinlegen!« schreit Thomas. »Da, unter die Artischocken!«

Im Nu liegen wir, in den Bewässerungsrillen zwischen den kräftigen, üppigen Artischockenpflanzen hingestreckt, still, mit pochendem Herzen. Bomben fallen, jedoch nicht unmittelbar in unserer Nähe. Trotzdem fühlen wir uns, ohne unseren schützenden Bunker, nackt und ausgeliefert.

»Nicht bewegen!« sagt Thomas neben uns. »Schön ruhig bleiben, Kinder!« Die Flugzeuge fliegen in der Tat noch einmal über uns, dann kehrt die Ruhe zurück. Ich sammle meine Himbeeren ein.

»Holen wir noch die Radieschen«, sagt Thomas ruhig. »Ich habe vorher eine Menge davon aus dem Frühbeet herausgenommen. Wir müssen sie waschen, und dann könnt ihr sie im Graben an alle verteilen. Die Bohnen, die pflücke ich später.«

»Warum sind Sie so ruhig?« frage ich voller Bewunderung.

»Es geht alles vorbei«, antwortet Thomas schüchtern, »der Regen, der Wind, die Flugzeuge auch. Habt ihr die Stiefmütterchen gesehen? Dieses Jahr habe ich blaue und weiße gesät. Ich werde mir schöne Muster für das große runde Beet vor eurem Haus ausdenken, wenn ich sie dort für den nächsten Frühling umsetze.«

Ich glaube, Thomas hat in seinem ganzen Leben noch nie so viel auf einmal gesprochen. Eigentlich merkwürdig, denke ich später. Thomas mit seiner Hasenscharte, Herr Ambroix mit dem Holzbein: Beide Menschen haben körperliche Schäden. Macht es tapferer, wenn man immer mit einer Behinderung kämpfen muß, um zu leben? Macht es hilfsbereiter?

(Inzwischen geht »der längste Tag«, wie man ihn später nennen wird, langsam zu Ende. Allein in Omaha, dem Strand zwischen den Felsen von Pointe de la Percée bei Vierville und Ste. Honorine, werden 1000 Amerikaner diese Nacht nicht überleben. Trotzdem haben die Alliierten bei Omaha noch kein Hinterland besetzen können. Der noch zerbrechliche Landekopf ist um 24.00 Uhr erst durchschnittlich 1500 Meter tief! So, wie er von den Alliierten geplant war, hätte er am Ende des Tages Trévières erreichen sollen. Er geht aber nicht einmal bis Formigny. Am D-Day ist das Unternehmen »Overlord« erfolgreicher bei den anderen Abschnitten gewesen als an unserem Strand. General Montgomery, für die erste Phase der Operation verantwortlich, verfügt um Mitternacht über 156000 Männer in der Normandie. Insgesamt werden am D-Day 6600 Amerikaner, 4000 Engländer und 10000 Deutsche als kampfunfähig gemeldet: Tote, im Meer Verschollene, Verwundete, Gefangene. 3500 Amerikaner sind für unsere Befreiung gestorben. Wieviel Franzosen an diesem Tag ebenfalls sterben mußten, weiß ich nicht. Nirgends fand ich diese Auskunft; im Krieg zählen Zivilisten kaum.)

Die Nacht ist gekommen, und wir dösen sitzend, aneinandergelehnt. Am Abend haben sich noch Schutzsuchende zu uns gesellt. Der Graben, eigentlich für kurze Aufenthalte konstruiert, ist gesteckt voll und sehr beengend. Ich träume ... Ein hochgestapelter Heuwagen nähert sich gemächlich: das beglükkende Bild eines Sommerabends nach getaner Arbeit in einer duftenden Wiese. Öfter haben wir, ganz oben auf dem Heu sitzend, eine ähnliche Rückfahrt mit unserem Freund Jagoury erlebt. Jetzt sitzt er allein vorne, die Zügel in der Hand, jedoch völlig unbeweglich:

»Brav mein Pferd, brav!« sagt er.

Hinten auf dem Heu liegt ein Mädchen mit langem, blondem Haar, das sich wie ein seidener Fächer um ihren Kopf ausbreitet. Das Mädchen – o Schreck! – hat nur einen Arm. Es blutet ... Das Heu wird rot, ganz rot. Der Himmel wird rot, und eine Stimme sagt leise:

»Rouge à sè«, und laut, immer lauter: »a sè, a sè ...« (durstig, durstig). Es ist grauenvoll.

»Warum hast du ›assez‹ gesagt?« fragt Michel plötzlich, neben mir wach geworden.

»Ich?«

»Ja, du hast zweimal ›genug, genug‹ gerufen.«

»Ach so!« antworte ich, die Verwirrung der normannischen und französischen Wörter begreifend.

»Schlaf schön, Michel! Die Nacht ist noch lang.«

In der Früh fragt Michel noch einmal:

»Warum hast du vorhin laut geredet? Hattest du etwas Dummes geträumt?«

»Ja, von Monsieur Jagoury, der sein Pferd beruhigte. Es war ein scheußlicher Traum, aber ... vielleicht war es gar nicht Monsieur Jagoury, den ich zu sehen glaubte. Der Mann auf dem Heuwagen hatte ganz weißes Haar. Er war viel älter, wie ..., ja, ich hab's: Es muß Papa Charles gewesen sein.«

»Papa Charles?«

Michel sieht so verdutzt aus, daß ich beinahe gelacht hätte.

»Erinnerst du dich nicht? Der uralte Großvater, der im Ersten Weltkrieg abhanden gekommen war, weil er ahnungslos die Pferde zur Front geführt hatte?«

»Ah der!« sagt Michel. »Wie kommst du bloß auf den?«

»Wahrscheinlich wegen der Pferde; beide hatten sie gerne.«

»Also, ich an deiner Stelle würde versuchen zu schlafen, wenn es irgendwie geht. Du träumst zu viel.«

Wir gehen beide nach draußen. Direkt am Eingang des Grabens werden Milch und Kaffee verteilt. Wir sind froh, uns strecken zu können. Unser erster Morgen beginnt nicht schlecht. Man hört zwar ständig Explosionen in der Ferne, aber bei uns scheint alles ruhig zu sein. Papa, seinen Militärhelm auf dem Kopf, sagt mit einer Autorität, die uns beeindruckt:

»Wir müssen Vorkehrungen für einen längeren Aufenthalt hier treffen. Zu 28 nebeneinander wie Ölsardinen und sitzend schlafen zu wollen hat keinen Sinn! Wir müssen auf halber Höhe eine Etage mit Querbalken und Brettern bauen, damit jeder von uns liegen kann. Danach werden wir nicht mehr im Graben stehen können, aber die Nacht ist sicher wichtiger. Am Tag können wir wahrscheinlich öfter draußen sein.«

Von zwei Männern begleitet, geht unser Vater zu der Handwerkerstraße, um in der Schreinerei nachzusehen, was für Material vorhanden ist. Inzwischen putzen wir draußen die am Tag zuvor gepflückten Bohnen. Ich denke: Thomas ist heute nicht gekommen, wie er es vorhatte. Ob er noch lebt? »Alles geht vorbei«, hat er gesagt, »der Wind, der Regen ...« Sind die Menschen eigentlich sehr wichtig?

Mama erzählt, daß in der Nacht Bomben in der Nähe gefallen sind.

»Ihr wart zu müde. Ihr habt sie im Schlaf nicht gehört.« Nach einer Weile sagt sie: »Schade, daß ich die Packung Würfelzucker zu Hause vergessen habe! Mit Zucker kann man durchhalten, auch wenn es mit dem Essen nicht klappt. Heute zum Beispiel hat keiner Zeit zu kochen.«

In der nahen Schreinerei hört man die Kreissäge. Michel, der anscheinend genauso wie ich an den Zucker denkt, sagt:

»Wenn die Bretter zurecht geschnitten sind, können wir helfen, hat Papa vorhin gesagt. Sollten wir nicht jetzt schnell den Zucker aus dem Haus holen?«

»Ihr seid verrückt. Ich bleibe auf jeden Fall hier«, mischt sich Colette ein. Mama zögert.

»Wenn Flugzeuge kommen sollten, sind wir im Keller unseres Hauses sowieso gut aufgehoben, fast so gut wie hier«, betont Michel. Mama sagt ja und bedauert es sogleich. Michel und ich gehen rasch die Straße der Handwerker entlang. Das offene Gelände bis zu den Garagen durchqueren wir im schnellen Lauf. Dann stehen wir, beide an die Wand gelehnt, und schauen uns an. Wir haben Angst. Wir sind nicht mehr so sicher, ob es richtig war, den Graben zu verlassen.

»Hier unter dem vorgeschobenen Dach kann man uns von oben überhaupt nicht sehen«, sage ich.

»Gehen wir da entlang. Nach der nächsten Ecke halten wir dann und überlegen, was wir tun.«

Wir gehen vorsichtig und gucken immer wieder zum Himmel. Nichts! Als wir das Ende des Gebäudes erreicht haben, können wir unser Haus zwischen den Rosensträuchern sehen. Unser Vorhaben erscheint uns nicht mehr unmöglich. Wir laufen über die große, geteerte Fläche zum nächsten Gebäude. An die Wand gedrückt, schöpfen wir wieder Luft.

»Jetzt wäre es dumm, wenn es nicht klappen sollte«, sagt er.

Der vertraute Garten liegt vor uns, und wir laufen so schnell wir können. Mit dem Hausschlüssel hapert es: Wir sind zu nervös. Dann stehen wir endlich in der Diele und lächeln ein wenig stolz.

»Los! In den Keller!« sagt Michel.

Wir nehmen dort aus einem Regal die begehrte Packung Würfelzucker – unsere einzige – und einen Tontopf mit selbsteingelegten sauren Gurken, weil er zufällig daneben steht.

»Er wird sich leichter transportieren lassen als Einmachgläser«, bemerke ich.

Als wir oben durch die Küche gehen, hat Michel eine Idee. An der Wand hängen schöne kupferne Kasserollen mit gehämmerten Wänden und glatten Stielen. Sie sind nach der Größe geordnet. Michel nimmt sich eine davon und stülpt sie sich über den Kopf.

»Paßt!« sagt er. »Such dir auch eine aus. Bessere Helme gibt es nicht!«

Bevor wir uns von dem Haus entfernen, gehen wir zu Duc, unserem Schäferhund, der draußen an der Kette angebunden ist. Er schießt wie immer aus seiner Hütte heraus, um uns zu begrüßen, und bellt heftig. Sein Napf ist voll. Wasser hat er auch. Es wird also für ihn gesorgt. Nur ist Duc allein. Ob er, so angebunden, große Angst vor dem Krach hat?

»Im Vergleich zu Okay sind wir zu diesem Hund ungerecht«, stelle ich fest.

»Ich würde ihn gerne mitnehmen, aber es gibt in unserem Schutzgraben nicht einmal für die Menschen genug Platz«, antwortet Michel. »Duc ist zu groß und zu stürmisch.«

(Nicht nur die Menschen litten damals in der Normandie; auch die Tiere. Die Kühe, die man nicht melken konnte, fingen an, laut zu jammern. Es gibt in unserer Gegend eine große Menge Kühe, so daß ihre klagenden Laute in diesen Tagen überall vernehmbar waren.)

Unsere Pferde sind am Abend zuvor aus dem Stall geholt worden, wo sie aus Angst begonnen hatten, mit den Hufen um sich zu schlagen.

»Wenn man sie dort läßt, werden sie sich verletzen«, hat Papa gesagt, »und wer soll sich um sie kümmern? Auf der Weide können sie sich ernähren.«

Sie laufen nun frei herum in den Wiesen am Bach.

Es flattern auch harmlose Dinge vom Himmel herunter

Während Michel und ich zum Schutzgraben zurückkehren, passiert etwas sehr Poetisches. Ich finde zumindest, daß es so aussieht. Vom Himmel flattern langsam silberne Streifen herunter. Sie glitzern und drehen sich in der Luft. Ich freue mich, daß wir jetzt draußen sind, um dies zu erleben. Wir trauen uns sogar, frei, ohne Deckung Streifen einzusammeln, denn die Flugzeuge, die sie abwarfen, fliegen, kaum hörbar, sehr hoch. Die Streifen sind ungefähr 20 Zentimeter lang und ein bis zwei Zentimeter breit, auf einer Seite matt, die andere glänzt. Später erzählt uns Papa, daß die Amerikaner sie vermutlich abgeworfen haben, um die deutschen Funkmeßgeräte (wir sprachen, wie die Engländer, von Radar) zu stören.

Es flattern noch mehr harmlose, leichte Dinge an diesem Tag vom Himmel herunter. Die Flugblätter, die uns Anfang des Nachmittags gebracht werden, sind im Dorf Le Molay gefunden worden. Es gibt zweierlei, beide auf französisch gedruckt.

Auf dem ersten Blatt entschuldigt sich die amerikanische Luftwaffe, uns unvermeidbares Leid zuzufügen, und bittet uns eindringlich, die Nähe der Eisenbahnlinie und alles, was damit zusammenhängt, absolut zu meiden. Wir sollen alles unternehmen, um uns davon zu entfernen! Das Schreiben zieht einen Vergleich zwischen dem Krieg 1914/18, als »französischer Boden unter Beschuß von französischen Kanonen genommen worden ist, und heute, da alliierte Bomben sich als Pfand für unsere Befreiung erweisen werden«. Es ist nicht sehr ermutigend, denn wir können nicht weglaufen. Mama erinnert sich plötzlich, daß bei der Somme-Schlacht fast 20000 britische Soldaten an einem einzigen Tag gefallen sind.

»Daran mußte ich denken, als wir hierher gezogen sind«, sagt sie.

»Wir werden auch unter keinen Umständen von hier weggehen«, betont Papa. »Der Graben hat sich bewährt, und ich darf sowieso nicht weg.«

Das zweite Flugblatt (ich hätte es selbstverständlich zuerst nennen sollen) ist große Literatur. Vermutlich weil wir nicht gemütlich in unserem Salon sitzen, als dieses Flugblatt uns erreicht, sondern mitten im dort gepriesenen Kampf stecken, verwirrt und enttäuscht uns die Rede von General de Gaulle am 6. Juni. Der General scheint in einem stilgerechten Arbeitszimmer gesessen zu haben, als er diesen für die Nachwelt verfaßten Text geschrieben hat. Die Worte klingen gut, die Sätze großartig; nur, als wir den langen Monolog in unserem Schutzgraben zu Ende gelesen haben, fragen wir uns, was wir mit ihm gemeinsam haben. Die langen Sätze à la Bossuet, die Preisung unserer Siege seit 1500 Jahren, die theatralische Darstellung der Deutschen als wilde Tiere ... am Ufer des Nils, in Rom und sonstwo – gilt das ganze Gerede wirklich uns? In unserem Erdloch haben wir etwas anderes erwartet, etwas Greifbares, Wirklichkeitsnahes. Ein kurzer Spruch, wie Napoleon ihn zum Beispiel bei den Pyramiden geprägt hatte, wäre uns Kindern verständlicher gewesen: »Soldats, je suis content de vous!« (Soldaten, ich bin mit euch zufrieden!) Dieser Gedanke ist natürlich zu einfach. Um die Einheit der Franzosen wieder herzustellen, braucht man ganz andere Redewendungen, und General de Gaulle mit seinem Spürsinn für die Geschichte wird es wohl wissen. Trotzdem, weil der Ton seiner Rede so rhetorisch und blumenreich ist, fühlen wir uns nicht angesprochen. Papa sagt schlicht:

»Was die Amerikaner wohl dazu sagen!«

Die letzten Sätze des Generals flößen uns sogar Angst ein: »Die Schlacht Frankreichs hat begonnen. Es ist in der Nation, in dem Reich, in der Armee ein einziger und gleichbleibender Wille, eine einzige und gleichbleibende Hoffnung. Hinter der mit unserem Blut und unseren Tränen schwer gewordenen Wolke scheint die Sonne unserer Größe wieder.« Diese Sprache (die wir später besser verstehen werden) ist in London wahrscheinlich angebracht. Hier haben wir einige Jahre hindurch andere Maßstäbe kennengelernt: Wir sind demütig, maßvoll geworden, und wir haben Angst vor jeglicher Art von Einheitsdenken. Das Leben unter einer Diktatur macht scheu gegen klangvolle Phrasen. (Die Flugblatt-Rede vom 6. Juni 1944 wird uns in späteren Tagen unseres Wühlmauslebens gelegentlich beschäftigen, wenn wir mehr Zeit zum ruhigeren Nachdenken bekommen werden. Papa, mit seinen allzu ehrlichen Äußerungen zu den Sätzen des Generals, wird sogar jemanden veranlassen, ihn mit folgender Bemerkung anzuzeigen: »Er hat General de Gaulle kritisiert, Beweis genug, daß er die Deutschen unterstützt.«)

Noch sind wir allerdings nicht so weit. Die Front hat erst Formigny eingeschlossen. Sie bewegt sich nach Trévières. Heute haben wir außer Zuckerstückchen kaum etwas gegessen. Essen ist nicht mehr wichtig. Am Abend ist der Umbau unseres Grabens fast fertig geworden. Unsere Bewegungsfreiheit ist dadurch auf ein Minimum eingeschränkt: Unten kann man nur sitzen, oben nur liegen. Wir sitzen alle fünf unten und essen zur Beruhigung die sauren Gurken, die wir von zu Hause mitgebracht haben, während wir darüber debattieren, wie wir die Liegeplätze heute Nacht verteilen werden. Wir Kinder möchten gern alle oben schlafen. Die Eltern könnten, jeweils auf einer Bank, unter uns liegen. Wir angeln uns eine Gurke nach der anderen aus dem großen Tontopf, bis wir mit Erstaunen feststellen, daß er leer ist. In der Nacht bekommen wir Magenschmerzen. Vermutlich deswegen liegen wir alle wach, als in der Früh ein urplötzliches Zischen und ein entsetzlicher Krach den ganzen Graben erschüttern. Die Luftbewegung ist so stark, daß unser Haar, davon angezogen, sich bewegt. Die Erde zittert. Es ächzt, bebt, kracht und zischt, wie es uns scheint, aus allen Richtungen. Wir kriechen in uns hinein, zu entsetzt, um zu schreien, überzeugt, daß der Graben gleich zusammenstürzen wird. Er tut es nicht!

Als es eine längere Zeit ruhig bleibt, gehen wir zaghaft nach draußen. Die Tarnzweige über unserem Graben liegen auf einer Breite von fünf Metern wie gemäht. Die Erde ist rundherum von Metallsplittern aufgewühlt. Wir heben ehrfürchtig welche auf. Sie sind sehr schwer, ungefähr zehn Zentimeter dick. Es sind keine Bombensplitter! Später merken wir, daß zwei große Eichen, die nicht einmal neun Meter von uns entfernt stehen, geköpft sind. Die alten und hohen Bäume haben die ganze Wucht des Marinegeschosses frontal aufgefangen. Durch den Anprall hat die Explosion des großen Kalibers in der Luft stattgefunden, was die Splitter erklärt. Wir werden andere, größere Bruchstücke dieses Ungetüms von angeblich 270 Zentimetern Länge finden, auch Teile seines 20 Zentimeter hohen Gürtels aus rotem Kupfer. (Man wird uns später erklären, daß das Geschoß rund eine Tonne gewogen hat, daß es uns alle umgebracht hätte, wenn die Explosion nicht durch die Bäume ausgelöst worden wäre, sondern am Boden stattgefunden hätte.)

Wir haben also durch Zufall überlebt!

Von ihrem Stammplatz im Graben aus hat Frau D. soeben erklärt, daß sie mit ihren Kindern nie mehr oben schlafen wird.

»Auch mein Mann nicht!« sagt sie. »Es kommt nicht in Frage. Auf dem obersten Brett kann man gleich tot sein!« Sie hat sich zuvor erzählen lassen, was draußen zu sehen ist.

Wir bleiben auf Anraten von Papa eine geschlagene Stunde im Graben.

»Für den Fall, daß die Marinegeschütze ihre Schußlinie wieder ändern und auf uns zurückkommen.«

»Kann das passieren?« fragt Michel.

»Möglich ist alles«, antwortet Papa, »obwohl das, was wir abbekommen haben, mir eher ein Visierschuß zu sein scheint.«

»Sagst du das, um uns zu beruhigen?« fragt Colette.

»Nein. Diese Geschütze schießen rasch hintereinander. Wir hätten gleich mehr abbekommen, wenn die Alliierten nicht in Wirklichkeit ein ganz anderes Ziel hätten erreichen wollen.«

(Später erfahren wir, daß die Kreuzung der N.172 mit unserer Straße Richtung Balleroy am Rand des Waldes von Cerisy

Zielscheibe war. Dort fuhren deutsche Panzer nach Tilly. Um die Ortschaft Tilly, zwischen Caen und Bayeux, sollte bald eine mörderische und lange Schlacht beginnen.)

Die Frist von einer Stunde haben wir nun ohne Aufregung überstanden. Wir wollen endlich raus.

»Zum Bach?« fragt Papa, der von draußen zurückkommt.

»Ja«, antworten wir begeistert, fast im Zweifel über die Echtheit seines Vorschlages, weil er zu schön klingt.

»Wieso zum Bach?« entsetzt sich Mama.

Papa hat soeben erfahren, daß die schöne Proserpine, unser Reitpferd, hilflos in einer sumpfigen Stelle der Wiese am Bach steckt. Mit der ganzen verfügbaren Mannschaft gehen wir rasch nach unten zu der Weide mit den hohen Pappeln. Die Halbblut-Stute ist außer sich vor Schreck und wehrt sich, als man versucht, sie herauszuholen. Man muß Riemen unter ihren Bauch schieben. Die Rettungsaktion beschäftigt alle und läßt uns Abstand zum vorangegangenen Schrecken mit dem Marinegeschoß finden. Wir fühlen uns fast so erlöst wie Proserpine, als sie, endlich ruhiger geworden, im Gras dahintrabt. Erst jetzt entdecken wir das zweite Opfer: Ein Pferd steht stämmig und völlig unbeweglich in der Wiese. Als wir uns ihm genähert haben, merken wir, daß es am Hals blutet.

»Sicher ein Geschoßsplitter . . .«

»Nein!« schreit ein Mann. »So was gibt es nicht!«

Und doch ist es wahr. Der Splitter muß durch den Hals hindurchgegangen sein, denn auf der anderen Seite ist eine ähnliche, blutende Wunde, von schwarzen Fliegen umschwärmt. Das Pferd, wie betäubt, rührt sich nicht. In der Ferne breitet sich unterdessen ein stumpfes, andauerndes Brummen aus, was sich anschließend nicht verstärkt, sondern wie ein schweres Rollen anhält. Es müssen Panzer sein.

»Was sollen wir mit dem Pferd tun?« fragt ein Mann.

»Wir gehen jetzt alle zum Graben zurück«, sagt Papa bestimmt. »Später werde ich seine Wunden mit einem Desinfektionsmittel betupfen, damit die Fliegen es nicht so plagen. Wahrscheinlich wird es krepieren, aber insgesamt haben wir bisher Glück gehabt!«

(Von wegen! Das stämmige Pferd wird überleben und Papa wird später, nicht ohne Stolz, erzählen, daß dieser Fall wert gewesen wäre, in die Annalen der Tiermedizin einzugehen.)

Amerikanische Gefangene und deutsche Soldaten zu Gast

Im Schutzgraben fürchten wir seit einigen Stunden eine neue Gefahr. Seitdem der Kampf sich hörbar nähert, leben wir in der Angst, daß Krieger – Amerikaner oder Deutsche – an unserem Loch auftauchen und aufs Geratewohl Handgranaten hineinwerfen. Diese Vorstellung plagt uns, umkreist das Gespräch, das wir lebhaft miteinander führen, bis wir endlich auf eine erlösende Idee kommen. Wir entwerfen einen kurzen Text, der deutsch und englisch geschrieben werden soll:

»Zivilisten! Bitte, nicht schießen!«

Colette und ich beschriften im Freien mit schwarzer Farbe zwei Holztafeln und malen zum Schluß ein überdimensionales Ausrufezeichen, in der Hoffnung, unserer Bitte so mehr Nachdruck zu verleihen. Die Holztäfelchen werden an beiden Eingängen unseres Erdbunkers angebracht, gut sichtbar oberhalb der jeweiligen Treppen, die hinunter führen.

Am 8. Juni hören wir gegen 18 Uhr viele Schritte. Die Stimme von Herrn Ambroix – dem Mann mit dem Holzbein – ruft Papa:

»Es sind amerikanische Gefangene, Monsieur B., eine ganze Menge, und Deutsche. Sie brauchen ...«

Schon steht Papa draußen. Es wird französisch, deutsch, englisch gesprochen. Obwohl wir gespannt lauschen, hören wir nur Bruchstücke. Papa schlägt vor, die ganze Gruppe in die Kantine zu führen. Er erklärt es uns:

»Die Soldaten haben seit zwei Tagen nichts gegessen. Komm mit Michel als Kurier, um Mama später Nachrichten zu bringen.«

Mit seiner Kasserolle auf dem Kopf zieht Michel stolz von dannen. Wir Mädchen wären gerne mitgegangen. Die Eltern haben es aber abgelehnt.

Die Männer sind schon eine ganze Weile weg, als wieder einmal Flugzeuge im Tiefflug über uns brausen. Eine ganze Schar. Mit eingezogenen Köpfen warten wir, daß es knallt. Es passiert nichts. Nur die Flugzeuge brausen immer noch. Wie viele Flugzeuge mögen es sein? Wieviel sind es gewesen? Denn auf einmal sind sie weg. Die Ruhe ist erstaunlich, und wir vernehmen wieder das andauernde Krachen in der Ferne, an das wir uns bereits gewöhnt haben. Irgendwo knallt es immer.

Ob es draußen schon dunkel ist? Hier in unserem Loch sieht

man ohnehin kaum etwas, seitdem es zwei Stockwerke in dem Graben gibt. Wir liegen auf dem Brett oben, knapp unter der Decke, und warten. Mama ist mit Okay kurz hinausgegangen. Sie ist nervös, beunruhigt wie immer, wenn wir nicht alle zusammen sind.

Sie muß Michel getroffen haben, denn sie kommen gemeinsam zurück.

»Habt ihr vorhin wegen der vielen Flugzeuge Angst gehabt?« fragt Michel.

»Schon, und du?«

»Wir nicht«, antwortet Michel. »Ihr hättet das sehen müssen! Wir sind alle unter den Tischen der Kantine gelegen. Auf einmal lagen wir alle auf dem Bauch, die Amerikaner, die Deutschen und wir. Nachher haben die Amis gelacht. Sie sind gut gelaunt, seitdem sie reichlich Wasser getrunken haben! . . . Aber ich muß euch etwas anderes erzählen. Auf dem Weg zur Kantine haben viele Soldaten gestockte Magermilch getrunken!«

Michel ist noch zutiefst beeindruckt von allem, was er erlebt hat. Er kommt fast ins Stottern.

»Die Kannen standen draußen; seit dem 5. Juni! Nicht abgeholt und voll mit Magermilch für die Kälber und die Schweine der Bauern! Ein Amerikaner hat einen Kannendeckel hochgehoben und jubelnd seine Kameraden gerufen. Sie haben die innere, weißglänzende Kopfform von ihren Stahlhelmen abgezogen und die sauer gewordene Milch hineingegossen wie in eine Schüssel. Es ist nicht zu fassen, wie sie das Zeug getrunken, gegessen haben!«

»Wieviel Amerikaner sind es insgesamt?«

»Ungefähr 70 und neun Deutsche mit Maschinengewehren. Die Amis schälen eifrig Kartoffeln, und man hat ein halbes Kalb aus dem Kühlraum geholt. Das Fleisch war für das Kantinenessen vom 6. Juni vorgesehen. ›Ein Glück, daß wir's haben!‹ hat Herr Ambroix gesagt, während ich für ihn Zwiebeln geschält habe. Es riecht toll in der Kantine! Ich wäre gern geblieben. Als Papa mich weggeschickt hat, haben einige Soldaten sogar gesungen.«

»Sind keine Offiziere dabei?«

»Doch, einige Amerikaner und ein deutscher Kapo, aber das spielt dort keine Rolle. Als sie in die Kantine kamen, sahen sie alle grau, erschöpft und schmutzig aus, egal welche Uniform sie trugen. Stellt euch mal vor: Sie haben zwei oder drei Nächte nicht geschlafen! Seit der Landung kämpfen sie oder verstecken sich. Bei Formigny sind die Amerikaner in kleinen Gruppen gefangengenommen worden. Ihre Panzer kamen nicht nach, vom Strand von Vierville her. Ein Vortrupp!«

»Sprechen die Soldaten französisch, weil du das alles weißt?«

»Ja, ein Amerikaner spricht sogar wie wir. Er wohnt in den Staaten an der kanadischen Grenze, und seine Frau ist Kanadierin. Zwei andere sprechen ganz gut. Vielleicht hat man sie deshalb für die Landung in Frankreich ausgesucht. Auch der deutsche Kapo spricht übrigens französisch.«

»Kommt Papa bald?«

»Nein, er wird sicher die ganze Nacht in der Kantine bleiben, denn der Deutsche hat gesagt: ›Die Gefangenen sollen nach dem Essen hier schlafen. Um fünf Uhr wird aufgestanden.‹«

»Können die Amerikaner nicht fliehen?«

»Ich glaube nicht, daß sie es tun. Papa führt sie einzeln zur Toilette, wenn sie es brauchen. Der Kapo hat Papa gewarnt: ›Sie haften mit Ihrem Leben, daß dabei nichts passiert!‹, und der amerikanische Offizier, der gut Französisch kann, hat gesagt: ›Sie können beruhigt sein, Sir, keiner von uns wird versuchen zu fliehen. Hier nicht. Wir sind Ihnen sehr dankbar.‹ Danach hat er mit allen englisch geredet.«

Arme Mama! Es wird für sie eine lange Nacht des Wartens werden!

Als Papa in der Früh zurückkommt, scheint ihn die Ruhe der bewährten Krieger angesteckt zu haben. Er lächelt.

»Kommt raus!« sagt er schlicht. »Das müßt ihr unbedingt sehen!«

Dieser Satz klingt fast erhaben, und das Bild draußen hat wirklich etwas Feierliches und zugleich Ergreifendes an sich. Die 70 Amerikaner, wie für eine Parade in Reihen geordnet, stehen im Morgengrauen startbereit, von den Deutschen umgeben. Kaum haben sie zum Abschied gewinkt, als Maschinengewehre zu rattern beginnen. Amerikanische Flugzeuge, die die Brücke von Le Molay beschossen haben, fliegen sehr niedrig über uns. Niemand hat Zeit oder kann sich hinlegen. Die Amerikaner, eingezäunt von den Deutschen, ziehen ihre Taschentücher heraus und lassen sie lässig, wie kleine Fahnen, über sich flattern. Sie sind unwahrscheinlich ruhig, diese Amerikaner, so als ob sie fest daran glauben würden, für ihre eigenen Kugeln unverwundbar zu sein. Auch wir, obwohl das letzte Flugzeug noch schießt, stehen da, unfähig uns zu bewegen. Als die Flugzeuge nach kurzer Zeit erneut im Sturzflug auf die Fabrik zufliegen, sind wir allerdings im Graben verschwunden, atemlos nach dem schnellen Lauf. Dieses Mal wird kein einziger Schuß abgefeuert. Wahrscheinlich haben die amerikanischen Gefangenen wieder mit ihren Taschentüchern gewinkt.

»Meine old fellows!« sagt Papa gerührt. »Sie sind wirklich okay. Ob sie es geschaffft hätten zu fliehen? Sie haben uns keinen Ärger machen wollen. Alle waren fair. Auch die Deutschen.«

Dann zieht er aus seiner Tasche einige, in den USA speziell für die Landung gedruckte Geldscheine, die ihm der amerikanische Offizier als Souvenir und Porte-bonheur (Glücksbringer) geschenkt hat. Es sind keine Dollars, sondern französische Francs, aber in einem anderen Format und mit einem anderen Druck als die unseren.

»Sehr gut sieht man hier nicht«, sagt Mama beim Betrachten der Scheine. »Wieviel Uhr ist es eigentlich?«

»Bald sechs Uhr«, antwortet Papa, »und es ist der 9. Juni, bis heute Abend, wenn nichts dazwischen kommt.«

»Mach keine solchen Witze!« bittet Mama.

Wir konnten es damals nicht wissen, und doch bedeutete diese Uhrzeit für uns einen wichtigen Wendepunkt: das Ende aller Angriffe auf das Gelände rund um die Fabrik. Gehörten wir bereits dem Schonstreifen unmittelbar vor der Front an? Oder war die Anwesenheit der amerikanischen Kriegsgefangenen bei uns gemeldet worden? Möglicherweise war der Wendepunkt rein zufällig. Wir sollten es nie erfahren. Daß diese erste Begegnung mit den Amerikanern unserer Familie Glück gebracht hatte, blieb für uns allenfalls eine liebenswürdige Vermutung.

Eine andere Begegnung einige Stunden später stürzte uns in Aufregung. Auf der Suche nach frischer, vitaminreicher Nahrung waren wir mit den Eltern in den Gemüsegarten gegangen.

»Die Leute im Graben werden sich wieder über unsere Radieschen freuen«, sagte Michel. »Die Idee von Thomas ist Klasse gewesen!«

Die Erwähnung des Gärtners stimmte uns alle nachdenklich, und wir schwiegen. Von Thomas hatten wir seit drei Tagen nichts gehört. Plötzlich merkten wir mit Entsetzen, daß uns ein deutscher Soldat den Weg zum Graben versperrte. Er trug eine Maschinenpistole und las gerade unser Schild »Zivilisten, bitte nicht schießen!«. Wir blieben wie angewurzelt stehen. Vielleicht hätten wir daraufhin versucht, uns im Garten zu verstekken, aber der Soldat ließ uns dazu keine Zeit. Er hatte vermutlich unsere Schritte gehört, machte eine sehr rasche Kehrtwendung und richtete dabei seine Waffe auf uns.

Erst jetzt fiel uns auf, wie elend, heruntergekommen und schmutzig der Mann aussah! Er war von unten bis oben mit Lehm bespritzt. Sogar sein Gesicht und sein Haar waren beschmutzt. Er trug keinen Helm. In diesem Augenblick kamen nichtsahnend drei Fabrikarbeiter aus dem hinteren Ausgang unseres Grabens heraus. Sie unterhielten sich. Der Soldat schaute blitzschnell zu ihnen nach hinten und dann gleich wieder zu uns. Die Mündung seiner Maschinenpistole hatte die Drehung mitgemacht.

Ich mußte seltsamerweise an die Radieschen denken, die ich in der Hand hielt, starrte aber in meiner Angst ständig auf das Gesicht des Deutschen. Auf einmal hatte ich den Eindruck, daß in seinen Augen ebenfalls Angst flackerte. Er erinnerte mich an ein gehetztes Tier, das vor Erschöpfung nicht mehr weiß, wohin es noch fliehen kann. Angst!

Ich glaube, niemand hätte in diesem Augenblick sagen können, wer von uns allen am meisten Angst hatte. Der Soldat besaß zwar eine Waffe, wußte dafür nicht, wieviel Menschen insgesamt im Graben waren und ob wir ihn angreifen würden. Wir dagegen fürchteten, er könne aus Verzweiflung in Panik geraten und wild um sich schießen. Seine Augen erschienen in seinem mageren, unrasierten Gesicht groß und unendlich müde. Er ließ die Maschinenpistole an seiner Schulter baumeln und formte seine beiden Hände zu einer Mulde.

»Boire!« sagte er, und auf deutsch noch einmal: »Zu trinken, bitte!«.

»Kommen Sie mit!« antwortete unser Vater betont langsam auf französisch. »Wir werden Ihnen zu trinken und zu essen geben. Hat jemand Trinkwasser parat?« fragte er anschließend in die Runde, während er den deutschen Soldaten ein wenig vom Graben weglockte.

Dieser folgte bereitwillig, aber immer noch mit der rechten Hand auf seiner Waffe. Ein Mann brachte einen Krug und schenkte Wasser ein. Der Soldat trank in einem Zug.

»Encore!« bat er nach dem zweiten Becher und reichte diesen mit der linken Hand, um ihn erneut füllen zu lassen. Er trank so, als ob es um sein Leben ginge – wie Kinder oder junge Tiere es tun, dachte ich. Es lag etwas Wesentliches, fast Rührendes in der Art, wie dieser Mann gierig Wasser zu sich nahm.

»Wie lange haben Sie nichts getrunken?« fragte Papa.

»Ich weiß nicht mehr«, antwortete der Mann, »zwei Tage bestimmt«. Ich mußte an das Buch ›Der kleine Prinz‹ denken und an den Piloten, der nach einer Panne seines Flugzeuges in der Sahara fast verdurstet wäre. Wieviel Tage waren in der Geschichte von Saint-Exupéry vergangen, bis der Flieger, vom kleinen Prinzen begleitet, endlich einen Brunnen entdeckte? Nachträglich war die Zeit kaum meßbar. Wichtig blieb die lange Sehnsucht nach dem Trinken; sie verzauberte das Wasser, das aus dem Brunnen kam. Ich liebte die poetischen Sätze, die Saint-Exupéry erfunden hatte, und ich freute mich, daß wir, einige Minuten lang, die Bedeutung einer Oase erlangt hatten, weil wir Durst zu löschen vermochten.

Der Krieg schuf Situationen, die völlig außerhalb des Normalen lagen. In der Normandie beinahe verdursten! Es war schier verrückt, absolut unvorstellbar. Trotzdem hatten wir innerhalb von 15 Stunden zweimal das Gleiche erlebt.

»C'était bon!« sagte der Soldat, und ich wunderte mich über den fremden Klang seiner Stimme. Ich hatte fast vergessen, daß dieser Mann Deutscher war.

Anschließend sprudelten Worte aus ihm heraus. Behindert durch seine mangelhaften Sprachkenntnisse, stotterte er und hatte offensichtlich ein großes Bedürfnis, sich endlich mitzuteilen:

»Seit drei Tagen alles, alles kaputt. Kameraden alle totgeschossen; ich allein überlebt, gegangen, versteckt. Nicht Krieg wie in Afrika. Kein fairer Krieg hier! Nicht nur Bomben, auch Dum-Dum-Geschosse, die mehrmals explodieren. Nicht erlaubt! Alles zerfetzen.«

Der Soldat trank noch einen Becher voll Wasser. »Sie, Monsieur, sind nett. Ich habe Kinder wie Ihre. Ich werde weggehen, Kameraden suchen, aber bitte vorher essen.«

Papa entfernte sich langsam, begleitet von dem Soldaten. Wir saßen wieder im Graben und debattierten heftig.

»Kein fairer Krieg«, sagte Colette, »als ob es faire Kriege gäbe!«

Wahrscheinlich war er mit Rommel in Afrika«, erklärte Michel.

»Na und? Ist der Krieg für uns vielleicht fair?«

»Alle Kriege sind unmenschlich«, mischte sich Mama ein, »für jeden, der drin steckt. Daß er jedoch . . . «

»Ich weiß überhaupt nicht, warum man einem Boche Essen

und Trinken geben muß«, sagte jemand erbost in der Mitte des Grabens.

»Und wenn er geschossen hätte, da wären Sie nicht so stolz«, konterte Herr D.

»Wir sitzen alle im Graben«, sagte seine Frau. »Sie auch! Daß Monsieur B. den Deutschen von hier weglotzt, das ist wohl das Wichtigste, oder?«

»Hoffentlich verschwindet er, wenn er etwas zu Essen bekommen hat«, sagte noch jemand.

»Wo die Amerikaner jede Minute kommen können!« unterstützte ihn Frau D.

»Oder die Deutschen«, mischte sich ihr Mann wieder ein.

»Glaubst du?«

»Das ist genauso drin. Der Soldat ist der beste Beweis dafür.« Der Mann, der das Wasser eingeschenkt hatte, sagte sanft neben uns:

»Der wäre fast verdurstet, der arme Kerl. Er kann doch nichts dafür, daß er ein Boche ist!«

Später erzählte uns Papa, er habe dem Deutschen einen halben Butterkäse als Proviant gegeben. Der Mann habe jedoch auf der Stelle das ganze Stück samt Rinde gegessen.

»Er muß völlig ausgehungert gewesen sein«, betonte Papa. »Nachher wollte er Brot haben. Als ich ihm erklärte, auch wir hätten längst keines mehr, sagte er ›Pardon! Nicht daran gedacht!‹ Ich gab ihm noch Käse und eine Flasche Wasser, froh, daß er endlich wegging. Ich stellte mir dauernd vor, was passieren würde, wenn die Amerikaner hier auf ihn stoßen würden. Der deutsche Soldat hätte um sich geschossen. Er schien überhaupt nicht daran zu denken, sich zu ergeben.«

»Wieso?« fragte Michel. »Ich verstehe den Mann nicht. Wenn er dir seine Maschinenpistole gegeben hätte, dann wäre er unser Gefangener geworden. Er hätte es nicht schlecht gehabt, bis die Amerikaner kommen.«

»Ob sie zuerst kommen, wissen wir nicht«, sagte Papa. »Wir können es nur hoffen; nach allem, was der deutsche Soldat gesagt hat, müssen unsere Freunde ziemlich nah sein. Schon heute Nacht hatte der amerikanische Offizier von Trévières gesprochen. Wir werden die Front bald hinter uns haben.«

Gerade weil es wichtiger denn je geworden war, den Graben möglichst wenig zu verlassen, hielten wir es drinnen vor Ungeduld kaum aus. Jeder Vorwand war uns recht, um hinauszuschlüpfen, um nachzuschauen, ob sich in der Ferne etwas veränderte. Einmal glaubte einer von uns, versteckte Bewegungen zwischen den Apfelbäumen auf einer entfernten Wiese beobachtet zu haben. Er rief die ganze Familie. In Wirklichkeit hatte nur der plötzlich auftretende Wind Zweige bewegt. Bald waren am Himmel alle Wolken weggefegt.

»Es wird eine klare Nacht«, sagte Mama.

Spät abends erreichte uns eine bestürzende Meldung über unsere hungrigen Gäste der vergangenen Nacht, über »unsere« Amerikaner. Auf der Landstraße, außerhalb von Littry, der nächsten Ortschaft nach Le Molay, waren ihre Reihen durch einen Tiefangriff amerikanischer Flugzeuge dezimiert worden. Die Nachricht traf uns wie ein persönlicher Schicksalsschlag. Wir sahen noch in unserer Erinnerung die Soldaten freundlich lächelnd oder lässig mit den Taschentüchern winkend, als sie erholt und voller Zuversicht von uns gegangen waren, ohne zu wissen, welcher sinnlose Tod auf sie wartete. Von den eigenen Leuten erschossen!

Unter den Deutschen, die sie bewachten, hatte es auf dieser geraden Strecke ohne Deckungsmöglichkeiten auch Tote gegeben. Man wußte nur, daß viele Menschen gestorben waren. Nicht wieviel und nicht wer sie waren, beziehungsweise welche Staatsangehörigkeit sie besessen hatten. Der Begriff der Nationalität schien uns zusehends an Bedeutung zu verlieren. An der Front gab es keine klare Grenze; alles mischte sich um eine Linie, die sich bewegte.

Die amerikanischen Flieger hatten von oben keinen Unterschied unter den Menschen machen können. Bei der Verpflegung der halbverhungerten, fast verdursteten und übernächtigten Soldaten hatten auch wir keine Unterschiede gemacht. Wer von den Soldaten eine Maschinenpistole trug, das konnte sich von Stunde zu Stunde ändern. In Wirklichkeit waren alle durch das gemeinsame Erlebnis, in ihrer gemeinsamen Not fast Kameraden geworden. Der Tod hatte sie vereint. Endgültig. Unsere Familie trauerte um diese Menschen, Gäste einer bewegten Kriegsnacht.

Ich habe sie nie vergessen können und möchte es auch nicht. Es ist eine Art Vermächtnis, das sie mir hinterlassen haben: Allein das Menschsein ist wichtig, alles andere mehr oder weniger zufällig. Jedesmal, wenn mir bewußt wird, daß jemand die Farbe eines Passes – egal welche – zu sehr betont oder zu wichtig nimmt, muß ich an diese Gefallenen denken. Allerdings ist man anderen gegenüber immer klüger als gegen sich selbst. Später, in alte Denkmuster verstrickt, werde ich diese so klare Lektion leider eine ganze Weile vergessen. 1944 stand den Europäern ein langer, schwieriger Weg bevor, ehe sie sich ihrer Gemeinsamkeit bewußt wurden. Nicht nur für meine Generation.

Spinnen und die Front, die uns unbemerkt überrollt

Die Nacht vom 9. zum 10. Juni 1944 war sehr hell. Der Mond schien. Ein kleines Flugzeug flog vorbei. Das ruhige Schnarren seines Motors klang friedlich und erstarb bald in der Nacht. Warum hatte sich diese kleine Maschine an die Front verirrt? Nach den rasenden Flugzeugen, die wir oft erlebt hatten, wirkte dieses Beinahe-Sportflugzeug erstaunlich beruhigend. Wir schliefen bald ein.

Ich erwachte plötzlich, weil ich irgendein Tier an der Backe spürte. Ich fuhr mit der Hand darüber. Nichts! Nach kurzer Zeit juckte die Stelle und fühlte sich glatt und erhöht an. Ein Floh? Wohl kaum. Bald juckte es weniger, aber die Glätte blieb. Und dann fühlte ich etwas auf meiner Hand krabbeln. Ich schüttelte die Hand angewidert und überlegte. Ich lauerte, bereit auf die geringste Berührung zu reagieren. Obwohl ich in dieser Nacht nicht mehr gestochen wurde, konnte ich eine geraume Zeit nicht wieder einschlafen. War das eine Spinne gewesen? Wie groß war sie?

Gegen fünf Uhr gab es in der Ferne einen Höllenkrach mit zischenden Geräuschen, die sich ständig wiederholten. Ans Schlafen war, mit oder ohne Spinne, nicht mehr zu denken. Ein gewaltiger Kampf mußte begonnen haben, und wir fingen an, im Graben die Lage zu besprechen. Die Geräusche waren in ihrer Vielfalt verwirrend. Sicher blieb, daß Bomben in großer Zahl herabfielen und daß ein Artillerieüberfall, auch mit schwersten Kalibern, in vollem Gang war. Die zischenden Laute ließen uns vermuten, daß Schiffsgeschütze im Einsatz waren; die Vorstellung, daß diese Dinge über unsere Köpfe flogen, war, nach unseren bisherigen Erfahrungen, ziemlich ungeheuerlich.

Ganz so harmlos schien das kleine Flugzeug am Abend zuvor nicht gewesen zu sein. Wahrscheinlich lenkte seine Besatzung, in Verbindung mit anderen Luftbeobachtern, das Artilleriefeuer.

Rein akustisch war es für uns schwierig, den Abstand abzuschätzen, der uns von der Schlacht trennte. Die Männer unter uns, auf ihre Kriegserinnerungen zurückgreifend, waren sich nicht einig – manche sprachen von 18, andere von 15, sogar von zehn Kilometern Luftlinie. Die Richtung dagegen war ziemlich eindeutig: Vaubadon, Juaye-Mondaye, Tilly, sagten diejenigen, die draußen versucht hatten, die Helligkeit am Himmel zu lokalisieren. Dort, wurde erklärt, befand sich das Zentrum der Kampfzone. Es handele sich allerdings um eine sehr breit angelegte Schlacht, deren Randzonen rechts Balleroy und links Le Tronquay, ja Bayeux einschließen mußten.

Eine Menge Kindererinnerungen tauchten für uns auf; sie waren mit den Ortsnamen verknüpft, weil das Milcheinzugsgebiet des Werkes sich zum Teil in diese Richtung erstreckte. Wir dachten unter anderem an die wunderschöne Abtei von Juaye-Mondaye zurück und an Noron-la-Poterie, wo wir aus Jux eine Menge Tontöpfe zerschlagen hatten. Der furchtbare Krach dauerte 45 Minuten an. Wir stellten uns unterdessen vor, wie alle Ortschaften, die wir gern hatten, nach und nach in Trümmer fielen.

Die Spinne war nicht mehr wichtig. Da wir nicht schlafen konnten, fing ich trotzdem an, davon zu erzählen. Auch Michel war an der Hand gestochen worden. Wir liehen uns die umständliche Taschenlampe von Papa aus und begannen, im obersten schmalen Geschoß nach Spinnen oder Ungeziefer zu suchen. Die rauhe Wölbung aus Erde knapp über uns konnten wir nur stückchenweise beleuchten, weil wir uns auf dem Brett, wo wir eng beieinander lagen, im Wege waren. Wo verkrochen sich die Biester? Hinter den Balken? Keiner von uns fand sie; wir gaben bald die Suche auf. Es war aussichtslos, das Ungeziefer in dieser Finsternis entdecken zu wollen. Ein wenig erleichtert war ich trotzdem: So groß wie ich sie mir in der Nacht ausgemalt hatte, konnten sie nicht sein.

Bald hielt Papa einen grundsätzlichen Vortrag über Spinnen. Als kompetenter Naturwissenschaftler fühlte er sich in seinem Element. Die Tatsache, daß es nahezu 20000 Arten von Spinnen gebe, fand ich wenig beruhigend für die kommenden Nächte.

»Man spricht von Spinnengiften«, fuhr Papa fort, »aber bei den meisten Arten handelt es sich um ein absolut ungefährliches Sekret.«

Die tröstende Feststellung hinderte mich nicht daran, meine Backe erneut zu betasten. Michel leckte an seiner Hand.

»Es schmeckt bitter«, sagte er knapp.

»Das kann sein«, antwortete Papa erfreut, wie bei einer willkommenen Bestätigung seiner Kenntnisse.

»Vielleicht solltest du dir nachher ganz einfach die Hände waschen«, sagte Mama. »Es muß nicht unbedingt mit den Spinnen zu tun haben!«

Colette versetzte lachend Michel einen Stoß. Sie hatte keine Angst vor Tieren.

»Angsthase!« sagte sie leise.

»Warte nur ab, bis du selbst gestochen wirst!« erwiderte Michel giftig.

Unbeirrt setzte Papa seinen Vortrag fort. Die fachmännischen Ausdrücke »örtlich begrenzte Reizwirkung«, »Giftdrüse«, »Klauen« sollten noch lange in unseren Köpfen spuken, denn wir wurden alle gestochen. Am Hals, im Gesicht, an den Händen, an den freien Stellen also und immer in der Nacht. Es erwischte mehr diejenigen, die in unserem Erdloch oben schliefen. Auch tagsüber war es dort stockfinster. Gemütlicher war unser Graben durch die Anwesenheit dieser Mitbewohner nicht geworden.

Als der Krach draußen ein wenig nachließ, gingen wir Luft schnappen. Im Freien hörte man die Kriegsgeräusche intensiver und vor allem differenzierter. Die ganze Familie stand auf der Erderhöhung des Grabens und schaute nach Süden, mit dem Meer im Rücken. Die gewaltige Geräuschkulisse breitete sich vor uns aus wie ein Fächer, wobei unser Standort Le Molay ein Ruhepunkt zu sein schien. Auch unmittelbar vor uns knallte es wenig. Dafür tobte links, Richtung Tilly, die Panzerschlacht weiter. Rechts, Richtung Cerisy und dahinter Saint-Lô, fielen massenweise Bomben. Es kam uns plötzlich merkwürdig vor, daß bei uns nichts geschah. An beiden Enden der Schere, rund 20 Kilometer vom Meer entfernt, wurde anscheinend heftig gekämpft und bei uns, obwohl wir viel näher bei der Küste lebten, passierte nichts. Es war fast unheimlich.

»Ob wir bereits überrollt wurden, ohne es zu wissen?« fragte Papa.

»Es kann einfach nicht sein. Wir hätten doch etwas gesehen.«

Und doch geschah etwas Ähnliches. Wir wurden im Laufe des 10. Juni befreit und hatten das unsagbare Glück, nichts davon zu merken. Der Leerraum von Trévières bis Cerisy und Balleroy füllte sich rasch auf ohne nennenswerte Kämpfe. Möglicherweise war unser welliges, buschbewachsenes, in unzählige kleine Rechtecke geteiltes Gebiet für Panzerbewegungen besonders ungeeignet. Allerdings galt dies nicht nur für uns, sondern nahezu für die ganze Gegend des Bessin.

Daß wir verschont blieben, hatte andere Ursachen: Truppenbewegungen, die, strategisch mehrmals geändert, ein Chassé-croisé dreier Armeen ergaben. Bereits am 7. Juni war Bayeux, wo rund 7000 Zivilisten lebten, ohne Kampf von den Engländern besetzt worden, deren Sherman-Panzer seitdem die Kreisstadt deckten. Feldmarschall Rommel hatte am 8. Juni sofort erklärt, daß Bayeux zurückzunehmen sei, weil ein deutscher Vorstoß bis zum Meer an dieser Stelle eine Vereinigung der gelandeten Engländer und Amerikaner in Frage stellen würde.

General Montgomery war es unterdessen nicht gelungen, die Stadt Caen, wie vorgesehen, am 7. Juni frontal zu nehmen; er erhoffte sich mehr von einem späteren Angriff von der Flanke und mußte deshalb die englischen und kanadischen Panzer aus Bayeux nach Süden vorrücken lassen. Am 9. Juni rollten sie bereits in diese Richtung, und es gab einen schnellen Vorstoß kanadischer Panzer. Parallel dazu, aber in umgekehrter Richtung, hatten sich deutsche Spähtrupps der Panzer-Lehr-Division in derselben Nacht bis Arganchy vorgearbeitet, um Bayeux am Morgen anzugreifen. (Die Ortschaft Arganchy, ein Vorort von Bayeux, befindet sich in Luftlinie elf Kilometer von Le Molay entfernt.)

Der Durchbruch zur Küste wurde jedoch abgeblasen, weil die schmale vorgerückte Lage der deutschen Vorkämpfer als kritisch beurteilt wurde. Der Befehl »Angriff auf Bayeux einstellen!« erreichte die ehemaligen deutschen Afrikakämpfer gerade, als sie sich über ihren gelungenen Vormarsch freuten. Es wurde später berichtet, daß sie sich über den Rückzugsbefehl ärgerten. Uns rettete er wahrscheinlich das Leben: Unser Geländeabschnitt war durch die Regruppierung der Heeresdivision Panzer-Lehr im Raum Tilly einstweilen ohne taktische Bedeutung geworden.

Von alledem hatten wir am 10. Juni 1944 keinen blassen Schimmer, obwohl gerade die Helligkeit am Himmel der wichtigste Anhaltspunkt bei unserer armseligen Lagebesprechung in der Früh gewesen war. Diesen 10. Juni erlebten wir voller Unruhe, gefüttert mit einer Menge widersprüchlicher Nachrichten, die Boten ab und zu aus allen Richtungen brachten. Es waren einzelne Arbeiter, die, froh überlebt zu haben, nach ihrer Fabrik Ausschau halten wollten. Sie übermittelten auch laufend neue Todesmeldungen. Die Eltern hörten Namen von Verstorbenen aus der ganzen Umgebung, die sie gekannt hatten. Manche der Toten waren auch uns Kindern bekannt, ihre Gesichter uns vertraut, und wir erschraken über jede Meldung. An viele konnten wir uns jedoch nicht erinnern. Es war, als würden wir diesen Verstorbenen Unrecht tun, indem wir sie vergessen hatten, bevor sie gestorben waren. Wir erfuhren auch, daß eine Trauerfeier für die 22 Toten von Trévières am nächsten Tag in der nur noch zur Hälfte bestehenden Kirche der kleinen Gemeinde stattfinden sollte. Trévières, die fröhliche Ortschaft an den drei Flüßchen, war nahezu zerstört.

Plötzlich hörten wir von draußen eine Stimme, die uns bekannt vorkam und unseren Vater schnell die Treppe erklettern ließ. Oberhalb der Böschung gab es eine freudige Begrüßungsszene. Der Gerettete – jeder Neuankömmling verdiente eigentlich diese Bezeichnung – war ein älterer, sehr tüchtiger Facharbeiter. Ich ging nach oben und beobachtete, wie die beiden Männer, bereits miteinander fachsimpelnd, sich entfernten und den Weg zu den Fabrikationsgebäuden einschlugen. Ich beneidete sie um ihre dringenden Aufgaben, die sie so sehr in Anspruch nahmen, daß sie alles andere vergessen konnten, ja sogar vergessen mußten. Ich verspürte eine fast unerträgliche Lust, ebenfalls wegzugehen. Ganz egal, wohin. Nur weg von diesem Haufen Erde, weg von diesem traurigen Loch!

Leicht, fast unwirklich, flog ein gelber Schmetterling, sehr bald von einem Artgenossen spielerisch verfolgt, an mir vorbei. Erstaunt, fast ungläubig, schaute ich ihnen zu, bis sie ins hohe Gras verschwanden. Die Luft roch leicht nach Honig. Ich atmete sie genüßlich mehrmals hintereinander ein. Dann stieg ich entschlossen die Lehmtreppe hinab.

»Michel, gib mir bitte die Leine von Okay! Der arme Hund braucht Auslauf«, sagte ich scheinheilig.

»Und du nicht?« konterte Michel.

Ich lachte unbefangen, wie seit langem nicht mehr.

»Komm doch mit, du Hellseher! Ich habe vorhin zwei Schmetterlinge gesehen, zwei Zitronenfalter!«

Okay zog wie ein Narr. Bald liefen wir hinter ihm her. Wir rannten, bis uns die Puste ausging.

»Es tut verdammt gut«, sagte Colette, die mit uns gelaufen war.

Spät abends erzählt Papa:

»Im Werk haben die Dächer gelitten, aber es ist nichts Bedeutendes passiert. Die Bauern werden bald Milch anliefern wollen. Sobald es nötig wird, können wir arbeiten.«

Am 11. Juni, morgens gegen sechs Uhr, fuhren die ersten amerikanischen Panzer durch die Ortschaft Le Molay. Wir hörten sie. Sie rollten stundenlang. Ihre Anwesenheit wurde bald von Augenzeugen bestätigt. Weil die Eisenbahnlinie sich momentan wie eine unpassierbare Sperre auswirkte, bekamen wir jedoch keine Amerikaner zu sehen. Das ärgerte uns. Wir hatten es endgültig satt, passiv in unserem Erdloch warten zu müssen.

Zum erstenmal seit der Landung frühstückten wir zu Hause; in der Küche zwar und im Stehen, damit es rascher ging. Wie Soldaten, dachte ich. Anschließend bezog jeder von uns hinter einem Fenster des Salons oder des Eßzimmers einen Posten. So verteilt, überblickten wir das ganze Feld, wo Ankömmlinge vorbei gehen mußten. Es schien uns lebenswichtig, die Ankunft der ersten Amerikaner nicht zu verpassen. Waren wir nicht sogar in der Lage, unnötige Schießereien zu vermeiden? Wir brauchten unseren Befreiern nur sofort kundzutun, daß das ganze Areal der Fabrik keine Gefahr für sie barg. Danach könnten wir die Soldaten durch das Gelände begleiten; es würde sie beruhigen. Ob wir ihnen Cidre oder Wasser anbieten sollten? Wir malten uns einen freudigen Empfang aus.

Daß wir Wache hielten, erwies sich als Glück, denn unsere erste Begegnung mit der amerikanischen Armee verlief ganz anders, als wir es erwartet hatten. Von einem Empfang keine Rede! Eher von einer Flucht, die wir gemeinsam ergriffen, als wir »ihn« mit gezogener Waffe in unser Haus stürzen sahen. Papa kam dieser Einzelgänger gleich verdächtig vor.

»Schnell, aus dem Haus!« befahl er.

Wir hatten gelernt, auf kurze Anweisungen rasch und geräuschlos zu reagieren. Wir schlichen uns durch die hintere Tür in den Garten. Dort, gut versteckt, beobachteten wir bange unser Haus. Gutes, altes Haus! Kaum hatten wir uns gefreut, es unversehrt wiederzufinden, schon mußten wir es diesem Mann mit dem Colt überlassen. Alles schien unwirklich, wie in einem schlechten Film. Wir fühlten uns in den Wilden Westen versetzt. Ein wenig peinlich war diese Geschichte auch: Jeder Rückzieher hat etwas Demütigendes an sich. Und doch, was blieb uns, waffenlos und ohne Sheriff, anderes übrig, als Reißaus zu nehmen?

Nach einer Weile trat der Mann, leicht torkelnd, durch den Haupteingang ins Freie. (Daß wir, kaum zu Hause, gleich drei

Haustüren offen gelassen hatten, war typisch für uns, dachte ich.) Der Amerikaner, nach vorne gebeugt, schaute um sich, bereit zu schießen. Seine Handwaffe, die uns erschreckt hatte, war ein mächtiger Trommelrevolver, ein filmgerechter Colt, wie wir ihn bei keinem Armeeangehörigen jemals gesehen hatten. Der Soldat taumelte langsam in unsere Richtung – war er betrunken? –, dann drehte er plötzlich nach links ab und verschwand um die Hausecke. Keiner kam nach. Wir atmeten auf.

Daß unser Revolverheld allein zur Jagd ausgezogen war, hatte seine guten Gründe. Wir merkten es bald. Der Kerl hatte alle Geldscheine an sich genommen, die auf dem Schreibtisch von Papa gelegen hatten, einschließlich der in den USA gedruckten Francs, das Geschenk der amerikanischen Gefangenen. Unser Vater war wütend:

»Der Schuft! Ausgerechnet unsere Porte-bonheurs!«

»Hat er viel Geld geklaut?« fragte Michel.

»Nicht die Welt«, antwortete Papa, »unsere Francs sind ersetzbar, die Scheine der Amerikaner aber nicht. Sie waren für mich Zeugen einer Nacht, die ich nicht vergessen will.«

Nach dieser Erklärung ging er arbeiten.

Das Papiergeld »made in USA« erlitt übrigens bald Schiffbruch, und zwar auf eine lustige Weise. Weil die Normannen kein Vertrauen in die neuen Geldscheine hatten, benützten sie diese, um ihre Steuern zu bezahlen! Die schlaue Idee machte bald die Runde. Man stand in Bayeux beim Finanzamt Schlange. Daraufhin fand in dem seit dem 14. Juni als Hauptstadt fungierenden Bayeux ein Treffen der alliierten »Civil Affairs« mit den Finanzbehörden statt. Die Alliierten versprachen am 25. Juni die USA-Scheine gegen echte französische Francs umzutauschen.

Wir besaßen damals ein beglückend kurzes Gedächtnis über erlebte Schrecken und legten eine naive Sorglosigkeit, die nachträglich leichtsinnig erscheinen mag, an den Tag. Vom totalen Krieg überrascht, dachten wir immer noch in Friedensvorstellungen und suchten im reißenden Strom der Ereignisse Halt in beständigen Dingen. Wir blieben nach unserem unterirdischen Leben und unserer halb gelungenen Befreiung verwundert, zaghaft in unseren Schritten und in unseren Gedanken, die Freiheit unseres Tuns nicht mehr gewöhnt.

Wir erforschten das Haus Zimmer für Zimmer wie ein vergessenes Reich. Der Hund schlief selig auf seinem Kissen in der Diele. Ich stieg die Treppe hoch und ging zu dem großen Zimmer, nach Osten gelegen, das Colette und ich als Schlafzimmer benützten. Jede von uns hatte dort ihren Bereich. Ich blieb an der Schwelle stehen. Die vertraute Tapete dieses Kinderzimmers mit den oft betrachteten Mustern in Pastellfarben wirkte beruhigend. Die Möbel, ehemals von Mama mit Liebe bemalt, schienen mir in ihren zarten Farben auf einmal kindisch; warum dieser rosa Streifen am Rand? Die rechte Tür unseres großen Kleiderschrankes quietschte vertraut; alles war noch an seinem Platz. Ich legte mich auf mein Bett. Einige Stellen der Tapete waren in Reichweite mit harten Gegenständen bekritzelt worden. Diese Erinnerungsmerkmale meines Tatendranges während irgendeiner Kinderkrankheit muteten mich plötzlich wie ein unfaßbarer Frevel an. Wie konnte ich so etwas jemals getan haben? Seltsam. Mit der vertrauten, intimen Umgebung meiner ersten Lebensjahre stimmte etwas nicht mehr. Alles war gleich geblieben und doch ... Wie lange waren wir fort gewesen? Scheinbar eine unmeßbare Ewigkeit.

Colette kam herein und blieb, wie ich vorher, an der Tür stehen.

»Da bist du!« sagte sie. »Ich habe dich gesucht.« Und nach einer Weile: »Was meinst du? Sobald alles vorbei ist, könnte man eigentlich die Tapete hier wechseln lassen.«

Ich lachte.

»Genau das Gleiche habe ich vorhin gedacht.«

Wir gingen an jenem Abend alle früh ins Bett. Es war eine seltsame Leere in uns. Wir fühlten uns sehr müde. Unsere erste Nacht wieder zu Hause ... Ich schlief unruhig wie ein Erwachsener, der sich mit zuviel Gedanken quält. Die Stille war sonderbar. Sie zwang mich zu horchen. Plötzlich drehte sich Colette in ihrem Bett um, dann lag sie wieder ruhig. Ich hörte die Eltern nebenan – in dem Zimmer, wo ich an einem 3. Februar geboren war – ununterbrochen reden. Eine merkwürdige Nacht.

Ich glaube, die Angst hatte zu lang mit uns geschlafen, als daß wir diese Begleiterin unserer Träume so schnell hätten vergessen können. Wir wurden nacheinander von ihr heimgesucht. Sogar unsere weichen Betten schienen uns unbequem. Wir wachten plötzlich auf, irgendwie erstaunt, uns nicht angestoßen zu haben. Zu oft, bei jeder ungewollten Bewegung auf der harten Holzpritsche hatten wir in unserem engen Lager im Schutzgraben den anderen gespürt. Was uns anfangs als befremdende Nähe erschienen war, hatte sich zu einer beruhigenden, notwendigen, schutzbedeutenden Tuchfühlung entwickelt.

Die Sonne weckte mich; sie blendete, und ich erschrak, bis ich alles wieder begriff. Nach unserem Maulwurfsleben schien es unfaßbar, von der Sonne geweckt zu werden. Mit einem Satz sprang ich aus dem Bett und lief zum Fenster: Was für ein herrlicher Morgen! Es war phantastisch schön zu leben! So schön, daß ich es nicht lange für mich behalten konnte. Ich weckte die arme Colette, die erschrocken fragte:

»Was ist passiert?«

»Nichts«, antwortete ich. »Der Krieg ist vorbei, und die Sonne ist da!«

Unten hatte Mama bereits den Tisch gedeckt. Es war eine Wonne, zum Frühstück Platz zu nehmen. Papa begrüßte uns fröhlich:

»Guten Morgen, ihr Faulpelze! Zu guter Letzt habt ihr doch die ersten Amerikaner verpaßt!«

»Waren es viele?«

»Nein, nur eine kleine Gruppe mit einem Leutnant, der sich ausgesprochen nett benahm.«

Wir redeten kunterbunt durcheinander.

»Ich habe eine andere Nachricht«, trumpfte Papa auf, »etwas Lustiges. Ein Waggon, der am 5. Juni mit Butter für die Wehrmacht verladen wurde, ist am Bahnhof stecken geblieben. Stellt euch das mal vor: ein Waggon voller Butter!«

»Und?«

»Was heißt und? Wir werden alles unter den Leuten von Le Molay verteilen! Der Zug ist beschossen worden, der Waggon beschädigt – wurde mir gesagt. Weil die Kühlaggregate nicht mehr funktionieren, müssen wir rasch handeln, damit die Butter nicht in der Wärme schmilzt.«

»Darfst du wirklich Butter verteilen?«

»Es wird mir sogar verdammt Spaß machen. Die letzte der Lieferungen, die ich jahrelang verwünscht habe!«

Paris, die Kommandantur von Caen, die Gestapo . . ., wir erinnerten uns plötzlich an alles. Auch von solchen Ängsten waren wir jetzt erlöst. Daran hatten wir bisher nicht gedacht. Es war unmöglich, sich im Detail alle Auswirkungen unserer Befreiung vorzustellen. Wir würden nach und nach darauf kommen.

»Wie willst du das tun?« fragte Mama.

»Ich werde mir den Gemeindesekretär schnappen und mit ihm zum Bahnhof fahren. Dann kann er bestimmen, wie die Verteilung zu geschehen hat.«

»Dürfen wir mit?« fragte Michel.

»Na klar. Warum nicht? Ihr könnt sogar alle vorausgehen und euch den zerstörten Bahnhof anschauen, bis ich komme.«

Mama zögerte. Wir bestürmten sie, und sie gab nach. Wir zogen mit ihr los. Endlich wieder raus! Wir waren begeistert. Es kam uns einfach verrückt vor, ohne Angst, ohne nach Deckung suchen zu müssen, draußen herumspazieren zu können. Wir waren frei, endlich frei!

Die verletzten Bäume und die Löcher in der Straße konnten unserer Freude keinen Abbruch tun. Alles in allem war weniger geschehen, als wir vermutet hatten. Die Landschaft um uns wirkte wie ein Wunder. Wir erreichten unseren kleinen Bach. »L'assiette« nannte er sich, der Teller. Wir hatten immer darüber gelacht. Er plätscherte munter, bevor er unterhalb der Straße verschwand. Die Normandie ist zu jeder Zeit grün. Daß die Natur so viele verschiedene frische Töne mischen kann, hatten wir jedoch vergessen. Diese Landschaft stellte in ihrer Üppigkeit eine friedliche Herausforderung dar: Sie steckte voller Lebenskraft, und wir waren ihre glücklichen Komplizen. Auch wir, mit unsern 13, 15 und 16 Jahren wollten leben!

In der Nähe des Bahnhofs sah es anders aus. Die Bombentrichter mehrten sich. Die Natur trat in den Hintergrund; Häuser, Gebäude waren zum Teil oder ganz zerstört. Wir stießen auf Menschen, die wir nicht kannten. Je mehr wir uns dem kleinen Güterbahnhof näherten, desto aufgeregter, vielbeschäftigter zeigten sie sich. Sie liefen mit unförmigen Paketen, mit Einkaufstaschen und schoben sogar Schubkarren vor sich her. Endlich dämmerte es uns: Der Zug wurde geplündert!

Empört gingen wir weiter und hatten das naive Bestreben, Papa über alles zu berichten. Wir besaßen sogar die einfältige Hoffnung, durch unsere bloße Anwesenheit, der Plünderung Einhalt zu gebieten.

In den Wänden der Güterwaggons klafften Öffnungen. Bretter waren mit Gewalt entfernt worden. Woher die Beschädigungen kamen – durch den Krieg oder durch die Plünderer –, ließ sich kaum feststellen. Der Zug stand einige Meter von uns entfernt, von sich drängenden Menschen bestürmt. Der Strom der Raffgierigen zog an uns vorbei. Wir staunten entsetzt.

Plötzlich erkannte uns eine Frau. Sie hob die geballte Faust.

»Das sind doch die von der Molkerei?« fragte sie, noch etwas unsicher. Mama rief uns erschrocken zurück.

»Was tun Sie hier?« fragte sie höhnisch. »Wollen Sie Butter haben?«

Während wir versuchten, uns durch die Menge zu entfernen, wurde die Frau ganz wild:

»Ja, ich weiß es jetzt. Das sind die, die die Boches mit Butter versorgt haben. Kapitalisten!«

Wir waren stehen geblieben, um nicht aufzufallen.

»Schaut her!« brüllte ein Mann. »Es steht auf der Bezettelung des Wagons groß geschrieben: Wehrmacht!«

Ich drehte den Kopf in seine Richtung. Der Mann versuchte, das weiße Papier von dem Holzrahmen zu lösen, und ärgerte sich, weil es ihm nicht gelang.

»So eine Schweinerei!« schimpfte er wütend. »Eine richtige Sammlung von Hakenkreuzen! Mit Stempeln haben sie nie gespart, die Deutschen! Es lohnt sich, sag ich euch: Guckt sie von der Nähe an! Da packt einen die Wut!«

Zaghaft suchten wir Schritt für Schritt das Weite.

»Und wir«, schrie plötzlich eine sehr dicke Frau unweit von uns, »während die Boches uns alles nahmen, haben wir uns zu Tode gehungert!«

»Du nicht!« erwiderte ein Mann scherzend.

»Halt's Maul, du dreckiger Kuppler!« fauchte sie ihn an.

Das war unsere Rettung. Wir liefen, so schnell wir konnten, während die Leute sich gegenseitig anpöbelten. Dann hörten wir hinter uns:

»Kapitalisten! Jetzt werden wir fressen, so viel fressen, wie wir wollen – von eurer Butter, von allem!«

Es war eine Meute, die wir allerdings nicht mehr sahen. Wir rannten um unser Leben.

»Dreckschweine!« hörten wir sie brüllen.

Plötzlich flog ein Stein an uns vorbei.

»Laß sie!« schrie ein Mann.

Wir rannten und hörten Steine fallen und rollen.

»Hör doch auf, es sind ja Kinder!«

»Collaborateurs!« schrie noch jemand.

Wir hatten jedoch Abstand gewonnen. Einige Menschen kamen uns entgegen, sie wußten nicht, worum es ging. Langsam hörten wir auf zu laufen.

Auf einmal waren wir allein. Wir machten einen Bogen um einen Bombentrichter und liefen erneut, bis wir die ruhige Straße im Grünen erreichten. Außer Atem blieben wir stehen. Unsere Herzen pochten wie verrückt.

»Gerettet!« sagte Mama. »Ich habe vorhin so gebetet, daß keiner von uns hinfällt!«

Ich weiß nicht mehr, wer zu weinen begann. Es wirkte ansteckend. Alles hatten wir ertragen können, die Angst, das Leben im Schutzgraben, die Trauermeldungen, die Konfrontation mit dem Krieg, alles – aber nicht diese irrationale Welt des Hasses.

»Arme Kinder!« sagte Mama. »Wie blaß ihr seid! Weint ruhig; es tut euch gut.«

Wir standen bewegungslos. Es war mir so, als ob unsere Welt endgültig ins Wanken geraten war. Unsere Umgebung hatte sich völlig verändert. Alles war verwirrend. Auch die Sprache der Leute! Einen solchen Jargon hatte ich in Le Molay nie zuvor gehört, denn in der Normandie spricht die Landbevölkerung eher zurückhaltend, vornehm sogar, mit einer gewissen Freude an ausgesuchten Wörtern. Ob manche der schreienden Frauen keine Einheimischen waren? (Nachträglich hege ich den Verdacht, es könnte sich bei einigen von ihnen um Beschäftigte des von den Deutschen am Bahnhof eröffneten Bordells gehandelt haben. Wer dringend eine weiße Weste braucht, schreit am lautesten.)

Mama schaute uns traurig und entmutigt an.

»Warum sind wir nur zum Bahnhof gegangen?« Im selben Ton wie früher, als wir viel jünger waren, sagte sie dann: »Mes petits enfants, wir wollen nach Hause gehen. Kommt!«

Wir gingen eine Weile stumm nebeneinander. Plötzlich sagte Colette wütend:

»Und das nennt man Befreiung! Eine schöne Befreiung! Wir dachten, es sei alles vorbei ...« Weiter konnte sie nicht reden, weil sie weinen mußte.

»Es ist schlimm!« tröstete Mama. »Für euch unverständlich. Aber, glaubt mir, die Feindseligkeit wird sich legen. Sie ist nicht von Dauer.«

»Was waren das für Leute?« fragte ich mehr zu mir. »Wir kannten sie alle nicht. Wo kamen diese Menschen auf einmal her?«

Ich versuchte zaghaft, die Scherben unserer vertrauten, bisher wohlgeordneten Welt zu sammeln.

»In solch unruhigen Zeiten schwimmen Leute an die Oberfläche, von denen man sonst nie hört«, antwortete Mama. »Es ist die große Gefahr.«

»Wie Ratten waren sie«, sagte Colette.

»Nicht alle.«

»Immerhin hätten sie uns beinahe gesteinigt!«

»Ja!« gab ich kleinlaut zu.

Eine ganze Weile sprach keiner von uns.

»Wieso Kapitalisten?« fragte Michel. »Wir sind's doch gar nicht.«

»Natürlich nicht«, entgegnete Colette. »Sie sind dumm und meinen, die Fabrik gehört uns.«

»Sie waren blind vor Haß und fühlten sich stark in der Menge. Wenn der eine Mann sie nicht aufgehalten hätte ...«

» ... dann hätten wir vermutlich jetzt ein Loch im Kopf«, beendete Michel meinen Satz. »Dabei hatten wir die ganze Zeit so gut aufgepaßt, um nichts auf den Kopf zu kriegen!«

»Wir hatten so großartig in deutsch und englisch ›Zivilisten, bitte nicht schießen!‹ geschrieben«, fügte ich hinzu. »Es war falsch: Französisch hätten wir schreiben müssen!«

Wir gingen wütend und verbissen unseren Weg, bis Colette sich traute, die Schmähung zu wiederholen, die uns am meisten gekränkt hatte.

»Collaborateurs«, murmelte sie, »das haben sie zu uns gesagt!«

Diese Bezeichnung war eine Neuprägung mit übler Bedeutung: Darunter verstanden wir Menschen, die denunzierten, mit der Gestapo arbeiteten, oder auch Franzosen, die am Rundfunk für Deutschland warben. Aber wir?

»Hätte Papa die Fabrik schließen müssen?« fragte Colette. »Was hätten die Leute in Caen, in Bayeux und sonstwo gegessen?«

»Und die Milch der Bauern jeden Tag?« sagte Michel. »Es ist völlig idiotisch: Eine Molkerei muß laufen!«

»Die Deutschen hätten jemand anderen an der Stelle von Papa eingesetzt. Ganz einfach! Es wäre für alle viel schlimmer gewesen.«

»Natürlich!« ereiferte sich Colette. »Sind die alle verrückt geworden?«

Die Massenhysterie, die wir erlebt hatten, saß uns in den Knochen. Satz für Satz versuchten wir, je nach Temperament, den erlittenen Schock abzubauen. In Wirklichkeit werden wir diese plötzliche Konfrontation mit einer Masse schreiender Wesen ohne Gesichter und die nackte Angst, die uns vorwärts getrieben hatte, niemals vergessen.

Als wir nach Hause zurückkamen, war unser Vater in der Fabrik. Wir sahen ihn kurz zum Mittagessen. Er hatte niemanden der Gemeinde erreichen können; ohne Telefon war alles sehr schwierig. Es gab dringendere Probleme zu lösen als die Verteilung der Butter. Einige Bauern hatten Milch gebracht. Im Werk scheiterte ein normaler Ablauf der Arbeit an der geringen Zahl der anwesenden Belegschaft. Manche Wege waren noch unpassierbar. Drei Arbeiter würden auf jeden Fall nie wieder kommen: Sie waren tot.

Abends wollten wir nicht in unseren Betten im ersten Stock schlafen. Wir hatten Angst. Außerhalb des Hauses hörte man deutlich die unheilverkündenden Explosionen der Artillerie. Die Kampfgeräusche waren unvermindert laut geblieben. Wir hatten sie in unserer Euphorie nicht mehr wahrgenommen. Jetzt, nachdem unsere Hochstimmung verflogen war, wußten wir, daß sich die Kampflinie nicht von uns entfernt hatte. Wir schleppten gemeinsam Matratzen ins Wohnzimmer und legten uns nebeneinander. Wir sanken bald in einen schweren, stumpfsinnigen Schlaf.

Unser erster Tag in der Freiheit war wenig heiter gewesen; der zweite folgte, er war von ähnlichem Kaliber.

13. Juni 1944.

Kurz nach dem Frühstück bellte Okay auf einmal sehr laut. Zwei bewaffnete amerikanische Soldaten standen vor der Tür. Sie trugen Armbinden mit den Buchstaben M. P. (Military Police). Ein Dolmetscher begleitete sie. Der Mann war unhöflich. Er sprach perfekt französisch. Wir mochten ihn nicht. Obwohl er khaki angezogen war, nahmen wir an, er sei Franzose. Als er sich vergewissert hatte, wer vor ihm stand, sagte er im befehlenden Ton zu Papa:

»Der Hauptmann möchte mit Ihnen sprechen. Kommen Sie mit mir zu dem Jeep dorthin!«

Der Jeep stand im Hof. Unterwegs stellten sich die Soldaten rechts und links von Papa; es sah schlimm aus. Wir beobachteten, wie sie miteinander sprachen, hörten jedoch kein Wort. Die Entfernung war zu groß. Als Papa mit dem Offizier und mit dem Dolmetscher zurückkam, sah er sehr ernst aus. Der Dolmetscher fragte Mama, ob ihr Mann in der Nacht zu Hause gewesen sei.

»Aber natürlich!« sagte Mama fassungslos. »Wo sollte er sonst gewesen sein!«

Papa erzählte, jemand habe ihn angezeigt und behauptet, daß er in der Nacht mit einer schwarzen Aktentasche Dokumente den Deutschen überbracht habe. Es sei absolut lächerlich, aber die C. I. C. (Counter Intelligence Corps) sei verpflichtet, die Meldung nachzuprüfen. Wir sollten uns keine Sorgen machen.

Die Tür zum Salon stand offen, und man konnte unsere Matratzen und unsere ungemachten Betten am Boden sehen. Der Offizier fragte, ohne das Zimmer zu betreten:

»Did you sleep all of them last night in this room?« (Haben Sie alle heute Nacht in diesem Zimmer geschlafen?)

»Yes«, antwortete Papa. »The children were afraid.« (Die Kinder hatten Angst.)

»It was o. k. Haben Sie keinen Schutzgraben? Die Frontlinie ist so nah ...« sagte er noch auf englisch.

»Of course«, kam Papa rasch über die Lippen, dann verstummte er.

Eigentlich hatte der Offizier zwei Fragen gestellt.

»Warum haben Sie heute Nacht nicht dort geschlafen?« fragte der Dolmetscher eigenmächtig.

»Weil wir froh waren, endlich heraus zu kommen«, konterte Papa, der anfing, ärgerlich zu werden.

Wir gingen alle in das Zimmer nebenan, das Papa als Büro benützte.

»Haben Sie eine schwarze Aktentasche?« fragte der Dolmetscher.

»Ja.«

Alle Augen unserer Familie richteten sich spontan nach dem inkriminierten Beweisstück, das wie üblich in einer Ecke zwischen Schrank und Wand abgestellt war. Michel holte die schwarze Aktentasche heraus und legte sie, staubig wie sie war, auf den Schreibtisch. Die Spuren seiner Finger waren deutlich zu sehen.

»Haben Sie eine zweite?«

»Nein!« war die knappe Antwort von Papa.

»Wir werden sehen«, sagte der Dolmetscher, finster wie es uns schien. Mama fragte:

»Aber wer, um Himmelswillen kann so etwas Verrücktes behaupten?« und dann heftig, wie ich sie selten in ihrem Leben gesehen habe: »Was für Dokumente? Und wohin? Wir sind so froh, daß alles vorbei ist und daß ihr da seid. Nur ein Irrer könnte übrigens den Wunsch haben, wieder zur Kampflinie zu laufen ...«

»Ihr Mann ist gesehen worden«, unterbrach sie der Dolmetscher. »Mehr können wir nicht sagen.«

Der amerikanische Hauptmann verlangte vom Dolmetscher eine Übersetzung der gesprochenen Sätze und verabschiedete sich. Papa umarmte uns, küßte Mama, sagte ihr, es werde sich alles klären, und fuhr weg. Wir standen da wie vom Donner gerührt. Nach einer Weile fragte Colette, und ich nahm es ihr fast übel:

»Was werden sie mit Papa machen?«

»Was weiß ich?« antwortete Mama, die sich, kreideweiß im Gesicht, hinsetzte. Es war das erste Mal, daß sie keine beruhigenden Worte für ihre Kinder fand. Sie war wie erstarrt, schien nach Luft zu ringen, und wir schauten sie gebannt an. Dann stand sie auf, verließ das Büro, ging, von uns begleitet, ins Wohnzimmer und legte sich auf die Couch. Sie schloß die Augen, und wir fragten:

»Was können wir für dich tun?«

Sie blieb unbeweglich.

»Nichts!« antwortete sie endlich, die Augen geschlossen. »Bleibt bei mir, dann werden wir überlegen.«

Sie band ihren Gürtel los. Ich setzte mich auf die Couch neben sie und berührte ihre Hand, sie war sehr kalt.

»Soll Michel dir eine Decke holen?«

»Danke Nany. Es geht mir schon viel besser«, sagte sie lächelnd und öffnete kurz die Augen. »Kannst du mir die Beine massieren?«

Ich tat es und beobachtete sie auf einmal mit anderen Augen. Wie klein und schlank sie war, eher ein junges Mädchen als die Mutter von drei Kindern! Nie beklagte sie sich, nie war sie krank oder gar müde. Ich glaube, seit der Geburt von Michel hatte sie keinen einzigen Tag im Bett verbracht, auch wenn sie Fieber hatte. War sie wirklich so stark? Colette kam mit einem Glas zurück.

»Ich habe ein bißchen Calvados in das Wasser getan«, sagte sie. »Du solltest davon trinken.«

»Ihr seid lieb!« flüsterte Mama und ließ zu unserer Erleichterung die Augen offen. »Es tut mir leid, daß ich euch erschreckt habe. Es war doch etwas zuviel für uns alle in der letzten Zeit.«

Sie setzte sich auf.

»Jetzt geht es mir wieder gut.«

Ihr Gesicht war nicht mehr so fahl wie vorhin, aber gut sah sie wirklich nicht aus.

»Willst du nicht trinken?« wiederholte Colette.

»Einen Schluck vielleicht ... O Kinder, war das dumm! Wie konnte mir so etwas passieren?«

Sie nippte zweimal und sagte scherzend, das Glas in der Hand:

»Du hast es mit dem Calvados mehr als gut gemeint, Colette!«

»Es wird dir gut tun!« schaltete sich Michel ein. »Und wegen Papa mach dir keine Sorgen, er wird immer mit allem fertig.«

Die Augen unserer Mutter flackerten leicht. Dann sagte sie:

»Du hast recht. Er wird sicher bald zurück sein. Wir sollten das Mittagessen vorbereiten. Kommt! Wer hilft mir?«

Damit war sie wieder auf. In Wirklichkeit dachte sie dasselbe, was auch wir im Sinn hatten: Wenn nur die Amerikaner nicht zu schnell handeln! Wir kannten sie in ihrer Kriegsführung und ihrer Art noch nicht. Wenn ein schwerwiegender Verdacht unmittelbar hinter der Front auftaucht, wie reagieren sie dann, dachten wir. Sie werden Papa doch nicht gleich erschießen, weil sie keine Zeit haben, alles nachzuprüfen. Lieber Gott, mach, daß die Amerikaner auch mitten im Krieg vernünftige Leute sind! Wir waren noch so verschreckt, daß wir nicht in der Lage waren, nüchtern zu überlegen.

Papa kam tatsächlich zwei Stunden später – und schwärmte uns vor von all dem, was er gesehen hatte.

»Eine Organisation haben sie, diese Amerikaner, einfach phantastisch!«

»Und was ist mit dir?« fragten wir.

»Es wird sich alles regeln. Ich habe keine Bedenken. Die Amerikaner sind nur sehr vorsichtig, und das müssen sie auch sein.«

»Was heißt das?« widersprach Mama aufgeregt.

»Du siehst: Ich bin wieder da! Im Grunde genommen sind sie überzeugt, daß das Ganze Unsinn ist, aber sie wollen prüfen, warum es dazu kam. Sie haben mich gebeten, das Werksgelände nicht zu verlassen.«

Mama machte »Oh«, und Colette sagte:

»Na, so toll ist das auch wieder nicht!«

»Aber doch!« widersprach Papa. »Ich habe ihnen mein Ehrenwort als französischer Offizier gegeben. Übrigens scheinen die Deutschen tatsächlich nicht weit zu sein. Wir werden heute Nacht im Schutzgraben schlafen.«

Wir schauten ihn entgeistert an. Mit dem Frieden waren wir anscheinend voreilig gewesen. Papa erzählte uns voller

Schwung, wie perfekt, bis ins kleinste Detail die Amerikaner in ihren Zelten ausgerüstet waren. Seine gute Laune wirkte anstekkend. Wir fingen bald an, alles andere vergessend, ihn auszufragen. Nur Mama blieb schweigsam. Plötzlich schaute Papa auf seine Uhr und ging in die Fabrik.

Auf der Straße hinter unserem Haus rollten Militärfahrzeuge vorbei. Colette, Michel und ich liefen zum offenen Werkstor hin und schauten zu. Acht Lastwagen mit vollen Lichtern fuhren hintereinander, von schwarzen Amerikanern gelenkt, die uns zuwinkten und mit ganz weißen Zähnen in ihren dunklen Gesichtern lachten. Es war unheimlich. Wir winkten nicht zurück. Dann kamen Bonbons und Kaugummipäckchen geflogen. Die Soldaten, die auf dem letzten Lastwagen standen, warfen einen richigen Regen davon. Als der Konvoi sich entfernt hatte, hoben wir alles auf und betrachteten die Beute voller Erstaunen. Wir wußten nicht, was Kaugummi war und wozu man ihn benützte. Es gab auch Zigaretten, einzeln wasserdicht verpackt, und Schokoladestückchen, die komisch schmeckten und ebenfalls dicht verpackt waren.

Während wir alles untersuchten, hatte ein Jeep, den wir nicht bemerkt hatten, in unserer Nähe angehalten. Ein Hauptmann und ein Leutnant standen lächelnd vor uns. Der eine hatte dunkles Haar, der andere war hellblond. Sie wollten wissen, was das für eine Fabrik wäre.

»Dairy«, sagten wir, denn die Offiziere sprachen beide nicht französisch. Sie sagten, daß sie gerne frische Butter hätten, und wir wußten nicht, wie wir ihnen erklären sollten, daß es nicht möglich war. Sie verstanden uns jedenfalls und waren nicht böse.

Plötzlich zog der Hauptmann lächelnd an einem meiner Zöpfe und sagte:

»Blue eyes, plaits of hair, german girl, german Gretchen!«

Ich war sehr beleidigt, dachte an die Besatzungskinder und sagte mir, daß die Amerikaner verdammt schlecht über Europa informiert waren; so lang hatte die Besatzungszeit wirklich nicht gedauert!

»No german«, erwiderte ich aufgebracht. »Norman girl, blue eyes too!«

Er lachte schallend und erklärte uns, daß er Previti heiße, italienischer Abstammung sei und daher blaue Augen mit Deutschland verbinde. Der Leutnant mischte sich ein. Er hatte ebenfalls blaue Augen und hieß Sterenson. Die Vereinigten

Staaten stellten sich uns in ihrer ganzen Vielfalt vor. »Previti« war allerdings durch die amerikanische Aussprache nicht im geringsten phonetisch zu erkennen. Deshalb gab uns der Captain, sich selbst darüber im klaren, seine Visitenkarte. Es stand auch darauf, daß er Zahnarzt war. Dann zeigte er uns Photos von seinen Kindern und seiner Frau; sie waren in einer wasserdichten Hülle, »wegen der Landung ..., sie sollten nicht naß werden«, erklärte er uns. Er schien froh, sich einigermaßen verständlich machen zu können, und bat uns, ihn in seinem Rotkreuz-Zelt zu besuchen. Er würde wiederkommen und uns abholen. Ob wir Lust hätten, ihm bei der Arbeit zuzusehen? Wir sollten mit unseren Eltern darüber sprechen.

Wir waren begeistert. Es war unsere erste echte Berührung mit einer lebendigen Sprache, die wir in der Schule lernten. Wir hatten große Freude gehabt, manches zu verstehen, waren allerdings über vieles erschüttert. Es war uns in der Aufregung schrecklich wenig eingefallen, um richtig zu antworten, und unsere Aussprache schien buchstäblich um einen ganzen Ozean von der der Amerikaner entfernt zu sein. Wir ahnten, daß wir bei Engländern nicht viel besser abgeschnitten hätten, und fingen an, Zweifel an den Unterrichtsmethoden unseres Schulsystems und vor allem an uns selbst zu hegen. Es war eine sehr abrupte Ernüchterung, die uns der englischen Sprache gegenüber lange unsicher machen sollte.

Am Abend holte Papa aus einem Schrank im Speicher seine alte Leutnantuniform heraus. Wollte er sie uns nur zeigen? Er schlüpfte hinein und sah ganz glücklich aus.

»Sie paßt ja noch!« stellte er zufrieden fest.

»Wirklich gut!« sagte Michel.

Oh, diese Männer! dachten wir und waren plötzlich traurig.

Anschließend gingen wir mit Decken und Kissen zum Schutzgraben und legten uns an unseren alten Plätzen nieder. Der Schutzgraben beherbergte die gleiche Besatzung wie unmittelbar nach der Landung. Sollte alles neu beginnen? Wir schliefen miserabel und wurden wieder von Spinnen gestochen. In der Früh hatte ich eine Blase am Hals, Colette zwei am Arm. Es grauste uns. Nach dieser Bunkernacht hatten wir es eilig, wieder nach Hause zu gehen.

14. Juni 1944.

Im Laufe des Vormittags hielt der Jeep mit den uns bekannten M. P.s vor unserem Haus. Papa war im Werk. Wir suchten nach ihm und fanden ihn, umgeben von einem penetranten Geruch, in einer Butterkäse-Halle, wo Arbeiter eifrig Käse wuschen. Umgehend erklärte uns Papa:

»In diesem Lager haben wir noch Glück gehabt. Im Keller nebenan ist die Ware so verschimmelt, daß die Rinden entfernt werden müssen. Später wird man aus der Käsemasse Schmelzkäse herstellen können.«

»Papa ...«

»Wartet! Ich muß noch den Leuten erklären, in welches Fahrzeug der fertiggepackte Käse für die Fahrt nach Bayeux verladen wird.«

»Du sollst aber schnell nach Hause gehen«, ermahnten wir ihn flüsternd. »Die M.P.s und der Captain sind wieder da – ohne Dolmetscher diesmal!«

Auf dem Hof kam uns bereits der amerikanische Captain entgegen. Es war erneut, mit der gleichen Begründung wie am Tag zuvor, Anzeige erstattet worden: Man hatte angeblich Vater wieder beobachtet, wie er zu den Deutschen ging.

»Ich würde langsam gern wissen, wer der Kerl ist, der diesen Unsinn verzapft«, sagte Papa.

»Jemand, der heute Nacht mit Ihnen im Schutzgraben geschlafen hat«, antwortete der Captain. Papa schnappte nach Luft, dann sagte er:

»Es ist absurd. Mehr als 20 Leute können bezeugen, daß ich den Graben nicht verlassen habe.«

»Of course! Ich wollte Sie nur informieren. Übrigens – der Colonel und ich würden Sie gerne an einem Abend zu Hause besuchen. Paßt es Ihnen morgen?«

Papa bejahte ein wenig erstaunt.

»Na fein! ... Und noch etwas: Sie können selbstverständlich die Fabrik verlassen, so oft es Ihnen beliebt.«

»Prima!« erwiderte Papa. »Ich muß sowieso heute nach Bayeux.«

»O.k.!«

Der Jeep brauste los, während der Captain uns fröhlich zuwinkte. Daß er so freundlich war, nahmen wir dankbar zur Kenntnis. Die Offenbarung über die Existenz eines bisher nicht vermuteten Feindes hatte uns hart getroffen. Wahrscheinlich gehörte er seit Jahren unserer unmittelbaren Umgebung an, und wir lebten nichtsahnend die ganze Zeit in engem Kontakt mit ihm. Mir grauste. Es ist noch widerlicher als mit den Spinnen, dachte ich.

Als Papa von Bayeux zurückkam, stürzten wir uns neugierig auf ihn.

»Bayeux ist überhaupt nicht zerstört!« verkündete er.

Wir jubelten, denn wir liebten die alte Kreisstadt, unsere Hauptstadt in Bessin.

»Wir wußten schon«, fuhr Papa fort, »daß die Engländer auf keinen Widerstand gestoßen waren, aber Bayeux ist auch vorher nicht bombardiert worden. Alles sieht dort friedlich aus. Die englischen Offiziere laufen bereits in Shorts durch die Stadt wie bei einer Safarijagd in Indien! Die Teeküche macht pünklich um fünf Uhr die Runde, und die erste Frage des Stadtkommandanten nach seiner Ankunft in Bayeux soll gewesen sein: ›Kann ich irgendwo ein Bad haben?‹ Möglicherweise übertreibt man ein wenig: die üblichen Sticheleien zwischen Normannen und Engländern . . . Und nun etwas ganz anderes. Beinahe hätte ich General de Gaulle gesehen! Er ist in der Früh zum ersten Mal aus England gekommen und hat in Bayeux eine Rede gehalten. Als ich mit meinem Kombi endlich ankam, war er aber schon abgereist. Nach Isigny und dann nach England zurück.«

»Wie war eigentlich die Straße zwischen Bayeux und hier?« fragte Mama.

»Brauchbar. Es fahren pausenlos Militärfahrzeuge. Ich frage mich nur nachträglich, warum sie so leicht meinen weißen Kombi durchgelassen haben. Für die nächste Fahrt muß ich mir unbedingt eine Genehmigung der Amerikaner besorgen.«

»Wann willst du wieder hinfahren?«

»Übermorgen. In Bayeux brauchen sie dringend Lebensmittel. Die Stadtversorgung läßt sich schwer organisieren: Allein gestern hat man angeblich 900 Verletzte aus der ganzen Umgebung aufnehmen müssen. Das Krankenhaus ist natürlich überfüllt. Die Patienten liegen überall, in den Schulen, im Hôtel du Luxembourg. Es kommen auch Flüchtlinge nach Bayeux. Einigen ist es gelungen, aus Caen zu entkommen.«

»Aus Caen?« wiederholten wir, obwohl wir nur zu gut verstanden hatten.

»In Caen ist es die Hölle. Die Stadt wird seit dem 6. Juni bombardiert, auch mit Phosphorbomben. Es brennt überall. Tote gibt es so viele, daß man sie unter den Ruinen nicht bergen kann. Auch mit den Verwundeten wird niemand fertig, obwohl die Ärzte Tag und Nacht operieren.« Wir schauten uns entsetzt an.

»Man erzählt sich allerdings«, beeilte sich Papa zu sagen,

»daß viele Menschen in den unterirdischen Kalkgalerien von Fleury Zuflucht gefunden haben. Ihr kennt sie doch?«

Wir hatten in der Tat öfter mit der Schule Ausflüge dorthin gemacht und stundenlang in den sehr verzweigten Galerien gespielt. Einige Teile dieses kilometerlangen Netzes waren jedem zugänglich, in anderen wurden Champignons gezüchtet. Tief im Inneren des Kalkhügels wurde die Luft stickig. Mit einer Taschenlampe hatten wir einige dieser entfernten Gänge untersucht, sehr zum Schrecken der Nonnen, die lange nach uns hatten rufen müssen, bis wir sie endlich hörten. Die Kalkgalerien konnten sicher viele Menschen aufnehmen; gab es aber Luft genug, um zu Tausenden Tag und Nacht zu leben?

»Es gibt etwas«, sagte plötzlich Papa, »was dich, Nany, persönlich interessieren wird. Der Vater deiner hübschen Freundin Marie-Jo ist ein großer Mann geworden.«

»Aus Sainte-Croix-Grand-Tonne?«

»Ja, Raymond Triboulet, der geistreiche, nette Schriftsteller! Er soll in der Widerstandsbewegung eine wichtige Rolle gespielt haben. Er war in der Unter-Präfektur, um de Gaulle zu empfangen ... Es wurde mir auch erzählt, daß deutsche Panzer nach wie vor nicht weit von Bayeux in Stellung sind und daß die Engländer sich gestern in Balleroy, ganz in unserer Nähe, regruppiert haben. Tilly wird hart umkämpft. Ich bin froh, wieder zu Hause zu sein.«

15. Juni 1944.

Im Laufe des Nachmittags kam Captain Previti, um uns abzuholen. Daß er sein Versprechen eingehalten hatte, imponierte nicht nur meinen Geschwistern und mir. Der amerikanische Zahnarztoffizier war den Eltern auf Anhieb sympathisch. Sie erlaubten, daß wir mit ihm fuhren.

»Ich werde den Kindern unser Zeltdorf zeigen. Danach bringe ich die drei höchstpersönlich zurück«, versprach der Captain.

Unsere erste Fahrt mit einem Jeep ... Wie wir uns fühlten! Um uns wehte ein neuer Wind, der Freiheit und Abenteuer bedeutete. Plötzlich wurden wir heftig durchgerüttelt. Der Captain fuhr langsamer über merkwürdig gelöcherte Metallplatten. Dieser Straßenbelag tauchte unweit von der steinernen Brücke auf, die – wir konnten es wahrhaftig nicht fassen – immer noch stand!

Unzählige Male verfehlt, am Rand beschädigt, im Wesentlichen jedoch unzerstört stand unsere Brücke mitten in Bombentrichtern! Sofern sie die Straße beeinträchtigten, hatte man die großen Löcher zugeschüttet und Metallbahnen über die schadhaften Stellen gelegt. Wir fuhren an der Brücke vorbei. Die Straße war nun von diesem Eisenteppich vollständig überzogen. Am Straßenrand standen anderthalb Meter hohe Stapel von Kisten und braunen Kartons. Sie bildeten eine durchgehende Wand, die uns bis zu der Rotkreuz-Wiese entlang begleitete. Dort standen im Gras fünf Zelte, davon drei größere. Captain Previti führte uns voller Stolz sein Zelt vor und ließ uns nacheinander im schwenkbaren Patientensessel Platz nehmen. Er war viel moderner, viel bequemer als der Zahnarztsessel, in dem wir in Caen bange gesessen hatten. Alles sah in dem kleinen Zelt verblüffend sauber und ordentlich aus.

Leutnant Sterenson kam herein. Er brachte uns Schokolade und Kaugummi.

»Mein Freund arbeitet nebenan«, sagte Previti. »Ihr dürft das Zelt nicht betreten. No entry! Auch für mich übrigens! Ich habe keine Lust, operiert zu werden. Ein gefährlicher Bursche, dieser ruhige Sterenson!«

»Sei still!« sagte der Leutnant, und zu uns: »Come on! Ich will euch unsere Krankenbetten zeigen.«

Wir staunten über die Reihen von klappbaren Liegen, die in zwei Zelten aufgestellt waren, jede akkurat mit Bettüchern und Decken bezogen. Kein Bett war besetzt.

»Why?« fragten wir.

»Wir sind mit der Einrichtung erst fertig geworden«, antwortete Leutnant Sterenson.

Draußen summte ein Elektroaggregat neben einem Stapel dieser braunen Kartons, die wir am Straßenrand gesehen hatten. Wir berührten sie im Vorbeigehen. Sie waren mit Wachs bezogen. Daß sie wasserdicht verschlossen waren, beruhigte uns: Der normannische Regen würde ihnen nichts anhaben können.

»Well, Kinder!« sagte Captain Previti. »Wir müssen weg. Let's go!«

Wir stiegen in den Jeep ein. Bei der Rückfahrt sahen wir ein kleines Flugzeug plötzlich hinter Bäumen starten. Gehörten nicht diese Bäume zum Areal unseres Werkes? Wir fuhren mit dem Captain dorthin; die lange Wiese grenzte tatsächlich an unseren Grund. Es gab dort ein begeistertes Hallo. Previti redete voller Schwung mit den Soldaten, und wir verstanden nicht mehr, was er sagte. Der Fliegeroffizier machte einen entspannten, fröhlichen Eindruck. Waren die amerikanischen Offiziere alle so ungezwungen, so natürlich?

»Ein wenig knapp!« sagte er. »Aber es wird Bob gelingen. Do'nt be afraid!« (Habt keine Angst!)

Wir erlebten gespannt einen Probeanflug der Maschine, die durchstartete, ohne den Boden zu berühren und knapp über die Bäume am Wiesenrand hinwegflog.

»Er schafft es nicht!« flüsterte Michel. »Die Wiese ist viel zu kurz!« Einige Minuten später klappte jedoch die Landung großartig. Der Pilot rollte zurück und stieg gut gelaunt aus seiner Piper. Er versprach sogar, nach einem Gespräch mit unserem Freund Previti, uns einmal mitzunehmen, wenn die Front weiter entfernt wäre.

Zu Hause schmunzelte Papa bei unserer begeisterten Erzählung während des Abendessens.

»Hatte ich euch nicht erzählt, daß die Amerikaner tolle Burschen sind?« Es fiel uns danach schwer zu begreifen, daß wir erneut im miesen Schutzgraben zu schlafen hatten.

Von Menschen und Bäumen, die sterben müssen

16. Juni 1944.

Gegen vier Uhr früh wurden wir durch eine gewaltige Detonation schlagartig geweckt. Hatte nicht die Erde gebebt? Wir horchten, sensibilisiert noch von der Explosion des Marinegeschosses. Die Ruhe war beklemmend.

»Es hat vorher nicht gezischt«, sagte unser Pritschennachbar.

»Vermutlich haben wir zu fest geschlafen, um es hören zu können.«

Wir versuchten, ruhig zu liegen. Es gelang uns sogar, kurz einzuschlummern. Zwei Stunden später, als die Milchannahmestation mit der Arbeit begann, erfuhren wir im Graben, daß ein Hauptquartier der Amerikaner unweit von der Rotkreuz-Wiese durch eine riesige Bombe vernichtet worden war. Der Bote deutete an, es könnte sich sogar um eine V 1 gehandelt haben. Die Amerikaner seien sehr aufgeregt und hätten die Stelle auf der Straße nach Tournières rundherum abgesperrt.

Es mußte viele Tote gegeben haben – auch Verletzte. Wir dachten an unseren Freund Previti und an Leutnant Sterenson. Waren sie heil davongekommen? Wir stellten uns vor, wie die sauberen Betten im Feldlazarett plötzlich alle belegt waren und wie die stillen Zelte sich mit Lärm und Stöhnen gefüllt hatten.

Von uns glaubte zunächst niemand, daß ein deutsches Flugzeug so weit in den abgesicherten Luftraum der Amerikaner hineingeflogen war, um die ungewöhnlich große Bombe abzuwerfen, denn es hatte nach dem 7. Juni – fast seit Anbeginn der Kampfhandlung – keine deutschen Flugzeuge bei uns gegeben. Die Luftwaffe schien wie weggeblasen: eine für uns durchaus lebenswichtige Tatsache, die wir mit Bestürzung in Frage gestellt sahen.

Für das nächtliche Geschehen gab es nur zwei Erklärungen: Entweder hatten die Deutschen Nachschub bekommen, oder Hitler begann, die gefürchtete V 1 an der Front einzusetzen. Zwei Insassen unseres Erdbunkers behaupteten nun, ein knapp über die Dächer fliegendes Flugzeug unmittelbar vor der Explosion gehört zu haben. Weil die beiden am anderen Ende des Grabens untergebracht waren, erreichte uns die Meldung, von Mann zu Mann weitergeleitet, erst später, gerade als wir aufgeregt von der V 1 sprachen. Wir nahmen die Nachricht dankend zur Kenntnis. Wenn wir schon zwischen zwei Gefahren zu wählen hatten, waren uns Flugzeuge lieber als die unberechenbaren Geheimraketen!

»Der amerikanische Brückenkopf ist, in der Luftlinie gemessen, noch sehr schmal«, sagte Papa nachdenklich.

»Wie mag die Frontlinie verlaufen?« fragte einer von uns.

»Wenn ich das nur wüßte!« erwiderte Papa, unsere Sorgen mit dieser Äußerung vervielfältigend.

Nachträglich wundere ich mich, wie sehr wir noch von den Eltern abhängig waren. Die kriegerischen Ereignisse hatten das Bild des allwissenden, schützenden Vaters für uns eher bekräftigt als geschwächt. Vielleicht klammerten wir uns nur zu gern an diesen Strohhalm der Beständigkeit in der reißenden Strömung des abrupt wechselnden Geschehens. Wir erwarteten einfach, daß unser Familienoberhaupt auf der Höhe unserer Erwartungen blieb.

»Geht ruhig nach Hause!« sagte er nun. »Wenn ich später komme, werden wir gemütlich zusammen frühstücken, und ich erzähle euch alles, was ich von den Leuten erfahren habe, die die Milch einsammeln. Sie hören von den Bauern sehr viel. Seit die Fabrik wieder arbeitet, könnten wir glatt eine Zeitung herausbringen! Wir werden gemeinsam eine Karte anschauen und Punkte zeichnen, überall, wo wir etwas in Erfahrung gebracht haben.«

Papa kam bald mit Nachrichten, die uns die Sprache verschlugen.

»Thomas liegt im Krankenhaus von Bayeux«, begann er. »Er ist am Kopf verletzt worden. Angeblich geht es ihm nicht schlecht. Er hat uns Grüße ausrichten lassen. ›Mein Gesicht war eh nichts wert‹, soll er gelassen erklärt haben. ›Sagt ihnen, daß ich sehen kann und daß meine Hände nichts abgekriegt haben.‹«

Er lebt! jubelte ich, und es war mir so, als ob ich eine Wiese voller blauer und weißer Stiefmütterchen sehen konnte ... Gärtner sollten nie sterben, dachte ich bei mir.

Die zweite Nachricht ernüchterte mich:

»Duc ist von einem Militärkonvoi überfahren worden.«

»Wann?« fragten wir entsetzt.

»Vor einer halben Stunde. Der Arme ist von einem Lastwagen erfaßt und vom nächsten überrollt worden. François Martin hat es zufällig gesehen. Er sagte zu mir: ›Der Hund wird nicht einmal bemerkt haben, was mit ihm geschah. Es ging so schnell. Leiden hat er nicht müssen.‹«

»Armer Hund!«

»Ich lasse ihn in unserem Obstgarten begraben. Geht nicht hin! Erst später, wenn ihr wollt. Duc hat in der letzten Zeit vermutlich so heftig an seiner Kette gezogen, daß sich ein Glied davon gelöst hat. Ihr müßt auf Okay höllisch aufpassen. Er darf nicht ohne Leine außerhalb des Hauses herumlaufen!«

»Das ist kaum zu schaffen mit unseren Türen, die immer offen stehen!«

»Ich weiß, doch wir müssen versuchen, ihn zu schützen! Ich muß euch übrigens wegen etwas anderem warnen und zwar gleich, denn es kann jede Minute losgehen. Erschreckt nicht, wenn es bald fürchterlich knallt! Die Amerikaner haben Artilleriegeschütze auf dem Hügel unmittelbar hinter der Eisenbahnlinie postiert. Sie werden genau über unsere Köpfe schießen, und das wird einen Radau machen, wie ihr es euch kaum vorstellen könnt.«

»Hast du noch mehr solche Nachrichten parat?« fragte Colette rasch wie immer.

»Glaube mir, ich hätte lieber andere. Aber wartet! Ich habe wirklich eine gute Nachricht für euch: Die alte Abtei von Cerisy, die ihr so gern habt, ist bisher nicht zerstört worden. Sie hat's überstanden! Heute kam zum erstenmal ein Milchwagen aus Cerisy wieder zu uns. Der Mann erzählte davon.«

Fröhliche Sommertage, die wir in Cerisy verbracht hatten,

fielen uns ein. Während wir in alten Erinnerungen schwelgten, kam so unerwartet der erste ohrenbetäubende Knall der amerikanischen Artillerie, daß wir hochfuhren. Die Vorwarnung von Papa hatte nichts genützt. Die Lautstärke übertraf unsere Erwartungen, sie war schier unerträglich. Kaum hatten wir uns vom ersten Schlag ein wenig erholt, ging es wieder los. Wir zuckten erneut zusammen. Beim vierten Mal lachte Papa.

»Gute Kanoniere seid ihr alle nicht! Ihr müßt lernen, die Zeitabstände in Sekunden zu zählen. Es ist sehr einfach. Die Dinger schießen zweimal in der Minute. Paßt auf!«

Wir zählten und dachten unwillig: Was werden wir noch alles lernen müssen? Die Welt ist rundherum allmählich kaum mehr zu ertragen! ... Obwohl wir erneut zählten, schraken wir heftig auf, als die Zündung stattfand.

»Es ist einfach scheußlich«, stellte Mama fest.

»In zwei Tagen habt ihr euch daran gewöhnt«, sagte Papa optimistisch. »Denkt daran, daß eure Freunde, die Piper-Cub-Piloten, die Geschütze von oben lenken. Es wird euch leichter fallen, die Schießerei als notwendig zu empfinden.«

»Und wo fallen die Dinger hin?« fragte ich.

Kriegerisches Denken ist Glücksache. Mein Fach wird es nie werden.

»O Nany!« sagte Papa sanft.

»Sie hat recht!« Colette gewährte mir Rückendeckung, obwohl Papa mich eigentlich gar nicht hatte tadeln wollen.

Damit begann am Frühstückstisch eine spannende Diskussion über die Notwendigkeit, an manchen Kriegen teilzunehmen, obwohl das Töten von Menschen verabscheuungswürdig ist. Wir liebten solche Gespräche. Wir warfen uns gegenseitig Argumente zu. Es wurde von der Freiheit in der Welt geredet, von den Träumen aller Menschen, sich frei zu entfalten, auch von ihrem elementaren Recht zum Leben. Wie großartig wir beim Frühstück sein konnten! Die reinste Wonne!

Wir hatten das Schießen der Artillerie eine Weile überhört. Sprechen war besser als Zählen ... Als Papa jedoch fragte, ob wir Lust hätten, mit ihm zu den Amerikanern zu fahren, waren wir froh, uns vom Höllenlärm ein wenig zu entfernen. Wir waren ohnehin, nach der tragischen Geschichte mit dem Hauptquartier, um unseren Freund Previti sehr besorgt. Sicher würden wir unterwegs von ihm erfahren. Papa teilte unsere Sorgen. Primär ging es ihm um einen Passierschein für seine morgige Fahrt nach Bayeux.

Der Trichter, den die Luftmine in der Nacht verursacht hatte, war unfaßbar groß und tief. Wir standen erschüttert mit Captain Previti in einer gewissen Entfernung von der Einschlagstelle, dort, wo die Absperrung begann. Previti, den wir mit Erleichterung und großer Freude getroffen hatten, sprach von einem zwölf Meter breiten Durchmesser und von einer Tiefe von acht Metern. Er sagte, daß die Bombe anderthalb Tonnen gewogen haben mußte. Sie hatte in der Nacht fünf Zelte mit in die Tiefe gerissen und zertrümmert. Previti war sehr ernst, so ernst, daß wir den jovialen Südländer kaum erkannten. Wir erfuhren auch nicht von ihm, wieviel Tote es gegeben hatte. Wir fragten nicht danach. Wir merkten, daß er nicht darüber sprechen wollte.

Später hörten wir, daß Ike – General Eisenhower – sich am Abend zuvor in der Nähe aufgehalten hatte. Bestätigt wurde diese Meldung nie. Die Umstände des Luftangriffes blieben mysteriös. Schon aus Taktgefühl sprach bald niemand mehr darüber. Daß das Panzerhauptquartier getroffen worden war, schien reiner Zufall gewesen zu sein. Ob unsere steinerne Brükke für den deutschen Piloten wieder Anhaltspunkt oder verfehlte Zielscheibe gewesen war?

Daran dachten wir, als wir über die Brücke fuhren, um die Ortschaft Le Molay zu erreichen.

Beim »Civil Affairs Office« bekam Papa einen »Travel-Permit« für die Strecke zwischen Bayeux und Le Molay. Alles war damit geregelt. Bevor wir nach Hause fuhren, wollten wir jedoch sehen, was mit dem Haus unserer Freunde Morice am Ende der Ortschaft passiert war. Es stand scheinbar unbeschädigt. Im Garten rührte sich nichts. Das Tor war verschlossen. Unsere Freunde hatten nicht aus Caen flüchten können . . . oder wollen. Als Chirurg war Doktor Morice sicher unentbehrlich.

Aber was geschah nur auf der Hauptstraße? M. P.-Soldaten winkten abweisend vor der Sperre, die sie bewachten. Dahinter standen dichtgedrängt Militärfahrzeuge und Menschen in einem lärmenden Durcheinander. Wir kehrten um und bogen links in die Allee ein, die zu den d'Estels führte. Dort stellten wir den Wagen ab. Beim Aussteigen waren wir über den Krach entsetzt. Eine riesige Raupe fuhr, halbverdeckt hinter der Baumreihe neben uns. Motorsägen kreischten in einer enervierenden Lautstärke. Ein großer Baum fiel um. Es wurde gebrüllt. Khakigekleidete Menschen liefen herum.

Gerade hier bei dem ehemaligen stillen Wohnsitz der Familie

d'Estel schien dieses Tohuwabohu heller Wahnsinn. Ich war zunächst gelähmt vor Schreck, dann so entrüstet, daß ich vorwärts lief. Ich kletterte durch eine mir wohlbekannte Öffnung zu dem erhöhten Pfad zwischen den zwei Baumreihen.

»Warte!« schrie Michel.

Nun standen wir dort, wo wir früher so oft Versteck gespielt hatten, und überblickten die Fläche unter uns. Zwei Ungeheuer von Bulldozern hatten eine lange, häßliche braune Narbe in die grüne Wiese geritzt. Sie fraßen sich vorwärts.

»Oh!« sagte Colette, die nachgekommen war.

Der Bagger in unserer Nähe krallte sich in die Erde und versuchte, den Wurzelstock des vorher gefällten Baumes zu heben. Er zerrte daran, fuhr zurück, nahm einen neuen Anlauf, rüttelte, zitterte und hob mit einem Satz Wurzeln und Erdreich. Der schwarze Fahrer, glänzend vor Anstrengung, lächelte stolz über die Leistung seiner Maschine. Plötzlich erblickte er uns zwischen den Zweigen der Hecke.

»Hallo babys!« rief er bestens gelaunt.

Ich hätte heulen können.

Am Ende der Wiese lag eine ganze Reihe von Bäumen wie gemäht am Boden. Zwei Raupen näherten sich ihnen, um sie wegzutragen. Was geschah mit den uralten, seit Generationen behüteten Bäumen?

Von der Hauptstraße fuhr ein Monster von einem Lastwagen in die Wiese hinein. Langsam, scheinbar ohne Mühe, bewegte er sich auf der weichen Erde vorwärts. Es war gespenstisch. Warum blieb er nicht wie unsere Fahrzeuge stecken? Ein anderer Lastwagen folgte ihm, ebenfalls mit Eisengittern beladen. Danach ein dritter. Wie auf ein Signal blieben alle drei stehen. Soldaten sprangen herunter. Die Eisengitter kippten polternd seitlich zu Boden. Faszinierend und grauenvoll war das Ganze.

»Die Amerikaner bauen einen Flugplatz für die Spitfires«, sagte Papa, der sich inzwischen erkundigt hatte. »Sie wollen bis morgen eine Piste von 1200 Metern aus dem Boden stampfen!«

In seiner Stimme klang eine Bewunderung, die mich rebellisch machte. Ich verspürte das Bedürfnis zu fliehen und entfernte mich unbemerkt. Die ganze Familie stand gebannt vor dem überdimensionalen Schauspiel.

Der grüne Pfad zwischen den Baumreihen empfing mich mit all meinen Erinnerungen. Ich schritt, den lärmenden Betrieb wahrnehmend, im Laubwerk davon abgeschirmt, immer weiter . . . Plötzlich sah ich ihn! Er stand aufrecht, unbeweglich und schaute hinunter auf eine Wiese, die sich zusehends in eine braune Kloake verwandelte. Monsieur d'Estel!

Gerade weil ich an ihn gedacht hatte, erschrak ich, wie bei einem sehr persönlichen Gedanken ertappt. Auch er hatte die naheliegende Idee gehabt, den erhöhten, ehemaligen Besichtigungsweg zu benützen, um ungesehen, versteckt, dem Opfergang seiner geliebten Bäume beiwohnen zu können.

Impulsiv wollte ich – leise wie ich gekommen war – wieder gehen, bevor er mich entdecken konnte, aber irgend etwas in der Gebärde dieses Mannes hielt mich fest. Daß er der Verwüstung keinen Einhalt gebieten konnte und wollte, stand in seinem versteinerten Gesicht geschrieben. Er, der das Kommen der Alliierten von Herzen herbeigesehnt hatte, würde sich ihren Wünschen nicht entgegenstellen. Plötzlich wußte ich das mit absoluter Sicherheit. Die leise Hoffnung, die ich noch mit mir getragen hatte – er würde etwas tun, um die Bäume zu retten –, zerbrach. Seine versteckte Anwesenheit war eine Bestätigung seines Willens, nicht einzugreifen. Im umgekehrten Fall wäre er unten, neben den Offizieren bei der Hauptstraße gewesen. Das Gespräch mit den Amerikanern mußte vorher stattgefunden haben. Weil der Flugplatz als erforderliche Einrichtung hingestellt worden war, hatte er nicht anders gekonnt, als seine Zustimmung zu geben. Einen Augenblick lang nahm ich ihm seine Passivität übel. Er hielt sich vornehm zurück, damals mit den Deutschen, jetzt mit den Amerikanern! Er schwieg lediglich betroffen. Ich war zu jung, um auf Anhieb zu glauben, man müsse die Dinge so hinnehmen, wie sie kommen. Noch einmal dachte ich daran zu verschwinden. Ich blieb.

Unten, rechts von uns, ging ein Soldat zielstrebig auf eine noch unberührte Stelle von besonders hohen Bäumen zu. Er trug eine Motorsäge. Fünf Soldaten begleiteten ihn. Um die Ecke stand eine herrliche Eiche. Sie begannen mit ihr. Das Geräusch der Säge war unerträglich. Ich schaute Monsieur d'Estel von der Seite an. Er litt. Er litt, ich spürte es, sehr intensiv. Sein Mund verzog sich. Seine grau-blauen Augen waren nur noch ein Strich. Sein Blick ruhte auf der alten Eiche. Als sie krachend umkippte, hatte ich den Eindruck, der Schlag hätte ihn persönlich getroffen. Ich war fast erstaunt, daß er so stramm stand – wie ein Soldat, wenn die Landesfahne eingeholt wird, dachte ich.

Leise schritt ich zu ihm. Bevor der nächste Baum fiel, berührte ich schüchtern seine Hand. Er schaute mich an, als ob ich gar nicht da wäre. Er sagte nichts. Ich steckte meine Hand in die seine, ebenfalls ohne zu sprechen. Er erwiderte den Druck, und ich fühlte mich ruhiger, fast gelassen. Man hörte die Axt, die den Anschnitt machte, dann die Säge. Die Bäume fielen, einer nach dem anderen. Die Holzfäller arbeiteten mit geübten Bewegungen.

»Es geht uns beiden heute besonders schlecht«, sagte Monsieur d'Estel. Er fragte nicht, warum ich hier war. Ich war da, das genügte. Ich wußte jetzt, daß er sich darüber freute.

»Man kann, man darf nichts dagegen tun!« sagte er etwas später. »... Jetzt sind die schönen Ulmen dran.«

Die Bäume fielen genau dorthin, wo die Holzfäller sie haben wollten. Sie reihten sich fast parallel am Boden. Die Präzision war erschreckend.

»Die Wälder in den Staaten und in Kanada müssen riesengroß sein«, sagte ich.

»Gerade daran dachte ich jetzt ... Danielle, unsere alte Kultur wird überrollt, ich glaube, weil sie versagt hat.«

Ein mächtiger, leicht geneigter Baum drehte sich in seinem Sturz. Erschreckt schrien die Männer. Am Boden sah der Baum noch größer aus: ein gefallener Riese! Ich dachte an die Vögel, die jedes Jahr darin genistet hatten.

Meine Augen füllten sich mit Tränen. Ich habe das Endgültige, zum letztenmal Dagewesene nie vertragen können. Die Landschaft wurde verschwommen. Ich wischte den nassen Schleier vor meinen Augen nicht ab. Ich fand ihn sinnvoll. Wozu alles genau sehen? Ich wollte vor allem jede Bewegung vermeiden, um meinen großen Freund nicht zu erschrecken. Es war gut, daß er zu sprechen begann.

Monsieur d'Estel war nie ein großer Redner gewesen, zu sehr in Nuancen verstrickt, zu feinfühlig vielleicht, um seine Meinung jemandem aufzwingen zu wollen. Es schien ihm, glaube ich, ein Gebot der Höflichkeit, die anderen zunächst reden zu lassen. Ich sagte sehr langsam, meine Worte nach und nach vorsichtig abwägend: »Es ist schlimm, eine Welt dulden zu müssen, die die Bäume schlachtet, um überleben zu können.«

Er schaute mich erstaunt an und ich errötete. Den Blick wendend, beendete er meinen Satz:

» ... eine Welt, die Effizienz größer schreibt als Schönheit.« Plötzlich wußte ich, daß ich gehen konnte. Ich sagte:

»Ich muß weg. Meine Familie wird mich sonst suchen. Es ist

nicht gut für Sie, hier allein zu bleiben. Bitte, gehen Sie nach Hause, zu Madame d'Estel!«

»Noch nicht«, antwortete er fast munter. »Ich werde hinuntergehen. Die Amerikaner haben versprochen, die Baumgruppe da hinten stehen zu lassen. Ich werde aufpassen, daß wenigstens diesen Bäumen nichts geschieht.«

Als ich zurückkam, fragte Michel:

»Wo hast du gesteckt?«

»Ich bin den Pfad entlanggegangen bis zu der Stelle, wo man das Schloß von Saonnet ein wenig sieht.«

Mehr fragten sie alle nicht. Eigentlich waren sie lieb. Vielleicht war die Welt doch nicht so verrückt?

Der Hauptmann und der Colonel der C. I. C. kamen am Abend nicht zu uns. Entweder hatten sie vergessen, daß sie uns besuchen wollten, oder sie waren zu sehr mit den Folgen des Bombenangriffs der vergangenen Nacht beschäftigt.

»Es ist sicher nicht leicht, plötzlich Ersatz für hohe Offiziere zu finden«, sagte Michel. »Die waren gewöhnt, miteinander zu arbeiten. Es ist ein wenig wie in einer Fabrik.«

Wenn ich gewußt hätte, was an diesem 16. Juni rund 20 Kilometer von uns entfernt mit den Menschen geschah, hätte ich möglicherweise weniger Mitleid mit den Bäumen gehabt. Aber löscht das eine das andere aus, oder ist nicht jede Art, Leben mit Gewalt zu vernichten, wert, darüber nachzusinnen?

Bei der Schlacht von Tilly mußten manche Deutsche dreizehn Tage lang ständig im Einsatz, in ihren Panzern zusammengepfercht, ausharren – fast ohne Schlaf und warmes Essen, ohne sich waschen oder gar ausstrecken zu können –, bis sie durch den Tod erlöst wurden. Über den letzten Einsatz der Infanteristen, die Mann um Mann in den Ruinen von Tilly fielen, ließ später Hans Speidel, der letzte Chef des Generalstabes von Feldmarschall Rommel, schreiben: »Es wurde bis zum letzten Atemzug gekämpft. Führung und Truppen leisteten Übermenschliches.«

Deutsche, Engländer, Kanadier starben in einem sinnlosen Gemetzel im Kessel von Tilly, Franzosen ebenfalls – sozusagen nebenbei. Als Tilly am 18. Juni endlich fiel, verlegte sich lediglich die Kampflinie hinter die Ortschaft. Damit hörte das Leiden der Menschen nicht auf.

Am 17. Juni besuchte Hitler zum ersten und zum letzten Mal die Invasionsfront.

»Wir müssen nur die Nerven behalten«, beschwor er die Marschälle. Er gab die Weisung, »jeden Fußbreit Boden zu halten«. Später, in Verbindung mit Cherbourg, sagte er: »Die gegenwärtigen Stellungen sind zu halten, um jeden Preis.«

Sollen die französischen Männer in den Krieg ziehen?

Le Molay, 17. Juni 1944.

Die zweite Reise meines Vaters nach Bayeux konfrontierte uns mit den Grundentscheidungen, die die Erwachsenen damals zu treffen hatten: entweder für eine gerechte Sache mitkämpfen oder gemütlich abwarten, bis die anderen sich dafür einsetzen und das Risiko tragen. Von diesem Dilemma war zunächst in der Erzählung von Papa nach seiner Rückkehr nicht die Rede. Er sprach fröhlich davon, daß Raymond Triboulet tatsächlich Sous-Préfet geworden war. Der Vater meiner Freundin Marie-Jo war ein weiser Mann mit genug Humor, um keine Komplexe zu haben. Er erzählte uns später, daß er bei seiner Amtseinführung die Uniform seines Vorgängers, des von der Vichy-Regierung eingesetzten Beamten, getragen hatte. »Warum nicht?« fragte er und machte sich einen Spaß daraus. »Wir hatten beide die gleiche Größe, und der gute Rochas war in Ordnung.«

Daß er eine Weile der höchste Verwaltungsbeamte des befreiten Frankreichs war, amüsierte ihn, ohne ihn daran zu hindern, seine Aufgaben pflichtbewußt und mit Einfühlungsvermögen wahrzunehmen. Triboulet bemühte sich, eine Kontinuität der Verwaltung und der menschlichen Beziehungen herzustellen, weil er wußte, daß die Normannen dies damals am meisten brauchten. Mit Charme betonte er nebenbei die Selbständigkeit Frankreichs den Alliierten gegenüber.

Papa hatte, nicht ohne Absicht, seine Erläuterungen über die Verhältnisse in Bayeux in die Länge gezogen. Plötzlich schwieg er, wie zwischen komplizierten Erwägungen hin und her gerissen:

»Im übrigen . . .«

Er schien nach Worten zu suchen. Uns war klar, daß etwas Bedeutendes folgen würde.

». . . in Bayeux ist seit kurzem ein Büro für die französische Armee eröffnet worden, das eine Kooperation zwischen den gelandeten französischen Truppen und den sich im Lande neu organisierenden Streitkräften gewährleisten muß.«

Nach diesem umständlichen Satz kam eine Pause. Dann sprang Papa über seinen Schatten.

»Ich habe mich dort beim Obersten de Chevigné erkundigt, ob man Verbindungsoffiziere zu der amerikanischen Armee braucht, und ich habe mich unter der Bedingung freiwillig gemeldet, daß weder Herr M. noch Herr D. einberufen werden, obwohl sie jünger sind als ich. Damit wird die Fabrik ohne Störung weiterarbeiten können. Ich bin der sechste auf der Liste derjenigen, die sich freiwillig meldeten!«

»Aber warum, warum so plötzlich?« fragte Mama.

»Es kommt alles plötzlich in der letzten Zeit. Bitte, glaube mir, es ist die einzig richtige Lösung. Offiziere werden gebraucht. Mir ist es lieber, zusammen mit den Amerikanern tätig zu sein. Als Freiwilliger kann ich das eben aussuchen. Ich will nicht kämpfen, sondern Frieden stiften, und dies können die Amerikaner am besten, weil sie stark sind und weniger Vorurteile haben.«

»Frieden stiften«, sagte Mama sachlich, »bei einem Brückenkopf, der nur einige Kilometer tief ins Land reicht, das klingt etwas zu schön.«

»Momentan ja, aber es wird sich rasch ändern. Es steckt so viel Macht hinter den Amerikanern. Wir werden bald ein friedliches Europa haben. Daran müssen wir arbeiten.«

Es klang großartig. Sollten wir stolz sein? Wir waren es nicht. Vielleicht hatte Papa recht ... Im Augenblick wußten wir überhaupt nicht mehr, was wir denken sollten. Wir fühlten uns von den Ereignissen überrumpelt. Wir sehnten uns ganz simpel nach einem ruhigeren Stand der Dinge, nach Geborgenheit und Sicherheit. Was ging uns Europa an? Was ging uns eine gut funktionierende Fabrik in der Abwesenheit von Papa an? Ihn wollten wir haben!

Wir schwiegen alle. War unser hellsehender Vater von seiner Sippe enttäuscht? Er sagte ehrlicherweise:

»Könnt ihr nicht verstehen, daß ich im übrigen keine Lust mehr habe, mich weiterhin hier zu verausgaben? Ich brauche ein neues Wirkungsfeld, das mich begeistern kann.«

Diese Sprache verstanden wir schon besser. Papa engagierte sich überaus gern, er wollte nur wissen, wofür. Seine Umwelt hatte ihn enttäuscht, und er suchte anderswo die Motivation, die er brauchte. Aber wir? Irgendwie fühlten wir uns im Stich gelassen. Wir sollten hier ohne Rückhalt mit den Gegebenheiten fertig werden und wußten überhaupt nicht, was uns bevorstand. Papa wußte es noch weniger, es war jedoch seine freie Entscheidung. Unsere war es nicht. Wir wurden nicht gefragt.

Alle diese Gedanken gärten in uns. Wir standen da, ein wenig feindselig, zumindest ratlos und unglücklich.

Das heftige Bellen von Okay erschreckte uns plötzlich. Die amerikanischen C.I.C.-Offiziere standen vor der Tür.

Ich kann mich übrigens nicht erinnern, daß jemals eine Glokke in unserem Haus ordentlich funktioniert hätte. Bei uns meldeten die Hunde die Gäste an, oder sie kamen durch die offene Tür einfach herein. Es war einer der liebenswürdigen Mängel unserer häuslichen Organisation. In Zukunftsträumen waren wir groß, im Alltagsleben kam es darauf an: Ging es um die Fabrik, dann wurde alles bis ins letzte durchdacht, ging es um private Dinge, dann handelte es sich von vornherein um zweitrangige Angelegenheiten. Bisher war dies für uns selbstverständlich gewesen. Warum machten wir uns plötzlich Gedanken darüber?

»Wir sollten wirklich eine Glocke haben«, stellte Mama fest, die schnell ein Tablett mit Gläsern holte.

Ihr Sinn für Gastfreundschaft sollte sich bewähren. Es wurde ein großartiger Abend. Der Hauptmann stellte den Eltern seinen Colonel vor. Wir fanden uns alle im Salon wieder. Das erste, was der Colonel dort erblickte, war das Klavier! Er bat Mama um die Erlaubnis, darauf zu spielen, und begann mit einem ziemlich schwierigen, sehr wirkungsvollen Stück von Rachmaninow. Wir waren beeindruckt und zugleich sehr erstaunt. Diesen Abend hatten wir uns ganz anders vorgestellt. Der Colonel erzählte, daß der russische Komponist ein Jahr zuvor in Beverly Hills gestorben war.

»Es hat mich damals sehr bewegt, denn ich lebe in Santa Barbara in Kalifornien und liebe die russische Musik.«

Der Colonel wollte, daß Mama spielte. Mit Komplimenten an seine Adresse lehnte sie ab und suchte statt dessen im Notenschrank nach alten englischen Melodien, die sie aus der Zeit des Ersten Weltkrieges kannte. Sie reichte dem Colonel einen Stapel vergilbter Notenheftchen.

»Sorry!« sagte sie. »Ich habe diese Lieder so oft gespielt und gesungen. Die Hefte sind in einem miserablen Zustand!«

»Splendid!« rief er erfreut. »You have got ›My little grey home in the West‹. I love this song.«

Na, so ein Glück, dachte ich bei mir. Ich wußte zu gut, daß Mama nicht von ungefähr das romantische Lied von dem kleinen Haus im Westen oben auf den Stapel gelegt hatte. Dieses Lied war sozusagen eine alte Leier unserer Familie. Lange bevor uns sein Text verständlich sein konnte, hatten wir es als Wiegenlied gehört. Mama sang gern und oft. Älter geworden, fühlten wir uns durch die Beschreibung der heilen Welt der Pioniere angesprochen. Lebten wir nicht ebenfalls im Westen unseres Kontinents?

Der Colonel spielte die Melodie einmal auf dem Klavier, dann drehte er sich zu uns und sagte heiter:

»Jetzt singen wir alle zusammen. Let's go!«

Angesteckt von seiner Herzlichkeit, bemüht ihm zu gefallen, gruppierten wir uns alle um das Klavier. Der Oberst, auf dessen Befehl Papa vier Tage zuvor von zwei M. P.s abgeführt worden war, hatte eine warme, ausdrucksvolle Stimme. Die Welt der Erwachsenen war nicht immer leicht zu begreifen.

»Ich möchte, weit von hier, dort ankommen,
wo die blauen Schatten lang werden,
Zufriedenheit und Ruhe finden,
die Plage des Tages schwinden lassen,
in meinem kleinen Haus im Westen.«

Sicher sehnte sich der Colonel sehr nach Kalifornien. Ob es neben seinem Haus Palmen gab?

»There are hands that will welcome me in,
there are lips I am longing to kiss,
there are two eyes that shine,
just because they are mine,
and a thousand things others may miss ...«

(Dort gibt es Hände, die mich empfangen,
Lippen, die ich brenne zu küssen,
es gibt Augen, die nur deshalb leuchten,
weil sie es für mich tun wollen,
und tausend andere Dinge, die ich missen muß ...)

Mama, die damals fast ohnmächtig vor Angst geworden war, als der Jeep des C. I. C. mit Papa abgefahren war, sang nun gefühlvoll, so als ob niemals in ihrem Leben etwas Aufregendes passiert wäre. Ihr Mezzosopran klang hübsch zu der Stimme des Colonels.

»... in my little grey home in the West.«

Das Lied war zu Ende, doch die Melodie blieb im Raum spürbar. Das gemeinsame Musizieren hatte eine harmonische Verständigung geschaffen, die keine Grenzen kannte. Wir standen alle gerührt da. Waren wir erstaunt, uns so nahe zu fühlen? Es mußte mehr sein, was den Offizier des Intelligence Service so sehr bewegte, daß er deutlich mit seiner Selbstbeherrschung rang.

»I beg your pardon!« sagte er. »Ich dachte die ganze Zeit an etwas sehr Persönliches. My boy ist am 6. Juni in Omaha gefallen. Er gehörte bei der Landung der ersten Welle an. Joe war 21 und voller Begeisterung. Ich dachte an meine Frau, die allein zu Hause mit dieser Nachricht fertig werden muß.«

Jetzt waren wir diejenigen, die erschüttert waren. Was für eine bewundernswerte Selbstbeherrschung dieser amerikanische Oberst besaß! Papa drückte stumm seine Hand. Wir trauten uns nicht, das gleiche zu tun. Ein wenig später sagte Papa:

»Ich habe mich freiwillig gemeldet bei der M. M. F. L. Ich hoffe, daß ich in der Normandy Base Section von Nutzen sein kann. In den nächsten Tagen werde ich erfahren, wo mich die ›Mission Militaire Française de Liaison‹ hinbeordern wird. Ich bin stolz und glücklich, mit Ihnen mitmachen zu können.«

Es wurde mir plötzlich klar, daß die bisher angezweifelte Entscheidung meines Vaters zu bejahen war, und ich wunderte mich, welche zufällige Übereinstimmung von Ereignissen das Leben mit sich bringen kann. Daß wir dem amerikanischen Oberst zwar keinen Trost, aber eine unmittelbare kleine Bestätigung seines Tuns geben konnten, freute mich.

Später tranken wir Champagner – eine unserer letzten Flaschen im Keller. Auch wir Kinder bekamen einen Schluck davon. Es war eine Feier und doch keine. Noch nie waren uns Trauer, Begeisterung, Angst und Hoffnung so kunterbunt durcheinandergemischt erschienen.

Papa sprach von Vichy und vom Ersten Weltkrieg. Die alte Geschichte schien uns, in englischer Fassung, fast neu. Sie bekam an jenem Abend eine Aktualität, die ihr unerwartete Aspekte verlieh.

»You know«, sagte Papa, »ich habe aus nächster Nähe miterlebt, wie die Amerikaner damals gelitten haben. Ich lebte 1917 in Vichy, der Rotkreuz-Stadt der US-Army und war so alt wie meine Kinder jetzt. Ich sah am Bahnhof, wie junge Männer täglich von den Zügen auf Tragen zu den wartenden Militärautos geschleppt wurden. Als Junge bewunderte ich diese motorisierte Armee, die mir phantastisch gut organisiert zu sein schien. Die Notkrankenhäuser der Stadt verfügten über 80000 Betten – eine verrückte Zahl! Vichy war voll von Verwundeten, Sanitätern und Genesenden. Viele Soldaten – auf Krücken gestützt – übten mühsam das Gehen am Ufer des Alliers. Weil ich damals schon gern angelte, saß ich oft dort mit meiner Rute. Die Amerikaner sprachen mich an. So lernte ich Englisch. Ich war stolz, amerikanische Freunde zu haben. Am schlimmsten war es für mich, wenn die Amerikaner, die man in Vichy schnell gesund gepflegt hatte, zum Bahnhof marschierten. Sie sangen ›Over there‹ und fuhren zur Front zurück, obwohl es nicht einmal ihr Krieg war ...«

In Vichy gab es einen großen amerikanischen Friedhof, dachte Papa, ohne es auszusprechen.

»Oh Gott!« rief er aus. »Diese Erinnerungen bin ich nie losgeworden. Deshalb kann ich nicht ertragen, daß es zum zweiten Mal passiert, während ich einfach zusehe. Irgendwie muß ich persönlich etwas wiedergutmachen, dem erwähnten Lied entsprechen! They're calling you and me, every son of liberty, over there, over there!«

Papa wiederholte den Text auf französisch, wie er ihn für sich in Vichy übersetzt hatte:

»Sie rufen uns, dich und mich, jeden Sohn der Freiheit, dorthin! Dorthin!«

Der Hauptmann klopfte Papa auf die Schulter:

»Sie sind ein guter Kerl. Der Mann, der Sie ankreiden wollte, ist ein niederträchtiger Schurke. Ich glaube allerdings, daß er nicht ganz richtig im Kopf ist.«

»Ah!« sagte Papa. »Wie heißt er denn?«

Der Oberst nannte einen Namen, der uns seit eh und je vertraut war. Es handelte sich um einen leitenden Angestellten, mit dessen Arbeit Papa in der letzten Zeit nicht zufrieden war. Er hatte ihn deshalb zur Rede gestellt; es war offensichtlich Rache gewesen.

»Typisch!« stellte der Hauptmann fest. »Und wie der Kerl sich aufgespielt hat! Er behauptete sogar, einen deutschen Offizier während der Besatzungszeit heimlich umgebracht und verscharrt zu haben ...«

»So als ob deutsche Offiziere in Frankreich verschwunden

wären, ohne daß jemand es bemerkt hätte!« unterbrach der Oberst.

»Wo die Leiche lag, konnte er großartig erklären, bis ich vorschlug, mit ihm zu der Stelle hinzufahren. Dann wurde er verdammt unsicher!«

So ein unverschämter Wichtigtuer! dachte ich empört. Ich horchte, bemüht, mir keine Silbe entgehen zu lassen, und wußte noch nicht, daß ich somit einen, von ungeahnten, verwirrenden Gedanken unterminierten Boden betrat. Die Begegnung mit der Verleumdung, später mit ihren schleichenden Auswirkungen, sollte mich und meine Geschwister ein gutes Jahr ernsthaft beschäftigen. Mit 15 Jahren nimmt man solche grundlegenden Fragen, wie die Notwendigkeit des Verzeihens, nicht auf die leichte Schulter. Wie oft hatten wir früher ». . . und vergib uns unsere Schuld, wie auch wir vergeben unseren Schuldigern« nachgeplappert! Jetzt wurde dies ernst. Schlimmer noch, es ging nicht um uns, sondern um den Vater. Wir brachten es nicht fertig, auf Anhieb zu verzeihen, und sahen damit unsere ganze Religion in Frage gestellt.

Mit der Zeit würde die Bedeutung der falschen Beschuldigung eines vermuteten Freundes schrumpfen. Hinterläßt aber nicht jede Verleumdung eine Spur? Für unseren Vater wirkte die Enttäuschung wie ein Tropfen Säure in einem Reagenzglas! Der Inhalt seines Lebens geriet dadurch in Bewegung. Latente Energie wurde freigesetzt. Ohne diesen Verrat, ohne den Zwischenfall mit der Butter am Bahnhof, hätte Papa vermutlich die Normandie nie verlassen. Wir damit auch nicht. Kein Mensch verläßt freiwillig das Paradies. Aus dem Paradies wird man vertrieben!

So weit dachten wir an diesem Abend natürlich nicht. Die Aussage des Hauptmanns fesselte zu sehr unsere Aufmerksamkeit:

»Und was dieser Bursche bei seinem zweiten Besuch alles anführte, um aus Ihnen einen Nazi zu machen! Sie hätten einem deutschen Soldaten, ›der am Krepieren war‹, öffentlich zu Essen und zu Trinken gegeben. Als französischer Offizier hätten Sie sich dessen nicht geschämt!«

Vor drei Tagen hatte das Verhör stattgefunden. Der Hauptmann schien sich nachträglich darüber zu amüsieren:

»Der Kerl war ganz verblüfft, als ich lediglich ›Na und?‹ entgegnete. Dann tischte er mir die blöde Geschichte mit der schwarzen Aktentasche erneut auf. Sie hätten den Deutschen wieder Dokumente überbracht. ›Zwei Nächte hintereinander?‹ fragte ich besorgt. Er fiel prompt auf meine ernste Reaktion herein. Ich ließ ihn zappeln, fragte nach Details, notierte Uhrzeiten. Ganz happy berichtete er danach, Sie hätten General de Gaulle kritisiert ...«

»Nur seine Rede«, stellte Papa fest.

»Ich weiß. Im Schutzgraben«, ergänzte der Hauptmann heiter. »Der Kerl erzählte so viel, daß ich ihn am liebsten mit einem Fußtritt hinausgefeuert hätte. Anschließend fuhr ich zu Ihnen. Ihre Kinder holten Sie. Es war mir ein Bedürfnis, reinen Tisch zu machen!«

Der Oberst hatte schweigsam zugehört. Er schien auf einmal sehr müde. Er wirkte älter als zuvor.

»Solche Typen sind wirklich nicht wert, daß man sich mit ihnen beschäftigt«, stellte er lakonisch fest. »Ich bin dankbar, den heutigen Abend bei einer französischen Familie verbracht zu haben, die mich manches vergessen ließ. It was a very nice time at your home.«

Er fuhr fort, sich für seinen musikalischen Spleen entschuldigend: »Eine Bitte hätte ich noch. Ich habe vorhin bei Ihren englischen Liedern die Noten von ›When irisch eyes are smiling‹ gesehen. Könnten wir zum Abschied ein letztes Mal zusammen singen?«

Wir winkten ab. Das gefragte Lied war uns nicht geläufig. Mama sang allein mit dem Oberst. Der letzte Satz des Liedes klang wie ein unerfüllbarer Wunschtraum, eine bewußt optimistische Zukunftsvision: »... all the world is hight and gay.« Die ganze Welt glücklich und fröhlich? Da mußte noch eine Menge geschehen.

»Wie kann man sich so viel aus Musik machen?« fragte Papa, nachdem die Amerikaner sich fast überschwenglich verabschiedet hatten. Musik blieb die Domäne unserer Mutter; seine war sie nie gewesen.

»War der Abend nicht Klasse?« fragte Colette.

»Aber natürlich!« antwortete Papa. »Wißt ihr was? Wir werden heute zu Hause schlafen. Es ist viel zu spät, um zu dem muffigen Schutzgraben zu gehen.«

»Wirst du ihn entlassen?« fragte Michel, vor seiner Schlafzimmertür angekommen.

»Wen? Ah den! Nein, jetzt nicht mehr. Aus persönlichen Gründen darf man eine solche Entscheidung nie treffen, und dann ..., was geht mich das jetzt an?«

18. Juni 1944.

Das gräßliche Geböller der amerikanischen Artillerie weckte uns. Ich erwachte mit starken Kopfschmerzen. Die zuversichtliche Stimmung des gestrigen Abends schien verflogen. Es dröhnte hinter meiner Stirn, pochte in meinen Schläfen. Kaum aufgestanden, hatte ich Lust, mich zu erbrechen, und konnte es nicht. War der furchtbare Lärm nicht abzustellen? Wie lange würden wir ihn ertragen müssen?

Nach dem Frühstück merkten wir, daß Okay fehlte. Rufen half nicht. Wir suchten den Hund im ganzen Haus. Auch im Keller war er nicht versehentlich eingesperrt worden. Unsere Hoffnung, ihn lebend wiederzusehen, schrumpfte schlagartig, als wir feststellten, daß die Außentür des Büros von Papa einen Spalt offen stand. Hatte Okay von einer aufregenden Jagd nach den Hühnern eines benachbarten Bauern geträumt, als er von uns weggelaufen war? Einen solchen Rappel bekam unser Irish Terrier jeden Sommer hin und wieder. Seit Antezant . . .

Mit Okay verbanden uns viele Erinnerungen. Er war an Ostern sechs Jahre alt geworden. Ein frecher Kerl von Anfang an, temperamentvoll, jederzeit bereit zu spielen, anhänglich, wenn er gerade mochte, nicht immer! Unser Hund war seit dem Tod von Duc so oft eingesperrt gewesen, daß sein Drang nach Freiheit nur zugenommen haben konnte. Er mußte geradezu nach einer offenen Tür gelauert haben!

Armer Okay! Wir erfuhren sehr bald, daß er genauso überfahren worden war wie unser Schäferhund. Die Nachricht nahmen wir hin, ohne ein Wort der Kommentierung. Dieses Schweigen war für uns ein deutliches Zeichen arger Betroffenheit.

»Okay hat nur zwei Tage länger als Duc leben dürfen«, sagte Colette endlich.

Daß es dazu kommen würde, hatten wir eigentlich gewußt. Warum entglitt uns so viel in der letzten Zeit? Seit Wochen lebten wir in der Nähe des Todes. Den Verlust von Okay werteten wir wie die Bestätigung dafür, daß um uns her alles immer mehr abbröckelte. In dieser Resignation, in dieser Entsagung steckte bereits etwas Morbides, und wir merkten es nicht.

Es fing an, dunkel zu werden. Wir hörten im Eßzimmer die Abendnachrichten aus London, als heftig an der hinteren Haustür geklopft wurde. Mama schaltete das Radio aus. Draußen schrien Männer auf englisch, wir sollten sofort aufmachen. Papa ging durch den Gang Richtung Küche.

»Bleibt, wo ihr seid!« sagte er leise zu uns.

Er stand unweit von der Holztür, gegen die brutal gehämmert wurde.

»What's the matter?« schrie Papa erbost.

Draußen lachte jemand laut.

»Amour!« lallte eine betrunkene Stimme.

Papa schaltete das Licht aus.

»Wir wollen Frauen sehen«, sagte ein Amerikaner mit einer Stimme, die uns erblassen ließ.

»Aufmachen!«

Wütende Fußtritte gegen die Tür begleiteten den Befehl.

»Es gibt keine Frauen hier«, sagte Papa auf englisch. »Geht schlafen!«

Die Amerikaner polterten noch eine Weile an der Tür. Mit unverständlichen Schimpfworten entfernten sie sich endlich ins Dunkel. Erleichtert hörten wir sie danach auf der Straße singen.

»Das war ein Ding!« sagte Michel.

»Es könnte ein echtes Problem werden«, pflichtete ihm Papa bei. »Die Amerikaner bekommen zu viel zu trinken. Neben ihren offiziellen Whisky- und Gin-Rationen besorgen sich manche Calvados bei der Bevölkerung.«

»Ein Glück, daß wenigstens die Tür versperrt war!«

»Wir werden morgen einen Zusatzriegel anbringen lassen«, sagte Papa beruhigend.

Ich dachte daran, daß diese Außentür die einzige war, die ganz aus Holz bestand. Alle anderen, oberhalb des Griffes zum größten Teil aus Glas, boten im Notfall überhaupt keinen Schutz. Ich sagte das nicht. Mama sah ohnehin ziemlich erschüttert aus. Möglicherweise dachten wir alle an die kommenden Gefahren. Unser gastfreundliches Haus war nicht als Festung konstruiert worden.

Jeden Tag wurden wir mit wechselnden, wichtigen Begebenheiten konfrontiert und verloren dabei den Überblick. Auf der Halbinsel Cotentin hatten die Amerikaner inzwischen vom

Utah-Strand aus den Ausbruch nach Westen erzwungen. Mit dem Sieg in Saint-Sauveur-le-Vicomte am 17. Juni hatten sie das Douvetal durchquert. Sie erreichten die Westküste in Barneville und schnitten somit die Halbinsel in zwei Teile. Im Norden rückte der wichtige, nun abgeschnittene Hafen Cherbourg in greifbare Nähe, aber trotz alliierter Luftüberlegenheit und schwerer Beschießung auch vom Meer gab die Wehrmacht sieben Tage lang nicht auf. Am 25. Juni wurde in der zerbombten Festung von Cherbourg die weiße Flagge gehißt: für alle Beteiligten eine Erlösung!

Nach dem Fall der Stadt warfen die Amerikaner über den noch besetzten Gebieten der Normadie Flugblätter ab, die – auf deutsch verfaßt – mit Bildern und Karten Auskunft über den Verlauf des Krieges bei uns und in Rußland gaben. Nachträglich gesehen war der Text dieser Flugblätter – »Cherbourg, wie es geschah« – objektiv informativ, er verfehlte jedoch seine Wirkung. Die deutsche Kampfmoral schien unerschütterlich.

Der Krieg fraß sich weiter in der Normandie fest. Um die ganze Front ins Wanken zu bringen, bedurfte es noch der hartnäckigen und mörderischen Kämpfe der Amerikaner im Westen, der Engländer im Osten vom 2. Juli bis zum 27. Juli 1944.

In unserem Abschnitt behielt damit die Kreuzung der Hauptstraße Bayeux/Saint-Lô und Littry/Caumont ihre strategische Bedeutung. Dieser Panzerkreuzweg befand sich mitten in dem prächtigen Laubwald, den wir wegen der Pfifferlinge, die wir dort jahrelang gesammelt hatten, »unseren« nannten. »Notre forêt!« – Weit lag er nicht von uns ... Wir schliefen nach wie vor im Schutzgraben.

Dort hatten wir allerdings unerwartet Luft bekommen. Die Familie des Denunzianten war ohne Erklärung ausgezogen. Eigentlich erheiternd, daß sie unsere Gegenwart nicht mehr ertrugen! Ob das schlechte Gewissen sie bei unserem Anblick plagte? Vielleicht ärgerte sich der boshafte Angeber, weil es uns gelungen war, ihn zu ignorieren! Papa hatte ihn nicht zur Rede gestellt. Uns hatte er erklärt:

»Mit ihm will ich überhaupt nichts mehr zu tun haben. Solche Leute muß man behandeln, als ob sie Luft wären. Damit macht man sich nicht schmutzig. Der Schurke hat uns nicht treffen können. Benehmt euch so, als ob ihr nichts wüßtet!«

»Gut! Aber grüßen müssen wir ihn wohl nicht?« hatten wir gefragt.

»Nein, das auch nicht. Macht euch keine Sorgen! Sie werden uns meiden, nicht umgekehrt.«

Schon am nächsten Tag waren die »Verräter« durch den anderen Eingang in den Graben hinuntergegangen, um nicht an uns vorbeirutschen zu müssen. Nun waren sie zwei Nächte hintereinander nicht erschienen. Wir nahmen an, daß sie nie mehr auftauchen würden. Plötzlich konnten wir in der finsteren Bleibe entschieden besser atmen.

»Ich möchte nicht in ihrer Haut stecken«, bemerkte Colette.

Wir fühlten uns beinahe erhaben.

Der 30. Juni begann mit Regen, ein penetranter Regen, der den Eindruck vermittelte, nicht aufhören zu wollen. Gegen zehn Uhr kam unerwartet die Sonne. Auf Anhieb wußten wir, daß wir aus dem Haus wollten – alle drei! In der letzten Zeit blieben wir fast immer zusammen.

Wir gingen durch die Tür, die die betrunkenen Amerikaner kürzlich belagert hatten, und standen oberhalb der Treppe, die, an der verlassenen Hütte unseres Schäferhundes vorbei, in den Garten führte.

»Es war ein schöner Hund!« sagte ich nachdenklich.

»Ob die Eltern ihn deshalb Herzog (Duc) genannt haben?« fragte Michel.

»Aber nein«, stellte Colette richtig. »Sein Name mußte seinem Stammbaum entsprechend mit einem ›D‹ beginnen.«

»Wenn er bloß noch lebte! Jetzt hätten wir Duc wirklich nötig!« Von dem Podest, auf dem wir standen, konnten wir über die buschige Ligusterhecke die schweren Lastwagen sehen, die, mit Munitionskisten beladen, an uns vorbeifuhren. Unsere Landstraße war eine lärmende Plage geworden. Tagsüber, oft auch nachts! Von oben müssen unsere normannischen Straßen an die Tätigkeit von Ameisen in voller Aktion erinnert haben. Die Amerikaner hatten eine bemerkenswerte Fließbandstrategie hinter der Front entwickelt. Aus den künstlichen Häfen von Omaha- und Utah-Beach ergoß sich eine Flut von Kriegsmaterial, das rund um die Uhr von endlosen Ketten von Fahrzeugen in alle Richtungen befördert wurde. Die Amerikaner nannten diesen Pendelverkehr »Red ball«. Nachdem zu Beginn die Fläche des zur Verfügung stehenden Grundes noch knapp blieb, säumten gestapelte Güter bis zu einer Höhe von zwei Metern bald nahezu alle Straßen. Kartons und Kisten wurden von den vorbeifahrenden Fahrzeugen mit Lehm und Dreck bespritzt, so daß die Aufschriften – auch solche wie »explosive« – oft nicht mehr leserlich waren. Auf den Weiden hatten sich die Kühe bereits daran gewöhnt, zwischen Bergen von Kriegsgütern friedlich ihre Nahrung zu suchen.

Später hörten wir, daß die Amerikaner sich über die ungeheure Ansammlung von ähnlichen Dingen in Südengland lustig gemacht hatten. »Es war einfach Zeit, daß die Landung stattfand«, sagten sie scherzend. »England hätte unter dieser Last glatt ins Meer kippen können!«

Nun waren wir an der Reihe! Die schweren »GMC six by six« fuhren unaufhaltsam an uns vorbei. Der Pendelverkehr Küste-Front und zurück verlangte von den Menschen, die daran beteiligt waren, fast Unzumutbares, weil er in gleichem Maße Perfektion in der Organisation wie absolute Improvisationsbereitschaft in der Durchführung voraussetzte. Im Augenblick war jedoch unsere Begeisterung aus egoistischen Gründen gleich Null. Der großartige »Red ball« hatte zwei Hunde getötet – die unseren.

Plötzlich blitzten Scheinwerfer. Die Schlange der Schwertransporter hielt an. Einer dieser Laster mit sechs Antriebsrädern fuhr knapp an der Ligusterhecke entlang und blieb direkt vor uns stehen. Drin lagen, säuberlich aneinandergereiht, ... Bomben! Ich schauderte. Michel sagte erstaunlich ruhig:

»Er kocht!«

Solche technischen Dinge erfaßte unser Bruder meistens schneller als wir. Der schwarze Fahrer war ausgestiegen. Mit einem khakifarbenen Tuch drehte er langsam den Deckel des Kühlers auf. Es zischte laut. Dampf schoß in die Höhe. Der Soldat, der sehr groß und dick war, grinste zufrieden neben der Dampfwolke. Die Kolonne rollte nun an seinem Fahrzeug vorbei. Er winkte seinen Kameraden fröhlich zu. Alle Fahrer waren Farbige. Manche machten witzige Bemerkungen, die den Fahrer zum Lachen brachten. Er schien die Lage regelrecht zu genießen. Nach einer Weile setzte er sich auf den rechten Kotflügel seines Lastwagens, uns ganz nah, für den fahrenden Betrieb kaum sichtbar. Dort zündete er sich seelenruhig eine Zigarre an.

»Oh, nein!« entfuhr es Michel.

Der Soldat entdeckte uns und sagte munter:

»Hallo!«

Wir waren starr vor Schreck. Dieser schwarze Koloß konnte uns jede Sekunde in die Luft jagen und schien es nicht zu ahnen. Wir warteten wie hypnotisiert. Der amerikanische Soldat rauchte mit Genuß. Seine Zigarre glühte bei jedem Zug, ohne – wie es uns schien – von ihrer Länge einzubüßen. Das Gesicht des Lastwagenfahrers wirkte friedlich und glücklich. Während der Mann sich der Aufregung seines momentanen Jobs entledigte, steigerte sich unsere Unruhe. Was würde er zu guter Letzt mit dem Stummel tun? Er drückte ihn sachte auf dem Kotflügel aus, sprang herunter und schwang sich schwerfällig auf den Fahrersitz. Der Motor heulte auf. Er stieg wieder herunter und füllte von einem Kanister Wasser in den Kühler. Der Spuk war vorbei.

»Nicht die Bomben waren gefährlich«, sagte Papa am Abend, »vielmehr die Munitionskisten rundherum. Alles ist zu dicht beieinander auf diesem schmalen Brückenkopf, auch die Soldaten!«

Wir lebten in der Tat auf einem Pulverfaß. Unser Vater bereitete seine zukünftige Abwesenheit in der Fabrik vor. Wir sahen ihn kaum. Am Abend war er gereizt, manchmal ungehalten und schlief dementsprechend schlecht. Er hatte längst seinen Feldkoffer gepackt. Gelegentlich bekam ich den Eindruck, er gehörte bereits nicht mehr ganz zu uns. Mama vermittelte, bat um Verständnis, um Geduld. Dabei war sie selbst fahrig geworden. Sie aß kaum noch und sah blaß aus. Ihre hellbraunen Augen leuchteten nur noch selten. Die von Papa waren traurig, zuweilen abwesend, oft voller Groll. Colette hatte ähnlich dunkelbraune Augen, die vor Zorn sich noch mehr verdunkeln konnten. Es kam nun – ohne wichtigen Anlaß – öfter zu heftigen Konfrontationen zwischen Vater und Tochter. Im Grunde genommen waren sich die beiden ähnlicher, als sie es zugegeben hätten. Gerieten sie deshalb in Streit?

In unserem Haus lachte niemand mehr, Stimmungstief auf der ganzen Linie. Unser Familienschiff wankte, von unsichtbaren Strömungen erfaßt, gefährlich hin und her. Wo blieb der Steuermann?

Papa, der die Brücken zu einem Beruf abgebrochen hatte, der bisher sein Leben mit Freude und Ärger erfüllt hatte, brauchte dringend einen faßbaren, unmittelbaren Ausgleich. Er wartete mit Ungeduld auf einen Marschbefehl, während Mama heimlich hoffte, der Befehl würde nie kommen. Dieser Schwebezustand bekam keinem von uns.

Es wurde beschlossen, daß wir die kommende Nacht im Haus verbringen würden. Ob sich die Eltern voneinander versöhnlich verabschieden wollten? Den ganzen Abend blieb die

Familie friedlich. Plötzlich schien alles wie früher. Soeben hatte Papa an die Wand unseres Schlafzimmers geklopft, weil Colette und ich – wie oft – miteinander sprachen, anstatt zu schlafen. Bald elf Uhr! Ein wenig berauscht von der lauen Nachtluft, die durch unser offenes Fenster hereinströmte, setzten wir unsere Unterhaltung leise fort. Warme Sommernächte haben in der Normandie Seltenheitswert.

Was wir flüsternd sagten, gewann durch die Stunde zunehmend an Bedeutung. Gedanken, die am nächsten Tag in Vergessenheit geraten würden, schillerten trügerisch wie erleuchtete Ideen: kurzlebige Lichtblicke wie Sternschnuppen an einem Sommernachtshimmel! Die zweite Mahnung aus dem Elternschlafzimmer klang so eindringlich, daß ich schuldbewußt zusammenfuhr.

»Gute Nacht!« sagte Colette, die eine Minute danach fest schlief.

Um diese Gabe des raschen Abschaltens, um diese Stärke hatte ich sie gelegentlich beneidet. Jetzt nicht! Ich saß hellwach im Bett und fand die Nacht viel zu schön, um sie zu verschlafen. Nach einer Weile ging ich auf leisen Sohlen zum Fenster. Ich lauschte auf die Geräusche im Mondschein. Irgendwo in der Nähe quakte ein Frosch. Laute des fernen Krieges durchschwirrten die schlafende Umgebung. In der Fabrik brannte kein Licht. Alles war still im Hof. Wolken zogen wie geheimnisvolle Schleier vor den Mond. Sie verdeckten ihn ganz oder zauberten Lichteffekte, weil sie ihre Dichte rasch wechselten. Bei diesem Versteckspiel behielt der Mond sein wie festgefrorenes Antlitz und schaute, starr in seinem matten Glanz, herablassend auf uns nieder. Dieser Begleiter unseres Schicksals war nicht in der Lage, einen einzigen Zug seines selbstgefälligen runden Gesichts zu verändern. Unsere irdischen Kriege waren ihm völlig egal!

Einige Sterne leuchteten zwischen den ausgefransten Wolken. Ich senkte den Blick und stutzte jäh. Bei einem der obersten Fenster des Pavillons schräg vis-à-vis von unserem Haus bewegte sich ein glühender schwacher Punkt hin und her. Dann nichts mehr. Alles völlig dunkel. Kurz darauf konnte ich im Mondschein deutlich eine auf dem Fensterbrett sitzende Gestalt erkennen. Ob der Mann mich in meinem weißen Nachthemd sehen konnte? Am besten war es, wenn ich mich überhaupt nicht rührte. Was sich in der Nacht nicht bewegt, sieht man kaum.

Eine Wolke verdeckte den Mond. Das winzige Licht, jetzt unbeweglich, leuchtete stärker. Ich begriff, daß der Mann an seiner Pfeife gezogen hatte. Zugleich wußte ich, wer der Raucher im Mondschein war. Eric! Ich erkannte seinen markant eckigen Kopf mit dem Bürstenhaarschnitt und war neugierig, warum er Lichtsignale in die Nacht sandte, wenn der Mond verschwand. Er zeichnete nun mit seiner Pfeife Spiralen in die Luft. Es sah hübsch aus. War es vielleicht nur Spaß? Ich hätte volles Verständnis dafür gehabt. Auch fand ich sympathisch, daß er in dieser fast friedlichen Nacht keine Lust zum Schlafen hatte.

Ich schüttelte mein langes, aufgelöstes Haar. Trotz Bürsten blieb es vom Flechten leicht wellig. Die Hände im Nacken, das Haar hochhebend, fühlte ich mich frei von jedem Druck, leicht und wunderbar beschwingt. Fast überzeugt, daß Eric, der junge Praktikant, mich von seinem Platz am Fenster nicht sehen konnte, winkte ich ihm kurz zu: ein fröhlicher Abschiedsgruß aus purem Übermut.

Prompt signalisierte die glühende Pfeife durch kreisende Bewegungen freudige Zustimmung. Ich fühlte mich bis zu den Haarwurzeln rot werden und ging rasch vom Fenster weg, verwirrt, unsicher und doch geschmeichelt. Im Bett lächelte ich: Das poetische Spiel mit dem Feuer hatte offensichtlich mir gegolten!

Am nächsten Tag kam Eric zum Mittagessen. Papa hatte ihn eingeladen, froh, daß es ihm gelungen war, von seinem Urlaubsort nach Le Molay zurückzukehren. Eric war 18 Jahre alt. Mit seiner vor einem halben Jahr begonnenen Tätigkeit in der Fabrik hatte er dem Gesetz vom 4. September 1942 vorbeugend entgehen können. Nach diesem Gesetz konnte »jeder Mann über 18 und unter 50, jede Frau über 21 und unter 35 verpflichtet werden, jegliche Arbeit zu übernehmen, die die Regierung im Interesse der Nation für nützlich hielt«. (Unter Anwendung dieser allgemein gehaltenen Formel waren allein in der Zeitspanne vom 1. Juni bis zum 31. Dezember 1942 239763 französische Arbeiter nach Deutschland geschickt worden. Im Januar 1943 wurde festgelegt, daß 250000 Franzosen bis zum 15. März 1943 nach Deutschland gebracht werden mußten, um die deutschen Arbeiter zu ersetzen, die sich an der Front befanden. Verfügungen verschärften nach und nach die Vorschriften über die Zwangsarbeit in Deutschland – »Service du Travail obligatoire, S. T. O.« –, und es wurde immer schwieriger, diesen Verpflichtungen zu entgehen. Eltern bauten vor und versuchten, ihre Söhne in »lebenswichtigen Betrieben« unterzubringen, ein fast unmögliches Unterfangen, das für Eric nur deshalb gelungen war, weil er zuvor eine Fachschule für Milchindustrie absolviert hatte.)

Trotz seiner Jugend war er neuerdings für einen Teil der Fabrikation verantwortlich geworden, als der dafür zuständige Mann erkrankte. Papa lobte seine spontane Begabung mit Menschen umzugehen. Er war durchweg von diesem »energischen und fleißigen jungen Mann« begeistert.

Beim Mittagessen erzählte Eric, daß er sich einer Gruppe junger christlicher Landwirte (J. A. C.) aus der Umgebung angeschlossen hatte, die er am Wochenende regelmäßig traf. Nie hatten wir uns Gedanken gemacht, wie er seine freie Zeit verbrachte. Papa hatte ein für allemal erklärt, es würde der Autorität von Eric schaden, wenn er uns oft sähe. Im übrigen sollte niemand wissen, daß er mit seiner Familie befreundet war. In der Fabrik behandelte er ihn wie einen Fremden. Wir trafen ihn selten, nur im Vorbeigehen.

Zum ersten Mal nun saßen wir gemeinsam am Eßzimmertisch. Eric sprach mit Begeisterung von den Aufgaben, die die französische Jugend bald zu übernehmen hätte. Zunächst mußte man mit den Alliierten Hitler besiegen, aber dann sollten sich die Europäer wie Christen, die sie sind, versöhnen und danach leben.

»Ich werde manchmal ausgelacht, wenn ich Ähnliches von mir gebe«, fuhr er fort. »Viel zu früh! sagen die Leute ... Vielleicht denken sie auch so. Aber sollen wir warten, bis der nächste Krieg kommt?«

Es gefiel mir, daß er sich voller Tatendrang und Idealismus zeigte. Ab und zu dachte ich an die gestrige Nacht. Eric am Tag, Eric in der Nacht; wie kamen diese zwei grundverschiedenen Wesen miteinander aus? Eric verabschiedete sich kollegial, ohne eine Spur von Sentimentalität.

Später überlegte ich, ob ich Colette die Geschichte mit der Pfeife erzählen sollte, verwarf jedoch gleich diesen Gedanken. Es kam mir vor, als ob ich kein Recht dazu hätte. Unausgesprochen blieb die Erinnerung ohne Schwere, bezaubernd belanglos und damit hübsch. Worte sind mir immer gefährlich erschienen: zu bedeutend, zu festnagelnd. Durch die Sprache werden Gedanken offenkundig, weitererzählbar. Dies schien mir gelegentlich nicht wünschenswert. Betrafen Begebenheiten Dritte, wie im Falle Eric, wollte ich zunächst dem Betroffenen ein Mitspracherecht einräumen, bevor ich begann, sie zu erwähnen. Damit schwieg ich manchmal, aus Freundschaft.

Marschbefehl: »3e Bataillon de Génie« und »Independence day«

Am 25. Juni 1944 bekam Vater einen Marschbefehl Richtung Cotentin. Stolz notierte er für uns seine Militäradresse auf einem Zettel und fuhr voller Schwung ins Unbekannte.

»Lieutenant Roger B. . . . 3e Bataillon de Génie über Bureau de la Place Bayeux.«

Hinter dem vielversprechenden Namen »3ème Bataillon« verbarg sich eher eine Zukunftsvision als eine Realität. Die Pioniere der neuen französischen Armee mußten zunächst einen Weg zueinander finden. Papa hatte dieser Waffengattung immer angehört, nicht nur militärisch! Damit verbrannte er sich regelmäßig die Finger, ohne jedoch seine pragmatisch-idealistische Lebenseinstellung einzubüßen.

Am 29. Juni begann er einen Brief, der, von verschiedenen Boten getragen, uns viel später tatsächlich erreichte. (Post gab es keine, weder für die Militärangehörigen, noch für die Zivilisten): »Château de la Germonière, Le Vast, Quettehou.

»Ma Chérie,
nach einigem Hin und Her leben wir mitten in einem herrlichen, großen Park, den ein Bach mit Wasserfall durchquert. (Ich wette, es sind Forellen drin!) Oberst Taupin hat mir den Auftrag gegeben, in Le Vast eine französische Kompanie aufzubauen. Meine Leute, die ›Soldaten der ersten Stunde‹, wie ich sie nenne, sind bisher einige von der Organisation Todt übriggebliebene Arbeiter und junge Männer, die sich spontan bei der französischen Gendarmerie zum Wehrdienst gemeldet haben. Die ersten sind müde, die zweiten vor Begeisterung in ihrem persönlichen Engagement kaum zu bremsen. Sie tragen alle keine Uniform, weil wir keine haben. Wir leben in Baracken.
30. 6. 1944

Das Schloß – zuvor von der Wehrmacht besetzt – wurde durch Marinegeschosse beschädigt. Alles befindet sich in desolatem Zustand, obwohl schöne Möbel herumstehen. Meine Männer räumen dort auf. Der Besitzer, ein freundlicher alter Herr, hat uns dafür erlaubt, den Gemüsegarten zu plündern. Gestern wußte ich in der Tat nicht, womit ich hier die fünzig Leute ernähren soll. Inzwischen hat sich die Zahl der Männer verdoppelt. 200 bis 300 sollen wir bald sein. Lieutenant de Ville d'Avray aus Bayeux ist hier. Einige Offiziere sind gestern dazugekommen. Von nun an bekommen wir die ›Field Rations C‹ der Amerikaner: Keks, ›Meat and Beans‹ in Dosen, Limonade in Pulverform, Bonbons, Zigaretten und Klopapier – alles pro fünf Mann verpackt.

In einer Allee des Schlosses hat eine amerikanische Panzereinheit ihre Zelte aufgeschlagen (Colonel aus Texas, dessen Vater 1918 in Frankreich mitkämpfte, ein prima Kerl). Die Amerikaner hoffen ›Christmas‹ zu Hause zu verbringen. Im übrigen erzählte mir der Colonel, die Deutschen hätten möglicherweise zwei Divisionen Fallschirmjäger unmittelbar hinter der Front. Seid vorsichtig! Es ist nicht ausgeschlossen, daß bei Euch Fallschirmjäger während der Nacht abgesetzt werden.

1. 7. 1944

Heute haben wir im Schloß, im Büro des deutschen Stabes, mehrere Karten der Minenfelder an der nördlichen und östlichen Küste des Cotentin gefunden. Ich war froh, sie den Amerikanern zu übergeben. Es wird hoffentlich helfen, Unfälle zu vermeiden. Auch die Zivilbevölkerung lebt gefährlich. Gestern starb ein Kind im Dorf, weil es mit einer herumliegenden Handgranate spielte.

Es gibt in den Betonbunkern im Park eine Menge Munition. Die Deutschen hatten schwere Artillerie auf dem nahen Hügel postiert, um auf die Schiffe im Meer zu schießen. Die Amerikaner räumen eifrig auf. Morgen werde ich mit unseren Pionieren einen großen Bunker, drei Kilometer von hier entfernt, untersuchen. Ich bin gespannt, was wir dort entdecken werden!

2. 7. 1944

Die ca. 40000 Deutschen, die bei Cherbourg am 26. 6. gefangengenommen wurden, werden mit Lastwagen nach Utah gefahren. Die Amerikaner schicken sie per Schiff nach England und nach Amerika. Apropos, es könnte sein, daß wir nach England müssen. Die neue französische Armee hier ausbilden zu wollen ist angeblich eine Schnapsidee! (Für die Pioniere trifft das, finde ich, nicht zu. Hier ist ihre Ausbildung vielseitig und schnell. Die Nähe der Amerikaner wirkt sich in jeder Weise positiv aus. Daß wir keine Waffen für die Männer haben, stört mich bisher wenig; wir hätten ohnehin keine Zeit, damit zu exerzieren.)

Dabei fällt mir ein, daß ich Euch eine lustige Geschichte vorenthalten habe: Als wir am 27. 6. mit zwei holzkohlebetriebenen Lastwagen in der Nähe von Valognes unterwegs waren, blieben wir bei der Durchquerung einer Wiese im Morast stekken. Straßen gab es dort keine mehr. Alles durch Bomben zerwühlt! Ein Bauer half uns mit seinem Traktor heraus, aber wir hatten drei ›Platten‹ und natürlich keine Ersatzreifen. Ich bat die Amerikaner um Hilfe, denen unser Unternehmen so spanisch vorkam, daß sie uns mit Maschinenpistolen im Anschlag bis zum französischen Hauptquartier begleiteten. Der amerikanische Captain redete zwar von herumstreunenden deutschen Soldatengruppen, die uns angreifen könnten, aber ich wußte genau, daß er *uns* bewachen ließ. Später sagte er: ›Ich dachte, Sie wären ein Deutscher, der sich als französischer Offizier verkleidet hätte, um mit den Männern etwas anzustellen. Sind Sie mir böse?‹ Ich antwortete: ›Warum sollte ich, Captain? An ihrer Stelle hätte ich auch gewisse Zweifel gehabt.‹ Er lachte und klopfte mir auf die Schulter. ›Nichts für ungut‹, sagte er, mir Glück wünschend. ›Unity is strength!‹ was heißt (Colette und Nany werden es sofort wissen) ›Einigkeit macht stark‹. Im gleichen Sinn las ich kürzlich einen Satz von Churchill: ›Let's go together with our united strength!‹

Übrigens sind die versprengten deutschen Soldaten wirklich nicht zu unterschätzen. Vorgestern haben einige gewagt, unweit von hier auf ein amerikanisches Flugzeug zu schießen.

3. 7. 1944

Seit gestern haben wir fließendes Wasser im Schloß, wo unser Stab eingezogen ist. Heute werden wir dank unserem Bach überall elektrischen Strom bekommen!

Es ist mir zugesichert worden, daß wir neben der amerikanischen Verpflegung fünf Frs. pro Mann und Tag erhalten werden. Ob ich bald eine Kantine errichten kann? . . . Wie in Le Molay! Dich und die Kinder habe ich natürlich nicht vergessen, die Fabrik bei Euch fast. Dafür ist mir so, als ob ein ganz neues Werk hier zu schaffen wäre – für uns alle. Es tut sich hier so viel. Kannst Du Dir vorstellen, wie froh ich bin, dabei zu sein?

Gestern haben wir im Keller Schlauchboote der deutschen Wehrmacht gefunden. Um 18 Uhr habe ich den Männern erlaubt, sich damit im Bach auszutoben. Sie waren ganz fit für den

Zapfenstreich. Wir besitzen seit kurzem eine Fahne, die ich sehr feierlich am Abend herunterholen lasse.

Morgen soll ein Kriegsreporter kommen, angeblich sogar ein Kameramann. So ein Unsinn! Mit unserer französischen Armee können wir kaum aufwarten. Noch nicht! Obwohl ›Fanas‹ – so nennen wir unsere Fanatiker – täglich durch die Frontlinie laufen, um sich in Bayeux freiwillig zu melden, wie der Fähnrich, den man mit 18 Männern gestern zu uns geschickt hat.

Heute Nacht hat die Flak ganz schön geballert. Bei Euch auch? Geht bitte weiterhin in den Schutzgraben! *Übernachtet dort!*

Ihr fehlt mir alle.

Roger

P. S. Diesen Brief gebe ich Oberst Taupin, der vor wenigen Stunden zur Besichtigung unseres Lagers gekommen ist. Bisher keine einzige Nachricht von Euch! Ihr schreibt doch über Bayeux?

In Eile. Baisers.«

Entgegen den soeben verfaßten Ratschlägen unseres Familienoberhaupts schliefen wir in der Nacht vom 3. zum 4. Juli selig zu Hause, als eine Salve der nahen Flugabwehrkanonen uns aus unseren Betten hochfahren ließ. Wir flüchteten in den Keller, von bedrohlich grell aufflammenden Lichtern begleitet. Ein gewaltiges Feuerwerk prasselte hernieder und donnerte in der Nacht. Bomben fielen. (Mit ihnen zwei Flugzeuge, die brennend abstürzten, eins davon in eine Waldlichtung unweit von uns, wie wir später erfuhren).

Nach einer Stunde gingen wir wieder schlafen. Draußen nieselte es. Eine trübe, unheimliche Nacht.

Warum schoß in der Früh die amerikanische Artillerie wieder aus allen Rohren? Wie schon oft seit nun 17 Tagen waren wir von ihr plötzlich geweckt worden. Ihre Geschosse sausten über die Fabrik an uns vorbei. Trotz anderslautender Prognosen hatten wir uns nicht daran gewöhnt. Jedes Mal, wenn die akustische Marter begann, bekamen wir vor Schreck zunächst rasendes Herzklopfen. Resignation folgte. Es war so, als ob eine innere Stimme sich bemühte, uns zu überzeugen, nichts von der fürchterlichen Knallerei wahrzunehmen. Wir stellten uns taub, oder besser gesagt: wir versuchten, Abstand von der eindringenden Wirklichkeit zu gewinnen. Wir entflohen in eine lautlose, für uns momentan nicht existierende Welt, um einigermaßen normal leben zu können.

»Ich will mir endlich das Theater von der Nähe angucken«, sagte Michel.

Als er den Weg zu dem Hügel hinter der Eisenbahnlinie einschlug, hatte ich den Verdacht, er interessiere sich nicht nur für die amerikanische Artillerie. Wahrscheinlich würde er jetzt, dank eines kleinen Umweges, an dem Bauernhof vorbeikommen, wo die lustige, hübsche Juliette zu Hause war. Dieses 15jährige Mädchen mit dem geschmeidigen Gang und dem frechen Gehabe mußte schlechthin jedem Jungen gefallen. Michel hatte des öfteren unseren Plattenspieler auf das Fensterbrett der Küche gestellt, was mir seltsam vorgekommen war, bis ich erriet, daß er der in dieser Richtung wohnenden Juliette mit Opernarien in voller Lautstärke bei offenem Fenster imponieren wollte. Ging es um den Text des Gesangs, oder versprach sich Michel von dem in unserer ländlichen Umgebung noch seltenen Gerät die Aufmerksamkeit des hübschen Mädchens?

Urplötzlich hörte die Artillerie zu schießen auf. Die Stille erzeugte ein Vakuum. Bald füllte sich die erstaunliche Leere mit kleinen wohltuenden normalen Geräuschen. Man konnte wieder frei atmen. Es war anscheinend unser Schicksal, akustisch mit dem idyllischen nahen Hügel verbunden zu sein.

Als Michel zurückkam, sprach er keineswegs romantisch. Er erzählte von motorisierten mächtigen Artilleriegeschützen, die ihm wegen ihrer kompliziert wirkenden Technik sehr imponiert hatten, von Panzerabwehrkanonen und von einer Flak-Kette.

»Es sind die Geschütze, die heute nacht den Riesenkrach geschlagen haben. Die Amerikaner sprachen stolz von zwei angeschossenen Flugzeugen. Sie sind sehr aufgeregt, weil heute ›Independence day‹ ist. Die Felder oben wimmeln von Soldaten. Wir werden gut geschützt, sage ich euch! Von der Artillerie wußten wir, aber es steht dort viel mehr. Das Ganze ergibt eine tolle Verteidigungslinie, die jeden Angriff auf den Flugplatz der d'Estels vom Boden und aus der Luft abwehren kann. Die Spitfires starten auch ununterbrochen drüben. Vom Hügel aus sieht man sie besser. Sie fliegen nach dem Start einen Bogen über Saonnet Richtung Meer, um dort Höhe zu gewinnen.«

Mama hatte sehr aufmerksam zugehört und bemerkte trokken:

»Man könnte glatt behaupten, daß wir eine prima Zielscheibe abgeben und es bisher nicht begriffen haben!«

Später fragte ich Michel:

»Hast du die Vauclins getroffen?«

»Nein. Keiner war draußen. Die Fensterläden des Bauernhofes sind geschlossen, soweit ich sehen konnte.«

Von Juliette also keine Spur! Ob man die Familie Vauclin evakuiert hatte?

Die Taschen von Michel waren vollgestopft mit Kaugummis »Juicy fruit« und »Spearmint«, die wir gern mochten. Wir hatten uns rasch zu echten Kennern von »chewinggum« sozusagen emporgekaut. Nachdem die Amerikaner uns nach wie vor reichlich mit Süßigkeiten beschenkten, wählten wir nun unter den Marken und zwischen den verschiedenen Geschmacksrichtungen wie verwöhnte Konsumenten. Michel zauberte noch drei Dropspackungen aus der hinteren Tasche seiner Hose heraus.

»Wieso hast du so viel bekommen?« fragte ich.

»Die Amerikaner sind einfach gutgelaunt«, antwortete er. »Sie haben anläßlich des ›Independence day‹ Sonderzuteilungen an Verpflegung erhalten. Als ich vorhin bei ihnen war, wurden sogar kleine amerikanische Fahnen verteilt. Hier ist eine!«

Er zog sie stolz aus einem Ärmel heraus.

»Wir sollten unsere französische Fahne vom Speicher herunterholen«, sagte Mama. »Jetzt ist die Zeit gekommen, sie zu zeigen!«

»... und wenn wir eine große amerikanische Fahne basteln würden, um sie draußen neben unsere zu hängen?« meinten Colette und ich fast im selben Moment.

Das Nähen der winzigen, weißen, eckigen Sterne war mühsam. Wir waren noch vollauf damit beschäftigt, als der Fliegerhauptmann, der den Flugbetrieb der »piper-cubs« bei der angrenzenden Wiese leitete, durch die offene Tür hereintrat. Er war beladen mit Gebrauchsgegenständen, die wir ihm geliehen hatten.

»Ich bringe euch alles zurück, bevor wir Le Molay verlassen«, sagte er. Schicksalsergeben zeigte er in Richtung Südwesten:

»Wir müssen dahin! Für euch ist es gut, daß wir abhauen. Wir sind keine so guten Nachbarn, wie ihr dachtet. Wir haben die Front immer zu nah vor der Nase, vor allem, wenn sie so lange stehen bleibt wie hier! Es tut mir auch leid, daß es mit meinem Versprechen deshalb nicht geklappt hat: Mit euch zu fliegen, Kinder, wäre die ganze Zeit zu gefährlich gewesen.«

Der Fliegerhauptmann verabschiedete sich, und wir dachten: Wird er bei seinem exponierten Dienst den Krieg überleben? Es war uns klar, daß er sich genau die gleiche Frage stellte, obwohl er betont munter sagte:

»Ich werde wiederkommen, to visit you, o. k.?«

Solche Abschiede sollten wir bald öfter erleben. Wir waren traurig, Freunde einem ungewissen Schicksal zu überlassen. Bei diesen Szenen mischte sich für die Amerikaner ein ganzes Bündel widersprüchlicher Elemente: Wehmut und Abenteuerlust, versteckte Angst und männlicher Stolz, die Freude, daß es vorwärts ging mit der persönlichen bangen Hoffnung auf Überleben. Je nach Temperament der Betroffenen gab es spürbare Nuancen. Den Willen, nichts zu dramatisieren, zeigte jeder. Man hätte gelegentlich sogar von Galgenhumor sprechen können. Was uns oft verblüffte und sich für mich als Erinnerung eingeprägt hat, war die allgemeine Gelassenheit der menschlichen Beziehungen der Amerikaner unter sich. In der Hektik an der Front schienen sie eine eingespielte Teamarbeit zu verrichten.

Wir befestigten unsere beiden Fahnen bei einem Fenster des ersten Stocks und merkten mit Freude, daß drei französische Fahnen auf dem Dach der Milchannahmestation angebracht worden waren. Überall wurde anscheinend gefeiert. Wir bekamen Lust, in die Ortschaft zu gehen.

Im Dorf waren viele Häuser mit Girlanden und französischen Fahnen geschmückt. Alle Menschen, die wir trafen, zeigten sich freundlich. Viele erkundigten sich nach Papa. Seine einsame, eigenwillige Entscheidung, als Offizier zu dienen, paßte hervorragend in die Tagesstimmung. Dieser »Independence day« hatte für uns alle wenig mit der Unabhängigkeitserklärung der Vereinigten Staaten von Amerika im Jahre 1776 zu tun. Wir feierten vielmehr unsere eigene Befreiung mit den Amerikanern, denen wir sie zu verdanken hatten; wir feierten die Bestätigung unseres eigenen Daseinsrechts.

Als wir fröhlich von unserem Spaziergang zurückkamen, sahen wir unseren Feind – den Mann, der Papa angezeigt hatte – mit der Armbinde der Widerstandskämpfer herumlaufen! Daß er sich erdreistete, mit dem Lothringer Kreuz von de Gaulle umherzustolzieren, empörte uns. Was hatte er schon Großes getan, außer einen Menschen zu verleumden?

Am Abend erfuhren wir von einer mysteriösen und dem Anschein nach wichtigen Truppenbewegung der Deutschen in unserer Nähe. Die ganze Gegend war hellhörig. Die Höfe an der Front standen zwar zum Teil verlassen da, aber einige Bauern blieben in ihren Verstecken und beobachteten, was geschah. Mit der eingesammelten Milch wurden Nachrichten eingeschleust, unter anderem diese: Es hatte sich in der vergangenen Nacht, unter der Tarnkappe tiefhängender Wolken, Erstaunliches ereignet. Der Panzerdivision von General Bayerlein war es gelungen, sich entlang unserer Front, an Balleroy vorbei, von Tilly nach Saint-Lô zu schleichen. Zeitweise hatten die Soldaten den sich langsam vorwärts bewegenden Konvoi zu Fuß begleitet, um Zusammenstöße der Fahrzeuge im Dunkeln zu vermeiden. Taschenlampen sollten dabei nicht benützt werden. Es war auch verboten, Zigaretten anzuzünden. Ein mühsamer Marsch, der die deutschen Soldaten über eine Strecke von ungefähr 40 Kilometern von einer Hölle in die nächste führte. Menschen wurden dort in der Nacht vom 3. zum 4. Juli wie Figuren auf einem Schachbrett geschoben. Ohne zu berücksichtigen, daß Türme und Damen bei dem grausamen Spiel mit dem Tod längst nicht mehr zur Verfügung standen, machte man ein Loch auf, in der Hoffnung, ein noch größeres zu stopfen.

Nach dieser bewegten Nacht versuchten wir, die Ereignisse sinnvoll zu ordnen. Wir fragten uns, ob die plötzliche Auflösung der Landebahn der amerikanischen Erkundungsflugzeuge mit der deutschen Truppenbewegung zusammenhing und weswegen uns deutsche Flugzeuge justament in dieser Nacht angegriffen hatten. Eine zusätzliche Frage stellte sich: War der verstärkte Artillerieeinsatz unserer benachbarten Kanoniere eine erste Reaktion der Amerikaner auf die deutsche Truppenbewegung gewesen?

Bei unseren puzzleähnlichen Erwägungen fehlten uns die wichtigen Randstücke, um dem Gefüge einen festen, logischen Rahmen zu geben. Noch mehr fehlte uns allerdings der zeitliche Abstand. Wir steckten zu sehr mitten drin.

Von Rosen, die nach England fliegen

Am nächsten Tag erhielten wir Brotmarken für den begonnenen Monat Juli. Es mag nachträglich seltsam erscheinen, aber wir freuten uns regelrecht über die wiederkehrende Zuteilung von Lebensmittelmarken. Unser Leben war so lange von ihnen abhängig gewesen, daß wir uns nicht vorstellen konnten, ohne Belege unser tägliches Brot auf eine zuverlässige Weise zu bekommen. Jetzt erst recht nicht! Wahrscheinlich verfügten wir in unserer auf Viehwirtschaft spezialisierten Gegend über keine Getreidevorräte. Wenn es einige gegeben hatte, mußte man annehmen, daß sie entweder vernichtet oder fast verbraucht waren. In der Ebene von Caen, unserer ehemaligen Kornkammer, tobte der Krieg. Alles deutete daraufhin, daß die geschundene Stadt bald unsere Hilfe benötigen würde und nicht umgekehrt. Vermutlich waren wir für unsere wichtigste Nahrung bereits auf die Amerikaner angewiesen. Die neuen Marken waren so gut wie ein Pfand auf die Zukunft. In jeder Weise! Wurde uns nicht mit den kleinen numerierten Abschnitten ein Leben bis August offiziell bestätigt? Die Kanonen konnten ruhig dröhnen!

Die Brotkarte trug das Wappenbild unserer Provinzhauptstadt. »Ville de Bayeux« stand darunter gedruckt. Irgendwie fühlten wir uns geschmeichelt. Wir verwalteten uns also unter uns Normannen. Ohne Vichy-Regierung, sagten wir, und wir dachten leise: sogar ohne Paris! Letzteres hätten wir vor Fremden nie ausgesprochen. Und vor uns? Auch nicht. Wir wußten nur, daß wir einen Augenblick schmunzelnd darüber nachgedacht hatten. Dieses Im-voraus-Bocken gegen den allmächtigen französischen Zentralismus war der beste Beweis dafür, daß wir, bereits voller Hoffnung, von Friedensvorstellungen ausgingen.

Dabei stand eine Normalisierung unseres Lebens noch in weiter Ferne. Die Lage der Gegend von Bessin ließ sich schwer beschreiben. Eine Feuerlinie trennte uns von unserem Hinterland. Die Küste schien dafür immer näher heranzurücken. Wir konnten nicht vergessen, daß die amerikanischen Soldaten der ersten Landungswelle im Meerwasser gestanden hatten, als sie uns mit ihren Amphibienfahrzeugen erreichten. Seit dieser Zeit bestimmte die Öffnung zum Meer unser Leben. Jeder Tag brachte uns neue Truppen an Land, die die Bevölkerungsdichte fast dramatisch erhöhte. War die Zahl der Einwohner bereits mit fünf oder schon mit sechs zu multiplizieren? Die Progression ging zu rasch, um in Daten erfaßt zu werden. Wir spürten sie. Manchmal hatten wir den Eindruck, auf einem Riesenschiff zu leben, wo alles akkurat organisiert werden mußte, wenn man an Bord keine Katastrophe erleben wollte.

Die Amerikaner waren in dieser Hinsicht großartig: Sie dachten beruhigend pragmatisch, auch in Details.

Ein Offizier kam auf die Idee, mit den Küchenabfällen seiner

Truppen unsere Schweine zu füttern. Es wäre doch schade, meinte er, diese Unmengen Lebensmittel täglich zu vernichten! Als die blitzblanksauberen Gefäße ankamen, staunten wir in der Tat über ihren Inhalt und den Reichtum der Amerikaner. Was warfen sie nicht alles weg? Unsere Schweine freuten sich über die frischausgepackten Kekse, über das Corned beef, die Suppen und die Kondensmilch der US-Army.

In der Euphorie über den gesicherten Nachschub an Futtermitteln wurden fünf Schweine für die Kantine der Molkerei geschlachtet. Nachwuchs würde bald heranwachsen. Bei uns duftete das ganze Haus, während der erste Schweinebraten des Friedens brutzelte. Als er auf den Tisch kam, schien er uns bereits sehr klein ...

Mit einem belgischen Fliegeroffizier, der uns später besuchte, mußten wir den Braten nicht teilen. Weil es seine erste Landung in Frankreich war, hatte er, vor seinem Rückflug nach England, ein paar Stunden frei bekommen. (Er gehörte dem S. A. S. – Special Air Service – an. Diese britische Brigade, im Geheimlager von Fairford trainiert, wurde bereits unmittelbar vor der Landung des 6. Juni in der Nähe von Bayeux eingesetzt. Eine belgische Kompanie und zwei französische Bataillons kämpften, unter dem gemeinsamen Kommando von Brigadegeneral Mac Lead, neben den Briten.)

Dieser belgische Pilot war selig, französischen Boden zu betreten. Durch seine Worte erhielt plötzlich unsere kleine Landzunge eine Würde, die wir ihr bisher nicht verliehen hatten. Der Mann sprach von London, von General de Gaulle, von den verschiedenen Befreiungsarmeen, die sich in England gebildet hatten, von den Holländern, von den Polen – von der großen Erwartung aller und von ihrer Freude, am Kampf beteiligt zu sein. Wir hätten uns mit ihm stundenlang unterhalten können, aber er mußte zum Flugplatz von Le Molay zurückgebracht werden. Unser Pferdewagen stand bereits vor der Tür. Als er sich in unserem Garten verabschiedete, bewunderte er unsere blühenden Rosen. Plötzlich hatte er eine Bitte:

»Es geht nicht um mich. Sonst würde ich es nicht wagen, Sie um eine dieser Blumen zu bitten. Ich wäre glücklich, wenn ich eine Rose aus Frankreich der Familie, die mich in London aufgenommen hat, bringen könnte. Es sind Pariser. Sie haben 1941 fliehen müssen.«

»Michel, hol bitte die Gartenschere«, sagte Mama rasch, »und bring Papier mit, um die Blumen einzuwickeln!«

»Wie nett von Ihnen, Madame!« sagte der Pilot. »Sie werden diesen Menschen eine größere Freude bereiten, als Sie vermuten können. Die Familie heißt Rosenblum. Sie hat Schlimmes erlebt.«

Während Mama einen kleinen Strauß zusammenstellte und ihn in feuchtes Moos wickelte, sprach der belgische Leutnant weiter:

»Zu viert gelang es den Rosenblums, aus ihrer Pariser Wohnung zu entfliehen, weil sie im letzten Moment gewarnt worden waren. Die zweijährige Tochter war krank. Unterwegs wurde es schlimmer, das Kind starb in Aix-en-Provence. In Cavaillon bekam der ehemalige Rechtsanwalt eine Stellung als Hilfsgärtner. Seine Frau sortierte Gemüse für den Versand. Beide waren froh, in der Gegend bleiben zu können. Als die freie Zone besetzt wurde, mußte die Familie weiterfliehen. Zu Fuß überquerten sie die Pyrenäen. In Spanien verdienten sie sich langsam das Geld für die Überfahrt nach England: er als Hafenarbeiter, sie als Übersetzerin. In London trafen sie Verwandte ... Es tut mir leid, daß ich Sie mit dieser traurigen Geschichte aufgehalten habe. Sie haben selbst genug Sorgen! Mais vos roses, comme elles sont belles! (Aber ihre Rosen, wie schön sie sind!) Durch sie habe ich mich verleiten lassen, von meinen Freunden zu erzählen ... Rose heißt Shoshana in Hebräisch. Shoshana ist auch ein Mädchenname. Vielen Dank für alles und viel Glück!«

Shoshana, shoshana, wiederholte ich für mich, als der Pilot weg war. Ein hübsches Wort!

Es war nicht nur meine erste Begegnung mit der hebräischen Sprache, sondern auch das erste Mal, daß ich vom jüdischen Problem etwas erfuhr. Wir unterhielten uns danach mit Mama darüber. Ihre Eltern hatten jüdische Freunde gehabt – in Paris. Als junges Mädchen war sie mit ihnen öfter ins Konzert oder ins Theater gegangen. Der alte Herr war Rabbiner, ein sehr gebildeter Mann. Nach seinem Tod hatte man eine Weile miteinander korrespondiert, dann nicht mehr.

»Ob die Tochter noch lebt?« fragte Mama nachdenklich.

Es schien mir fürchterlich, daß jemand möglicherweise sterben mußte, nur weil er Rosenblum oder Halbronn, wie die Freunde meiner Mutter, hieß. Auch wir waren vor den Deutschen geflohen. Auch wir hatten ursprünglich Spanien erreichen wollen. Aber unter ganz anderen Umständen. Und warum? Weil wir einen typisch französischen Namen trugen und keine Juden waren!

»Wie mißt man die Zeit? Vor 30 Tagen wußten wir noch nicht, daß die Landung der Amerikaner bei uns stattfinden würde. Um wieviel sind wir inzwischen gealtert? Nur um einen Monat? Morgen um elf Uhr, Gottesdienst für Monsieur Jagoury.« (Aus meinem Tagebuch vom 5. Juli 1944).

Offiziell war angesagt worden: »Hochamt für die Bürger der Gemeinde Le Molay und alle Mitarbeiter der Molkerei, die infolge der Kampfhandlungen gestorben sind.« Weil wir am nächsten Tag einen großen Kranz in der Kirche niederlegen wollten, hatten wir alle brauchbaren Blumen unseres Gartens abgeschnitten. Ohne Übung fiel es uns nicht leicht, mit dieser Pracht einen Kranz anzufertigen. Das Binden der Binse stellte bereits unsere Geduld auf die Probe, und wir störten uns gegenseitig. Ich stand auf, Colette mitten in den Blumen zurücklassend. Plötzlich war mir eingefallen, daß es in Verbindung mit dem Verstorbenen etwas Wichtiges zu tun gäbe.

Als ich die Stallungen betrat, wurden die Pferde unruhig. Ich blieb stehen. Weil ich mit Sicherheit wußte, daß um diese späte Zeit kein Arbeiter hier sein konnte, redete ich mit den Pferden wie mit Menschen:

»Seid ruhig alle! Ich komme zu euch, weil Monsieur Jagoury nie mehr kommen wird. Ihr habt seine Schritte gekannt. Morgen werden für ihn viele Menschen beten. Ihr versteht zwar nicht, was es heißt; aber daß er jahrelang gut zu euch war, daß wißt ihr ... Ihr dürft es einfach nicht vergessen!«

Hatte Aigrette meine Stimme erkannt? Sie wieherte kurz. Ich ging zu ihr, tätschelte ihren Hals und erzählte ihr unsinnige Dinge. Sie schaute mich an. Ich streichelte sie und wurde allmählich ruhig und fast glücklich. In der Box nebenan scharrte Proserpine, als Zeichen des Ärgers, mit der Vorhand auf dem Boden. Diese hochbeinige Fuchsstute hatte sich immer wie eine Prinzessin gebärdet, so als ob sie ihre Abstammung von einem guten Normannenhengst nicht vergessen konnte. Als ich zu ihr kam, schaukelte sie nervös mit dem Kopf, ohne mich anzusehen.

»Proserpine, du bist schon wieder eifersüchtig, obwohl du genau weißt, daß du schön bist«, sagte ich und legte beruhigend meine Hand auf ihre Flanke. Ich klopfte sie sanft und dachte: Monsieur Jagoury hatte eine Schwäche für sie. »Unwirtschaftlich und leicht erregbar ist diese Stute«, hatte er gesagt, »aber schön und gutartig, trotz Temperament!«

Plötzlich hatte ich eine Idee. Ich ging in die Kammer und füllte den Holzeimer mit Hafer. In allen Boxen verteilte ich das Futter. Es machte mir Freude, großzügig zu sein. Ich holte mehrmals Nachschub. Aigrette und Proserpine bekamen zuletzt in der flachen Hand ein Stück Melasse als Beigabe.

Vor unserem Haus wartete Michel auf mich.

»Wo kommst du denn her, so spät allein? Mama hat sich Sorgen um dich gemacht.«

Die Sonne leuchtete rot am Horizont. War ich so lange weg gewesen? Ich fühlte mich ertappt. Wie die Luft zum Atmen, so brauchte ich gelegentlich kurze Ausflüge in die Freiheit, um eine heitere, harmonische Welt für mich zusammenzubasteln, wenn die Wirklichkeit nicht danach aussah. Dann kehrte ich befreit zurück. Sollte ich erzählen, was ich getan hatte? Ob Michel mich auslachen würde?

»Ich war im Stall und habe den Pferden Hafer gegeben – wegen morgen, als Andenken an Monsieur Jagoury, verstehst du?«

»Warum hast du das nicht vorher gesagt?« antwortete Michel ganz ruhig. »Ich wäre gern mitgegangen.«

Guter Michel! Er hatte ein seltenes Talent zur Freundschaft und ließ taktvoll gelten, daß ich manchmal verträumt eigene Wege ging. Mehr, er schien sich jeweils darüber zu freuen. Er sagte nicht: »Du spinnst!« wie manche Brüder es in solchen Fällen getan hätten. Er sagte nur: »Ich hätte dabei sein wollen.«

»Und du, wo bist du gewesen?« fragte ich.

»Bei der Bahn, eine ganze Weile. Ich habe zugeschaut, wie die Amerikaner die Verbindungsstücke ihrer Benzinleitung nachprüfen. Einige Bauern kamen dazu, gingen aber bald weg, weil die Amerikaner ungehalten zu sein schienen. Leblanc erzählte vorher etwas Fürchterliches, was ich nicht glauben kann, obwohl ...«

Später wurde die Nachricht leider bestätigt. Um sie zu verstehen, muß man folgendes berücksichtigen: Die Trasse der Eisenbahnlinie Paris-Cherbourg benützten die Amerikaner für die Verlegung ihrer Benzin-Pipeline. Die Rohre wurden nach und nach aneinandergefügt, sobald das Gebiet erobert war. Zwischendurch wurden T-Stücke montiert, bei denen mit besonderen Schlüsseln angezapft werden konnte. Benzin blieb unterdessen für die normannische Bevölkerung eine Rarität. Es gab zwar offizielle Zuteilungen, wenn es das öffentliche Interesse erforderte – Privatpersonen erhielten jedoch keine. Der Schwarzmarkt mit Benzin begann. Volle Kanister wurden heimlich von Soldaten an Zivilisten verkauft. Bald ging es allerdings um größere Mengen: Die Pipeline wurde in der Nacht beschädigt und angezapft. Benzin lief danach sinnlos aus der Leitung und gefährdete die mit Munition vollgestopfte Umgebung, ebenfalls das Trinkwasser. Die Amerikaner handelten rasch. Ein Franzose wurde, auf frischer Tat ertappt, von einem Militärgericht wegen Sabotage verurteilt und erschossen. Es war der beklagenswerte und doch wirksame Versuch, mitten im Krieg Schlimmeres durch Abschreckung zu verhindern. Später hörten wir von umgekehrten Beispielen: Amerikanische Soldaten wurden, weil sie Frauen vergewaltigt hatten, ebenfalls zum Tode verurteilt.

Am nächsten Tag war die Kirche überfüllt. Hunderte von Amerikanern standen in den Gängen neben der Bevölkerung von Le Molay. Der amerikanische Major, der die Sanitätsabteilung leitete, hielt eine Ansprache auf englisch und französisch. Der Pfarrer bedankte sich in unserer Sprache und pries die Völkerverständigung. Das Credo, von so vielen Stimmen in Latein gesungen, klang danach wie ein feierlicher Eid. Der Wunsch nach einer raschen Beendigung des Krieges und die Trauer um die Toten empfanden die Anwesenden, ob Normannen oder Amerikaner, vermutlich gleichermaßen. Ein Gefühl echter Solidarität verbreitete sich in der Kirche wie unter Menschen, die einen schwierigen Berggipfel gemeinsam erklommen haben.

Als ich mir die Franzosen ansah, die als Prominente neben den Chorknaben unweit vom Altar saßen – und nicht sangen –, wurde ich allerdings nachdenklich. Es gab unter ihnen Gesichter, die man an diesem Ort nie gesehen hatte. Warum waren diese Menschen gekommen? Um gesehen zu werden, oder weil sie die Eintracht der Gemeinde demonstrieren wollten? Letzteres mochte für den Bürgermeister gelten, der als Freimaurer die Kirche bisher nie betreten hatte, ebenfalls für den Schuldirektor, ein intelligenter und engagierter Mann, der gelegentlich den republikanischen Sieg der Vernunft über den Klerikalismus pries. Die Anwesenheit der beiden war zu begrüßen. Noch mehr die eines Eisenbahners, der mehrere Jahre hindurch die Zusammenstellung der Militärzüge laufend aufgeschrieben und weitergeleitet hatte. Im Chor saßen jedoch auch Männer, die niemals irgendein Amt bekleidet hatten oder sonst durch eine besondere Leistung hervorgetreten waren – bis zum 4. Juli 1944. (Wir schrieben den 6. Juli!)

Was zwei von ihnen sich geleistet hatten, war allerdings mehr zum Lachen. Den »Independence day« hatten sie für einen großen Auftritt genützt, indem sie manchen Bürgern das Recht absprechen wollten, mitzufeiern. Als unsere Helden von einer einheimischen Metzgerin verlangten, sie solle die französische Fahne von der Fassade ihres Hauses entfernen, griff diese wütend zu ihren Messern.

»Ihr behauptet, ich wäre keine Patriotin!« hatte sie sich empört. »Und ihr? Ihr habt ein großes Maul und sonst nichts. Vier Jahre lang habe ich versucht zu helfen, wo es ging. Ihr kommt daher und wollt kommandieren, weil ihr vor vier Tagen entdeckt habt, daß es schön wäre, die Helden zu spielen! Was habt ihr gemacht, als die Boches bei uns waren? Ich will es euch sagen: geschlafen habt ihr, auch wenn ihr nachträglich Ammenmärchen erzählt. Macht, daß ihr rauskommt, und ein bißchen dalli!«

Die Metzgerin ging dabei regelrecht auf die Männer los, die den Laden schleunigst verließen. Einige Kunden waren anwesend; die Auseinandersetzung sprach sich schnell herum.

Es gab aber auch andere Geschichten, Willkürakte, die nicht so harmlos verliefen. In der letzten Zeit häuften sich solche Fälle, und es ging nicht immer um Lappalien. Nicht jedermann verfügte im passenden Augenblick über solche stichhaltigen Argumente wie die Metzgerin von Littry, und nicht jede Drohung wurde mit so treuherziger Offenheit ausgesprochen. Im übrigen hatte nicht jeder Franzose so unverbindlich »kollaboriert« wie die Metzgerin, die, der öffentlichen Meinung zum Trotz, ab und zu in ihrem Laden Hackfleisch an deutsche Soldaten verkauft hatte, um unbeanstandet gelegentlich Schweine und Kälber schwarz schlachten zu können (was letzten Endes sogar mutig war, denn das Schwarzschlachten wurde, wie übrigens jede unerlaubte Verteilung von Lebensmitteln, mit Gefängnisstrafe geahndet). Weil er zuviel Brotmarken unter der Bevölkerung verteilt hatte, mußte zum Beispiel der Bürgermeister von Crouay über ein Jahr im Gefängnis sitzen ... Wer kann sich rühmen, in solchen Zeiten des Hungers und der Not keine Feinde zu haben?

»Keine verfolgte Gemeinschaft ist dagegen gefeit, selber zum Verfolger zu werden!« schrieb Alfred Grosser in bezug auf die

Jahre der Besatzung Frankreichs. Es läßt sich nicht leugnen, daß damals – aus Unwissen manchmal über die volle Tragweite ihrer Meldungen oder gar Denunziationen – einige Franzosen von der Möglichkeit Gebrauch machten, gegen unliebsame Bekannte etwas zu unternehmen. Eine alle Bürger umfassende Solidarität gibt es vermutlich bei keinem Volk.

Landesverräter hat es aber meines Wissens in unserer Gegend des Bessin nicht gegeben. Als Frühbefreite blieben uns ohnehin die letzten, grausamsten Zuckungen des Terrorregimes erspart. Dafür wurden wir auf unserem zwar freien, aber halbzerstörten Mini-Territorium als erste mit dem Thema Vergangenheitsbewältigung konfrontiert. Wir übten – im Kleinformat und auf uns angewiesen –, was später in anderen Gegenden Frankreichs oft zu Tragödien führte. Einfach war es nicht.

Die Ausnahmesituation, in der wir uns befanden, erwies sich als guter Nährboden für Intriganten, die bisher erfolglos nach Selbstbestätigung gesucht hatten. Im Sog der als notwendig empfundenen Erneuerung der jeweiligen Gemeindeverwaltung entstand eine Leere, und wir erlebten eine Welle von Wichtigtuern, die es – mit unnachprüfbaren, irreführenden Erklärungen – plötzlich zu einem gewissen Ansehen brachten. Lange blieben sie nicht an der Macht. Meistens wurde ihr Mangel an Kompetenz, an Verantwortungsgefühl, ja an moralischer Gesinnung entlarvt, bevor sie dazu kamen, ihren Einfluß auszubauen. Die Normannen besitzen einen natürlichen Hang zu vernünftigem Abwägen und, weil in den kleinen Dorfgemeinschaften wie Le Molay jeder jeden ohnehin kannte, wurden grobe Fehler vermieden.

Währenddessen tauchten überall dringende, lebensnotwendige Fragen auf, die, um rasch gelöst zu werden, den Betroffenen ein hohes Maß an Toleranz und Solidaritätsbewußtsein abverlangten. Eines dieser Probleme betraf das wichtigste Rohmaterial unserer Gegend: die Milch! Die leicht verderbliche Ware zwang die Menschen dazu, Sofortmaßnahmen zu ergreifen. Weil die Molkerei von Trévières in Trümmern lag, mußte die Milch ihres Einzugsgebiets nach Le Molay gebracht werden. Auch für die Sahne von Isigny-sur-Mer war eine Vereinbarung getroffen worden. Isigny lag auf dem Weg zwischen den beiden künstlichen Häfen der Amerikaner – Utah und Omaha – und gehörte somit gleich nach der Landung zu dem strategisch schicksalhaften Geländeabschnitt, dessen Einnahme eine Vereinigung der gelandeten Truppen erlaubte. Die Sahne von

Isigny sollte täglich in unserem Werk zu Butter verarbeitet werden. Für die Durchführung dieser Maßnahmen war es notwendig, daß die Fabrik über größere Wasserkapazitäten verfügte; das wichtigste Thema des Tages – 8. Juli – hieß deshalb die Instandsetzung des zerschossenen Wasserturms!

Es hatte in der Früh kein fließendes Wasser gegeben, und wir freuten uns königlich. Endlich geschah etwas Friedliches! Die für uns eher lustige Unbequemlichkeit war gewollt. Sie war uns nicht von anonymen Wesen unerwartet aufgezwungen worden, sie war geplant! Der Leiter der Fabrik ließ wegen Ausbesserungsarbeiten das Wasser absperren. Endlich begannen die Erwachsenen, wieder im voraus zu denken; endlich fingen sie an, wie früher das Leben normal zu organisieren.

Aus der Zisterne des Wasserturms mußte zunächst eine Menge Schutt entfernt werden. Ob es wirklich vernünftig war, alles instand zu setzen, obwohl unser eigenes Milcheinzugsgebiet nicht einmal ganz befreit war? Es eilte. Schubkarren wurden geschleppt. Man brachte Zementsäcke. Sie wurden transportiert, als ob sie Porzellan zum Inhalt hätten. Zement war kostbar: rar wie viele notwendige Dinge, die kaum noch vorhanden waren. Michel und ich schauten zu.

»Geh lieber nach Hause!« sagte Michel. »Es ist nicht viel Platz im Turm. Zu zweit lassen sie uns nicht hinaufsteigen.«

Er verschwand nach oben. Gegen Mittag brachte er von der Baustelle einige merkwürdig zerfetzte Patronenhülsen und, als Rarität, ein Geschoß, das in seiner doppelten Funktion versagt hatte.

»Von der Sorte lagen einige auf dem Boden der Zisterne«, erklärte Michel. »Die Außenwand des Turmes konnten sie durchbohren, aber innerhalb des mit Wasser gefüllten Raums hat die zweite Explosion nicht stattgefunden.«

»Rührt das Ding nicht an!« unterbrach Mama.

»Ich glaube nicht, daß damit noch etwas passieren kann«, sagte Michel ruhig. »Könnt ihr euch erinnern, daß der letzte deutsche Soldat, den wir gesehen haben, mit Schrecken von ›Dum-Dum-Geschossen‹ gesprochen hatte, ›die alles zerfetzen‹? Es waren vermutlich ähnliche Knaller!«

Nach diesem Gespräch bekam Michel strengstes Verbot, Geschosse allerart nach Hause mitzunehmen. Die heutigen Mitbringsel wanderten jedoch in eine Schuhschachtel, die auf dem Schreibtisch von Papa deponiert wurde. Dort lag bereits eine ganze Sammlung davon. Besonders konsequent konnte das nicht sein. Unsere Mutter war in der letzten Zeit sichtlich überfordert. Die Frage vor allem, ob sie uns manche Gänge oder Fahrten erlauben sollte, stürzte sie in spürbare Gewissenskonflikte. Sie wollte uns nicht alles verbieten, weil wir in unserem Selbständigkeitsdrang begannen zu rebellieren. Dafür lebte sie in der Angst, ihre gegebene Erlaubnis könnte schlimme, unvorhersehbare Folgen haben.

Am Abend holte uns Captain Previti, der fröhliche Zahnarzt italienischer Herkunft, mit seinem Jeep zu einer Filmvorführung ab. Es gab Trickfilme, deren rasche Dialoge und Gags wir aber oft nicht verstanden. Wir kamen ein wenig benommen aus dem amerikanischen Zelt heraus. Previti unterhielt sich mit einem uns unbekannten Offizier. Wir blieben abseits stehen. Unser Freund machte ein bekümmertes Gesicht. Später, bei der Rückfahrt, redete er nicht drauflos, wie wir es von ihm gewohnt waren. Die Nacht schien Unheil zu verkünden.

Richtung Saint-Lô war der Himmel merkwürdig erhellt. Wie zu Friedenszeiten, fiel mir ein, wenn man sich spät abends Paris mit dem Auto näherte. Der Vergleich, in Wirklichkeit so unhaltbar, beschäftigte mich eine Weile. Ob Frankreich sich irgendwann wieder den Luxus einer von Millionen Glühbirnen illuminierten Hauptstadt leisten kann?

Paris hatte ich anläßlich der Weltausstellung von 1937 in vollem Glanz kennengelernt. Neben der postkartenähnlichen Ansicht der funkelnden Stadt unterhalb des Hügels Montmartre hatte ich von Paris eine andere Erinnerung aufbewahrt: den Blick, am Eingang der Ausstellung, auf die zwei furchterregenden kolossalen Statuen des deutschen und des russischen Pavillons. Diese beiden überdimensionalen Gebilde waren mir in ihrer wetteifernden Gegenüberstellung so erdrückend vorgekommen, daß ich am liebsten davongelaufen wäre. So unbegründet war meine Angst gar nicht gewesen ...

»Poor Normandy!« sagte Previti. »Hört ihr?«

In der Ferne schlug die Kriegstrommel ununterbrochen. Die Explosionsgeräusche häuften sich, bedrängten sich, vermischten sich miteinander. Dort, wo die Helligkeit am Horizont bedrohlich flackerte, war sicherlich etwas Bedeutendes und zugleich Grausames im Gange. Was brannte lichterloh? Die malerische Hauptstadt des Departements Manche?

Der Jeep holperte langsam vorwärts. Ich dachte wieder an Paris, das unerreichbar in einer uns fremdgewordenen Welt jenseits des Kriegsgeschehens lag, an Paris, das eigentlich erneut zu leuchten begann: als begehrtes Ziel der strategischen Überlegungen der Alliierten, als wichtiger Punkt unserer Landkarte.

»Was tun bloß die Soldaten um diese Zeit bei uns?« fragte Michel, mich in die Wirklichkeit zurückholend.

Captain Previti hatte soeben die Nebelscheinwerfer des Jeeps eingeschaltet. Eine Gruppe von Männern, die am Eingang der Fabrik gestanden haben mußte, setzte sich in Bewegung. Drei Soldaten stützten sich gegenseitig. Wir sahen im Scheinwerferlicht, wie sie sich mühten, gerade zu gehen. Zwei schwarze Amerikaner saßen noch am Boden, als wir in den Hof einbogen. Sie schauten uns geblendet und erschreckt an. Einer hielt eine Flasche in der Hand. Zu Hause brannte kein einziges Licht. Wir gingen rasch durch den Garten bis zu der Haupttür, die geschlossen war. Wir drehten nervös an der Türklinke.

»Ruft eure Mutter!« befahl Captain Previti, ebenfalls aufgeregt. Michel hämmerte mit der Faust an die Tür. Colette auch.

»Mach doch auf! Wir sind's!« schrien wir.

Ein Kerzenlicht wanderte zaghaft die Treppe herunter. Plötzlich wurde es hell in der Diele. Mama lief uns entgegen. Wir sahen sie durch die Glasscheibe der Haustür kommen. Sie sperrte auf und entschuldigte sich:

»Ich habe schreckliche Angst gehabt! Seit fast zwei Stunden sitze ich oben im Dunkeln, damit die Soldaten draußen meinen, das Haus wäre leer. Einige haben an der Holztür zur Straße hin geklopft und gerüttelt. Ich bin gleich nach oben gegangen. Dann saßen sie aber in der Nähe, sangen und unterhielten sich laut. Sie gingen einfach nicht weg, und ich traute mich nicht mehr herunter.«

»Damned war!«, verdammter Krieg! fluchte Previti.

Als er sich später verabschiedete, sagte er besorgt:

»Geht in euren Schutzgraben! Da seid ihr am besten aufgehoben. Schlaft ruhig dort! In einigen Tagen habt ihr alles überstanden.«

Michel hatte unter den benachbarten Kanonieren einen Briefmarkensammler gefunden. Es wurden eifrig Marken getauscht, friedliche Briefmarken von ehemals friedlichen Staaten.

Inzwischen starben die Menschen unbarmherzig. Alle Juli-Kämpfe trugen in der Normandie allmählich den Charakter der Verzweiflung. Die Entscheidung war fällig. Menschenopfer hatte es schon zu viele gegeben. Weniger denn je konnte auf die Bevölkerung Rücksicht genommen werden. Die deutsche Führung hatte an zwei Fronten zu kämpfen, die nun so rasch hintereinander an Bedeutung wechselten, daß die schon dezimierten Panzerverbände auf die Dauer nicht mithalten konnten; Verschiebungen ließen sich kaum noch durchführen. Während die Großoffensive der Amerikaner im Raum Saint-Lô die vollständige Herrschaft über die Cotentin-Halbinsel anstrebte, ging es den Briten und Kanadiern darum, die Stadt Caen endlich zu Fall zu bringen.

Am 10. Juli hörten wir im englischen Rundfunk, daß nach besonders harten Nahkämpfen mit SS-Verbänden in manchen Vororten von Caen, »britische Spähtrupps am Nachmittag des 9. Juli in die leider sehr zerstörte Stadt Caen eingedrungen waren«. Wir vernahmen mit großer Erleichterung, daß Caen als befreit galt. (In Wirklichkeit blieb das rechte Ufer der Orne in den Händen der Deutschen, die von dort aus den von den Alliierten besetzten Stadtteil unter Beschuß hielten.)

Erst am 20. Juli wurde Caen offiziell als »befreit« erklärt. Die Front blieb allerdings knapp hinter der Stadt stehen – so lange, daß es zu Spannungen zwischen den Alliierten kam. Die »Defensivgesinnung« Montgomerys wurde kritisiert. Die Deutschen gruppierten unterdessen massive Kräfte zwischen den Flüssen Odon und Orne, um den Ausbruch der Briten in die Ebene Caen-Falaise zu verhindern. Dadurch war es ihnen unmöglich, auf die Amerikaner im Westen verstärkten Druck auszuüben. (Bereits am 29. Juni hatte Rommel in Berchtesgaden den von Hitler abgelehnten Vorschlag gemacht, die 7. Armee solle sich kämpfend zur Seine zurückziehen und dort mit Divisionen aus Südfrankreich eine neue Front bilden.)

Diese strategischen Erwägungen wurden erst Jahre danach bekannt. Im Augenblick hofften wir lediglich, daß die Bewohner von Caen alles endgültig überstanden hatten – soweit sie noch lebten und noch Wohnungen besaßen. Der letzte Gedanke quälte uns alle entsetzlich: Wer von unseren Freunden hatte sein Leben lassen müssen? Wie stand es vor allem um die Familie Morice, um unsere Schulkameradinnen, um die Ursulinen? All diese Fragen betrafen vertraute, liebgewordene Gesichter, die ich beim Nachdenken zu sehen glaubte, sanft lächelnd, mild um die Gnade bittend, weiterleben zu dürfen. Ich bildete mir ein, den Ton einer befreundeten Stimme, den Klang eines fröhlichen Lachens zu hören, und meinte, den fragenden Blick eines vielleicht bereits zum Tode Geweihten zu sehen. Mir wurde von diesen Momentaufnahmen aus der Vergangenheit, die mit schwindelerregender Geschwindigkeit vorbeihuschten, förmlich schlecht.

Als ich ein Fenster des Wohnzimmers öffnete, drang geräuschvoll der Krieg in unser Haus. Die ferne Schlacht war deutlich hörbar. Im Nu schien sie vom Raum Besitz zu ergreifen. Innerlich aufgewühlt stand ich am Fenster. Welcher unerfindliche Sinn steckte in der Auslese, die der Tod gerade jetzt willkürlich traf? Warum sollten nun viele Menschen sterben, andere nicht? Schlief Gott?

Als Antwort bedrängte mich erneut eine Frage: Und was machst du mit der sonst von dir so geschätzten Freiheit der Menschen? Gut, wir sind frei, dachte ich, frei, uns in Europa seit Jahrhunderten gegenseitig zu schlachten! Wegen dieser wunderschönen Freiheit läßt uns Gott vermutlich gewähren, wohlwissend, daß wir irgendwann einmal verstehen werden. Aber wann?

Es mag sein, daß unsere Kriege, kosmisch gesehen, unbedeutend sind. Vielleicht spielt die Zeit ebenfalls keine Rolle. Aber die Menschen, die sterben – sind sie nicht, jeder für sich, einmalig und deshalb wichtig? Sie besitzen einmalige Gesichter, eine einmalige Seele und einen Urwillen zu leben, der mehr als Selbsterhaltungstrieb ist: Jeder von ihnen hat den Wunsch, auf eine sehr persönliche Art das Leben zu verwirklichen, das er bekommen hat. Dabei – während ich da stehe – genügt ein Augenblick, um diese geballte Kraft, die ein Mensch darstellt, auszulöschen. Ein Knall und es ist vorbei. Männer, Frauen und Kinder werden in jeder Minute von der Bildfläche ausradiert, aus dem zukünftigen Geschehen herausgerissen. Saint Exupéry hatte, in einem anderen Zusammenhang, von »ermordeten Mozarts« gesprochen. Die »Helden«, die täglich fielen, waren nicht alle Mozarts, zugegeben. Aber spielte das eine Rolle? Abgesehen davon, würde man nie erfahren, was in ihnen gesteckt hatte, nachdem sie frühzeitig verschwanden.

Jahrelang hatten Schüler, Studenten, Lehrlinge gelernt und sich geplagt. Sie hatten Selbstbeherrschung und Verzicht geübt . . ., alles im Hinblick auf die Zukunft. Wozu? Auch die Eltern dieser jungen Leute waren voller Hoffnung gewesen. Wozu die ganzen Bemühungen seit der Geburt all dieser Menschen, die nun starben oder verkrüppelt wurden?

In meinem Kopf pochten Wut und Verzweiflung. Draußen zog sich die Dämmerung wie ein langer Abschied dahin. Ich sehnte mich nach einem Ausweg wie der Taucher nach frischer Luft und dachte plötzlich: Wenn, nach diesem Krieg alle Menschen überall auf diesem wohlgeformten Planeten in Freiheit leben könnten, dann hätte das Ganze doch einen tiefen Sinn gehabt. Eine solche Hoffnung war viel wert, wenn sie sich verwirklichen ließ. Und wenn nicht?

Unsere Klassenlehrerin – die Tochter des Generals – hätte nun gesagt:

»Es ist anmaßend, sich zu viel Gedanken über die Zukunft zu machen.«

(Warum war sie eigentlich mit so einem kriegerischen Vater Nonne geworden?)

Französische Offiziere unter sich

Ein im Hof vorbeiflitzender Jeep zerriß meine Gedanken. Der Wagen war um die Ecke verschwunden, bevor ich erfassen konnte, wer drin saß, aber etwas Hellblaues machte mich stutzig.

»Wenn ich nicht völlig durchdrehe, ist es Papa!« rief ich hocherfreut.

Ich rannte nach draußen, dem Reich des Grauens entronnen, von der ganzen Familie gefolgt.

Der Jeep stand hinter dem Rosenbusch, und Papa stieg aus. Er warf unbekümmert seine uns so vertraute Kopfbedeckung auf den Rücksitz des Wagens. Das steife, würdige, himmelblaue Käppi der Spahis, den von den Franzosen aufgestellten nordafrikanischen einheimischen Reiterregimentern, landete unsanft, aber gezielt. Früher hatten wir mit diesem Merkmal der Offiziersausbildung unseres Vaters nie spielen dürfen, obwohl wir das Käppi gern gelegentlich aufgesetzt hätten. Damals, im Jahre 1939.

Papa lächelte glücklich und sah jetzt wie ein Amerikaner aus. Er hatte wunderschöne weiche Lederstiefel an. Als er uns umarmte, roch er fremd. An seinem Jeep war eine kleine Fahne mit dem Lothringer Kreuz angebracht. Voller Bewunderung umkreisten wir den Wagen. Man sah ihm an, daß er durch Felder und schlechte Straßen gefahren war.

»Dein Spaten ist ganz dreckig«, sagte Michel, der ihn von seiner Halterung an der Seite des Jeeps abgenommen hatte. »Hast du ihn benützt?«

»Er wird oft gebraucht«, antwortete Papa gutgelaunt, »um die schön klebrige normannische Erde beiseite zu schaffen, wenn wir drin stecken bleiben!«

»Beschimpf diese Erde nicht!« konterte Colette voller Würde.

»Ich werde mich hüten, mein Kind«, erwiderte Papa schmunzelnd, »obwohl ich sie bei dem Dauerregen der letzten Tage wahrhaft verflucht habe.«

Später holte er Schätze aus seinem Feldkoffer heraus: Ein Glas Erdnuß-Butter war dabei. Dieser exotisch anmutende Brotaufstrich schmeckte uns besser, als er es verdiente. Wir aßen, von Mama kritisch beobachet, mit dem Löffel reihenweise davon. Unser Vater versprach Nachschub und hielt bei seinen späteren raren Blitzbesuchen so gut Wort, daß er von uns den Kosenamen »Papa-Peanut« bekam – eine Betitelung, die in die Codesprache unserer Familie einging und als dankbare Auszeichnung für nette Aufmerksamkeiten galt.

Mit dem Wort »Peanut« zauberten wir, noch viele Jahre danach, eine ganze Periode herbei. Die Peanut-Butter hatte 1944 die merkwürdige Eigenschaft besessen, uns eine ferne Welt zu offenbaren, wo riesige Felder, sanft »vom Winde verweht« unter der Sonne der Freiheit reiften. Wie aufnahmefähig waren wir damals für schöne Klischees aus Übersee! Wie anfällig für amerikanische Reize!

Beim Abendessen erzählte uns Papa zum ersten Male, daß er kurz nach seiner Heirat daran gedacht hatte, eine Stellung in den Staaten anzunehmen.

»Oh! Warum hast du es nicht getan?« fragte Michel spontan. »Wir wären alle drei dort geboren und aufgewachsen, wie echte

Amerikaner . . ., und ich könnte jetzt ohne Mühe perfekt Englisch und Französisch!«

»Perfekt? Hm! Du bist aber heute optimistisch!« schmunzelte Papa. »Im Grunde genommen hast du aber recht: Im nachhinein sieht alles rosa aus – für mich auch manchmal, wenn ich darüber nachdenke –, obwohl es mit meinem Beruf vielleicht gar nicht so großartig funktioniert hätte. Es ging damals um eine Tochtergesellschaft unseres Konzerns, die übrigens, auch später, nie gegründet wurde. Schade! Dabei war es mir mit großer Mühe gelungen, eure Mutter zu überreden, mit mir auszuwandern!«

»Ganz so schlimm wird es wohl nicht gewesen sein«, scherzte Mama, »aber, um ehrlich zu sein, ich war damals nicht besonders unglücklich, als es doch nicht klappte . . ., obwohl ich natürlich bis ans Ende der Welt mit dir gegangen wäre!«

»So – und jetzt?«

Mama lachte.

»Was willst du denn hören? Zu guter Letzt nimmst du mich beim Wort und wanderst nach Tahiti aus, sobald es möglich ist! Mit eurem Vater ist man seines Lebens nie sicher!« jammerte sie aus Spaß.

Wir genossen den wohligen Eindruck unserer Gemeinsamkeit und schienen alles andere vergessen zu haben. Unser Familienkreis hatte sich für einige Stunden wieder geschlossen.

»Ich glaube, wir sind alle komische Paradiesvögel«, dachte ich laut.

»Wieso?«

»Einfach schwer unter Fremden einzuordnen und am glücklichsten unter sich.«

Wir aßen frische Artischocken aus dem Garten, und es kam uns der Gedanke, daß die großen Pflanzen uns während eines der Tiefangriffe besonders gut getarnt hatten.

»Wir haben die ganze Zeit wirklich Glück gehabt.«

»Bis jetzt!«

Plötzlich fragte unsere Mutter – und ich wußte, daß sie sich bereits eine Weile mit diesem Gedanken herumquälte:

»Wann mußt du wieder weg?«

»Erst morgen!« antwortete Papa großartig. »Wir haben den ganzen Abend für uns . . . oder fast«, schränkte er sofort ein: »Ich hätte es beinahe vergessen. Gegen 21 Uhr kommt Oberst Le Perthuis de la Fourcade hierher. Ich habe ihm gesagt, daß er bei uns übernachten kann, weil wir beide morgen zusammen weiterfahren. Du bist doch einverstanden?«

»Natürlich!« sagte Mama ein wenig matt. »Ich dachte nur, du würdest vielleicht zwei Tage in Le Molay bleiben.«

»Diesmal nicht, Chérie. Sei bitte nicht traurig! Der 14. Juli steht vor der Tür. Es wurde mir erzählt, daß Admiral Thierry d'Argenlieu, Chef der ›Forces navales françaises libres‹ und Ordensbruder der Karmeliter, nach Le Vast zu uns kommen will und eine Ansprache zum Nationalfeiertag halten wird. Nicht übel, nicht wahr? Im übrigen werden zur Zeit französische Verwaltungsoffiziere im Cotentin an Land gebracht. Man muß sich um sie kümmern. Sie hatten in England eine Spezialausbildung, damit sie nun die Kontakte der Alliierten zu der hiesigen Bevölkerung erleichtern, zugleich aber unsere selbständige Zukunft vorbereiten. Oberst de la Fourcade ist einer dieser Offiziere. Vielleicht wirkt er zunächst ein wenig steif, sehr überzeugt von seinem Stand als Berufsoffizier; aber er ist o. k. Ich glaube, er wird dir gefallen.«

»Was sollen wir ihm anbieten?«

»Eine gute Frage! Es wird höchste Zeit, daß ich vom Keller eine Flasche Chambolle-Musigny oder Gevrey-Chambertin hole, damit der Wein ein wenig ruhen kann, bevor unser Gast kommt. Auf einen alten Burgunder habe ich schon lange Lust! Du auch? Zu dem Wein servierst du ganz einfach Käse.«

»Ach du meine Güte! Ich habe nicht einmal genug Brot für das morgige Frühstück!«

»Das macht nichts!« sagte Papa beruhigend. »Nur Käse! Was meinst du, wie die Rationierung in England ist! Es muß so schlimm sein, daß die Engländer uns glatt beneiden, seitdem wir hier anfangen, ohne Hinterland auf unseren Milchprodukten sitzen zu bleiben. Der ›Daily Mirror‹ soll kürzlich geschrieben haben: ›Londoner, wenn euch irgend etwas fehlt, fragt die Franzosen in der Normandie. Möglicherweise haben sie's!‹ Ziemlich arg! ... Aber man muß zugeben, daß unsere plötzliche Butterschwemme jeden erstaunen muß, der nicht weiß, daß dieser Teil der Normandie früher ohne weiteres in der Lage gewesen wäre, die ganze Stadt Paris mit Butter zu versorgen.«

»Hier wird schon zweimal in der Woche gesalzene Vorratsbutter hergestellt«, sagte Mama.

»Wirklich? Na, siehst du ... Auf jeden Fall wird sich der Oberst königlich über deine Käseplatte freuen.«

Als Colonel de la Fourcade eintrat, küßte er zunächst Mama die Hand. Er war sehr groß, sehr schlank, mit einem schmalen Gesicht, in dem die Backenknochen hervorstachen. Mit seinen dunklen Augen wirkte er ein wenig spanisch – El Greco, dachte ich. Bald verwickelte er sich in einen ernsten Monolog. Ein wenig lehrmeisterhaft begründete er seine Sorgen um die unmittelbare politische Zukunft Frankreichs:

»Unsere Mitbürger scheinen mir mehr zerstritten zu sein, als ich es in England angenommen hatte. Nach dem Zusammenbruch der deutschen Verteidigung in der Gegend von Cherbourg hat sich ein Teil der Bevölkerung mit Waffen, Munition und Gütern aller Art eingedeckt. Kasernen, deutsche und französische Militärlager wurden durch die Verwüstungen eine Weile jedem zugänglich. Den Plünderungen, die im ersten Augenblick als patriotische Handlung gewertet werden konnten, ist inzwischen Einhalt geboten, aber die Waffen sollten alle eingesammelt werden.«

Wir lauschten sehr kritisch.

»Bei der Vorstellung dieses Waffenarsenals in den Händen von Unbefugten wird mir bange«, folgerte der Oberst. »Man gewöhnt sich sehr schnell daran, heimlich Waffen zu besitzen, und es ist verführerisch, politische Ziele mit Waffengewalt durchzusetzen, wenn man ein Maschinengewehr in der Hand hält, vor allem, wenn man im Untergrund gelernt hat, Befehlen zu gehorchen und Parolen weiterzugeben.«

Mama unterdrückte ein erschrecktes »Oh!«

»Leider, gnädige Frau. Es hat keinen Sinn, unsere Lage zu beschönigen. Im Moment sind noch alle Menschen beschäftigt, und die Alliierten sind bei uns, aber es kursieren schon alarmierende Parolen in Cherbourg. Man spricht vom ›Grand soir‹, von dem Tag, an dem ›abgerechnet‹ wird. Meinen Sie nicht auch, cher ami, daß es sich um eine gefährliche Entwicklung handelt?«

»Nach dem Trauma der letzten vier Jahre könnte Frankreich in der Tat Gefahr laufen, seine inneren Konflikte durch eine Revolution lösen zu wollen. Vielleicht wird es Jahrzehnte dauern, bis wir Franzosen von dieser Versuchung – die uns ohnehin seit 1789 anhaftet – endgültig loskommen.«

»Ich wußte nicht«, sagte der Oberst verschmitzt, »daß Sie Königsanhänger sind.«

»Oh! Nein!« widersprach Papa. »Das war ich nie«, und seine Aussage mildernd: »Es liegt meines Erachtens ein wenig weit zurück. Ich glaube, daß wir nun ganz andere Probleme haben.«

»Selbstverständlich. Ich wollte Sie nur ein wenig provozieren.«

»Darf ich, mon Colonel, das gleiche tun?« fragte Papa. »Es ist für mich sehr wertvoll, mit ihnen zu sprechen. Während der Besatzung waren Sie in England. Ich bin hier geblieben. Nachträglich gesehen, glaube ich, daß beide Standpunkte nützlich waren.«

»Zweifelsohne.«

»Es gibt manche ungelösten Fragen zwischen uns französischen Offizieren der beiden Seiten des ›Channels‹. Je mehr wir miteinander ehrlich sprechen können, desto besser wird sich unsere Zusammenarbeit gestalten.«

»Gewiß. Fragen Sie nur.«

»Die französischen Sendungen der B. B. C. habe ich oft mit großer Aufmerksamkeit gehört und mich manchmal gefragt, warum der Ton der Chroniken nicht selten auf Klassenkampf programmiert war. Man hat den arbeitenden Menschen ›für die Zeit danach‹ Dinge versprochen, die sich zwangsläufig in der Nachkriegswirtschaft Frankreichs als enttäuschende Illusionen entpuppen müssen. So etwas rächt sich immer. Mir war oft um diesen achtlos verstreuten Zündstoff bange. Warum hat man in London versucht, die Widerstandskämpfer mit auf lange Sicht unerreichbaren Träumen wie die 36-Stunden-Woche zu motivieren?«

»Vergessen Sie nicht«, entgegnete der Oberst, »daß sich viele Widerstandskämpfer seit dem Angriff der deutschen Wehrmacht auf die Sowjetunion unter den Kommunisten rekrutierten. Sie blieben im Lande, waren sehr tätig und schwer in den Griff zu bekommen, weil unter sich organisiert. Es lag nahe, daß man im Rundfunk öfters Menschen sprechen ließ, die ihnen ›linientreu‹ erschienen. Es war taktisch klug, wie Sie jedoch mit Recht bemerken, vermutlich kurzsichtig.«

»Das nennt man Menschen manipulieren, zu welchem Zweck auch immer ...«

Colette, über die Wirkung ihres plötzlichen Auftritts selbst erschrocken, hielt inne. Ihre Äußerung platzte in die Unterhaltung wie ein Stein in einen ruhigen Teich. Papa schnappte nach Luft. Oberst Le Perthuis de la Fourcade reagierte mit Humor.

»Ich sehe, Mademoiselle, daß die Tugend des Mutes hierzulande nicht verkommt. Wie heißt es im ›Cid‹? ›An diesem edlen Zorn erkenne ich mein Blut‹, wobei ich das Kompliment dem Vater gern weitergebe. Darf ich jedoch bemerken«, sagte er mit einer Verbeugung in Richtung Colette, »daß ich – obwohl in London – mit der Gestaltung der Sendungen des englischen Rundfunks nicht das Geringste zu tun hatte?«

»Das dachte ich auch nicht«, entschuldigte sich Colette, »sonst hätte ich die Bemerkung von vorhin bestimmt nicht gemacht.«

»Möglicherweise konnte sogar General de Gaulle zu seinem Leidwesen wenig Einfluß auf diese Sendungen ausüben.«

»Unsere Tochter geht gern auf die Barrikaden«, bemerkte Papa.

»Machen Sie sich keine Gedanken! Ich finde es nicht schlecht, wenn jemand seine Meinung vertritt. Politische Entscheidungen haben ohnehin etwas an sich, was uns Soldaten gelegentlich Unbehagen verursacht... Bis November 1943 hatten wir – Sie erinnern sich daran? – zwei Generäle als Präsidenten des ›französischen Befreiungskomitees‹ in Algier: Général de Gaulle und Général Giraud. In Nord-Afrika schwärmte man eindeutig für den Letztgenannten. Auch die Amerikaner taten dies, während Churchill sich mit Général de Gaulle arrangierte, ohne ihn – wie wir hörten – sehr zu mögen. Es gab für uns auch zwei Regierungsstandorte: seit Juni offiziell Algier, weiterhin London. Ein verflixtes Dilemma! Die Anhänger Girauds waren bitter enttäuscht, als die Entscheidung zugunsten Général de Gaulle fiel. Erst jetzt merkt man, wie richtig sie war!«

Nach einer kurzen Pause – Papa äußerte sich nicht – zog der Oberst selbst einen Strich unter seine lange Rede. Es klang mir so, als ob er sich persönlich ermutigen wollte:

»Wir müssen unter uns Franzosen viele Uneinigkeiten überwinden. Hoffentlich gelingt es uns gut! Ich tippe dabei auf die Freude, die wir alle empfinden, unser Land bald frei zu sehen, und auf die jungen Leute.«

Endlich! Mir schwirrte der Kopf vor lauter Zwiespältigkeiten!

Prompt servierte Papa ein Beispiel des Elans, der »vor allem jungen Rekruten eigen ist«. Oberst Taupin hatte 50 Freiwillige innerhalb des Bataillons für französische Kommandos gesucht. Allein in der Kompanie von Le Vast meldeten sich 94. Nach einer strengen Auslese, die der Stabsarzt getroffen hatte, hatte es regelrechte Tränen bei den Zurückgestellten gegeben.

»Ich hatte so was noch nie gesehen«, erklärte Papa, »und, in Anbetracht der akuten Lebensgefahr, der sich die Jungs zu stellen hatten, finde ich die Geschichte erwähnenswert.«

»Mit dem Salutieren ist es auch erstaunlich«, sagte Oberst de la Fourcade. »1939 waren die Franzosen vom Pazifismus so durchdrungen, daß man Mühe hatte, sich von den Soldaten grüßen zu lassen. Jetzt grüßt jeder; die Zivilisten oft mit aufrichtiger Freude, wieder französische Offiziere zu sehen. Es bläst ein neuer Wind.«

»Nicht immer!« scherzte Papa. »Ich kann jedoch gut verstehen, daß die Bauern, die sich zum Beispiel mit Wehrmachtspferden eingedeckt haben, nicht auf Anhieb begreifen, daß sie kein Recht auf diese Wiedergutmachung in Naturalien haben. Ihr Vieh ist dezimiert worden, und nun kommen wir und verlangen die Pferde zurück, weil die französische Armee sie braucht. ›Die Deutschen haben ohnehin diese Pferde vermutlich von einem französischen Bauern beschlagnahmt!‹ wehrte sich neulich ein Viehzüchter, worauf der Sergeant antwortete: ›Aber nicht von dir! Mußtest du dir im übrigen gleich zwei Pferde schnappen, ohne auf deine Nachbarn Rücksicht zu nehmen?‹ Es gibt viele lustige Geschichten. Bei manchen Anzeigen von Neidern forscht man am besten gar nicht nach, wenn es um Lebensmittel geht. Wir haben etwas anderes zu tun als Straßburger Gänseleberpasteten, Champagner oder Calvados ›Hors d'âge‹ zu pfänden!«

»Beim letzteren dürfte sich der Beweis ohnehin schwer erbringen lassen, daß er aus deutschen Lagern stammt«, sagte Mama.

»Da irrst du. Bei vielen dieser Luxusgetränke steht auf den Etiketten gedruckt: ›reserviert für die Wehrmacht‹ oder ›für die Luftwaffe‹, wie bei Tausenden von Flaschen Champagner, die sachgemäß gelagert in einem Bunker schlummerten und alle Bombenangriffe ohne Schaden überstanden hatten! Der Besitzer des Grundstücks – der damals die ›Lieferung‹ beobachtet hatte – führte uns dorthin. Solche Hinweise aus der Bevölkerung bekommen wir öfter, nur ist es selten in dieser verwüsteten Gegend, daß große Lager heil geblieben sind.

Als wir am nächsten Tag, vom Oberst begleitet, den Schutzgraben erreichten, stiegen gerade zwei Männer hintereinander die schmale Lehmtreppe hoch. Sie hatten die Nacht unten verbracht und schauten uns zunächst verblüfft an.

»Daß man Sie wieder hier sieht!« sagte der ältere erfreut. Er streckte Papa die Hand entgegen und – beim Anblick des Oberst ein wenig verlegen – grüßte militärisch. Der jüngere tat es ihm nach und sagte:

»Bonjour toute la compagnie! Es ist eine sehr große Ehre für einen kleinen Morgen«, wobei er seine unrasierte Backe mit den Fingern streifte, »aber, wie man sagt: Im Krieg ist es nun einmal nicht anders!«

Er hatte knallrotes Haar, war klein und behäbig. Ein lustiger

Geselle, der durch seine Witze unsere Stimmung öfter aufgelokkert hatte. Er hieß Joseph Fizellier, man nannte ihn in Abwandlung seines Familiennamens »Ficelle« – »Schnur« also – und wollte damit andeuten, daß er mehr als einen Trick kannte und nicht ungern Streiche spielte. Er und sein Kamerad wurden vorgestellt.

»Wollen Sie unser Super-Ding vorführen?« fragte Ficelle. »Ohne diesen ›Boyau‹ (Darm) würden wir, Herr Oberst, alle nicht mehr leben!« Er deutete auf den langen, dünnen unterirdischen Gang. »Finster ist er, feucht, mies, aber – was mich anbetrifft – ich habe mich an ihn gewöhnt. Man hängt irgendwie an seinem Lebensretter, nicht wahr? Haßliebe und Dankbarkeit zugleich.«

Papa lachte.

»Nicht schlecht gesagt! Ich glaube, Sie haben sogar den Nagel auf den Kopf getroffen!«

Ficelle wurde unter seinen Sommersprossen rot vor Freude. Er sah aus wie ein zufriedener Kobold und beteuerte witzig:

»Ich will jedoch nicht leugnen, daß ich mich auf ein anständiges frisches Bett freuen werde, sobald der ganze Rummel endlich vorbei ist. Heute früh knallt es wieder ganz schön. Richtung Saint-Lô. Sie sind übel dran, die Armen!«

Es war in der Tat beängstigend laut geworden.

»Noch andere Leute unten?« fragte Papa.

»Yes, Sir. Nur wenige. Kein Gedränge mehr wie am Anfang. Lauter vernünftige Leute wie wir!«

Oberst Le Perthuis de la Fourcade lobte fachmännisch unseren Fuchsbau. Als er herauskam, hatte Ficelle auf ihn gewartet, begierig, sich mit ihm zu unterhalten. Er begleitete ihn wie ein Narr seinen König, wie ... ja, so war's ... wie Sancho Pansa Don Quijote!

»Warum lachst du?« flüsterte Colette.

»Ich werde es dir später erzählen – es hat mit Spanien zu tun.« Während Papa unten aufgehalten wurde, sagte Ficelle:

»Unser Direktor wird Ihnen die Rettungseichen zeigen wollen. Schauen Sie sie bitte inzwischen an! Ist es nicht verrückt? ›Guillotiniert‹, die beiden, einfach so!« Er schnitt eine absonderliche Grimasse und tat so, als ob er sich mit der flachen Hand enthaupten würde. »Aber wir leben!« fuhr er fort. »Wir sind mit dem Schrecken davongekommen, Herr Oberst!«

Armer »El Greco«! Er verzog keine Miene und ignorierte die unterschwellige Unverschämtheit mit der Erwähnung des revolutionären Fallbeils.

»Pardon!« rief unser Witzbold, plötzlich begreifend, daß er sich dem adligen Gast gegenüber taktlos benommen hatte. »Ce que je peux avoir l'esprit de l'escalier quand je m'y mets!« (Was ich manchmal für eine lange Leitung habe!) Er gab sich theatralisch eine Ohrfeige, steckte dann kindlich-verlegen seinen rechten Zeigefinger in den Mund und senkte verschämt die Augen. Dann sagte er: »Ficelle est un idiot qui parle à tort et à travers sans voir plus loin que le bout de son nez.« (Ficelle ist ein Dummkopf, der spricht, wie ihm der Schnabel gewachsen ist, und nicht weiter sieht, als seine Nase lang ist.)

»Was ist mit Ihrer Nase, Ficelle?« fragte Papa, der nur das Ende des Satzes gehört hatte.

»Sie muß gelitten haben, Herr Direktor, als ich wegen meiner faulen Witze über die Deutschen drei Monate im Knast verbracht habe.«

»Sie sind also auch ein Held?« fragte »El Greco« mit Humor.

»In Ihrem Dienst, Herr Oberst, wäre ich gern einer geworden.«

»Eh bien! Il n'est jamais trop tard pour bien faire, mon ami.« (Es ist nie zu spät, um Gutes zu tun, mein Freund.)

»Ich werde es mir überlegen, Herr Oberst, aber ich warne Sie. Besonders tapfer bin ich nicht. Ein loses Mundwerk und nicht viel dahinter! Trotzdem, wenn Sie eines Tages einen Fahrer brauchen...«

»Ich werde es mir merken.«

Als Ficelle Richtung Fabrik verschwand, sagte Oberst de la Fourcade:

»Der Kerl hat mir gefallen. Ich hatte plötzlich den Eindruck, wieder mit einem Pariser Taxichauffeur zu sprechen. Wie lange wird es dauern, bis wir in Paris sind?«

Anschließend gab Papa technische Erklärungen über das Marinegeschoß, das uns verfehlt hatte. Der Oberst nickte interessiert, betrachtete einen Splitter, den er vom Boden aufgehoben hatte, eine Weile nachdenklich und sagte:

»Wissen Sie, daß es sich sehr wohl um ein französisches Geschoß gehandelt haben kann, nicht um ein amerikanisches!«

Er maß zu meinem Erstaunen dieser Entdeckung großen Wert bei und berichtete, daß in jener Nacht der französische Kreuzer Montcalm vor unserer Küste neben der amerikanischen Flotte gelegen hatte.

Ich war verwirrt. Wir hatten – vor allem nachträglich – nichts dagegen, daß wir eine Weile als Zielscheibe hatten fungieren müssen, aber war es notwendig, präzis zu wissen, durch welche Hand wir beinahe gestorben wären? Das Ganze schien mir absurd. Ich sah nicht ein, inwiefern ich mich besonders hätte freuen können, falls das Geschoß französischer Herkunft gewesen wäre. Im Gegenteil sogar! Ist Selbstmord etwas Erfreuliches?

Mit mehr Abstand zu diesem Geschehen fand ich meine damalige Reaktion trotzig einseitig, als ich Jahre danach zufällig las, daß Konteradmiral Jaujard, an Bord der Montcalm, bevor die Schiffsgeschütze des Kreuzers losfeuerten, zu seinen Offizieren und Männern gesagt hatte:

»Es ist schrecklich und abscheulich, auf unser Vaterland schießen zu müssen, aber heute erwarte ich es von euch.«

Wie gut es ist, dachte ich dann, wenn man nachträglich erfahren kann, was sich auf der anderen Seite zugetragen hat! Man kommt zu einer Einsicht, die einem ohne dieses Wissen verwehrt geblieben wäre. Vielleicht sollten Erinnerungen wie Steine in einem Gebirgsbach von der Strömung der Zeit lange aneinander gerieben werden, bis sie ihre endgültige Form erhalten. Der Vergleich verdeutlichte mir allerdings die Gefahr, in der Erinnerungen schweben, wenn sie dieser Prüfung der Zeit unterzogen werden; sie gewinnen zwar an Objektivität, können aber ihren lebendigen Aspekt leicht einbüßen. Ich sah mich, entzückt über ihr Aussehen, leuchtend bunte Steine aus dem Wasser herausholen, und wurde mir meiner Enttäuschung gegenwärtig, als sie trocken und stumpf vor mir lagen. Der Glanz, der mich verführt hatte, sie einzusammeln, war dahin. Auch Erinnerungen, dachte ich, sollten eingebettet im Leben des Erzählenden bleiben, um ihr Kolorit nicht wie leblos gewordene Steine einzubüßen.

Dies galt ebenso, um die Auffassung des französischen Oberst im Jahr 1944 richtig zu verstehen. Die Erinnerungen des Colonel Le Perthuis de la Fourcade waren von vorneherein französisch gefärbt, weil sein Wesen seit seiner Kindheit von der unerschütterlichen Treue zu seinem Land geprägt worden war und weil er in der Vorstellung einer ein für allemal eingegangenen Verpflichtung als Berufsoffizier lebte. Mit berechtigtem Stolz erzählte er uns nun von einem französischen Fregattenkapitän, der einen Kommandotrupp bei Ouistreham an Land gebracht hatte.

»Nachdem Caen endlich befreit ist, darf ich den Vorgang erwähnen«, meinte er, was er mit großer Begeisterung ausführlich tat.

Jede Neuigkeit über die Schlacht in der Normandie interessierte uns brennend, und wir fanden es – aus guten Gründen – großartig, daß Franzosen mitkämpften: Unsere Ehre gebot es uns. Bei der exklusiven Betonung des »Französischen« in den Erklärungen des Oberst überfiel mich jedoch langsam ein leichtes Unbehagen. Seit Anbeginn der Kampfhandlungen war uns unsere Abhängigkeit von der erfreulichen Übermacht der Alliierten insgesamt sehr gegenwärtig. Vielleicht waren wir durch unsere ständigen Kontakte zu den Amerikanern einseitig orientiert ...

Ob Papa das gleiche wie ich dachte? Er hatte den Monolog des Oberst mit keiner Zusatzfrage unterbrochen.

»Das jahrelange Warten in London muß fürchterlich gewesen sein«, sagte er endlich mit echter Anteilnahme. »Ich beneide Sie nicht darum, mon Colonel. Gerade Sie als Berufsoffizier müssen – wie ich Sie jetzt kenne – auf Kohlen gesessen haben, aber Ihre Geduld und Ihre Entbehrungen haben sich jetzt gelohnt.«

Diese ein wenig unerwartete Schlußäußerung hieß wohl im Klartext: Eine lange unstillbare Sehnsucht steigert manchmal die Erwartungen ins Unermeßliche.

Der 14. Juli 1944 und Berichte aus Caen

13. Juli 1944.

»Allons enfants de la Patrie, le jour de gloire est arrivé ...«

Die Anwesenden sangen mit Überzeugung die erste Strophe der Marseillaise. Die amerikanische Kapelle begleitete uns mit einer Lautstärke, die sich als hilfreich erwies, als es mit dem Text der zweiten Strophe haperte. Wir hatten unsere Nationalhymne verlernt. Stolz und Freude ersetzten die Übung nicht. Dann nahm das Publikum auf den Holzbänken Platz. Der »falsche Held« – der Verleumder unseres Vaters – hatte sich in die erste Reihe neben den Bürgermeister gedrängt. Wir saßen ein wenig abseits.

Die Werkskantine, feierlich beleuchtet, wie wir es seit Beginn des Krieges nicht mehr erlebt hatten, war gesteckt voll. Die Amerikaner hatten mit großen Planen für die Verdunkelung der langen Fensterfront gesorgt. Der Saal war in der Früh von einer Pioniereinheit für dieses Abendkonzert zurecht gemacht worden.

Während die Militärkapelle spielte, kamen wir am Vorabend unseres Nationalfeiertages allmählich in gehobene Stimmung. Die Tatsache, daß der »Held« – nennen wir ihn spaßhalber Hektor – in der Pause wie bestellt und nicht abgeholt ohne Gesprächspartner in einer Ecke stand, trug sicherlich zu unserer guten Laune bei. Die Mitarbeiter und andere Gäste ließen ihn eindeutig links liegen.

Hektor hatte sich in der neuen Gemeindeverwaltung durch seine extravaganten Behauptungen zunächst seinen Platz gesichert. Seine Macht nützte er aus, um kleine, im Grunde genommen dumme Racheakte auszuführen. Er ließ zum Beispiel das klapprige Motorrad seines neuen Chefs, Monsieur Mauve, beschlagnahmen. Als dieser ihn nachträglich zur Rede stellte, leugnete er, mit der Sache zu tun zu haben, bis er mit seiner eigenen Unterschrift unter der inkriminierten Beschlagnahmeverfügung konfrontiert wurde. Das verschlug ihm die Sprache. Anscheinend hatte er eine ganze Reihe ähnlicher »Wische« in Umlauf gesetzt und wußte nicht mehr, welche er persönlich unterschrieben hatte!

Hektor packte einige Monate später seine Koffer und verließ mit seiner Familie auf leisen Sohlen die Normandie. Niemand trauerte ihm nach. Er war ohnehin ein »Horsain« gewesen, wie die Normannen sagen, ein Zugereister. Ohne Anlaß hätte man ihm diese Tatsache nicht vorgeworfen. Weil er sich aber falsch, ja hinterlistig benommen hatte, weil er großspurig Theater gespielt hatte, wurde ihm seine Fremdheit als Makel angekreidet. Vorhang zu! Die Szene war übel gewesen.

Am 14. Juli gab es eine ganze Reihe von Festivitäten, die uns per Lautsprecher von umherfahrenden Lastwagen in zwei Sprachen angekündigt worden waren. Der Beginn der ersten Durchsage hatte uns sehr erschreckt, denn die ungewöhnliche Art der Mitteilung ließ uns eher eine dringende Warnung an die Bevölkerung vermuten. Unsere Erleichterung schlug in alberne Freude um. Sollten wir wirklich am Abend zu dem Ball gehen, der im Schloß von Le Molay stattfand, oder nach Littry?

»Ohne meinen Mann darf ich nicht tanzen gehen«, sagte Mama.

»Warum?« bedrängten wir sie. »Wir passen auf dich auf. Es ist die wichtigste Veranstaltung des Tages, ›ce bal du château‹.

Unsere Familie muß dort vertreten sein. Gerade weil Papa nicht da ist, sind wir verpflichtet hinzugehen!«

»Und ihr habt nicht die geringste Lust dazu?«

»Na, sagen wir, es gibt Opfer, die unangenehmer sind«, grinste Michel.

»Was werden wir anziehen?« fragte Mama ein wenig später.

»Also doch! Du bist ein Schatz!«

Unser erster »freier« Nationalfeiertag sollte aber laut Plan zunächst mit einem Dankgottesdienst beginnen. Ein ganz und gar unplanmäßiges Ereignis wurde daraus. Nichtsahnend erreichten wir durch das dichte Gedränge endlich unsere Bank in der Kirche, und ich, beziehungsweise wir, hatten nur noch Augen für Marie, die Köchin der Familie Morice! Ihre Anwesenheit bedeutete, daß sie aus Caen herausgekommen war! Sie hörte uns kommen, drehte sich rasch zu uns nach hinten und schüttelte erregt Mama die Hand.

»Oh! Madame! Auch Sie haben es überstanden! Es ist nicht zu glauben, daß wir alle noch leben!«

»Und die Kinder, Marie?«

»Sie schlafen noch, die Armen. Ich bin gestern abend mit ihnen gekommen. Es geht ihnen gut. Der Doktor und Madame sind in Caen geblieben.«

»Warum? Sie sind doch nicht verletzt?«

»Nein. Der Doktor mußte bleiben. Er operiert Tag und Nacht. Ein Heiliger! Ich werde es Ihnen später erzählen.«

Nach einer Weile drehte sich Marie noch einmal um:

»Wir haben in Caen kein Haus mehr. Wir haben dort alles verloren. Ein Glück, daß es Le Molay noch gibt!«

Nie ist mir ein Gottesdienst so lange vorgekommen!

Sofort machten wir uns auf den Weg. Wir sprachen kaum. Die gute Marie hatte ohnehin Mühe, mit unserem raschen Gang Schritt zu halten. In dem Haus der Morice stürzten uns Véronique, Sophie und Jacky entgegen. Wir umarmten uns herzlich. Pierre, der im ersten Stock gewesen war, rutschte – wie oftmals – das Treppengeländer herunter und landete vor Mamas Füßen. Wir lachten, und es schien einige Augenblicke lang alles wie früher zu sein.

Dann erzählten unsere Freunde, daß bereits am 6. Juni Brandbomben in ihren Garten gefallen waren. Sie standen draußen, wollten gerade zu ihrem Schutzgraben laufen, wurden aber vom Feuer zurückgedrängt. Rundherum brannten die Häuser. Deutsche Lastwagen mit Munition explodierten. Später stürzte das Nachbarhaus auf ihren Schutzgraben.

»Es war zum Verrücktwerden«, sagte Marie. »Die Wand aus Feuer kam uns entgegen.«

»Unser Haus war zum Glück von einer normalen Bombe getroffen worden«, erklärte Pierre. »Man konnte das Erdgeschoß noch betreten. Beim nächsten Bombenangriff wurde es völlig zerstört, aber wir waren inzwischen ins Bon Sauveur geflohen, wo Papa operierte.«

»Seine Klinik war abgebrannt! Es war furchtbar. 98 Patienten, 15 Schwestern und seine nette Assistentin, die ihr gut kennt, kamen dabei in den Flammen um!«

»Im Bon Sauveur ...«

Wir erfuhren nach und nach vieles über die große Pflegeanstalt, wo zuletzt rund 10000 Menschen – davon die Hälfte Verwundete oder Kranke – eine notdürftige Zuflucht gefunden hatten.

»In der Nacht um eins wurde es fürchterlich«, sagte Véronique. »Viele Menschen begannen zu schreien, als die Bomben fielen.«

»Es war der vierte Großangriff auf Caen innerhalb von knapp 18 Stunden«, stellte Marie fest. »Ich glaube, die Hölle ist nichts gegen das, was in dieser Nacht passierte. Ich half bei der Pforte. Draußen brannte der Himmel lichterloh. Nicht nur wegen des Großbrandes, sondern auch wegen der Leuchtbomben und der Scheinwerfer, die nach Flugzeugen suchten. Der Boden bebte. Den Lärm, den kann kein Mensch beschreiben! Man trug immer wieder Verletzte zu uns herein, und wir wußten nicht mehr, wo wir sie inzwischen hinlegen konnten. Es hatte sich herumgesprochen, daß der Bon Sauveur noch stand und daß man dort versorgt wurde. Menschen mit ihren Kindern und ein paar Habseligkeiten liefen die ganze Nacht in Scharen zu uns. Die Augen dieser Menschen werde ich mein Leben lang nicht vergessen! In ihnen spiegelte sich der ganze Horror, den sie gesehen hatten.«

»Man hatte große rote Kreuze auf die Dächer der Pflegeanstalt und des nahen Gymnasiums Malherbes gemalt. Auch die Abtei Saint-Etienne nebenan war voller Menschen, die hofften, wie im Mittelalter, in der massivgebauten Kirche geschützt zu sein. Nachträglich scheint es fast unvorstellbar, daß so viele Bewohner von Caen plötzlich den Entschluß faßten, in denselben Stadtteil zu flüchten. Rund 17000 Menschen auf einem Haufen! Es hätte eine Katastrophe geben können ...«

»Und genau das Gegenteil passierte!« jubelte Marie. »Über

Boten, die sich durch die Frontlinie drängen konnten, war es gelungen, Engländer und Kanadier von der großen Menschenansammlung zu unterrichten.«

»Es ist trotzdem unfaßbar«, betonte Sophie, »daß die kleine Enklave mitten in der dicht besiedelten Stadt verschont geblieben ist. Rundherum war fast alles zerstört!«

»Die vielen Menschen zu versorgen war eigentlich ein Ding der Unmöglichkeit«, erinnerte sich Marie, »vor allem im Bon Sauveur, wo viele ärztlich betreut werden mußten. Im Lauf der nächsten Tage kamen aber nach und nach Nonnen zu uns, deren Häuser inzwischen ausgebombt waren. Damit standen bald den sechs Chirurgen und anderen Ärzten rund 150 Schwestern – viele davon allerdings als Pflegerinnen ungeschult – zur Verfügung.«

»Verdammt wenig für 5000 meist Schwerverletzte, vor allem wenn man bedenkt, daß auch die gesunden Menschen ernährt und versorgt werden mußten!« Pierre, der wie sein Vater Arzt werden wollte, fühlte sich nun besonders angesprochen. »Es sind sogar eine Menge Babys bei uns zur Welt gekommen. Die Entbindungsstation des Hôpital Civil war in unserer Nähe.«

»Wir haben alle in der Station geholfen. Windeln gewaschen . . .«

»Hattet ihr Milch für die Kinder?« fragte Colette.

»Manchmal nur für die Kleinen! Zivilhelfer der Défense Passive gingen täglich nach außerhalb der Stadtgrenze. Oft melkten sie selbst die Kühe, die da herumstanden. Sie schleppten auch die angeschossenen Tiere. Damit hatten wir Fleisch.«

»Und sonst?«

»Die Reserven der Pflegeanstalt hätten nur einige Tage gereicht, aber Lebensmittelläden und Lager wurden ausgeräumt, bevor – oder sogar während – sie brannten. Die Leute der Défense Passive waren richtige Helden. Sie holten alles Mögliche aus den Trümmern und Kellern heraus.«

»Medikamente auch – aus den irgendwie noch stehenden Apotheken!« ergänzte Pierre. »An Medikamenten hat es, glaube ich, nicht gemangelt.«

»Es gab unter den Belagerten von Caen eine Hilfsbereitschaft . . . wie in einer anderen Welt«, versuchte Marie zu erklären. »Niemand sagte, die Arbeit wäre ihm zuviel, und Hunderte von Menschen schliefen wochenlang kaum. Fast alle waren gut zueinander. So etwas kann man sich zu Friedenszeiten nicht vorstellen. Ich wenigstens hatte es nicht erwartet.«

»Es war alles verrückt«, sagte Sophie. »Im Bon Sauveur wie in der übrigen Stadt gab es weder Strom noch Gas. Weil die Wasserleitungen zerstört waren, wurde aus wenigen noch vorhandenen Brunnen – wie im Mittelalter – Wasser geschöpft. Menschen standen mit leeren Eimern Schlange, während ein großer Teil der Stadt brannte! Man bat die Leute, sich so wenig wie möglich zu waschen.«

»Bei uns in der Anstalt wurde in einem Hof ein großer Bottich aufgestellt. Nur dort durfte man sich Wasser zum Waschen holen.« Jacky war, wie oft, beim Sprechen aufgeregt. Er fürchtete immer, als kleinster nicht zu Wort zu kommen. Dabei hatte auch er etwas zu sagen! Zum Beispiel über die Ratten. Er hatte welche zwischen den Trümmern laufen sehen.

»Die waren überhaupt nicht scheu. Die guckten einen an und rührten sich eine ganze Weile nicht.«

Anschließend sprach Marie von den täglichen Brotgängen, die während der Feuerpausen Menschen an verschiedenen Stellen der Stadt zusammengeführt hatten. Dort seien eifrig Nachrichten ausgetauscht worden. Plötzlich stockte der Redeschwall unserer Freunde. Es wurde einige Augenblicke beklemmend still. Jeder wußte, daß nun von den Toten gesprochen werden mußte, von all den Bekannten und Freunden, die nicht überlebt hatten.

Pierre erwähnte zunächst seinen Freund Claude. Der 15jährige Junge hatte die letzten Sommerferien in Le Molay – damit auch mit uns – verbracht. Der sympathische fröhliche Claude lag mit seiner Familie unter den Trümmern seines Hauses begraben. Mit ihm war der erste Name gefallen, und nun folgten dicht hintereinander traurige Meldungen. Auch unsere Schulfreundin Nicole Lorette ist in Caen gestorben, und Thérèse und Monique und Nathalie und Marie-Laure und ...

»Alle sind von uns gegangen«, stellte Sophie traurig fest, weil sie durch unsere Ergriffenheit ihre eigene Trauer noch einmal erlebte und nach einer tröstenden Formulierung suchte.

Die verschrobene Redewendung traf mich wie eine Ohrfeige. Wieso »gegangen«, dachte ich empört. Bei lebendigem Leibe verbrannt, erschlagen worden sind sie oder erstickt! Der plötzliche, gewaltsame Tod dieser jungen Menschen ließ sich mit keiner der üblichen sanften Umschreibungen des Todes beschönigen ... Ob nicht manche keine Zeit hatten zu merken, was mit ihnen geschah? Ganze Familien wurden ausgelöscht. Von einer neunköpfigen Familie, die wir gut kannten, weil zwei der

Töchter unser Gymnasium besuchten, ist nur ein vierjähriges Kind – schwerverletzt und blind – übrig geblieben. Ohne Geschwister, ohne Eltern, ohne Großeltern und ohne Augenlicht! Ist das Überleben immer ein Segen?

Apropos Gymnasium: Unseres, Rue Saint-Pierre, wurde restlos ausgebombt, der ehemalige Schutzkeller regelrecht plattgedrückt!

»Der ganze Stadtteil gleicht einem Trümmerhaufen, unter dem noch Tote liegen, die man nicht bergen konnte«, sagte Marie.

Als ich anschließend hörte, daß der schlanke, fein gemeißelte Turm mitten auf dem Platz durch einen Volltreffer aus einer Schiffsbatterie zertrümmert worden war, empfand ich wie für einen geliebten Menschen echte Trauer. Dieser Turm war im 14. Jahrhundert als stolzes Symbol der Handelsstadt Caen gebaut worden. (Er wurde nach dem Krieg mit Geldern aus dem Verkauf von Schiffen wieder errichtet.)

Es gab viele Gründe, über die Zerstörung von Caen zu trauern. Unsere Freunde nannten jetzt ganze Straßenzüge, die aufgehört hatten zu existieren: Rue Saint-Jean, Rue des Carmes, Rue Montoire-Poissonnerie, Rue des Jacobins ...

Als die Schlacht um Caen zu Ende war, bestand die Stadt zu Dreiviertel aus Trümmern. 110 historische Gebäude waren entweder zerstört oder beschädigt.

»Ich bin gespannt, wo wir im Herbst sein werden!« sagte plötzlich Véronique.

»Das ist doch nicht dein Ernst! Also, wenn du mich fragst«, ereiferte sich Pierre, »ich denke überhaupt nicht an die Schule!«

»Ich auch nicht«, sagte Michel. »In Saint-Lô geht es sowieso noch um ganz andere Dinge.«

»Verdammter Krieg!« fluchte der kleine Jacky mit dem ernsten Ton eines Erwachsenen.

»Ich glaube, man merkt oft die guten Dinge zu spät«, stellte Sophie fest.

»Du wolltest von unserer Schule sprechen, Véronique. Erzähle bitte!«

»Ja, was ist mit unserem Internat?« drängte Colette.

»Es steht! Ganz ohne Fenster und fast ohne Dach; von zwei Artilleriegeschossen beschädigt!«

»Und unsere Kameradinnen? Die Internen, die nicht rechtzeitig nach Hause konnten?«

»Mit ihnen ist es eine lange Geschichte. Man weiß jetzt gar nicht, wo sie stecken.«

»Wieso?«

»Zunächst blieben sie im Internat. Man hatte in dem großen Garten rasch Gräben ausgehoben, und alle lebten dort: die Nonnen, die Schülerinnen – und Flüchtlinge, die dazugekommen waren. Niemand traute sich noch, innerhalb von Gebäuden zu schlafen.«

»Die Bevölkerung durfte offiziell die Stadt nicht verlassen. Damit war in den meisten Gärten am Rand der Stadt viel los«, mischte sich Marie ein. »Eine deutsche Artilleriebatterie hatte sich unweit vom Internat etabliert. Und mit dem Flugplatz Carpiquet ... Sie wissen ja, wie nah er liegt! Kurzum die Ursulinen und die Mädchen lebten gleich zu Beginn in großer Gefahr.«

»Unmittelbar hinter der Gartenmauer sehen die Krater gräßlich aus«, bemerkte Sophie dazu. »Es muß in der Gegend von Geschossen nur so gehagelt haben!«

»Mère Angèle hat uns erzählt, daß einige deutsche Soldaten nach dem Kampf von Authie ins Internat kamen«, fiel Véronique ein. »Sie waren völlig erschöpft. Man gab ihnen zu trinken. ›In Gottes Namen‹ hat sie gesagt!«

Pierre versuchte, Sachlichkeit in die Erzählung zu bringen.

»Die Abbaye d'Ardenne steht noch näher als Authie beim Internat ...«

»Klar!« unterbrach ihn Colette. »Wir sind oft dorthin spazieren gegangen. Was wolltest du sagen, Pierre?«

»Die Abtei gehörte zu den von den Deutschen am längsten gehaltenen Stellungen. Bereits am 7. Juni richteten SS-Leute dort einen Gefechtsstand ein, und am 9. Juli waren sie mit einer Flakbatterie immer noch da. Es muß am Ende einen verrückten Nahkampf gegeben haben. Die Deutschen schlugen mit Spaten und Gewehrkolben um sich, obwohl sie zuletzt nur noch sechs waren!«

»Man fragt sich immer wieder, warum sie das tun.«

Erstaunlicherweise wurde im Internat niemand lebensgefährlich verletzt. Alle Beteiligten hätten es also unerwartet gut überstanden, wenn nicht in Generalstabsmanier das Ausschwärmen eines Teils der vorhandenen Mannschaft beschlossen worden wäre. Der gewagte, aber im Hinblick auf eine vernünftige Risikostreuung richtig erscheinende Entschluß wurde nach einem Konsilium aller Nonnen von der Oberin gefaßt.

»Daß man die Kanadier in der Nähe wußte und sich damals eine kurze kriegerische Auseinandersetzung erhoffte, hat sicher zu der Entscheidung beigetragen«, sagte Pierre, »aber man sollte nicht schwarz sehen. Es ist nicht, weil wir seit zwei Wochen ohne Nachricht von der Gruppe sind, daß etwas Schlimmes mit ihr geschehen ist. Die Frage bleibt nur: Wann und wie werden sie von der Front überrollt?«

Für Informationen über den Beginn der mühsamen Wanderung der Flüchtlinge hatte ein Tagebuch gesorgt, das Ende Juni der Oberin der Ursulinen überbracht worden war. Diese »Notizen auf der Flucht« stammten von einer der Nonnen aus der Gruppe von der Tochter des Generals! Pflichtbewußt wie ein Stabsoffizier hatte sie – zunächst nicht ohne Humor, später immer mehr vom Grauen erfaßt und in ihrer Religiosität einen Ausweg suchend – alles niedergeschrieben, was ihr bedeutend vorgekommen war.

Am 9. Juni hatten 22 Zöglinge und fünf Nonnen in der schwarz-weißen Tracht der Ursulinen zu Fuß das Internat verlassen. Richtung Süden! Zwei Geistliche waren der Gruppe zur Unterstützung beigegeben worden. Ihre Absicht, das Schlachtfeld zu meiden, schlug deshalb fehl, weil dieses sich rasch ausbreitete. Es blieb keine Lücke offen. Prompt stießen die Flüchtlinge auf zum Angriff rollende deutsche Panzer, deren aufgebrachte Fahrer sie – zur Eile mahnend – querfeldein vorbeilaufen ließen. Die Deutschen waren durch das irreale Bild in ihrem Visier vermutlich genauso verwirrt wie die durch ihre langen Röcke beim Vorwärtskommen behinderten Nonnen.

Endlich hatte die ganze Gruppe die gefährliche Stelle passiert. Kein Schuß war gefallen – auch kein englischer aus der Luft! Die Panzer rollten weiter. Nach diesem Erlebnis auf freiem Feld benützten die Flüchtlinge nach Möglichkeit die Straßen, obwohl die Luftangriffe dort am häufigsten waren. Sie versteckten sich, wenn deutsche Kolonnen vorbeifuhren. Es ging einen ganzen Tag gut. In der zweiten Nacht wurde einer der Geistlichen sehr schwer verletzt. Ein deutsches Sanitätsauto brachte ihn – neben einem verwundeten deutschen Offizier liegend – nach Caen zurück, wo beide Patienten im Bon Sauveur operiert wurden. Der Abbé überlebte im Unterschied zu dem Deutschen die Operation nicht.

Die Zahl der Schwerverletzten, die man dort nicht retten konnte, erhöhte sich übrigens am Ende der siebten Woche der Belagerung Caens – mit letztem Artilleriebeschuß am 16. Juli – auf 320. Diese 320 Toten begrub man am Anfang noch in Särgen, dann in Bettüchern, zuletzt in Papier gewickelt, in einem Hinterhof der Pflegeanstalt. Später wurden sie exhumiert und bestattet.

Langsam vorwärtskommend, trafen die übernächtigten Flüchtlinge nach und nach Verletzte, die sie versorgten, einen englischen Fallschirmjäger, fremde Nonnen, die sich der Gruppe anschlossen und besorgte Eltern von Internatszöglingen unterwegs nach Caen! Letztere nahmen außer ihren eigenen Kindern acht Schülerinnen mit, in der Hoffnung, sie bis zum rechten Ufer der Orne durchzubringen, weil diese Gegend noch nicht zur Kampfzone gehörte. Einige Stunden später wurden die Ursulinen von zwei auffallend jungen deutschen Soldaten angesprochen, die ihr Alter mit 16 beziehungsweise 17 angaben. Diese Deutschen waren genauso jung wie drei der Gymnasiastinnen aus der Gruppe.

Eine Hitlerjugend-Division war westlich von Caen im Einsatz. Der Divisions-Kommandeur Meyer weigerte sich jedoch im letzten Moment, Hitlers Befehl – »Caen bis zum letzten Mann« zu verteidigen – mit den jungen Soldaten zu erfüllen. Der Verband setzte sich am 9. Juni über die Orne ab.

Die Flüchtlinge wurden mit erschreckenden Bildern konfrontiert, mit verkohlten Leichen am Straßenrand, mit einem kleinen Teich, dessen Wasser rot verfärbt war. Sie durchwanderten auf wunden Füßen Geisterstädte, wie Condé-sur-Noireau – 700 Tote innerhalb von 20 Minuten – oder Domfront, die die Berichterstatterin in ihrem Tagebuch als »leere Nekropole« bezeichnete. Sie wurden zwischendurch von hilfsbereiten Menschen immer wieder ernährt, untergebracht, zuweilen befördert.

Im Tagebuch der Tochter des Generals war auch von einem verlassenen Säugling die Rede; eine Schülerin hatte ihn bei einer Rast in der Nähe eines ausgebombten Hauses gefunden. Der Abbé taufte ihn. Eine Bauernfamilie hatte sich bereit erklärt, das Kind anzunehmen.

Das Tagebuch endete abrupt: »Soeben haben wir einen Geistlichen getroffen, der mit zwei Männern versuchen will, Caen zu erreichen. Gott stehe ihm bei! Ich gebe ihm diese Notizen für unsere ehrwürdige Mutter. Ich muß rasch schließen. Wir beten für euch alle.«

Am Abend gingen wir, wie vorgesehen, zum ›Bal du Château‹. Viele Amerikaner in schmucken Uniformen hatten sich dort eingefunden. Wir blieben nicht lange im Schloß. Unsere fröhliche Stimmung war dahin. Der gleichen Eingebung folgend, hatte vorhin keiner von uns den heutigen Ball der Familie Morice gegenüber erwähnt. Jetzt fehlten sie uns: Pierre, Véronique und Sophie.

Aus meinem damaligen Tagebuch:

»Hurra! Wir haben wieder eine Zeitung: La Renaissance du Bessin! Sie wird in Bayeux gedruckt, und die erste Nummer der ›Wiedergeburt‹ unserer Heimat ist dem Nationalfeiertag gewidmet. General de Gaulle war am 14. Juli in Algier. Nicht in der Normandie? Auszüge aus offiziellen Reden – auch von Raymond Triboulet – nehmen in der Zeitung viel Platz ein. Und was steht da, schwarz auf weiß? Eine kleine Notiz über das amerikanische Werkkonzert bei uns!

Auf der letzten Seite kann man folgendes lesen: ›Im befreiten Bessin geht es an manchen Orten fast friedlich zu. Tausende von Kühen trotten durch die Weiden, fressen seelenruhig und geben Milch in Fülle wie eh und je. Der Lauf der Dinge scheint wiederhergestellt, obwohl der Krieg, einige Kilometer entfernt, weiter seinen grausamen Zoll verlangt. Nicht mehr für lange! Unsere endgültige Befreiung rückt näher; die ganz Frankreichs wird rasch folgen.‹

Ist das nicht typisch? Diese Mischung aus Patriotismus und Naturverbundenheit ist ›bien de chez nous‹, echt normannisch. Nur keine hochtrabenden Sprüche! Immer auf dem Boden der Wirklichkeit bleiben und dabei erfüllbare Träume herbeiwünschen! Nach der Tragik des Krieges und im Überschwang der Befreiung sind sich die meisten Leute hier treu geblieben: nicht exaltiert, nicht wehklagend – maßvoll und optimistisch; solide, wie es sich für Normannen gehört.

Ich stimmte vorhin übermütig den Refrain von ›Ich sehne mich nach meiner Normandie – sie ist das Land, wo ich geboren bin‹ an. (›J'aime à revoir ma Normandie – c'est le pays qui m'a donné le jour‹ ist eine Art Nationalhymne für die Normannen.)

›Hast du heute patriotische Anwandlungen?‹ hat Colette leicht spöttisch gefragt.

›Du wirst lachen, ja!‹

›Dann wohl bekomm's! Du scheinst glücklich zu sein‹, stellte Colette mit einem Augenzwinkern fest.

Bin ich das?«

Mit dieser Frage endete die Eintragung des 17. Juli 1944 in meinem Tagebuch. Nachträglich kann ich besser ermessen, wie mir die Gelassenheit, die Zuversicht meiner Landsleute imponierte. Ebenso die Fruchtbarkeit der Landschaft Bessin: In der Normandie ist die Natur freigiebig, großzügig, ja verschwenderisch – und dies ohne künstliche Tricks, aus eigenem Antrieb! Das Gras hat im Bessin eine eigentümliche, urwüchsige Kraft; es wächst überall, wo Licht hinfällt. Kaum wurde 1944 ein Zelt abgerissen, schon fing die arg getretene Fläche zu grünen an. Früher, als ich im Sommer durch die Wiesen spazierengegangen war, hatte ich oft den Eindruck, daß sie hinter mir zuwuchsen, bevor ich mich umsah.

Obwohl eine Menge Kühe verendet war und die Anhäufung von Kriegsmaterial auf den Weiden deren Benützbarkeit sehr einschränkte, gab unsere Landwirtschaft ihr Bestes. Die Lücken durch die Zäune, die meist unverschlossenen Tore der Weiden, die Allgegenwart des Militärs erschwerten die Arbeit der Bauern, aber die Normannen verrichteten ihren Job mit einer Ruhe und einer Improvisationsgabe, die den Amerikanern gefiel. Es hatte sich zwischen beiden Völkern auf eine unkomplizierte, spontane Weise eine Art von Zusammenleben entwickelt. Vielleicht fühlten sich manche Amerikaner in die Pionierzeit zurückversetzt. Unser Land erinnerte sie, vor allem wenn sie aus Ohio oder Utah kamen, ein wenig an ihre Heimat. Sie sagten es uns. Ohne den Krieg hätten sie den Aufenthalt im Bessin vermutlich genossen.

Viele unserer romantischen Apfelgärten waren jedoch noch Schlachtfelder, nichts für schwärmerische Sehnsüchte. In der blutigen, zermürbenden Schlacht um Saint-Lô wurde alles an Material und Menschen eingesetzt, was vorhanden war (Panzer, Grenadiere und – seitens der Amerikaner – eine Luftflotte, die einen Todesstreifen hinter sich ließ und gelegentlich – wegen wetterbedingten Sichtmangels – eigene Leute tötete.)

Was geschah unterdessen mit den Franzosen in diesem Inferno von Kratern, aus dem soviel Rauch und Staub hochstiegen, daß sich die umliegende Gegend verdunkelte? Gelegentlich wurden Nachrichten verbreitet, die uns einen gewaltigen Schock versetzten, weil sie Weltuntergangsbilder vermittelten, die unser Vorstellungsvermögen weit übertrafen.

Der Fluß Vire zum Beispiel sollte in Saint-Lô infolge der Verwüstungen der Stadt sein Bett verlassen haben! Die Vire, umgeben von Trümmern, durch welche sie sich einen Weg bahnte, floß quer durch einen ehemaligen Stadtteil von Saint-Lô! Nach solchen Meldungen fühlte man sich plötzlich schuldig, weil man vorher aus Unwissen guter Laune gewesen war.

Wie ein Durstiger in der Hitze des Sommers nach einem kühlen Getränk greift, holte ich mir aus unserer Bibliothek ein Buch: einen Gedichtband von Lucie Delarue-Mardrus (eine zeitgenössische Dichterin, die ich sehr mochte, weil sie sich von ihrer Heimat, der Normandie, oft hatte inspirieren lassen). Was ich las, beschwor friedliche Gärten unweit des Meeres, klare Flüsse, die einen Zauber in sich bargen, spielende Kinder und runde duftende Äpfel.

Lucie Delarue-Mardrus hatte einen magischen Satz erfunden, der für jeden Normannen köstliche, friedliche Erinnerungen wachruft:

»L'odeur de mon pays, elle est dans une pomme.« (Der Duft meines Landes, er steckt in einem Apfel.)

Endlich fand ich das entsprechende Gedicht wieder!

Können Dichter Träume wahr werden lassen? Daß es ihnen gelingt, solche zu erwecken, ist ohnehin ein großes Verdienst. Sich Dichter zu wünschen, die wie die früheren Ausmaler die Wirklichkeit mit Gold überziehen, ist nicht modern. Bei echten Katastrophen braucht man aber solche Dichter, keine Schwarzmaler.

Am 18. Juli 1944 wurden die Ruinen von Saint-Lô erobert. Dieser Sieg, den wir so sehr herbeigewünscht hatten, schien acht Tage lang wenig zu bringen. Die von den Amerikanern geplante Operation »Cobra«, die danach hätte folgen müssen, konnte wegen der miserablen und für die Jahreszeit abnormen Witterung nicht gestartet werden. Die Schlachtfelder wurden zu Kloaken. Unter einem mit nassen, grauen Nebeln zerfransten Himmel, durch welchen Heere von Wolken nach und nach wie ins Verderben zogen, schien sich bisweilen das Ende der Welt anzukündigen. Der künstliche Hafen von Omaha mußte sogar aufgegeben werden. Unterdessen wütete der Kampf um das Industriegebiet von Caen und in der Nähe der Stadt (Operation Goodwood). Die Verluste waren am Ende des Tages erschreckend hoch: 1500 Kanadier und 1500 Briten hatten sterben müssen; 470 alliierte Panzer waren in diesem Kampfgebiet vernichtet worden.

Am 20. Juli fand das Attentat auf Hitler statt und mißlang.

Am 22. Juli hagelte es plötzlich Artilleriegeschosse auf das Bahnhofsviertel von Le Molay. Rund ein Dutzend davon fiel wie aus heiterem Himmel, denn wir hatten in der trügerischen Hoffnung gelebt, von solchen Greueln für alle Zeiten befreit zu sein. Die Beschießung löste Entsetzen aus. Weil es einige Verletzte gegeben hatte, riet man der Bevölkerung, sich auf die nötigsten Gänge zu beschränken und nicht mit dem Rad zu fahren; Räder störten ohnehin die Militärkonvois.

Am 23. Juli explodierte in der Fabrik ein Dampfkessel und verletzte fünf Personen, darunter, und am schwersten: meinen Bruder Michel!

Man brachte ihn uns auf einer blutbeschmierten Bahre nach Hause. Er war bis zu den Haaren mit übelriechendem Käse bespritzt (die Ware, die man hatte schmelzen wollen). Der Oberschenkel seines linken Beins war abgebunden und ein großer provisorischer, bereits rotgefärbter Verband bedeckte eine Wunde ungefähr in der Mitte des Schienbeins.

»Beide Knochen sind ab«, sagte Michel. »Vorhin hing das Bein geknickt herunter, aber schau! Ich kann die Zehen bewegen: Die Nerven müssen in Ordnung sein!«

»Tu das bitte nicht«, sagte ich entsetzt. Der Verband wurde zusehends rötlicher. »Du mußt völlig ruhig liegen bleiben. Armer Michel! Es muß fürchterlich weh tun.«

»Nein!« antwortete Michel. »Jetzt spüre ich dort nichts.«

»Das sagst du nur so ...«

In diesem Augenblick kam Mama.

»Wir haben einen amerikanischen Krankenwagen angefordert«, sagte rasch einer der Träger. »Es tut uns allen so leid für Ihren Sohn.«

»Mon pauvre Chéri!«

Mama hatte sich gebückt, streichelte Michel das Haar und hätte am liebsten geweint.

»Es ist nicht so schlimm, wie es aussieht«, beteuerte Michel. »Mein Bein schmerzt nicht.«

»Wie?« fragte Mama noch entsetzter als zuvor.

»Ich weiß«, entschuldigte sich Michel, »ich hätte nicht in der Fabrik sein sollen, aber ich wollte dabei sein, um erzählen zu können, wie es mit dem Schmelzen geklappt hat ... Es hat eben verdammt schlecht geklappt. Bist du mir böse?«

»Darum geht es doch nicht, mein Junge!«

Während ich eine Schüssel mit Wasser holte, schimpfte ich

pausenlos mit mir: Nimm dich zusammen! Du darfst einfach nicht weinen – nicht vor ihm! Wir wuschen Michel behutsam das Gesicht. Die heiße Masse hatte schmerzhafte Spuren hinterlassen. Eine Hand war schlimm dran. Wir legten eine kalte Kompresse darüber.

»Sie tut mehr weh als alles andere«, bemerkte Michel. »Ich hab Glück gehabt, nicht den Dampf ins Gesicht zu bekommen.«

»Wenn er nicht sofort am Boden weggerutscht wäre, sähe er jetzt anders aus, Madame. Er war prima, Ihr Junge! Monsieur D. war bewußtlos. Es hat ihn am Kopf erwischt. Als wir weggingen, kam er wieder zu sich. Den anderen ...«

Im selben Moment stürzte Colette, die draußen auf den Krankenwagen gewartet hatte, mit drei Amerikanern herein. Dann ging alles furchtbar schnell. Wohin sollte Michel transportiert werden? Nach Bayeux? Oder? Der amerikanische Arzt schlug vor, obwohl der Unfall nur indirekt mit dem Krieg zu tun hatte, Michel im Zeltlager behandeln zu lassen.

»Wir tun, was Sie wollen, Madame. Ich begleite auf jeden Fall den Verletzten während der Fahrt, und Sie kommen mit. Wohin sollen wir fahren?«

Sie überlegte krampfhaft. (Wenn Previti und Sterenson nicht näher an die Front verlegt worden wären, wenn die Artilleriegeschosse nicht am Tag zuvor auf Le Molay gefallen wären, wenn sie besser englisch gesprochen hätte, wenn ...) In ihrer Bedrängnis sagte sie:

»Nach Bayeux bitte!«, und zu uns: »Die Stadt ist nie bombardiert worden.«

Wir bekamen von unserer Mutter noch den Auftrag, Papa irgendwie zu verständigen.

»Fragt Monsieur Mauve! Am besten, ihr fahrt selbst nach Le Vast – vielleicht mit den Amerikanern!«

Die Tür des Krankenwagens stand noch offen. Mama saß neben Michel.

»Aber fahrt zu zweit!« schrie sie noch aufgeregt. »Nicht eine von euch allein! Und versucht, Papa zurückzubringen!«

»Viel Glück, alter Junge!«

Ich weiß nicht mehr, wer uns dazu verhalf, aber es gelang uns tatsächlich, zunächst mit einem Jeep, später mit einem amerikanischen Lastwagen nach Le Vast zu fahren. Wir saßen beide hinten, Colette und ich, wurden hart hin und her geschüttelt und dachten: Wenn wir dort sein werden, wird es eine Lösung geben!

Es gab keine. Unser Vater war sehr erschüttert, offenbarte uns jedoch, daß er unter keinen Umständen seine Stellung verlassen dürfte. Er wolle sofort einen dringenden Kurzurlaub von 48 Stunden beantragen, den der Oberst vermutlich bald genehmigen würde. Wir schauten ihn entgeistert an. Er schrieb Mama einen einfühlsamen Brief voller guter Ratschläge und technischer Details über die möglichen Ursachen der Explosion.

»Die Schuldfrage muß unbedingt geklärt werden«, sagte er noch eindringlich.

Das Sicherheitsventil des lange nicht benützten 1200-Liter-Kessels war vor seiner Inbetriebsetzung nicht überprüft worden; weder von Hektor, der für die technische Werksanlage verantwortlich war, noch von seinem Team, das keine Anweisung dazu erhalten hatte. Unser Vater ahnte bereits diese Nachlässigkeit und kochte innerlich. Er verabschiedete uns.

Mit der Erledigung unseres Auftrages hatten wir, wie es uns schien, völlig versagt. Wozu waren wir einen ganzen Tag durch Verwüstungen, kreuz und quer an Konvois und Militärlagern vorbei, gefahren? Am nächsten Tag erfuhren wir, daß die gerade heimgekehrte Familie Morice nach Formigny evakuiert worden war. Diese Maßnahme wurde mit der unmittelbaren gefährlichen Nähe des amerikanischen Flugplatzes begründet. Die Familie d'Estel dagegen harrte im ohrenbetäubenden Lärm des ununterbrochenen Flugbetriebes aus. Sie hatte eine Evakuierung abgelehnt.

Von Michel erhielten wir später schlechte Nachrichten. Man hatte ihn den ganzen Tag und die darauffolgende Nacht auf seiner Bahre im Gang neben anderen Verletzten liegen lassen. Es hatte kein einziges Bett gegeben.

»In der Früh wurde endlich eine Röntgenaufnahme gemacht«, sagte Mama. »Sein Bein muß gestreckt werden, bis ein Gips – falls mit der Wunde alles gut geht – angebracht werden kann.«

»Gestreckt?« fragte ich entsetzt.

»An und für sich ist es positiv, schon deshalb, weil Michel dadurch ein Bett bekommen hat. Über eine Riemenscheibe an der Zimmerdecke wird das Bein mit einem Gewicht beschwert. Michel ist tapfer ... Was mir wesentlich mehr Kummer macht, ist, daß seine Temperatur ständig steigt.«

Wir ahnten, worum es ging. Das Penicillin war zwar längst erfunden, in seiner praktischen Anwendung jedoch auf dem Kontinent noch nicht eingeführt. Die teuere Substanz brachten die Alliierten erst Ende Juli für die Betreuung ihrer Landsleute mit. Ohne Antibiotika-Therapie blieb aber jede längere Infektionserkrankung riskant.

»Ihr Sohn ist jung«, hatte der Chirurg gesagt. »Bleiben wir hoffnungsvoll! Sie kommen doch morgen wieder?«

Unsere Mutter war zur Sous-Préfecture gerannt und hatte dort einen Passierschein beantragt, um ständig zwischen Le Molay, Bayeux und Caen hin und her reisen zu dürfen. Caen hatte sie vorsichtshalber erwähnt, in der Hoffnung, daß Michel später dorthin verlegt und Doktor Morice anvertraut werden könnte.

Am nächsten Tag gab es in Le Molay keine Beförderungsmöglichkeit nach Bayeux, weder mit den Amerikanern noch mit Lieferwagen, die dorthin gefahren wären. Wegen Benzinmangel war unser Auto lahmgelegt. Unsere Mutter holte tapfer ihr Rad aus der Garage.

»Willst du wirklich so fahren?« fragten wir.

»Mit dieser schriftlichen Genehmigung kann mir überhaupt nichts passieren!« Stolz zeigte sie uns einen Ausweis, der drei Stempel trug. »Schaut ihn genau an! Er ist sogar von Raymond Triboulet unterschrieben. Was will ich mehr?«

Weg war sie, die angeblich hilfsbedürftige Frau, von der ein Freund der Familie einmal (als die Welt um uns noch friedlich war) scherzhaft gesagt hatte: »Marie-Thérèse würde sogar in einem Glas Wasser ertrinken!« Jetzt fiel mir seine blöde Bemerkung wieder ein. Die Betroffene hatte lediglich feinsinnig gelächelt, ohne zu protestieren. Ich hätte es am liebsten damals für sie getan. Deshalb erinnerte ich mich so gut an das Gespräch. Ich überlegte nun, ob ein Teil ihres Charmes Männern gegenüber nicht darin bestand, daß sie sich nur hervortat, wenn es unbedingt nötig war.

Später werde ich es ganz anders machen, dachte ich mit der Schärfe meiner 15 Jahre. Wie kann man nur immer im Schatten eines Mannes leben? Ist er tüchtig, sann ich weiter, dann bleibt er seines Berufes wegen meist unerreichbar. Trägt man aber in seiner Abwesenheit die Verantwortung für die Familie, dann muß man bei seiner Rückkehr offenbar so tun, als ob man ohne ihn nahezu hilflos wäre. Wo blieb zwischen unseren Eltern die Gleichberechtigung, die sie beide im Umgang mit Colette, Michel und mir erfreulicherweise pflegten und sogar betonten? Es ist merkwürdig, dachte ich. Das Thema scheint in ihrer Ehe problemlos zu sein. Wurde Mama durch ihre Erziehung extrem sanft gemacht?

»Sie ist nicht sanft«, hatte einmal unser Vater gutgelaunt gesagt. »Sie tut nur so. Wenn es um euch geht, ist sie wie eine Löwin. Ihr wart viel zu jung damals, um euch daran erinnern zu können, wie ...«

»Warum willst du diese Geschichte erzählen, Chéri?«

»Warum denn nicht? Also, ich habe mal euretwegen eine richtige Ohrfeige von dieser Dame bekommen!«

Wir waren ganz verdutzt.

»Ich kam am Abend nach Hause und ihr wart unausstehlich. Ich wurde wütend und ging auf euch los. Mama stellte sich vor euch. Es knallte, und ich blieb ganz erstaunt stehen.«

»Für den Knall habe ich mich sofort entschuldigt«, sagte Mama. »Ich war mindestens so bestürzt wie du.«

»Das war sie! Später haben wir über die einzige Ohrfeige unserer Ehe oft gelacht. Hatte ich nicht recht, von einer Löwin zu sprechen?«

»Du warst damals beruflich so angespannt ...«

»Und du mit diesen drei Bengeln den ganzen Tag? Ist das vielleicht kein Beruf gewesen? Merkt es euch, Kinder! Eine Ehe ist eine sehr aufregende Geschichte, gar nicht so schwierig, wie manche Leute tun. Man muß sich nur gern haben und nicht stehen bleiben, einfach miteinander wachsen.«

»Du bist aber damals stehen geblieben!« scherzte ich.

»So eine Frechheit! Das hat man davon, wenn man euch alte Geschichten erzählt!«

Weil es Michel schlechter ging, fuhren wir am 27. Juli zu dritt mit dem Lieferwagen nach Bayeux. Alles im Krankenhaus war schlimmer, als wir es uns vorgestellt hatten – nicht nur für den armen Michel! In der Kinderstation, unweit von dem Zimmer, wo er neben einem mit Lungenschuß verletzten Jungen lag, befand sich ein Saal, wo Patienten mit Verbrennungen untergebracht waren. Man hörte sie ständig schreien. Eine junge Schwester, die jeden Tag die entstellten Kinder verbinden mußte, hatte unserer Mutter erzählt, daß sich Zehen und Fingerteile öfters bei der Behandlung loslösten und am Verband kleben blieben:

»Ich träume jede Nacht davon. Manchmal habe ich den Eindruck, daß ich bald regelrecht durchdrehen werde«, war ihr entschlüpft. »Wenn ich aber diese armen Kinder nicht behandle, wer wird es tun? ... Hätten wir wenigstens genug schmerzstillende Medikamente!« bemerkte sie noch, während sie Michel versorgte.

Weil diese bei weitem nicht ausreichend vorhanden waren, bekam unser Bruder keine. Als wir uns von ihm verabschiedeten, war sein Gesicht schmerzverzerrt. Schweiß perlte auf seiner Stirn. Seine Hand fühlte sich sehr heiß an. Die Ärzte waren seinetwegen pessimistisch. Wir erfuhren später, was Michel drohte. Warum lebt man in dem Glauben, daß schlimme Schicksalsschläge nur fremde Familien treffen können?

Colette und ich hatten den Auftrag bekommen, das Gastzimmer unseres Hauses für den Einzug einer Flüchtlingsfamilie aus Caen vorzubereiten. Ein Ehepaar mit einer erwachsenen Tochter war uns von der Gemeinde angekündigt worden. Neben das Doppelbett hatten wir eine Matratze gelegt, alle Betten frisch bezogen, die Schränke ausgeräumt und Wäsche vorbereitet.

»Die Leute besitzen vermutlich nichts mehr. Was könnten sie noch brauchen?«

»Seife – eine der amerikanischen, die Papa mitgebracht hat, und vielleicht den alten Morgenrock von Mama für die Frau.«

»Wir könnten überhaupt im Speicher nachschauen ...«

»Dort ist nichts mehr! Alles, was einigermaßen brauchbar war, ist für uns umgenäht oder umgestrickt worden.«

»Wir wissen nicht einmal, wie diese Menschen aussehen ... Hoffentlich ist das Mädchen nett!«

»Werden sie bei jeder Mahlzeit mit uns essen?«

Wir gingen auf den Speicher. Es roch stark nach Tabak. Überall zwischen den Balken waren Schnüre befestigt, an denen Tabakblätter hingen: eine für das normannische Klima ungewöhnliche Ernte, aus der selbstgedrehte Zigaretten entstehen sollten. Vater war stolz darauf, uns dagegen bereiteten sie nur Verdruß. Die Ersatzzigaretten rochen so miserabel, daß unser anfängliches Verständnis für eine Gewohnheit, unter welcher wir ohnehin litten, restlos verbraucht war.

»Wir werden bald den ganzen Mist hinauswerfen dürfen«, sagte Colette voller Schadenfreude.

Es wurde spät. Immer nervöser warteten wir auf die Rückkehr unserer Mutter. Was würde sie diesmal für Nachrichten von Michel bringen? Bestand jetzt endlich Hoffnung, daß er sein Bein behielt? Von der bevorstehenden Drohung einer Amputation hatte Michel bis gestern nichts gewußt. Wir hofften, daß er in seinem hochfiebrigen Zustand keine Vorahnungen hatte. Unterschätzten wir ihn nicht? Bei seinem Talent, die Dinge rasch zu erfassen und gelegentlich Gedanken zu lesen, schien es mir unwahrscheinlich, daß er die Gefahr, in der er sich befand, nicht erkannt hatte. Vielleicht kämpfte er nicht nur gegen das Fieber, sondern auch gegen Alpträume.

Mit keinem Wort hatte Michel seine Angst erwähnt. Aber was bewies das schon? Wenn der Jüngste unserer Familie Probleme hatte, verschloß er sich gerne wie eine angegriffene Muschel – schon deshalb, um Mama mit seinen Befürchtungen nicht zu belasten. Beide, Mutter und Sohn, verband eine eigentümliche Intuition. Sie hatten ein sehr großes Wissen voneinander, als sei jeder für den anderen aus Glas. Ich vermutete, daß sie – wenn sie miteinander sprachen – manche Regungen unterdrückten, nur um nicht laut zu denken. Plötzlich schrak ich zusammen. Während ich mich um seine mögliche Gemütsverfassung sorgte, ging es vielleicht bereits um die grausame Realität: Entweder war das hohe Fieber gesunken oder man traf Vorbereitungen für die Amputation seines Beins.

Colette, die seit geraumer Zeit sinnlos wie ich durch das Haus wanderte, traf ich in der Küche. Unsere Blicke begegneten sich scheu. Ich glaube, wir waren uns unbewußt aus dem Wege gegangen, bemüht, unsere Ängste zu verbergen. Nur glückliche Menschen schauen sich gern in die Augen.

»Vielleicht sollten wir doch etwas essen«, murmelte Colette ohne Überzeugung. »Mama würde darauf bestehen, wenn sie hier wäre.«

Ohne meine Antwort abzuwarten, sagte sie fast zornig: »Ich habe dazu genauso wenig Lust wie du. Ich fühlte mich nur für den Rest der Familie plötzlich verantwortlich. Komisch, was?« Und nach einer Pause: »Ich halte das ewige Warten nicht mehr aus. Du?«

»Wenn ich nur daran denke, welch ein Basketballspieler er war!«

»Im Hundertmeterlauf war Michel mindestens genauso gut!« entgegnete Colette, und leise: »Wir sollten nicht war sagen ... Hörst du?«

Jetzt hörte ich auch das Klopfen an der Tür. Diesmal ist es an der Glastür, dachte ich mit Schrecken.

»Mama hat ihre Schlüssel«, flüsterte Colette. »Sie kann es nicht sein.«

Das Klopfen hatte aufgehört. Draußen war es fast dunkel. Wir gingen leise hintereinander Richtung Diele und blieben im schmalen Gang – noch in Deckung – stehen. Es klopfte erneut, jedoch nicht heftig.

»Bleib hier!« befahl ich Colette. »Du siehst eher wie eine

erwachsene Frau aus. Aber ich glaube sowieso nicht, daß es Soldaten sind. Ich werde vorsichtig nachschauen.«

Vor der Tür stand ... Eric! Ich sperrte auf.

»Habe ich Sie erschreckt?« fragte er besorgt. »Ich wollte mich nach Michel erkundigen. Wie geht es ihm?« Und dann die Lage erfassend: »Ist Ihre Mutter noch nicht aus Bayeux zurück?«

Wir verneinten.

»Darf ich hereinkommen? Ich glaube, es ist vernünftig, wenn ich hier bleibe, bis sie wiederkommt. Dann sind Sie wenigstens nicht allein.«

Im Wohnzimmer boten wir ihm, mehr aus Gewohnheit, ein Glas Cidre an. Vermutlich um uns von unseren pessimistischen Gedanken abzulenken, ging er bald zu einem Thema über, das ihn persönlich sehr bewegte. Er hatte sich als Soldat beworben, war jedoch abgewiesen worden, weil er auf der Schonliste der für das Werk unersetzlichen Leute stand, die unser Vater bei seinem Engagement hinterlassen hatte. Eric freute sich keineswegs darüber. Alle »brauchbaren« Männer aus unserer Gegend waren gerade gemustert worden. Seine Zurückweisung ärgerte ihn um so mehr, weil seine Mutter mit dem gleichen Anliegen »Glück« gehabt hatte: Sie war in die französische Armee aufgenommen worden (und sollte übrigens dort Karriere machen, wie wir bald erfahren werden). Ich mußte mir in bezug auf Eric ein Lächeln verkneifen.

Seine Mutter kannte ich nicht. Sie war wohl keine alltägliche Frau, diese Witwe, die sich mitten im Krieg zum Wehrdienst meldete und, aufgrund ihrer Erfahrung im Verwaltungswesen, bei der Intendanz eingestellt wurde.

»Ich bin Ihrem Vater für seine Fürsorge dankbar«, sagte Eric ein wenig gequält, dann rasch und fast feierlich: »Er ist nach wie vor der Mann, den ich am meisten bewundere. Deshalb füge ich mich.«

Eric hatte mich dabei angeschaut, und ich antwortete spontan:

»Papa hat recht! Es sterben zur Zeit genug junge Leute. Später können Sie sich nützlicher einsetzen und dabei leben. Meinen Sie nicht?«

»Das haben Sie besonders nett gesagt.«

Ich errötete. Das Thema bewegte mich so sehr, daß ich mit einer Heftigkeit gesprochen hatte, die falsch interpretiert werden konnte. Es war mir peinlich, und ich freute mich, als Colette anfing, vom Lateinunterricht zu sprechen, den wir, solange unsere Schule in Caen nicht betriebsfähig blieb, bei Mistinguett bekommen sollten.

»Wer ist Ihre Mistinguett?« fragte Eric erheitert.

»Die Haushälterin des Pfarrers, eine schrecklich gebildete und komische Person!«

Daß wir sie respektlos nach der bekannten Sängerin und Tänzerin des Pariser »Moulin Rouge« nannten, lag wohl an ihren extravaganten Hüten. Colette erzählte noch von unserem Vorhaben, Mathematik beim Notar zu pauken. Seine Söhne, zwei ältere Gymnasiasten, wollten uns unterrichten. Das Ganze schien Eric zu mißfallen.

»Wozu braucht man Latein in unserer heutigen Welt?« fragte er.

»Wir brauchen alles, was uns in ein normales Leben zurückführen kann«, antwortete Colette.

Ein großartiger Satz. Ich hatte ein wenig Mitleid mit dem Jungen, der durch die Umstände zu früh hatte arbeiten müssen.

Der Hausschlüssel drehte sich mit einem Geräusch, das uns alle schlagartig aufstehen ließ. Mama verkündete glücklich, daß Michel heute nachmittag nur knapp 38 Grad hatte!

»Ich glaube, er hat's geschafft! Der Chirurg hat beschlossen, ihm morgen früh einen Gips mit einem Fenster für die Wunde anzulegen. ›Es besteht berechtigte Hoffnung‹, sagte er mir wörtlich, ›daß Michel sein Bein behält – aber ein technisches Problem gibt es noch: Wir haben zur Zeit im Krankenhaus keinen Gips mehr.‹ Ihr könnt euch vorstellen, wie mir zumute war …«

»Und?«

»Die nette, mitteilsame Krankenschwester hatte eine Idee. ›Jeder muß sich hier in Geduld fassen‹, sagte sie, ›aber Handeln ist besser.‹ Ich sollte versuchen, bei den Kanadiern Gips zu bekommen. Ich fuhr aus der Stadt hinaus zum kanadischen Rotkreuzlager. Mein Passierschein erwies mir gute Dienste. Dort angekommen, traf ich Kanadier, die französisch sprachen. Es tat so gut! Alles erzählte ich: die Notlage des Krankenhauses von Bayeux und die Bedrängnis, in welcher sich Michel befand. Die Kanadier waren riesig nett. Man brachte bald zwei große Pakete herein. ›Voilà des bandes et du plâ-âtre!‹ sagte der Arzt mit einem fast bäuerlichen Akzent, der so normannisch klang, daß ich regelrecht gerührt war. ›Mehr können Sie mit dem Rad nicht schleppen! Es wird für einige Patienten reichen.‹ Vor Dankbarkeit war ich ziemlich durcheinander, und der Arzt sagte: ›Weinen Sie nicht, jolie Madame! Junge Männer sind zäh. Ihr Sohn wird wieder gesund.‹ Geld wollte er nicht annehmen, von Dank nichts hören. ›Wir sind froh, unseren Vettern helfen zu können. Es ist nicht so lange her, daß wir die Normandie und die Bretagne verlassen haben. Erst 400 Jahre! Jetzt sind wir für eine Weile wieder zusammen; es wird uns allen Glück bringen!‹«

In Le Molay gab es leider keine Kanadier. Mamas Erzählung bestätigte, was wir vom Hörensagen wußten: Überall, wo sich die Kanadier in der Normandie aufhielten, schlug ihnen eine Welle der Sympathie entgegen. Sie kämpften tapfer, man erzählte sich von ihren Heldentaten im Kampf um Carpiquet, den Flugplatz von Caen, der öfter den Besitzer gewechselt hatte. Ihr mutiges Verhalten wurde bereits zur Legende. Hatten sie nicht als erste die Straßen von Caen durchkämmt und befreit, bevor Planierraupen zwischen den Ruinen Durchfahrten für die Panzer freilegen konnten? Die Trümmer der aus großen Natursteinen gebauten Häuser von Caen hatten die Stadt in ein unpassierbares Gelände verwandelt, und jeder Stadtteil mußte zunächst von Infanteristen erobert werden.

Die Kanadier waren für uns wie Verwandte. Sie gebrauchten einige uns lustig erscheinende Ausdrücke, die die Runde machten, um moderne Errungenschaften zu benennen. Daß unsere gemeinsame Sprache sich seit der Gründung von Québec hier und dort anders entwickelt hatte, rührte uns, weil dies die minimalen Abweichungen unsere Gemeinschaft eher verdeutlichte. Daß manche Kanadier englisch sprachen, war für unser Zusammenleben mit den Engländern nützlich und angenehm. Die Zweisprachigkeit der weitgereisten Kanadier brachte uns unsere englischen Nachbarn näher! Mit Hilfe der Geschichte übten wir Völkerverständigung, während die Gegenwart täglich Fortsetzungskapitel unserer gemeinsamen Geschichte schrieb. Hätte man uns damals allerdings nach dem Prozentsatz der nur englisch sprechenden Kanadier gefragt, hätten wir wahrscheinlich spontan – und völlig daneben – höchstens 20 Prozent geschätzt.

In der Nacht fielen Bomben auf den Stadtrand von Bayeux. Es gab Fliegeralarm. Die Sirenen heulten, was eine ohnmächtige Panik in den Herzen von Tausenden Verwundeter auslöste. Im Krankenhaus ließ der Lärm der Explosionen die Kranken auf ihrem Lager erzittern. Viele schrien, Hilfe erbittend, die nicht kommen konnte. Fensterscheiben zerbarsten klirrend.

Michel sagte später, es sei die schrecklichste Nacht seines Lebens gewesen, weil er sich noch nie so ausgeliefert vorgekommen sei. Er hatte, als Mutter das Gipspaket der Kanadier gebracht hatte, Hoffnung geschöpft und fürchtete nun – mit seinem an Gewichte geketteten Bein –, die Decke auf sich herabstürzen zu sehen oder lichterloh zu verbrennen. Sein Zimmernachbar fing an zu weinen und wäre fast daran erstickt. Die Schwestern eilten hin und her. Die Türen standen offen. Bei den Kindern, die Verbrennungen hatten, war eine regelrechte Panik ausgebrochen. Viele, die noch irgendwie gehen konnten, versuchten zu fliehen. Entsetzliche Erinnerungen, die mit ihren Verletzungen, ihren Schmerzen zusammenhingen, bemächtigten sich ihrer, trieben sie nach vorne. In den Gängen stolperte man nur noch übereinander.

Michel vermied es lange, von dieser Nacht zu sprechen. Am nächsten Tag sagte er lediglich:

»Es war grauenvoll!«

In der Früh wurde er operiert. Unter den gegebenen Umständen tat man sicher das Beste ...

Operation »Cobra« und Vergangenheitsbewältigung

Früher war auf unser Haus Verlaß gewesen. Sobald wir uns davon entfernten, strahlte es für uns wie für Seeleute der Leuchtturm, der bei jedem Wetter eine sichere Rückkehr und heimische Geborgenheit verspricht. Wir konnten getrost den Blick von ihm wenden, uns auf der Spur von Abenteuern davonschleichen. Das Haus blieb, unbeweglich wie ein Fels im Sturm.

Woran lag es nur, daß dieser Felsblock mir nun wie von Wind, Salz und Wellen ausgehöhlt vorkam? Hatte es mit unserer veränderten Umwelt oder mit uns selbst und unserem Alter zu tun? Irgendwie gab es jedenfalls einen Sprung in unserer Beziehung zu dem alten Haus, welches, von vielen Fremden bestürmt, uns nicht mehr zu gehören schien – es führte plötzlich ein Eigenleben, gehorchte uns nicht mehr.

Es fing damit an, daß die Flüchtlingsfamilie aus Caen bei uns einzog. Am selben Tag brachte Papa zwei amerikanische Offiziere zum Mittagessen mit. Ohne Vorwarnung! Dafür händigte er uns eine bunte Broschüre aus, wo Insignien, Tressenstreifen, Litzen, Wappenschilder und Ordensbänder aller Waffengattungen der amerikanischen Armee farbengetreu abgebildet waren, »damit ihr euch auf Anhieb auskennt, wenn ich zukünftig amerikanische Freunde nach Le Molay bringe!« So war er, unser Vater! Trotzdem – oder gerade deshalb – freuten wir uns mächtig über seine Anwesenheit (nicht nur wegen unserer Sorgen um Michel).

Unsere Logiergäste aus Caen schienen von der regen Betriebsamkeit unseres Hauses beeindruckt. Sie waren alle drei nicht unsympathisch. Die 18jährige blonde Tochter, ein bißchen dick wie ihr Vater, lächelte, um Freundschaft werbend. Die brünette Mutter sah schmal und übernächtigt aus. Sie war unruhig, bedankte sich häufig und versuchte taktvoll, sich nützlich zu machen. Der Vater erklärte:

»Das hohe Gebäude, in dem sich unsere Wohnung befand, brannte sehr rasch. War waren froh, mit dem Leben davonzukommen. Erst später haben wir begriffen, was uns alles fehlte.«

»Wo lebten Sie anschließend?«

»In den Kalkgalerien von Fleury . . .«

Die Flüchtlingsfamilie zog sich bald in ihr Zimmer zurück, vermutlich, um über uns und das neue »Zuhause« in Ruhe sprechen zu können.

Wir waren froh, diesen Menschen eine Bleibe anbieten zu können. Ihre Anwesenheit unter unserem Dach beruhigte unser Gewissen, denn die Tatsache, daß wir in der allgemeinen Verwüstung materiell völlig verschont geblieben waren, machte uns allmählich zu schaffen. Würden wir allerdings in sechs oder noch mehr Monaten das Gleiche wie jetzt über unsere Dauergäste denken? Die Frage allein schien mir tadelnswert, jedoch nicht vermeidbar.

Ich saß im Ledersessel von Papa, schloß die Augen, und es war mir so, als ob ich den Felsen in der Brandung sehen konnte, an welchen ich an diesem Tag gedacht hatte. Er war durchlöchert wie ein Riesenschwamm. Das Meer stieß wild auf ihn zu, stürzte in die Höhlen des Gesteins, überdeckte ihn dann ganz, um sich wirbelnd, tosend und schäumend wieder zurückzuziehen. Krachend erprobten die Schlagwellen immer neue hinterlistige und wütende Angriffe, während am schwarz-grauen Himmel wirre Sturmwolken vorbeirasten.

Jeder Tag dieses Monats Juli webte die Stunden unseres Lebens aus historischem Geschehen und aus persönlichen Ereignissen. Der Stoff, der dabei entstand, blieb so verwirrend, daß wir nicht fähig waren, die darin wichtigen Kettfäden von den belanglosen Schußfäden zu unterscheiden. Wir neigten dazu, das Greifbare für das Wichtigste zu halten.

Am 24. Juli, einen Tag nach der Explosion des Dampfkessels in Le Molay, war die bedeutende, lange geplante Offensive »Cobra« eröffnet worden, die den Durchbruch der Amerikaner in der Normandie und der Bretagne erzwingen sollte.

Weil unsere Gedanken um die Ereignisse innerhalb unserer Familie kreisten, nahmen wir den Kampf zunächst nur akustisch wahr: Der kleine Abschnitt der Straße Périers-Saint-Lô, wo der konzentrierte amerikanische Angriff zu erfolgen hatte, lag 22 Kilometer von uns entfernt. »Die entscheidenste Schlacht unseres Krieges in Westeuropa«, wie Generalleutnant Omar Bradley sie später bezeichnete, war im Gange, und wir blieben ahnungslos, zu abgestumpft, um etwas Besonderes hinter den fernen Explosionen zu vermuten.

Später sickerten durch das abgeschirmte Kampfgebiet Nachrichten, die uns fast übertrieben vorkamen: Von einem »martellement continu« (beständigen Hämmern), von einem »écrasement épouvantable de toute la région« (entsetzlichen Zermalmen der ganzen Gegend) war die Rede. Ich glaube, wir hatten aufgehört, uns unter solchen Begriffen etwas vorstellen zu wollen.

Was war geschehen?

Nach dem vom Oberbefehlshaber der amerikanischen 1. Armee entworfenen Operationsplan mußte zunächst ein rechteckiges Gebiet (5,5 mal 2,5 Kilometer), in dem kampfstarke deutsche Truppen konzentriert waren, mit einer noch nie dagewesenen Massivbombardierung für den amerikanischen Angriff »vorbereitet« werden. »Die Flugzeuge zogen ununterbrochen wie ein Förderband über uns hinweg«, schrieb später Generalleutnant Bayerlein. »Zu Mittag war außer Staub und Qualm nichts zu sehen.«

3750 Tonnen Bomben aller Arten wurden am 25. Juli über das 13,5 Quadratkilometer große Zielrechteck abgeworfen. Weil die Bombenladungen nicht alle exakt fielen, erlitten auch amerikanische Einheiten schwere Verluste. Für die Deutschen bedeutete das Bombardement eine Tragödie: Unter dem Bombenteppich starben in einigen Stunden rund 1000 Soldaten. Sie gehörten zu den Männern, denen es 20 Tage zuvor bei Nacht und Nebel gelungen war, aus Tilly auszubrechen und sich an Balleroy vorbei nach Saint-Lô durchzuschlagen. Ihr Divisionskommandeur berichtete später über den tragischen 25. Juli: »Meine Frontlinien glichen einer Mondlandschaft; mindestens 70 Prozent meiner Truppen waren zu keiner Handlung mehr fähig – tot, verwundet, verrückt oder taub.« Das Durchschnittsalter innerhalb der Panzerlehrdivision soll 22,5 Jahre betragen haben.

Straßen, Wege, Wälder, Dörfer wurden von den Bomben zerwühlt und ausgelöscht. Benzin und Munitionslager brannten prasselnd. Unsere Milchfahrer sprachen von »incendies crépitants sans cesse«.

Die allerletzte Schlacht in unserer unmittelbaren Nähe brachte mehr Elend, als Menschen zugemutet werden kann, zugleich aber stellte sie – nicht nur für uns – eine Wende dar, die den Weg zu einem friedlichen, menschlicheren Leben einleitete. Der amerikanische Durchbruch gelang. Am 28. Juli wurde Coutances erobert. Die Tür zur Bretagne, später nach Paris öffnete sich.

Während ich dieses Kapitel des Leidens meines Geburtslands niederschreibe, wird mir bewußt, wie einseitig diese Erzählung des damaligen Geschehens in der Normandie erscheinen mag, weil sie unzählige wichtige oder tragische Ereignisse unberücksichtigt läßt, die sich andernorts zugetragen haben. Ich kann jedoch nur von dem berichten, wovon ich unmittelbar Kenntnis bekam. Aber haben nicht Kriegserlebnisse eines gemeinsam, worauf es mir bei dieser Erzählung ankommt? Die Dringlichkeit ihrer Aussage an die Menschen, unermüdlich zu versuchen, sich untereinander zu verstehen. Möglicherweise sind Menschen, die Schlimmes erlebt haben, eher in der Lage zu begreifen, wie wichtig, wie unvermeidlich notwendig eine solche Verständigung ist.

Eine seit eh und je beliebte und vielseitige Stätte menschlicher Kontakte sind die Häfen. Der Krieg hatte uns in der Normandie künstliche Häfen beschert, wo Tausende von Menschen verschiedener Nationen erstaunliche Leistungen gemeinsam hervorbrachten. Den Erfordernissen des sich ausweitenden Krieges konnten sie jedoch nicht genügen. Dringend gebraucht wurde Cherbourg!

Der lebenswichtige Hafen, von den Deutschen stark vermint und gründlich unbrauchbar gemacht – 95 Prozent der wichtigen

Tiefwasserkaianlagen waren zerstört –, blieb acht Wochen lang ein Alptraum für die amerikanischen Pioniere. Die Bergungstrupps, mit dem letzten Stand der Pyrotechnik vertraut, konnten in ihrem hochbrisanten Arbeitsfeld voller ausgetüftelter technischer Tücken Unfälle nicht vermeiden. Es wurde berichtet, daß in einem einzigen versenkten Schiff über 65 verschiedenartige Minen gefunden wurden, für deren Räumung allein die Taucher drei Wochen benötigten!

Obwohl Cherbourg Ende Juli, fünf Wochen nach seiner Eroberung, noch nicht von allen Minen, Wracks und Schutt befreit war, begannen die »Liberty-Ships« ihre Ladung zu löschen.

Papa – auch er war nun in Cherbourg – schlenderte zu der Kaserne Rochambaud zurück und ertappte sich beim Pfeifen, ein für einen französischen Offizier in Uniform ungebührliches Betragen auf offener Straße! Was ist noch von den alten Normen gültig? fragte er sich vergnügt – denn er hatte soeben eine leichte, zugleich aber die verrückteste Aufgabe gelöst, die man sich mitten in dieser hochtechnisierten Betriebsamkeit vorstellen konnte. Er trug ein Päckchen Amulette mit der von ihm quittierten Herausgabebestätigung der amerikanischen Armee und dachte: Meine Sénégalais werden sich riesig freuen!

Die schwarzen Männer, die seit zwei Tagen zu seinem Verantwortungsbereich gehörten, waren kürzlich von den Amerikanern befreit worden. Um den Hygienevorschriften einer modernen Armee zu entsprechen, wurden ihnen bei der ärztlichen Untersuchung die »Gris-Gris«, die manche am Hals trugen, abgenommen. Der Entzug dieser Glücksbringer, die die Männer seit 1939 durch die bewegten Jahre ihrer Kriegsgefangenschaft treu und schützend begleitet hatten, empfanden die Pioniere aus Afrika wie eine frevelhafte Handlung. Ihre christlichen Kameraden waren nicht in der Lage, sie über den Verlust ihrer fetischartigen Halsketten hinwegzutrösten. Sie blieben deprimiert, über ihre Befreiung nicht mehr frohen Muts.

In der letzten Zeit hatten die Senegalesen Verteidigungen an der Küste gebaut, »während des Sommers im Norden, im Winter in Südfrankreich; es war erträglich. Man ließ uns viel Freiheit – kein Mensch brauchte zu fürchten, daß wir nach Hause fliehen!« erzählten sie nicht ohne Humor. Sie klagten nicht über die Deutschen. Ihre fatalistische und zugleich stolz gebliebene Haltung war bewundernswert.

So eine verrückte Welt! dachte Papa. Sie müssen allesamt eine phantastische Meinung von uns weißen Europäern haben! Einer offiziellen Anfrage zufolge hatte man, »um die Beförderungschancen dieser Pioniere wahrzunehmen«, Obergefreite und Unteroffiziere ein französisches Diktat machen lassen. Ich verfüge über einige dieser handgeschriebenen Texte. Manche von ihnen legen Zeugnis eines sehr hohen Bildungsgrades ab, der die Betreffenden zweifelsohne zu einer Karriere – nicht nur als Offiziere – berechtigte.

Weil die halbzerstörte Kaserne Rochambaud keine einzige Fensterscheibe mehr besaß, blies der Meerwind ungehindert durch die langen Gänge und die noch bestehenden Räume. Man klebte eifrig Papier an die Fenster weniger brauchbarer Zimmer.

Vater bekam die Grippe. Er lag nun in einem schnell requirierten Zimmer nahe der Kaserne und dachte über sein Leben nach; ein für unsere Familie gefährliches Unterfangen, denn solche Überlegungen waren bei ihm oft mit spontanen Entscheidungen gekoppelt. Wir ahnten nichts, und er dachte über sich nach! Eines stand für ihn bereits fest: Das Kasernenleben schmeckte ihm nicht, auch wenn sein Vorgesetzter ihm seine Beförderung zum Hauptmann mit folgender Bemerkung in Aussicht gestellt hatte: »Die Verantwortung tragen Sie ohnehin eine Weile – den Titel sollten Sie bald bekommen!« Eine dritte Litze sähe auf meinem Ärmel gar nicht übel aus, überlegte er geschmeichelt ... Und trotzdem: Bis zum Ende des Krieges als Ausbilder in der verdammten Kaserne womöglich versauern! Ist das wirklich ein Job für mich? Wohl eher etwas für einen Berufsoffizier! Die Kaserne erinnerte ihn daran, wie kalt es dort gewesen war. Hoffentlich können die Senegalesen bald in ihre warme Heimat zu ihren Familien zurückkehren, ging ihm durch den Kopf.

Vieles geriet in der letzten Zeit in Bewegung auf der Halbinsel Cotentin. Von der ursprünglichen Mannschaft aus Le Vast hatten sich die meisten bereits abgesondert. Einer Familientradition folgend, bemühe ich mich, die zwangsläufig geringe Rolle der sich neu formierenden französischen Armee während der ersten Monate nach der Landung nicht aufzublähen. Das heißt jedoch nicht, daß sich die Betroffenen – meist Idealisten – dort, wo sie gerade gebraucht wurden, nicht voll eingesetzt hätten. Um zu sterben, ist niemand zu unbedeutend!

Die Aussichten, innerhalb einer eigenen Armee in den Kampf einzugreifen, konkretisierten sich Ende Juli für die darauf wartenden Franzosen. Manche der »Kameraden der ersten Stunde« hatten Le Vast verlassen, um sich bei der 2. D. B. (Panzerdivision von Général Leclerc) zu melden. Auch unser Familienoberhaupt dachte jetzt daran ...

»Hallo! How are you, Roger, old boy?«

Zwei Amerikaner stürmten hocherfreut in das Krankenzimmer. Sie brachten eine Flasche Whisky mit.

»Damned!« scherzte Captain Bill Collins vom Medical Department.

»Ich brauche dringend einen Kühlschrank für mein Penicillin, und Sie liegen da schwitzend und unnütz. Wo finde ich in dieser elenden Stadt einen Kühlschrank, nachdem unsere Stromaggregate bei der letzten Löschung nicht dabei waren? Penicillin wartet nicht. Das Pulver muß ständig bei 39 Grad – pardon für euch 4 Grad Celsius! – gelagert werden. Ein sehr empfindliches Ding und irre teuer noch dazu!«

Hauptmann Collins wurde ernst und beschrieb die Eigenschaften des Penicillins: »Ein Medikament, wirksamer als alle, die uns bisher zur Verfügung standen.«

»Wenn ich deine Erklärungen richtig verstanden habe«, sagte Leutnant Crosby, der inzwischen die Flasche Whisky aufgemacht hatte, »hat Penicillin mit Camembert-Schimmelpilz zu tun. Es dürfte ziemlich gut in den Fachjargon von Roger passen, oder?«

Bill Collins reichte Papa eine Tablette.

»Schlucken Sie das runter, old fellow, und trinken Sie Whisky dazu! Eine ideale Mischung ist es vielleicht nicht, aber in einer Stunde liegen Sie wieder im Bett und – so wie ich Sie kenne – habe ich inzwischen meinen Kühlschrank! O. k., Roger?«

Unterwegs sagte Bill Collins:

»Es macht Spaß, mit Ihnen zu arbeiten, Roger. Solche Typen wie Sie können wir brauchen. Wollen Sie nicht als Verbindungsoffizier zu uns kommen?«

»Eigentlich schwebte mir genau das vor, als ich mich im Juni freiwillig gemeldet habe!«

Der Anstoß war gegeben. Bald folgten Schritte für den Zuständigkeitswechsel der Militärbehörden. Nach dem Tauziehen um eine Entscheidung bestand die letzte Hürde in einem Gespräch mit einem amerikanischen Oberst. Erst 20 Jahre später gestand uns Papa, daß der Oberst ihm beim Abschied unverblümt gesagt hatte:

»Wenn alle Verbindungsoffiziere unserer Armee so schlechte

englische Fachkenntnisse haben wie Sie, werden wir den Krieg verlieren.«

Vater soll geantwortet haben:

»Meine technischen Fachkenntnisse in Ihrer Sprache sind in der Tat nicht neuesten Datums, Herr Oberst; sie stammen leider aus der Zeit des Ersten Weltkrieges.«

»Gut, mein Lieber«, erwiderte der Offizier, »dann schauen Sie zu, daß Sie sie rasch aktualisieren. Der Krieg wird nicht lange dauern. Viel Glück!«

An der Küste, später auch in Cherbourg, wurden gelegentlich kleine Mengen Waffen für die französische Armee gelöscht, Waffen, die zunächst auf Anordnung höchster Ebene »streng geheim« aufbewahrt wurden. Die angestrebte Annäherung zwischen den paramilitärischen Kräften (F. F. I., Forces Françaises de l'Intérieur) und der regulären französischen Armee mußte gelingen, bevor scharfe Munition verteilt werden konnte. Probleme organisatorischer, politischer und menschlicher Natur verwirrten die Lage. Toleranz, als Vorstufe zur Solidarität, muß geübt werden. Selbst wenn die Akteure jahrelang ein ähnliches Ziel, jedoch mit völlig anderen Mitteln, verfolgt haben, kann die Freude, das Ziel in greifbare Nähe heranrücken zu sehen, nicht alle offenen Fragen auf Anhieb lösen.

Eine neue Art der Vergangenheitsbewältigung machte Bevölkerung und Behörden zu schaffen: Weil sich die Fläche der zurückeroberten Gebiete merklich vergrößerte, wurde die Klärung der während der Besatzungszeit eingenommenen Haltung jedes einzelnen Bürgers wichtig, vor allem wenn begangene Taten nachträglich als strafbare Handlungen zu bezeichnen waren. Ein juristisches Problem also? Nicht nur.

Wie bei einer Flüssigkeit, die sich langsam abklärt, mußte in Frankreich eine gewisse Zeit verstreichen, bis 1944 feststand, wer aus der Reihe der Tätigen, die während der vier harten, entwürdigenden Jahre mitverwaltet hatten, zu den feigen Mitläufern oder zu den mutigen »Trotzdem-Kämpfern« gehörte. Unter den Opportunisten mußten wiederum, sofern es sie gab, die Verräter Frankreichs gefunden werden. Aber wie? Die Denunzianten hatten ein leichtes Spiel.

Es gab, unweit von Cherbourg, in Tour-la-Ville, ein Internierungslager, das die Deutschen geschaffen hatten. Dort hatten manche Franzosen in den Baracken ausharren müssen, bis über ihr Schicksal entschieden wurde. Das verrufene Durchgangslager bekam plötzlich eine neue Verwendung: Es füllte sich mit

Frauen und Männern, die angezeigt worden waren. Bald gab es Hunderte davon, wobei die Frauen, bevor sie ihr getrenntes Lager betraten, meist die Demütigung erfuhren, öffentlich geschoren zu werden.

Angestauter Neid, Eifersucht, Rachegefühle kamen hoch. Bisher eingesteckte oder vermeintliche Demütigungen konnten heimgezahlt werden. Echte oder angedichtete Liaisons mit Deutschen wurden gebrandmarkt, ohne daß die Betroffenen sich zunächst hätten rechtfertigen können. Im Frauenlager von Tour-la-Ville begegnete man ebenso selbstbewußten Dirnen wie scheuen, verzweifelten Damen – zum Teil mit Adelstiteln –, die Schlösser oder große Häuser besaßen. Letztere hatten jahrelang mit der Besatzungsmacht im engen Kontakt leben müssen. Irgend jemand hatte sie angezeigt, weil sie es angeblich zu gut verstanden hatten, mit den Deutschen auszukommen.

Den Männern erging es nicht viel besser. Einige Bürgermeister – durch ihr Amt nahezu automatisch verdächtigt – gründeten einen eigenen Club und baten den für das Lager zuständigen Arzt um Spielkarten und Dominos. Diese aktiven Menschen, die manchmal mit Mut versucht hatten, soviel zu retten, wie nur ging, hatten Mühe, das öde Nichtstun zu ertragen. Später wurden sie zum Teil rehabilitiert, erneut als Bürgermeister ihrer Gemeinden gewählt.

So harmlos verlief das Leben im strengbewachten Lager jedoch nicht. Einige Insassen wurden durch Kriegsgerichte verurteilt – nicht nur zu Gefängnisstrafen! Wenn man im Krieg etwas erschreckend schnell lernt, ist es wohl, daß menschliches Leben sich rasch auslöschen läßt. Die Frage stellt sich, ob man in einer Zeit, die fast nur von außerordentlichen Geschehnissen bestimmt war, nicht gut beraten gewesen wäre, mit manchen Urteilen abzuwarten. Gewiß, es handelte sich damals um wenige Ausnahmefälle. (Vater, damals aufgefordert, der Vollstreckung eines Todesurteils beizuwohnen beziehungsweise als Offizier das Kommando für die Erschießung zu übernehmen, konnte sich mit der dringenden Löschung von Waffen im Hafen glücklicherweise entschuldigen.)

»Wie oft gab es in der Geschichte der Menschheit Gerichtsverhandlungen, die besser nicht stattgefunden hätten?« schrieb ich entmutigt in mein Tagebuch nach einem kurzen Besuch Vaters in Le Molay.

Durch seine freimütige Erzählung angeregt, hatten wir eifrig das Thema diskutiert und waren auf einen anderen Gegenstand gekommen: die Verantwortung des einzelnen für eine Gruppe von Menschen. Der Fall der Bürgermeister ließ uns fragen, warum bestimmte Menschen bereit sind, sich für andere einzusetzen, obwohl sie wenig Dank dafür ernten und viel Ärger in Kauf nehmen müssen.

»Es sind oft dieselben Menschen, die sich melden, wenn eine dringende Arbeit getan werden muß«, hatte unsere Mutter nicht ohne Grund gesagt. »Wieviel Leute gibt es erfahrungsgemäß innerhalb eines Dorfes, eines Vereins, kurzum in irgendeiner Gemeinschaft von Menschen, die ernsthaft bereit wären, anzupacken und die Verantwortung für die Allgemeinheit zu tragen? Ehrenbezeigungen möchten viele, die Arbeit wenige, und wenn es dick kommt, will eigentlich niemand die Verantwortung übernehmen.«

»Es sei denn Menschen, die nicht begreifen, daß sie lediglich vorgeschoben werden. Für einige wenige Bürgermeister traf dies zu; sie haben sich in ihren Ämtern später falsch benommen, weil sie selbst nicht besonders hell waren. Aber die Mehrheit der Bürgermeister wußte nur zu gut, worum es ging. Es gab tolle Leute unter ihnen, wie der Bürgermeister von Cerisy, der im übrigen – wie viele seinesgleichen – bereits 1939, lange bevor das Schlamassel losging, Bürgermeister seiner Gemeinde war. Und jetzt frage ich euch: Darf man seine Schäfchen gerade dann im Stich lassen, wenn ihnen Gefahr und Unheil drohen?«

Mit dieser Frage hatten wir es wieder mal geschafft! Losgelöst von zeitgebundenen, wirklichkeitsnahen Problemen, konnten wir nach Belieben gedanklich in höheren Sphären schweben!

»Moment!« sagte Colette. »Altruistische Motive sind ganz schön, aber seien wir ehrlich: Ist diese unbequeme Veranlagung, für die anderen dazusein, nicht auch eine Begleiterscheinung des Wunsches, Macht auszuüben?«

Ich pflichtete ihr bei, gab aber zu bedenken, daß die Glanzseite einer führenden Position auf lange Sicht einen schlechten Ersatz für die immer wiederkehrenden Selbsteinschränkungen bieten kann, die sich »Leithammel« auferlegen müssen.

»Ja, zu nichts haben sie Zeit!« rief Colette aus. »Für sich keine und für ihre Familien auch reichlich wenig!«

Die Eltern, zunächst sprachlos, fingen an zu lachen.

»Ihr scheint in eurer Kindheit unter manchem gelitten zu haben!« sagte Mama. »Ich wußte gar nicht, daß ich so verstehende, mitfühlende Kinder habe!«

»Den Leithammel vergesse ich dir nicht so schnell!« meinte

Papa. Unsere Streitgespräche, die oft bitterernst begannen, endeten meist mit einem Anflug allgemeiner Heiterkeit. Sie hatten manches mit den komplizierten Sandburgen gemeinsam, die wir früher am Strand bauten, bis sie das Meer überspülte! Trotzdem haben diese »débats en famille« unser späteres Leben mehr geprägt, als wir es damals vermutet haben.

Paris befreit, Ratten in Caen und Gedanken zur Menschlichkeit

»Paris ist befreit und nicht zerstört worden!« In der Normandie nahmen wir mit großer Dankbarkeit Kenntnis von der unglaublich positiven Nachricht. An unserer Gemütsbewegung konnten wir plötzlich ermessen, wieviel diese – unsere – Hauptstadt uns bedeutete. Selbst diejenigen, die Paris nie gesehen hatten, fühlten sich glücklich. Es war so, als ob etwas Schönes, das der ganzen Welt gehörte, durch wunderbare Umstände gerettet worden wäre. Später wurde bekannt, daß unter anderem Raoul Nordling, seit 18 Jahren Generalkonsul von Schweden in Paris, und General Dietrich von Choltitz, »Kommandant von Groß-Paris«, dafür verantwortlich gewesen waren, daß die von Hitler befohlene Verwüstung der Stadt nicht stattfand.

Auch die Tatsache, daß Général de Gaulle mit schwärmerischer Begeisterung in Paris umjubelt wurde, fanden wir großartig. Wenn de Gaulle in der Lage war, die Franzosen zu einer Einheit zu verschmelzen, dann war er wirklich der Held, den Frankreich brauchte.

Als wir erfuhren, daß auch die Amerikaner am 29. August mit einer Infanterie-Division auf den Champs-Elysées nachträglich defiliert hatten, beruhigte sich unser Gewissen. Die Befreiung von Paris ohne unsere Alliierten feiern zu wollen, schien uns ungerecht und aus Taktgefühl falsch. Ohne die Amerikaner, Engländer und Kanadier war unsere jüngste Vergangenheit undenkbar, unsere unmittelbare Zukunft ebenso.

Die große Schlacht im Kessel von Argentan-Falaise war kaum vorbei, und Rouen – unsere normannische Hauptstadt – fiel erst am 30. August. Städtchen wie Deauville, Pont-l'Evèque, Honfleur – die malerische Ortschaft, ehemals Mekka der Impressionisten – wurden in den Nachrichten erwähnt. Man sprach in Verbindung mit den Amerikanern bereits von Reims, mit den Engländern von Les Andelys an der Seine und mit der kanadischen Armee von Le Havre. (Die Belagerung der Stadt dauerte zehn Tage.)

Wir wußten, daß Belgier, Holländer, Polen und Tschechen nach wie vor mitkämpften und hätten in unsere momentane Freude gern alle Nationen, die uns irgendwie halfen, ehrenvoll eingeschlossen. Zum Feiern gab es jedoch keine Zeit, vielleicht nicht einmal sehr viel Grund dazu. Der Krieg rollte weiter. Das Vorwärtskommen der amerikanischen und französischen Verbände im Rhônetal beschleunigte den Lauf der kriegerischen Auseinandersetzungen. Die Häfen Marseille und Toulon waren wieder unser.

Mit der Befreiung von Paris schien vielen Franzosen, vor allem den Parisern, der Frieden greifbar nah. Im Überschwang der Gefühle wurde oft ein Patriotismus zur Schau getragen, der verständlicherweise Haß nicht ausschloß, ja ihn sogar als Pflicht hinstellte. Meinetwegen! Aber Haß gegen wen? Für Nuancen war die Perspektive zu kurz.

Die Amerikaner waren mit ihrem Pragmatismus gute Lehrmeister. Sie hatten bei uns die Deutschen als Krieger, als Gegner erlebt. »Du oder ich« hieß es knallhart an der Front, wobei eine gewisse Achtung vor militärischen oder menschlichen Leistungen zuweilen entstanden war. In der Normandie hatten die Amerikaner bald den Krieg als ein Riesenunternehmen mit sicherem Ausgang betrachtet. Sie waren von ihrer technischen Überlegenheit überzeugt, fühlten sich davon gestärkt und wollten dem unvermeidbaren Übel so bald wie möglich ein Ende bereiten. Und sie empfanden mehr Zorn gegen die Diktatur, die den Deutschen einen widersinnigen Widerstand abverlangte, als gegen die Deutschen selbst. Es schien uns manchmal erstaunlich, wie nüchtern, wie unberührt von unserer europäischen Zwietracht die Amerikaner mutig und entschlossen kämpfen konnten. Von Previti und vielen anderen hatten wir bündig und fast ohne Pathos gehört:

»Wir müssen Frankreich von der Naziherrschaft befreien.«

Auch für unsere Familie gab es schon lange nicht den geringsten Zweifel darüber, daß die Alliierten den Krieg gewinnen würden. Diese Zuversicht hatte die erfreuliche Folge, daß wir die Deutschen nicht haßten. Gerade weil unser Vater sich persönlich im Kampf engagiert hatte, brauchten wir niemandem etwas vorzumachen. Daß wir von vornherein von der scheinbaren Notwendigkeit befreit waren, mit übertriebenen patriotischen Gefühlen zu hantieren, ist nachträglich gesehen eine unschätzbare Gnade gewesen. Die Freude über die bereits errungenen Siege blieb in der Normandie ohnehin vom Nachdenken oder von Trauer überschattet. Ganz heil war fast keine Familie durch die vergangenen Monate gegangen, wobei materielle Schäden oder Verletzungen noch das Erträglichste waren. Auch wir hatten nicht aufgehört, uns um Michel Sorgen zu machen. Sein Bein war verkürzt, und er lag, erneut operiert, im Krankenhaus von Caen.

Unsere Flüchtlingsfamilie aus Caen erwartete mit Sehnsucht Henri, den 25jährigen Sohn, ein angehender, jugendlich-dramatischer Tenor der Pariser Oper, aus Paris. Henri betrat unseren Salon mit dem Charme eines Chevaliers Des Grieux, umarmte seine Eltern und seine Schwester mit inniger Herzlichkeit und grüßte uns artig dankend.

Nachdem er erfahren hatte, daß seine aus dem Inferno von Caen gerettete Familie bei uns wohnte, war er sofort nach Le Molay gefahren: ein netter Sohn, dessen Umgang sich für uns als unbelastend, sogar angenehm erwies. Wir stellten ihm den Salon zur Verfügung. Er schlief auf der Couch und konnte am Klavier Stimmübungen machen, worauf er glücklicherweise nicht versessen war. Viel lieber plauderte er über Paris!

Er erzählte uns Wunderbares von der goldenen Stadt, wo seiner Meinung nach alles besser, größer, schöner als irgendwo war. Damit forderte er gelegentlich unseren Widerstand heraus – sehr zur Beruhigung unserer romantisch gebliebenen Mama, der die ständige Anwesenheit des schönen Jünglings bei uns ein wenig unheimlich vorkam. Sie vertraute ihre Gedanken über das Thema manchen Briefen an Papa an, nach dem Motto: Hoffentlich lassen sich unsere Töchter »von den schönen Manieren des Dandys aus Paris nicht blenden«! Unsere Eltern schrieben sich übrigens, so oft sie in ihrem Leben getrennt waren, nahezu täglich. Ihre Briefe, die sie mir später gaben, beinhalten eine Unmenge präziser Daten über das damalige Geschehen.

Henri ging außerordentlich gern mit uns spazieren. Er spielte auch gut Karten. Gelegentlich sang er aus Spaß mit einer angenehmen, warmen Stimme. Neue Gedanken – unbeschwert, vom Krieg verschont – flatterten in unser Haus. Es war lustig, mit Henri über Nichtigkeiten zu streiten und zu lachen. Die Töchter ließen sich also nicht becircen, sie hatten nichts weiter als einen netten Kameraden gefunden. Manchmal schien es mir wohl, daß der »jugendlich-dramatische« Tenor aus Paris von Colettes schönen dunklen Augen nicht ganz unberührt blieb. Hui! dachte ich vergnügt. Eine aufregende Geschichte.

Nach drei Wochen kehrte aber Henri nach Paris zurück. Seine Familie blieb elf Monate bei uns, redlich bemüht, uns so wenig wie möglich zu stören. Ob für unsere Mutter alles so einfach war? Sie konnte kein Glas, ja fast keine Seife in die Hand nehmen, ohne sich zu denken, daß alle diese Gegenstände nicht mehr ihr »eigen« waren. Wenn sie beim Kochen nach einer Pfanne, nach einem Sieb suchte, die anders als üblich aufgeräumt worden waren, verlor sie nicht die Geduld. Selbst einmal Flüchtling gewesen, hätte sie sich jede unfreundliche Äußerung als einen Mangel an Takt vorgeworfen. Wenn wir irgend etwas beanstandeten, ermahnte sie uns leise: Wir sollten unsere Gäste niemals spüren lassen, daß sie kein eigenes Zuhause mehr besaßen. Daß sie diese Selbstbeherrschung in den vielen alltäglichen Kleinigkeiten Nerven kostete, ahnten wir. Ihre Hände zitterten manchmal, wenn sie Tee einschenkte.

Oktober 1944.

Das Gymnasium der Ursulinen von Caen hatte seine Tore wieder geöffnet. Eine unpassende Ausdrucksweise, denn die ganze Anlage stand offen: Die Mauern, die sie schützend umsäumt hatten, wiesen mehr Lücken als feste Bestandsteile auf. Der Neubeginn des Schulbetriebs ohne Schulgebäude und des Internatslebens ohne Internat war eine überaus mutige Entscheidung. Sie setzte voraus, daß das Sprichwort »Hilf dir selbst, dann hilft dir Gott!« sich irgendwie verwirklichen würde.

Die Nonnen hatten wie alle Wieder-Bewohner von Caen in den letzten Monaten wahre Wunder vollbracht. Caen, ein winziger Punkt auf der Landkarte Europas, eine Stadt, die trotz entsetzlichem Leiden das Glück erfahren hatte, zu den Erstbefreiten Frankreichs zu gehören, erlebte 1944 den zaghaften Beginn eines Wiederaufbaus, der zunächst mehr im notdürftigen Aufräumen von Ruinen bestand. Diese emsige Tätigkeit sollte bald unseren ganzen Kontinent erfassen. Beim Aufbau ihrer neuen Existenz zeigte sich die merkwürdige Spezies Mensch erstaunlich zäh, anpassungsfähig und gewandt.

In Caen, 146 Rue de Bayeux, hatte das Hauptgebäude ein einigermaßen dichtes Dach bekommen. Die langen Schlafsäle waren in jeweils sechs Klassenzimmer aufgeteilt worden, wobei die Zwischenwände aus Bettgestellen bestanden, die man mit Matratzen und Kopfkissen vollgestopft hatte, – sie entledigten sich mit durchdringendem Geruch nur langsam ihrer Regennässe. Im Park reihten sich Baracken, die man rasch aufstellte, aneinander. Die Internatskinder, deren Zahl sehr geschrumpft war, wurden in der Umgebung verteilt.

Colette und ich bekamen bei einer älteren Dame ein kleines Zimmer, in dem ein alter Waschtisch aufgestellt war. Das Fenster besaß die damals üblichen Scheiben aus geöltem Papier, die kaum Tageslicht hereinließen, dafür um so mehr die Kälte. An manchen Morgen dieses Winters fanden wir eine Eisschicht auf dem Wasser in unserem Krug. Diese neue Art, sich eiskalt zu waschen, erschien uns beim ersten Mal sehr abenteuerlich, später weniger! Fast alles verlief in Caen anders als normal, und es gab viele Gründe, sich immer neu zu wundern.

Die Stadt, von so tiefen Wunden gebrandmarkt, daß sich ihre ganze Geschichte bis ins frühe Mittelalter, ja bis zu ihrer gallorömischen Zeit, an manchen Stellen offenbarte – die gemarterte Stadt, die bis in ihre geheimsten Fundamente erschüttert worden war, wurde nun von einer unerwarteten Plage heimgesucht: den Ratten!

Bemüht, diese Plage zu erklären, erinnerten sich unsere Historiker, daß Cadomus (später Caen) zwischen den zahlreichen Armen der Orne, des Odon und diverser Sümpfe ein vom Wasser geprägtes Leben geführt hatte. Die Stadt wurde auch »Klein-Venedig des Mittelalters« genannt. Ob tiefe, geheimnisvolle Wasseradern noch irgendwo unter der Erde lagen? Die Sanierung der von Überschwemmungen bedrohten Ansiedlungen hatte unter Wilhelm dem Eroberer begonnen, der Caen zu seiner Lieblingsresidenz auserkoren hatte. Später, im Jahre 1432, wurde Caen Universitätsstadt – ein königliches Abschiedsgeschenk der Engländer, 18 Jahre bevor sie Frankreich am Ende des 100jährigen Krieges verließen. Vor allem im 18. Jahrhundert entwickelte sich Caen zu einer blühenden Stadt, die später unter der Französischen Revolution nur wenig zu leiden hatte. Anfang des 20. Jahrhunderts erlebte sie mit der sich am Stadtrand ansiedelnden Stahlindustrie einen rapiden Aufschwung, blieb jedoch in ihrem Kern eine vornehme Stadt von Bürgern, Aristokraten, Geistlichen, Professoren und Juristen.

Mit der Vernichtung der Stadt kamen neue geschichtliche Erkenntnisse ans Tageslicht und die Ratten! Dick, rührig, geschmeidig, sich rasch vermehrend, waren sie überall. Man traf sie, in Gruppen oder einzeln, in den vom Schutt zum Teil befreiten Straßen und Gassen. Wir zählten sie auf dem Weg zwischen unserem Logierzimmer und dem Internat: In der Dämmerung waren sie zahlreicher. Prämien für tote Ratten wurden öffentlich erwogen.

Wir bekamen bald eine präzise Vorstellung ihrer Größe und ihres Gesundheitszustandes. Wir hatten im Biologieunterricht – was lag näher? – eine Ratte seziert. Ihre Organe waren von einer weißen Fettschicht umhüllt. Beim bloßen Zuschauen wurde uns schlecht. Gelegentlich nahmen sie aber auch fast menschliche Züge an. Wir beobachteten einmal eine verletzte Ratte, die, auf eine andere gestützt, das Fehlen einer ihrer Pfoten überbrückte. Beide »Kameraden« bewegten sich langsam vorwärts, und das übrige Volk, das Narrenpossen getrieben hatte, machte ihnen mit quiekenden, näselnden Tönen Platz! Es sah unglaublich aus. Danach sahen wir, wie sich eine junge Ratte in der Sonne reckte und ... gähnte. Unser Forschungsdrang hielt sich trotzdem in Grenzen.

In Verbindung mit Ratten war das unheilvolle Wort »Pest« gefallen. Wir hatten aber keine Angst vor der uralten Krankheit: Die Ratten sahen viel zu gesund aus! Im übrigen gingen wir davon aus, daß man uns bald von ihnen befreien würde. Die Pest war also keine wirkliche Gefahr. Immerhin lernten wir etwas über sie. Unsere Geschichtslehrerin nahm die Gelegenheit wahr, uns über die versöhnliche Auswirkung einer Pestepidemie während des Religionskrieges in Caen aufzuklären. Katholiken und Protestanten hatten das Kriegsbeil begraben, sich danach endgültig versöhnt.

Apropos Versöhnung: Wir sollten einen Aufsatz über ein Zitat von Rainer Maria Rilke schreiben: »Armut ist ein großer Glanz von innen.« Die wohlbedachte, fast ungeheuerliche Provokation – in der zerstörten Stadt ausgerechnet über einen deutschen Dichter nachzudenken – bestätigte den Ruf unserer Französischlehrerin, die sich durch nichts beirren ließ.

»Das Thema gehört nicht zu unserem Programm«, sagte eine von uns.

»Nein«, antwortete unsere Lehrerin gelassen, »aber zu eurem Leben! Mit manchen Gedanken kann man viel leichter umgehen, wenn man sich die Mühe macht, sie schriftlich zu erfassen. Schreibt, was euch durch den Kopf geht! Ihr könnt die Stoiker, die Romantiker bis meinetwegen Camus heranziehen – aber, nachdem ihr alle in der letzten Zeit so viel erleben mußtet, wißt ihr selbst über das Thema vielleicht genauso viel wie all diese gescheiten Leute!«

Als sie uns die korrigierten Aufsätze zurückgab, verzichtete sie gegen ihre Gewohnheit auf kritische, gezielte Äußerungen über unsere Arbeiten. Und sie begründete das auch:

»Ich hätte sonst den Eindruck, euer Vertrauen zu mißbrauchen, denn eure Aufsätze sind sehr persönlich gehalten, deshalb sehr verschieden, im übrigen alle interessant. Ich werde mich darauf beschränken, die von euch angeführten Zitate allgemein zu erörtern. Daß eine von euch den Satz von Pascal ›Der Mensch übersteigt immer sich selbst‹ mit dem lapidaren Kommentar: ›Es fragt sich nur wie‹ quittierte, finde ich durchaus berechtigt. Die Übersteigerung, die uns vor Augen geführt wird, sieht auf Anhieb eher negativ aus.«

Sie erörterte dann viele Zitate. Nur ein Spruch aus der Bibel – »Das Sichtbare ist vergänglich, das Unsichtbare ewig« – ist mir in Erinnerung geblieben, weil er unsere Lehrerin veranlaßte, den seit Ende Juli als Pilot verschollenen Saint-Exupéry zu erwähnen und zwischen ihm und Rilke Gemeinsamkeiten zu finden. Wir waren sehr entsetzt. Für uns war ›Saint-Ex‹ mit niemandem vergleichbar und schon gar nicht mit diesem Deutschen, von dem wir kaum etwas wußten. Wenn wir nicht gewußt hätten, daß gerade diese Lehrerin während der Besatzungszeit ohne Scheu auf der Seite Englands und de Gaulles gestanden hatte, wären wir vermutlich rebellisch geworden. Sie aber, die Widersprüche genoß, stellte uns eine Fangfrage:

»Ihr liebt doch die Werke des Bildhauers Rodin?«

Verwundert bejahten wir die Frage.

»Na, und Rodin hatte mehrere Jahre hindurch einen Sekretär namens Rainer Maria Rilke! Der deutsche Dichter schrieb damals sogar französische Gedichte. Ihr habt jedoch nicht unrecht, über meinen Vergleich erstaunt zu sein: Schon deshalb weil Saint-Exupéry 25 Jahre nach Rilke geboren wurde, hatte er von vornherein eine ganz andere Einstellung zur Technik – später als Pilot erst recht! Trotzdem sind sich beide Dichter in ihrem Bestreben, das Sichtbare durch eindringliche Bilder in geistige Werte umzuwandeln, sehr nah – auch in ihrer energetischen Weltanschauung, bei welcher der ›Leistung‹ eine überragende Rolle zugesprochen wird. Aber kommen wir unserem Thema wieder näher! Saint-Exupéry, dem eine die Menschheit umfassende Liebe vorschwebte, hat geschrieben: ›Menschlichkeit ist im Krieg wie ein Tropfen Wasser in einem brennenden Wald.‹«

Ein Tropfen? dachte ich, von diesem Vergleich gefesselt. Was uns an Menschlichkeit »im brennenden Wald« begegnet ist, scheint in der Tat nicht viel bewirkt zu haben.

In den letzten Wochen erreichten uns Nachrichten von schier unglaublichen Taten, die in ihrer Brutalität jeder Menschlichkeit spotteten: das Blutbad der Ortschaft Oradour, die am 10. Juni 1944 von SS-Verbänden eingeäschert worden war – alle Einwohner, auch Frauen und Kinder, wurden getötet; die Folterungen durch die Gestapo in Paris am Mont-Valérien und anderswo . . .

Wir ahnten bereits, daß unsere Vorstellungskraft nicht ausreichte angesichts der Greuel, von denen wir in der nächsten Zeit hörten. Waren wir die ganze Zeit zu sehr bemüht gewesen, Lichtblicke zu entdecken, wo es vielleicht keine gab, nur weil wir sie brauchten, um selbst – soweit es ging – normal zu leben? Hatten wir jahrelang in bezug auf die Deutschen in einer völlig irrealistischen Welt gelebt?

Unsere Lehrerin, die unsere Gedanken zu erraten schien, nahm zwei in ihrem Format gleiche Bücher in die Hände, zeigte sie uns und legte sie auf ihrem Pult sorgfältig übereinander.

»So bilden sie eine Einheit«, sagte sie, »und doch existiert jedes Buch für sich. Auch wenn es momentan optisch anders aussieht, sind die Bücher trennbar. In der Geschichte der Menschheit ist es ähnlich. Die Welt des Grauens und die Welt der Menschen koexistieren nebeneinander. Gelegentlich gibt es nicht nur eine ›Collision‹ (Zusammenstoß), sondern eine ›Collusion‹ (heimliches Einverständnis), nicht nur eine ›Juxtaposition‹ (Nebeneinanderstellung), sondern eine ›Superposition‹ (Übereinanderstellung) beider an und für sich verfeindeten Welten. Das Ergebnis ist fürchterlich, aber man darf nie vergessen, auch wenn berechtigte Rachegefühle die Lage nicht klar erkennen lassen, daß diese zwei Welten wie die Bücher getrennt betrachtet werden müssen.«

Als später unsere Mathematiklehrerin die Klasse betrat, blieb sie kurz vor der Tafel stehen, dann wischte sie die vier Worte, die unsere Lehrerin in der Stunde davor an die Tafel geschrieben hatte, weg. Irgendwie waren wir erleichtert. Was hätten wir nicht am liebsten aus unserem Gedächtnis alles weggewischt, um manches ungeschehen zu machen?

Unser Vater, in amerikanischer Uniform von Cherbourg kommend, unterwegs nach Brüssel, tauchte in Caen auf und verlangte seine Töchter zu sehen. Daß wir gerade Unterricht hatten, beeindruckte ihn wenig. Die Ursulinen zeigten sich verständnisvoll, weil sie wußten, daß er sich – für seine Familie fast unerreichbar – nirgends lange aufhielt. So war er auch kurz in Le Molay gewesen. Er brachte uns Nachrichten von daheim, von Mama und Michel.

»Michel wird bald ohne Krücken gehen können!« verkündete er voller Freude. »Die Verkürzung seines Beines ist im Vergleich zu früher minimal geworden. Er wird nur ausgleichende Schuhe brauchen. Zu Hause ist alles bestens. Es ist auch ein glücklicher Umstand, daß die Familie Paquary jetzt bei uns wohnt. Abends, wenn Amerikaner sich in der Nähe unseres Hauses aufhalten, bekommen sie allerdings eine solche Angst, daß sie Mama anstecken. Sie verstecken glatt jedesmal ihre Tochter im Kleiderschrank!«

»In der Eckgarderobe des ersten Stocks, meinst du. Das taten sie auch, als wir vor dem Schulbeginn noch zu Hause waren. Man kann dort prima stehen, und selbst wenn die Tür aufgemacht wird, sieht man niemanden. Wir waren auch drin.«

»Eigentlich komisch, daß wir es nie nötig hatten, uns zu verstecken – die ganzen Jahre hindurch . . .«

»In der Normandie war auch vorher nie so viel Militär; aber man muß zugeben«, sagte Papa, »daß die Disziplin der Wehrmacht für uns diese eine gute Seite hatte. Jetzt erschrecken die nächtlichen Bummeleien allerdings mehr, als sie es verdienen. Viele Soldaten sind es nicht, die sich so benehmen, aber sie sind so laut, daß man ihre Zahl überschätzt. Aus ausgelassenen Jugendlichen macht man, vor allem in der Nacht, leicht gefährliche Burschen.« Er stutzte, uns beobachtend. »Ich weiß, ihr meint, ich kann leicht reden, weil ich selbst nichts zu befürchten habe, aber für Mama sieht die Sache anders aus.«

»Du kannst ohnehin nicht zu Hause sein«, sagte ich. »Es ist schon richtig, wenn du dir nicht zuviel Sorgen machst. So arg wie früher ist es in der Tat nicht mehr, seitdem sie ständig zu fünft zusammen sind, aber es beweist nichts, wenn man sagt, es sei in Le Molay kein Fall bekannt, wo Soldaten versperrte Haustüren gewaltsam aufgebrochen hätten. Wenn jemand betrunken ist . . .«

»Und ob die Betroffenen überhaupt darüber reden würden?« fragte Colette nachdenklich. »Gibt es immer noch so viele Soldaten bei uns?«

»Ja, vor allem farbige Amerikaner, mehr als damals, als die Front in unserer Nähe war. Die Alliierten sind mit der Beförderung von Kriegsmaterial und anderen Gütern in einen Engpaß geraten. Ich plaudere kein Geheimnis aus. Jeder kann es sich denken: Der Weg zur Front wird immer länger, und die Stadt Paris muß auch mit Lebensmitteln, Kohle und allem möglichen versorgt werden. 350 Kilometer trennen Cherbourg von Paris. Die Konvois verbrauchen jeden Tag Unmengen Benzin.«

»Und die Bahn?«

»Zwischen Caen und Lisieux ist sie endlich repariert. Wir würden aber wesentlich mehr Verbindungen von der Küste zur Front brauchen. Es ist wirklich ein Jammer mit Antwerpen!«

»Wieso? Der Hafen ist doch längst befreit.«

»Stimmt, aber unbrauchbar ist er, solange die Scheldemündung – die Öffnung zum Meer – von den Deutschen gehalten wird.«

»Machst du dir ernsthaft Sorgen?«

»Natürlich nicht, aber es wird Zeit, daß mit Antwerpen etwas geschieht. Von Patton wird plötzlich nichts mehr gemeldet. Seit der Bretagne war er nicht aufzuhalten ... Das macht mir Kummer. Sind die deutschen Truppen bei Metz wirklich so stark, oder bekommen die Amerikaner zu wenig Nachschub und müssen deshalb eine Pause einlegen? Wir waren einfach verwöhnt in der letzten Zeit. Zu Weihnachten sind aber die Alliierten sicher an der Ruhr. Vielleicht bricht dann alles zusammen, und der Krieg ist endlich vorbei!«

Wir versuchten, nur an unser zukünftiges Abitur zu denken. Die Tücken des Unterrichts hielten uns von komplizierten Gedankengängen ab. Einigen von uns allerdings – vor allem älteren Schülerinnen der Abiturklasse – kamen die Anforderungen der Schule albern und sinnlos einengend vor. Der vergangene ereignisreiche Sommer wirkte sich ziemlich negativ auf den Lerneifer vieler von uns aus. Auch in unserer Klasse sank das Interesse für Latein und Mathematik auf den Nullpunkt, vermutlich weil wir uns fragten, inwiefern solche abstrakten Fächer für unser späteres Leben von Nutzen sein könnten. Hatte uns der Krieg nicht eindringlich gezeigt, daß praktische Begabungen, Anpassungsfähigkeit und rasches Handeln zum Überleben wichtiger sind als intellektuelle Überlegenheit, theoretische oder gar musische Kenntnisse?

Bei der Wahl unserer Lieblingsfächer blieben wir trotz alledem erfreulich inkonsequent. Colette träumte von der Kunstakademie, und mir gefiel nach wie vor Griechisch sehr gut – nicht als Ziel, eher als Einspruch gegen die Gegenwart, als Luxus mitten im Verfall der Ruinenlandschaft. Diese Meinung vertraten wir zu dritt, miteinander engbefreundet, seitdem wir vor über zwei Jahren die Sprache der Hellenen als Pflichtfach gewählt hatten. Caroline, ein sportliches, wildes Mädchen gehörte unserem Trio an. Plötzlich, während einer Pause im Park, sagte sie mir mit ernster Miene:

»Ich möchte später Dominikanerin werden.«

»Du?« antwortete ich vergnügt über den gelungenen Scherz. »Und ich ..., ich werde den Kaiser von China heiraten und viele kleine Tschin-Tschin-Kinder bekommen!«

»Ich meine es ernst«, sagte die 16jährige Caroline. »Vielleicht war es ein Fehler, es dir zu erzählen. Hier weiß niemand davon. Sprich bitte nicht darüber!«

»Natürlich nicht. Du kannst dich darauf verlassen. Im übrigen sei mir bitte nicht böse; ich dachte ..., also, ich konnte es mir im Moment gar nicht vorstellen!«

»Pst! Die anderen kommen!«

»Machst du heute beim Handballtraining mit?« fragte Stéphanie.

»Na klar!« antwortete Caroline.

Verrückt, dachte ich, einfach verrückt! (Später wurde Caroline wirklich Dominikanerin.) Wieso wußte sie mit 16 so genau, was sie wollte?

Wenn wir im größeren Kreis miteinander sprachen, konnten wir eine Menge belanglosen Unsinn verzapfen. Manchmal versteckten wir in harmlosen Sätzen Gedanken, die wir gar nicht preisgeben wollten, oder je nach Temperament verkündeten wir sie trotzig in der Runde.

»Ich möchte endlich leben«, sagte Stéphanie, »tanzen gehen, alles tun – nur nicht die blöde Schulbank drücken!«

»Und ich will bald heiraten und mein Leben so bestimmen, wie ich mag!« tönte stolz die 17jährige Sabine, die sich in einen englischen Fallschirmjäger verliebt hatte.

»Hat dein süßer Larry wieder geschrieben?« fragte spitz Elisabeth.

»Dumme Gans!« schmetterte Sabine zurück. »Doch nicht ins Internat! Dafür warten sicher zu Hause eine Menge Briefe auf mich.«

In die laute Unterhaltung platzte plötzlich »die Tochter des Generals«, und wir fuhren auf.

»Es war mir so, als ob ich gehört hätte, eine von euch würde dringend Englischunterricht brauchen«, sagte sie spitzfindig. »Täusche ich mich?«

Niemand antwortete.

»Ich wollte nicht indiskret sein«, fuhr sie fort, »aber ihr wart unüberhörbar. Übrigens Sabinchen, die Gleichung Heirat gleich Freiheit geht nicht automatisch auf. Sie kann aufgehen, vor allem dann, wenn Heiraten nicht als Patentlösung angesehen wird, um schnell zu einem Leben ohne Zwang zu kommen.«

Nachdenklich ging unsere Latein- beziehungsweise Klassenlehrerin mit uns zu den Schulbaracken zurück. Laut denkend sagte sie:

»Die Zeit, die ihr noch bei uns zu verbringen habt, ist sehr kurz. Bald werdet ihr flügge. Ob es uns gelingt, euch noch ein wenig zu einem glücklichen, erfüllten Leben zu verhelfen?«

Dann, ganz und gar nicht wie eine Nonne, geriet unsere Lehrerin aus der Fassung:

»Es darf doch nicht wahr sein! Ihr hattet euch vor einigen Monaten noch eine Menge vorgenommen, nach dem Motto: ›Alle Chancen als Frau wahrnehmen‹ oder ›ebenbürtige Partner‹ . . . Hat man euch inzwischen ausgetauscht, daß ihr anders denkt? Begreift ihr nicht? Ihr müßt erst selbst jemand werden! Eure Selbständigkeit könnt ihr nur mit Wissen und Können aufbauen. Besitz, Geld, ja sogar leider Familie, alles ist, wie ihr wißt, vergänglich. Was ihr dagegen im Kopf habt, das gehört euch. Damit könnt ihr die Welt umkrempeln – mit oder ohne Heirat – und mit Gottes Hilfe!«

Letzteres schien ihr gerade noch rechtzeitig eingefallen zu sein! Im allgemeinen zeigten sich die Ursulinen, die uns betreuten, im Gespräch mit uns tolerant und nachsichtig. Vielleicht durch die Erfahrung geschult, vermieden sie frontale Konfrontation, in der Annahme, daß unsere übermütigen Äußerungen nicht immer so ernst zu nehmen waren, wie es den Anschein hatte.

Anders unsere temperamentvolle Klassenlehrerin, die immer gern eigene Wege gegangen war! Ihre 75 Tage dauernde Trennung vom Kloster hatte die Tochter des Generals keineswegs sanfter gestimmt. Vielleicht war ihre Weltanschauung während des langen Irrweges, der sie mit ihrer Gruppe bis Château-Gontier in die Bretonische Mark geführt hatte, zuweilen ins Wanken geraten. Plötzlich ließ sich ihre Zeit nicht mehr in regelmäßig wiederkehrende Pflichten einteilen, ihr Tagesablauf wurde von unvorhergesehenen Ereignissen beherrscht, die sie mit wechselnden Schicksalen ihr unbekannter Menschen gegenüberstellten. Unter anderen Umständen hätte die Tochter des Generals an einer solchen Lebensart sicher Gefallen gefunden. Die klösterliche Gelassenheit war ihr auf jeden Fall dabei ein wenig abhanden gekommen. Seit ihrer Rückkehr nach Caen in einem amerikanischen Lastwagen zeigte sich unsere Lehrerin unbefangener, pragmatischer – auch heftiger als zuvor.

Im damals fast menschenleeren Château-Gontier hatte sich übrigens etwas zugetragen, womit sich ihr bereits erwähntes Tagebuch auseinandersetzte. Statt Latein zu unterrichten (ihrem Lehrfach gegenüber schien sie manchmal fast so lustlos wie wir), holte sie nun das kleine Heft hervor.

»Die Eintragung des 7. August – die letzte, die ich euch vorlesen werde – beginnt mit der Aussage einer Krankenschwester im improvisierten Durchgangslazarett von Château-Gontier. Sie sagte: ›Wir sahen nichts. Wir hörten sie nur schreien. Der Pfarrer segnete sie durch die Wand.‹ Wieso durch die Wand? werdet ihr fragen. Ich will versuchen, euch zu erklären, was geschehen war. In der Nacht, unmittelbar bevor die Amerikaner das von seinen Einwohnern verlassene Städtchen befreiten, wurden sechs französische Widerstandskämpfer im Gymnastikraum einer Schule von den Deutschen gefoltert und ermordet. Der als Verbandsplatz dienende Raum, wo die Krankenschwester, ihre Kollegin und ein Geistlicher verwundete Flüchtlinge versorgten, befand sich Wand an Wand mit dem Turnsaal. Die bittere Ohnmacht aller, die die Greuel nicht zu verhindern vermochten, spiegelt sich in dieser kurzen Beschreibung. Der Versuch, in einer Geisterstadt aus den Gequälten Namen von Kameraden zu erpressen, die durch den raschen Rückzug der Wehrmacht bereits völlig belanglos geworden waren, hat etwas Irrationales und Grauenvolles, wie manche Darstellungen von Kafka, mit dem Unterschied, daß es sich hier um Tatsachen und nicht um Dichtung handelt. Manchmal würde man gern den umgekehrten Weg beschreiten: das Leben als Fiktion behandeln, um Fakten ungeschehen zu machen.«

Bevor unsere Lehrerin weitersprach, schaute sie uns an, unsere Reaktion herausfordernd. Elisabeth meldete sich:

»Es mag sein, daß wir von solchen grausamen Taten nachträglich erfahren müssen. Mir wäre es trotzdem lieber, ich wüßte nichts davon. Was wir selbst erlebt haben, ist traurig genug. Manche von uns haben ohnehin Angst einzuschlafen, in der Befürchtung, etwas Schlimmes träumen zu müssen.«

Unsere Lehrerin schwieg zunächst betroffen. Dann fuhr sie fort:

»Ich kann dich gut verstehen, Elisabeth. Glücklich diejenigen, die eine solche notgedrungene, grausame Handlungslosigkeit niemals erleben müssen! Mich verfolgt tatsächlich der Ausdruck ›durch die Wand segnen‹, obwohl ich erst am nächsten Tag erfuhr, was sich zugetragen hatte. Immer wieder sehen sich Menschen zu einem tatenlosen Abwarten genötigt, wenn in ihrer Nähe Mitmenschen in die Fänge von Handlangern eines totalitären Regimes geraten. Auch im alten Rom war es so. Es wird immer Menschen geben, die behaupten, Zwangsmethoden müssen angewendet werden, weil sie eben zum Krieg gehören. Glaubt es nicht! Ihr sollt wahrhaftig vergessen, wer die Folterknechte in der Vergangenheit waren, niemals jedoch empörende, menschenunwürdige Zwänge hinnehmen. Solche Zustände – egal wo sie auftreten – gehören angeprangert, bis sie verschwinden! ... So, das war's – und nun wollen wir das Blatt wenden und uns in den zukünftigen Unterrichtsstunden nur noch dem Latein widmen.«

Die Ardennen-Offensive und ein Selbstmord mitten im Frühling

Am 28. November war es endlich soweit: Das erste Schiff der Alliierten konnte in den Hafen von Antwerpen einlaufen! Inzwischen jedoch rollten klammheimlich aus Deutschland ganze Züge voll Munition, Treibstoff, Waffen, Pferde und Proviant an. Der letzte Coup Hitlers stand bevor: die Ardennen-Offensive. Seine letzte Karte wurde ausgespielt, bei eisiger Kälte, viele Menschen wurden sinnlos getötet. Solange die Alliierten erfolgreich gewesen waren und fast mit Leichtigkeit – wie es uns fern von der Front schien – große Gebiete Frankreichs und Belgiens erobert hatten, wurden wir verführt anzunehmen, daß die Auseinandersetzung mit unseren ehemaligen Besatzern Geschichte zu werden begann. Als die Großoffensive der Deutschen im Dezember losging, merkten wir mit Entsetzen, daß wir unsere Wünsche für Realitäten gehalten hatten. Bilder, die wir noch nicht vergessen hatten, wurden wach, zum Beispiel die Warnschilder, die wir alle irgendwann einmal in unserer Nähe gesehen hatten:

Front Line 500 Yds. Ahead Dismount and Fight. (Frontlinie 500 Yards. Weiter vorn absteigen und kämpfen.)

Als wir von den deutschen Vorstößen nach Bastogne und Celles erfuhren, fragten wir uns erschrocken, was dieses unheimliche Deutschland noch für ungeahnte Reserven hatte. Die Tatsache, daß unsere allmächtigen Alliierten überrascht worden waren, entsetzte uns am meisten. Einige Tage waren die Amerikaner so verwirrt, daß bei den amerikanischen Streitkräften Ausgangssperren und scharfe Kontrollen verordnet wurden. Sogar im entfernten Hafen von Le Havre, wo unser Vater gerade zu tun hatte, herrschte höchste Alarmstufe.

Durch ihr plötzliches Auftauchen hinter den amerikanischen Linien und die abenteuerlichen Gerüchte, die sie dort in Umlauf setzten, hatten die Sondereinheiten Skorzenys und die Fallschirmjäger von der Heydtes Furcht und Verwirrung gestiftet. Die Anschläge, die die Deutschen verübten, blieben minimal, aber die psychologische Wirkung ihres Auftretens – als Amerikaner verkleidet, mit guten Englischkenntnissen, in erbeuteten Jeeps oder Sherman-Panzern unterwegs – war groß. Durch den Abwurf von Fallschirmjägerattrappen und Meldungen von Störsendern wurde die Angst geschürt. »Über Frankreich und Belgien sind Tausende von deutschen Fallschirmjägern abgesprungen, um alliierte Befehlshaber zu entführen oder zu ermorden«, hatten festgenommene Mitglieder der deutschen Kommandotrupps behauptet.

Der Spuk dauerte nicht lange. Dafür der Winter. Er wurde entsetzlich kalt und in jeder Weise mörderisch. Französische Truppen waren in Straßburg, während die Deutschen noch Colmar hielten. Die Lage wurde unübersichtlich. Später erzählte man sich, daß die Alliierten Straßburg hatten aufgeben wollen, um einer Umzingelung amerikanischer Truppen vorzubeugen. Der Plan wurde jedoch glücklicherweise verworfen (Straßburg zählte 400000 Einwohner).

Während sich die Front im Elsaß stabilisierte, meinten wir förmlich zu spüren, wie man uns auf die Zehen trat. Nie zuvor war uns die Einheit unseres Territoriums so deutlich bewußt gewesen. Gleichzeitig wurde uns klar, daß unsere endgültige Rettung von der unserer Nachbarn abhing. Nicht nur Colmar mußte frei sein, sondern beispielsweise auch Saint-Vith in Belgien, das am 23. Januar 1945, einen Monat nachdem die Stadt im Zuge der Ardennen-Offensive hatte geräumt werden müssen, von den Amerikanern erneut erobert wurde. Ebenso wichtig waren für uns Rotterdam und Amsterdam. Während des langen Winters herrschte in beiden Häfen regelrechte Hungersnot. Am 29. April 1945 begann eine Luftbrückenaktion: R. A. F.-Bomber warfen Nahrungsmittelpakete ab. Ganz Europa wurde für uns zu einer Einheit, die als Ganzes befreit werden sollte. Dazu gehörte erstaunlicherweise auch Aachen! Die Krönungsstadt von Karl dem Großen war frei, und wir freuten uns darüber.

Aus der Nähe hatten wir erlebt, wie sich ein Hügel, ja sogar ein Zaun eine Weile als unüberwindliche Schranke erweisen kann. Wir fürchteten deshalb die zahlreichen Flüsse, die in der Nähe des Westwalls den Weg ins deutsche Landesinnere versperrten. Es hatte Ende Februar mit der Ruhr begonnen. Die schwierige Überquerung des Flusses öffnete den Amerikanern am 6. März 1945 den Weg nach Köln. Als man in Frankreich erfuhr, daß es am 7. März den Amerikanern gelungen war, über die Ludendorff-Brücke bei Remagen das Ostufer des Rheins zu erreichen, war der Jubel in Frankreich unbeschreiblich. Die von Montgomery exakt vorbereitete Operation Plunder begann am 24. März. Bald häuften sich Nachrichten, die den Frieden näher brachten.

Am Wochenende war unsere Familie in Le Molay versammelt. Wir hatten einen besonderen Grund zum Feiern: die Beförderung Papas zum Hauptmann! Seine Entscheidung, als Verbindungsoffizier zur amerikanischen Armee hinüberzuwechseln, hatte ihm nicht geschadet. Die Bestätigungsurkunde seines neuen Dienstgrades war, von General de Gaulle unterschrieben, nach Le Molay geschickt worden. Papa legte sie am nächsten Tag stolz und glücklich in seinen Feldkoffer.

Die Eltern waren gerade mit Packen beschäftigt, als uns eine tragische Nachricht überbracht wurde. Die Tochter eines Arbeiters der Fabrik, ein 16jähriges Mädchen, hatte Selbstmord begangen, kurz nachdem sie einem »amerikanischen« Baby das Leben geschenkt hatte.

Yvette Martin, so hieß unsere ehemalige Schulkameradin aus der Volksschule, hatte, solange es ging, versucht, ihre Schwangerschaft zu verheimlichen. Dann wurde der Skandal offenkundig. Er platzte in die fromme Familie des Mädchens wie ein Unglück, wurde bald eifrig kolportiert, bis ein Teil der Ortschaft überzeugt war, daß Yvette wahllos mit jedem »Neger« geschlafen hatte. Sehr spät hatten wir von dieser Schwangerschaft erfahren. Nun hatte sich Yvette die Pulsadern durchgeschnitten und war tot.

»Was mag das arme Kind alles durchgemacht haben!« sagte Mama spontan.

»Das Kind?« wiederholte Colette, sich ihres gleichen Alters bewußt.

»Aber ja! In diesem Fall schon ... Nach deiner Abfahrt, Roger, müssen wir ihre Eltern aufsuchen.«

»Tut das! Versucht, sie zu trösten! Wie kann man mitten in einem solchen Frühling sterben wollen?«

Wir gingen zu den Martins. Die Straße, die zum Dorf führte, schien an diesem sonnigen Nachmittag wie für eine fürstliche Hochzeit geschmückt. Weiße Waldanemonen, leuchtend gelbe Primeln und Büschel von wilden Veilchen blühten so dicht auf den Böschungen rechts und links von uns, daß sie zuweilen einen durchgehenden Teppich bildeten. Am Straßenrand, dort wo der Regen seine nasse Spur hinterläßt, sprossen junge Schachtelhalm-Triebe in den langgestreckten Pfützen, die die amerikanischen Panzer im vergangenen Sommer ausgehöhlt hatten. An erhöhten Stellen bogen sich hellgrüne Farne, deren gelbe Spitzen sich nach und nach entrollen würden. Oberhalb der Böschungen sank der Weißdorn unter der Last seiner duftenden Blüten förmlich ein, und darüber ragten die Zweige unserer »ewigen« Apfelbäume, die bald in verschiedenen Rosatönen traumhaft blühen würden.

Alles in allem eine fröhliche Pracht, die nicht im geringsten zu dem traurigen Anlaß unserer Wanderung paßte. Die Umgebung schien viel eher für Liebende geschaffen, für junge Menschen, die, durch ihr gemeinsames Glück unverletzbar geworden, sich an den Händen haltend bis ans Ende der Welt gehen würden.

Die Eltern von Yvette empfingen uns mit Tränen.

»Es ist sehr freundlich von Ihnen, daß Sie zu uns kommen. Unsere Tochter war nicht so, wie man es sich erzählt«, sagte der Vater scheu und doch bestimmt.

»Kommen Sie!« bat die Mutter. Zu unserem Schrecken fügte sie flüsternd hinzu: »Sie können sich von der armen Yvette verabschieden ... und von ihrem Baby. Das Kind war so zart. Nun liegen sie beide nebeneinander, Mutter und Sohn.«

Alles sträubte sich in mir gegen diese unerwartete Begegnung. Das Zimmer war dunkel. Auf einem Tischchen brannten zwei Kerzen neben einem alten Kruzifix aus Elfenbein. Endlich wagte ich, das Bett anzuschauen. Das Baby war weiß! Ich war nicht darauf gefaßt. Yvette, erstaunlich friedlich, sehr blaß wie das winzige Kind an ihrer Seite, lag schön angezogen, die Hände vor der Brust gekreuzt. Sah eine Selbstmörderin so aus? Die Ärmel ihres Kleides bedeckten ihre Handgelenke. Wesentlich älter als damals in der Volksschule wirkte sie nicht – nur hübscher, das Gesicht schmäler. Das Baby, leblos wie eine Puppe, schien aus Porzellan zu sein.

Madame Martin flüsterte:

»Der Herr Pfarrer hat das Baby nottaufen können, bevor es heute früh verstarb. Das arme Ding hatte von vornherein kaum Überlebenschancen, sagte vorhin der Arzt zu uns. Es war zu früh geboren.«

Draußen wartete der Vater von Yvette.

»Viel Unheil ist über unsere Familie gekommen«, sagte er. »Warum hat nur Yvette so spät und so wenig mit uns gesprochen? Wir hätten ihr Kind großgezogen!«

Madame Martin kam hinzu. Leise verkündete sie:

»Die Beerdigung wird morgen stattfinden – im normalen Friedhof. Unsere Tochter hat für ihren Leichtsinn genug büßen müssen. Sie dachte, ihr amerikanischer Freund würde sie heiraten. Er sprach nicht französisch, sie nicht englisch.«

»Vielleicht lebt er auch nicht mehr«, sagte Monsieur Martin. »Im Krieg geht alles so schnell.«

»Wieso im normalen Friedhof?« fragten wir Mama später.

»Einer alten Tradition folgend, werden Selbstmörder außerhalb der Friedhofeinfriedung begraben«, antwortete sie. »Das Baby hat Yvette davor bewahrt; es ist ein Glück für die Martins. Auch damit wären sie schwer fertig geworden.«

»Ich finde, daß das Ganze glatter Unsinn ist«, sagte Michel. »Anscheinend hat es der Pfarrer auch so empfunden.«

»Warum hat sie keinen Ausweg gesehen?«

»Uns bleibt die Schande, hat die Mutter gesagt. Vor ihr hatte Yvette, glaube ich, am meisten Angst.«

»Ja, und vor den Leuten.«

»Dabei ist man in der Normandie allgemein großzügig mit unehelichen Kindern. Der Krieg wird oft solche Folgen haben«, meinte Mama nachdenklich.

»Schön übrigens, daß das Baby weiß war!« triumphierte Colette. »Es wird manche Leute ärgern! Abgesehen davon paßte es besser zu der blonden Yvette.«

Auch ich hatte dies erfreulich gefunden. War es eigentlich richtig? Bisher hielt ich die Frage der Rassentrennung für eine Erfindung engstirniger Menschen. In Wirklichkeit war ich 1945, wie viele Europäer, auf die hautnahe Konfrontation von zweierlei Farben wenig vorbereitet. Es ist leicht, ein Problem als gelöst zu betrachten, solange man keine konkrete Berührung mit ihm hat. Unwillkürlich hatte ich mich mit Yvette identifiziert, froh, daß der amerikanische Freund der blonden Normannin ein Weißer gewesen war. Plötzlich entdeckte ich, daß mein Glaube von der Gleichheit aller Menschen schwach verankert war und präzise Tatsachen scheute.

Das Ende des Krieges und unsere Umsiedelung nach Paris

Am 7. Mai 1945 um 2.41 Uhr endete nach 2076 Tagen der Krieg in Europa! Damit fand zwischen den Nachbarn am Rhein zum siebten Mal seit 1792 eine kriegerische Auseinandersetzung ihr Ende. Den sieben Kriegen, zunächst gegen Preußen, später gegen Deutschland, stehen für Frankreich von 1689 bis 1815 (Waterloo) acht frühere Kriege gegen England gegenüber, was eindeutig beweist, daß Feindseligkeiten endgültig abgeschlossen werden können und daß sich die Beziehungen zwischen den Völkern nicht nur normalisieren, sondern in Freundschaft umwandeln lassen.

1945, mitten in den Ruinen, die der Krieg hinterlassen hatte, schien für viele Politiker die Zeit gekommen, eine solche Umkehrung der Geschichte herbeizuführen, aber das grausame Geschehen der letzten Jahre war nicht dazu geeignet, die ganze Bevölkerung unserer Länder versöhnlich zu stimmen. Für viele unserer Landsleute ging es ohnehin einzig darum, sich erneut eine materielle Existenz zu verschaffen. Die Zukunft Europas lag in weiter Ferne. Über dumme, jahrelang übernommene Begriffe wie »Erbfeindschaft« begannen jedoch viele Europäer nachzudenken.

Die militärische Laufbahn unseres Vaters endete offiziell am 30. September 1945, weil das Headquarter European Theater of Operations der amerikanischen Armee keine französischen Verbindungsoffiziere mehr benötigte. Papa verabschiedete sich von seinen Freunden in Cherbourg, Le Havre, Antwerpen und Brüssel und erfuhr, daß ihm noch eine Menge Urlaub zustand, weil er seit Juni 1944 ununterbrochen im Dienst gewesen war.

Am 31. Oktober 1945 fuhr er, immer noch in amerikanischer Uniform, mit einem Militärzug für beurlaubte amerikanische Soldaten von Paris nach München. (Der Zug brauchte für diese Strecke 32 Stunden!) Anschließend stieg er mit 15 Amerikanern in einen Lastwagen, der durch eine schneebedeckte Landschaft Rosenheim erreichte. Papa hatte nicht grundlos dieses Ziel angestrebt: In der oberbayerischen Stadt am Inn befand sich eine Fabrik seines Konzerns, für den er seit 20 Jahren – vor allem in Le Molay – tätig gewesen war. Der Namensträger der Firma hatte ihn gebeten, sich nach seinem Lieblingskind, der von ihm gegründeten deutschen Gesellschaft, zu erkundigen. Geschäftliche und menschliche Beziehungen mit Deutschland, die bereits 1865 begonnen hatten, sollten neu belebt werden.

»Eine Pionierarbeit – genau das richtige für Sie!« Mit diesen Worten hatte für Vater ein neues, abenteuerliches und unbequemes Leben begonnen, dem er positive Seiten abzugewinnen bemüht war.

Colette und ich nahmen unterdessen den letzten Anlauf zum Abitur.

Im Sommer 1946 versuchte unsere Familie, nach Paris zu übersiedeln. Im begehrten Neuilly fanden wir endlich die langgesuchte Wohnung. Dazu war es notwendig gewesen, daß eine alte Dame zufällig das Zeitliche segnete. Auf andere Weise bekam man damals keine brauchbare Unterkunft in Paris.

Das Haus, in dem wir Parterre und den ersten Stock bewohnten, war Ende des vorigen Jahrhunderts gebaut worden und stand mitten in einem großen Park mit selten schönen Bäumen und Büschen. An Raum und freien Himmel gewöhnt, nahmen wir dankbar, aber gelassen diese ganze Pracht um uns hin, ohne recht zu begreifen, daß es sich für Paris um eine Seltenheit handelte. Wir lebten allerdings in diesem zum Abbruch verurteilten Haus in vornehmem Abstand zu großartigem Komfort. Im Erdgeschoß bewegten wir uns auf wunderschön gemusterten Marmorböden – dafür gab es dort nahezu keine Heizung und lediglich eine Notküche. (Die echte Küche, fast ein Museumsstück, befand sich in diesem herrschaftlichen Haus im Keller!) Im ersten Stock verfügten wir über drei riesige Ankleideräume mit meterlangen eingebauten Schränken, die Dutzende von Abendkleidern aufnehmen konnten, die wir nicht besaßen.

Das Ganze erinnerte uns an das unfertige Schloß der Familie d'Estel bei Le Molay. Von unserem kleinen Dorf mitten in eine der vornehmsten Gegenden von Paris verpflanzt, empfanden wir nicht einmal Verwunderung, höchstens Neugier für alles, was es dort zu entdecken gab, und Freude darüber, daß der Bois de Boulogne so nah lag.

Für unsere Wanderungen dorthin hatten wir sofort einen Freund gefunden: Mousse, den großen Airdale der Familie, die den zweiten und letzten Stock des Hauses bewohnte. Der gutmütige Hund schlief übrigens nachts in der Empfangshalle, unterhalb der prunkvollen Marmortreppe in einer mit Samt und Leder bezogenen Sänfte. Seine Herrschaft war originell: Die rothaarige junge Frau – eine Nichte der verstorbenen alten Dame – lebte oben mit ihrem Juristen-Ehemann und anderthalb Kindern. In guter Hoffnung rechnete sie mit Zuversicht damit, daß die Pläne einer Neubebauung des Grundstücks einige Jahre auf ihre Verwirklichung warten würden. Immer freundlich und witzig, strahlte sie vor Glück und beruhigte uns ungemein.

Weil das ein Hektar große Grundstück den Boulevard Jean Mermoz mit der parallel dazu verlaufenden Rue Perronnet verband, hatte ein findiger Architekt einen Plan entworfen, der die Substanz – unser Haus, ein Hausmeisterhaus und Stallungen, wo man früher Pferde gezüchtet hatte – zugunsten von 48 modernen Luxus-Wohnungen vernichten sollte. Es war der Lauf der Zeit. Die alte Dame hatte viele lebenstüchtige Erben.

Mit der Metro und dem Vorortszug fuhr ich nach Asnières, um Chantal, eine ehemalige Mitschülerin aus Caen zu besuchen. Mit Entsetzen entdeckte ich ein anderes, trostloses Paris, wo kleine Häuser übereinander an der Bahn wucherten, von Lärm, grellen Lichtern und schlechter Luft geplagt. Chantal hatte Tbc. Wie sollte sie dort jemals gesund werden? Sie lag blaß auf ihrem Bett. Unten sah ich durch ihr Fenster einen winzigen Garten mit einem einzigen Baum. Die Großmutter brachte ein Glas Milch herein.

»Das Klima ist hier nicht so feucht wie in der Normandie«, sagte sie. »Es ist besser für Chantal. Der Arzt ist mit ihr zufrieden. ›Mit ihrer Lebensfreude und ihrer Geduld wird sie es schaffen‹, hat er gesagt.«

Im Laufe der Unterhaltung war ich erstaunt, zu welch heiterer und tiefer Religiosität Chantal gefunden hatte. Sie sprach unbekümmert und spontan sowohl vom Tod als auch vom Leben. Dieses schien ihr kostbar. Sie wollte kämpfen. Über alte Erinnerungen aus Caen konnte sie herzlich lachen.

In der Metro fiel mir der Spruch von Rilke wieder ein, der uns damals geärgert hatte: »Armut ist ein großer Glanz von innen!«

Unsere finanziellen Verhältnisse waren ungewiß, weil es nicht sicher war, ob Papa in Deutschland Fuß fassen würde. Wir hatten beschlossen, keine Zugehfrau zu beschäftigen. Einmal schneiderten wir uns weite Samtröcke im New-Look, weil Mama Karten für den ›Eingebildeten Kranken‹ mit Jean-Louis Barrault im Théâtre Marigny bestellt hatte.

»Für solche Dinge sollten wir immer Geld haben«, sagte sie. »Gerade wenn wir hier harte Arbeit leisten, um das Haus einigermaßen in Ordnung zu bringen, können wir uns einen Ausgleich genehmigen.«

Colette und ich hatten eine Woche zuvor mit Michels Hilfe unser Schlafzimmer, einen Prachtraum mit drei großen Fenstern, endlich zu Ende tapeziert. Die Höhe der Wände bis zu der Stuckdecke war voller Tücken gewesen. Die schweren Gardinen mit Schabracken hängten wir wieder auf, dafür wanderten die alten verschlissenen Stores in die Mülltonne. Warum hätten wir die Sonne hindern sollen, zu uns hereinzukommen, nachdem wir ohne Vis-à-vis, von den Bäumen geschützt, lebten? Weil wir nie in Miete gewohnt hatten, dies auch von den Großeltern nicht kannten, war für uns Selbsthilfe eine Selbstverständlichkeit. Wir wußten, daß große Häuser schwer zu erhalten sind und nie perfekt sein können. Im übrigen war unsere Miete nicht übertrieben hoch, keineswegs im Verhältnis zu den Quadratmetern, die wir bewohnten.

Die Hausmeisterin brachte uns die Post. Es gab ein Päckchen für mich. Von Eric! Zwei Bücher, einen Roman von Emily Brontë und ›Die grüne Stute‹ von Marcel Aymé. Von Deutschland aus adressiert. Wieso von Eric an mich? dachte ich. Ein Photo lag im Begleitbrief: Eric in Uniform. Mit dem Militärdienst sei er bald fertig, schrieb er. Es habe ihm gefallen, weil er dabei viele junge Leute – auch deutsche – kennengelernt hätte. Seine Mutter sehe er öfter in Baden-Baden, wo sie für die Verteilung landwirtschaftlicher Mittel in der französischen Zone zuständig sei. »Als Hauptmann macht sie sich nicht schlecht!« schrieb er belustigt. Seinen langen Brief beendete er wie folgt:

»Schreiben Sie mir bitte, ob die Bücher Ihnen gefallen haben, oder noch besser, ob sie gut angekommen sind. Sonst müßte ich vielleicht fürchten, lange keine Nachrichten von Ihnen zu erhalten. Ich denke oft an Le Molay und an Sie, chère Mademoiselle. Wissen sie noch, wer ich bin? Ihr ergebener Eric«

Als im Herbst die Schule anfing, besuchte Michel das nahegelegene Lycée Pasteur und lernte dort neue Freunde kennen. Sein Weg war für die nächsten Jahre vorbestimmt. Anders der von Colette und mir. Wir tappten noch im dunkeln, was unsere Zukunft anbetraf.

Meine Schwester hatte sich, in Verbindung mit der Organisation Fullbright für einen Studentenaustausch in die USA beworben. Sie hoffte, ein Stipendium zu bekommen, um dort Landwirtschaft zu studieren. Ihre unerwartete Studienwahl, die unserem Agronom-Vater bestens gefiel, war nostalgisch gefärbt: Das Landleben erinnerte Colette an ihre normannische Zeit. Im übrigen sollten die Zusagechancen für das Fach »Agriculture« besonders groß sein. Daß die Zukunft in den Vereinigten Staaten lag, war ohnehin für jeden klar, in unserer Familie erst recht! Inzwischen besuchte Colette eine Sekretariats-Schule.

Mir, vielleicht weil ich jünger war, gönnte man eine Pause. Aus welchen Gründen auch immer, ich genoß in diesem Herbst absolute Narrenfreiheit. Die Sorbonne imponierte mir, und ich hörte einige Vorlesungen, ohne dort immatrikuliert zu sein. Einmal ging ich per Zufall aus Spaß in eine deutsche Vorlesung und ärgerte mich darüber, rein gar nichts verstanden zu haben.

Von da an war es ein kleiner Schritt, bis ich es – entgegen der allgemeingültigen Meinung – für ein Manko hielt, nicht Deutsch zu sprechen. Zu dieser Kehrtwendung gab es eine naheliegende Erklärung: die Tatsache, daß unser Familienoberhaupt sich gerade mit dieser Sprache plagte! Wer von uns beiden würde sie schneller erlernen? Deutschland fing also an, mich zu interessieren, aber Zivilisten hatten dorthin keinen Zugang. So suchte ich aus eigenem Antrieb nach einer Lösung: Ich dachte an eine Annonce als Au-pair-Mädchen in der deutschen Schweiz.

Inzwischen versuchte unsere Mutter, in Paris alte Kontakte zu ehemaligen Freunden und weitentfernten Verwandten neu zu beleben. Ihre eifrige Tätigkeit bescherte uns bei einer Teegesellschaft in der Nähe des Parc Monceau einen bisher unbekannten Cousin. Er war artig, tadellos angezogen, 20 Jahre alt und studierte Jura. Weil er zusätzlich gut aussah, schien er uns einfach zu perfekt.

Wir hatten bald den Eindruck, daß unsere ungezwungene Redensart ihn und seine Familie verwunderte. In die Vorstellung, die sie sich von erst aus dem Kloster entschlüpften und aus der Provinz zugezogenen Mädchen machten, paßten wir scheinbar nicht. Amüsiert darüber, fühlten wir uns natürlich dazu verpflichtet, in der Unterhaltung zu glänzen. Dazu fiel uns ein Thema ein, das für uns gar nicht so weit hergeholt war: Bayern! Unser Vater lebte nun die meiste Zeit dort, und wenn wir auch bisher Bayern nur vom Hörensagen kannten, so galt dieses Land für uns bereits als schön und interessant, was wir arglos kundtaten.

Bald verfinsterten sich die Gesichter unserer Zuhörer. Der Hausherr sagte salbungsvoll:

»Wir kennen die mutige militärische Laufbahn Ihres Gatten, Marie-Thérèse«, sein Ton wurde jovial, um jede Kränkung von vornherein auszuschließen, »aber was tut er jetzt noch bei den Boches?«

Damit steckten wir schon wieder mitten in einem alten Problem, das uns seit unserer Kindheit verfolgte. Die Fragestellung betraf wie eh und je das »angemessene« Verhalten der Franzosen den Deutschen gegenüber. Ob während oder nach den Feindseligkeiten, schien für unsere Gastgeber nicht von großer Bedeutung zu sein. Mutter antwortete, daß ihr Mann in Deutschland für seine Firma tätig sei. Seine Aufgabe bestehe darin, alte Bande neu zu knüpfen, die den normalen Ablauf geschäftlicher Beziehungen in der Zukunft ermöglichen würden.

»Das heißt also doch, mit den Deutschen zu arbeiten? Warum sagten Sie aber: ›alte Bande neu knüpfen‹?«

»Weil bereits zwischen den beiden Weltkriegen der Konzern eine Tochtergesellschaft in Deutschland gegründet und 1930 mit Hilfe der deutschen Regierung eine in Schwierigkeiten geratene Molkerei übernommen hatte. Das Werk befindet sich in Bayern, daher das Interesse der Kinder für dieses Land.«

»Und was geschah mit dieser Gesellschaft in der Nazizeit?«

»Sie wurde im Jahre 1936 unter Zwangsverwaltung gestellt.«

»Ah so!« sagte erleichtert der geschäftstüchtige Mann. »Es geht um Gelder, die uns die Deutschen schulden!«

»Aber nein!« erwiderte Mama. »Die Not ist in Deutschland so groß, daß die Vergangenheit in dieser Hinsicht abgeschrieben werden muß. Es wird sogar jahrelang keine neue Dividende für den Konzern geben. Momentan geht es schlicht um das Überleben einer Firma mit allen Schwierigkeiten, die Roger aus Erfahrung in der gleichen Branche bereits kennt. Die Beschaffung jeder Kleinigkeit mit Bezugsscheinen, die oft nicht einmal honoriert werden können, wie lange haben wir das selbst erlebt! Durch die Teilung Deutschlands in mehrere Zonen wird allerdings alles wesentlich komplizierter.«

»Und das in deutsch!« rief erschrocken unsere Gastgeberin aus.

»Sehr viel in englisch, denn Rosenheim, wo die Molkerei steht, befindet sich in der amerikanischen Besatzungszone. Es gibt aber im Werk – und es ist ein Glück für Roger – eine französischsprechende Sekretärin, die schon vor dem Krieg die Kontakte zu der Muttergesellschaft in Paris pflegte.«

Die Leute schienen nicht aus dem Staunen zu kommen. Daß eine friedliche Zusammenarbeit von Deutschen und Franzosen viele Jahre hindurch gut funktioniert hatte, schien ihnen völlig neu zu sein.

Der Abschied verlief betont kühl.

»Wir haben sie nicht überzeugt«, sagte Mama später, »aber vielleicht denken sie mal über alles nach.«

»Was waren das für Cousins?« fragte Michel, als wir in Neuilly ankamen.

»Ganz komische!« antwortete Colette. »Müde Helden, die ständig zu Hause hocken und im übrigen meinen, die Leute aus der Provinz wären Zurückgebliebene!«

»So schlimm waren sie wiederum nicht«, trat Mama vermittelnd ein. »Ihr dürft nicht vergessen, daß der Lebenslauf unserer Familie sich für normale Menschen ziemlich chaotisch ausnimmt. Wir werden durch die Umstände ständig nach vorne geschleudert. Deshalb wird es uns immer schwer fallen, allgemeine Zustimmung für das, was wir tun, zu erhalten.«

»Die Leute können uns allmählich gern haben!«

»Es wäre eine Lösung, aber schließlich wollen wir, auch hier, unter Menschen leben.«

»O. k. Aber den schönen Cousin, den kannst du auf alle Fälle für mich abschreiben!« sagte Colette.

26. März 1947 (aus meinem Tagebuch).

Ich hab's geschafft! Seit einer Woche lebe ich als Au-pair-Mädchen in Basel. Es fragt sich nur, ob es ein guter Einfall war, hier und gerade in dieser Schweizer Familie Deutsch lernen zu wollen. Bereits jetzt scheint es mir, daß der erste Versuch, mein Leben allein, ohne elterliche Hilfe zu organisieren, ziemlich verkehrt läuft, um nicht zu sagen scheitern wird. In den Briefen an meine Eltern gebe ich es natürlich nicht zu. Es war nicht vorauszusehen. Der Hausherr arbeitet meist in Solothurn. Man sieht ihn kaum. Die Dame des Hauses stammt aus der französischen Schweiz und, weil mit ihrer Ehe manches nicht zum besten steht, ist sie froh, »eine Freundin gefunden zu haben, um sich endlich in ihrer Sprache auszusprechen«. Fehlanzeige auf der ganzen Linie! Nur das zehn Monate alte Baby ist wie in der Zeitungsannonce erwähnt vorhanden. Die Zugehfrau dagegen hat sich für alle Zeiten verflüchtigt.

»Sie werden lernen, wie man einen Haushalt in der Schweiz führt!« hat der Hausherr am Wochenende – auf französisch – gesagt.

Dagegen habe ich nichts, aber ich finde es fast unverschämt, daß er im Lauf der Unterhaltung sagte:

»Im Grunde genommen hat Frankreich genauso wie Deutschland den Krieg verloren. Denken Sie nur an unsere Währung! Die Schweiz hat sich, wie im Ersten Weltkrieg, aus allem herausgehalten. Es war sehr weise! Deshalb ist es wichtig, daß wir jetzt den Umtausch europäischer Währungen in Schweizer Franken unterbinden. Am Ende würdet ihr uns noch in den Schlamassel hineinziehen!«

Mit diesen Worten hat Herr Stringli prägnant kundgetan, eine Au-pair-Beschäftigung sei die einzige Möglichkeit für ein junges Mädchen, in das Wunderland Schweiz zu gelangen, wenn seine Eltern dort kein Bankkonto besitzen.

Am nächsten Tag hat sich die Hausfrau, die »meine Freundin« sein will, für ihren Mann entschuldigt:

»Der Reichtum der Schweiz, das ist sein Lieblingsthema! Sie werden öfter davon hören müssen. Vielleicht können Sie nun besser verstehen, daß ich mit einem so taktlosen Menschen nicht gut leben kann. In der französischen Schweiz sind die Männer anders, fröhlicher, nicht nur darauf bedacht, zu arbeiten und Geld zu verdienen! ... Wenn ich nur nicht von meinem Mann finanziell so abhängig wäre! Er ist Teilhaber der Firma, wo er arbeitet, wissen Sie ...«

Oh Gott! Wo bin ich hingeraten! Und ich dachte, die Confederatio Helvetica sei eine beneidenswerte Einheit, so eine Art Felsen im Sturm! Anscheinend ist der Krieg nicht so spurlos an den Schweizern vorbeigegangen, wie Herr Stringli glaubt. Weiß er überhaupt, wie es um seine Ehe steht? Sein Kind scheint er sehr zu mögen.

30. März.

Steffi ist wirklich goldig. Bisher glaubte ich, mit kleinen Kindern wenig anfangen zu können. Ich wußte nicht, wie spontan sie reagieren und sich mit kleinen Gesten dankbar zeigen. Was werden die Eltern von Steffi mit ihm tun, wenn sie sich trennen? Bei dem Gedanken wird mir schlecht.

»Ihre Ehe braucht nur Anpassungszeit«, habe ich heute seiner Mutter gesagt. »In einigen Jahren werden sie sich mit Ihrem Jungen freuen, daß Sie durchgehalten haben.«

So überzeugt bin ich davon nicht. Als Eheberaterin komme ich mir mit meinen 18 Jahren sehr komisch vor. Daß die Verschiedenheit der Sprachen zwei Menschen nachträglich trennen kann, obwohl sie von vornherein damit konfrontiert wurden und – wie ich hörte – sogar Spaß daran hatten, kann ich mir einfach nicht vorstellen. Die Probleme müssen anderswo liegen. Zu häufige Trennungen? Anderes gesellschaftliches Milieu? Was weiß ich?

11. April.

Diese Eheleute sind verdammt anstrengend. Beide lassen ihre üble Laune an mir aus.

»Sie haben schon wieder nach dem Staubsaugen die Fransen der Teppiche nicht ordentlich mit den Fingern gekämmt, damit sie alle gerade liegen«, sagte meine Arbeitgeberin, bevor ihr Mann kam. »Er wird mich schikanieren, weil das Haus nicht so akkurat ist, wie er es möchte.«

»Steffi hat vorhin in diesem Raum gespielt.«

»Gut! Aber Sie müssen jedesmal dafür sorgen, daß danach die Fransen ordentlich sind!«

Beim Essen sagte der Hausherr zu mir:

»Daß wir den Salat aus hygienischen Gründen mit heißem Wasser gewaschen haben wollen, wissen Sie schon längst. Sie halten anscheinend nichts davon, aber ich sehe es auf Anhieb, wenn Sie es nicht tun!«

Da haben Sie recht! dachte ich bei mir. Man sieht's. Prompt verfiel Herr Stringli wieder auf das Eigenlob seines Landes, »das mit seiner Sauberkeit beispielhaft in der Welt dasteht«.

»Sie sind sicher viel gereist?« fragte ich etwas hinterlistig.

»Nein, aber selbst in der Schweiz erlebt man gewisse Unterschiede, die manche Rückschlüsse erlauben.«

Es darf nicht wahr sein, dachte ich amüsiert. Wenn ich später von diesem Gespräch erzähle, glaubt mir niemand! Ob sich diese Leute mit ihrem Teppich-Fransen-Komplex überhaupt vorstellen können, wie eine zerstörte Stadt aussieht? Der letzte Satz klingt hart. Ich fürchte, es geht um mehr als um den Sonderfall von Spießbürgerlichkeit, der mir hier begegnet ist. Plötzlich scheint es mir – und ich erschrecke bei diesem Gedanken – daß ein langwährender Friede, den wir mit aller Kraft ersehnen, auch Gefahren in sich bergen könnte. Ob der idyllische Zustand des Friedens die Menschen allmählich dazu bringen wird, den Wert von belanglosen Dingen zu überschätzen und von Gewohnheiten abhängig zu werden, die im Grunde genommen nebensächlich sind?

18. April.

Die Schweiz ist ganz anders! Ich wußte es, wollte es aber erleben. Von meinen ewig streitenden Gastgebern (Kost und Logis und zwölf Fränkli im Monat für meine Arbeit) habe ich mich zum ersten Mal für ein Wochenende befreit. Ich habe mein Geld zusammengerafft und bin mit dem Zug nach Bern gefahren. Unterwegs konnte ich mich nicht satt sehen: Was für eine herrliche Welt, und wie gut es tut, nirgendwo Ruinen zu sehen! An der Bahn wurde ich von der Berner Familie abgeholt, zu der ich ursprünglich als Au-pair-Mädchen hatte gehen wollen. Als es damals darum ging, zwischen beiden Angeboten aus der Schweiz zu wählen, hatte Mama allerdings gemeint, daß eine Familie mit Baby für mich schicklicher wäre als eine mit einem 19jährigen Sohn, »der seine französischen Sprachkenntnisse vervollständigen möchte und Vergnügen daran finden wird, der jungen Dame sein Land zu zeigen«, wie es in einem Brief hieß.

Die Eltern von Markus – so heißt der Junge – sind weltoffen, unkompliziert und sehr herzlich. Ihr schönes Haus in einem Vorort von Bern wirkt gediegen und gemütlich. Markus ist Sportflieger. Er will nächstes Jahr einen Ferienjob in England bei Verwandten übernehmen und uns, auf dem Weg dorthin, in Neuilly besuchen. In seinem Garten hat er viele Photos von mir gemacht. Die Sonne schien. In einigen Stunden habe ich über die Schweiz mehr erfahren als in 30 Tagen in der Baseler Familie!

Vier Tage später – im Werk Rosenheim/Deutschland!

Wir sind mitten in der Nacht in Rosenheim angekommen, und ich bin viel zu aufgeregt, um gleich schlafen zu können. Morgen soll ich nach Flintsbach (Inntal) gebracht werden, wo ich zunächst bei der Mutter der Sekretärin meines Vaters wohnen werde. Ich freue mich, weiß aber nicht, was mich erwartet. Die alte Dame spricht nur deutsch.

Alles scheint hier abenteuerlich zu sein, auch das tägliche Leben. In Rosenheim gibt es nirgendwo Zimmer. Ausländische Zivilisten bekommen keine Aufenthaltserlaubnis und damit keine Lebensmittelkarte. Lange werde ich in Bayern nicht bleiben können. Papa trägt nach wie vor seine Uniform. Jetzt schläft er in seinem Büro nebenan.

Eigentlich bin ich heilfroh, daß er mich aus Basel herausgeholt hat! Ursprünglich wollte er mich nur besuchen.

»Deine letzten Briefe waren nicht mehr so fröhlich wie sonst«, sagte er. »Ich dachte mir gleich, daß etwas nicht stimmte. Du hast sehr abgenommen. Ich lasse dich keinen Tag länger hier. Packe bitte sofort deinen Koffer!«

Jetzt bin ich auf Bayern gespannt. Vorhin hat es stark geregnet.

23. April, Flintsbach.

Der Herr, der den Wagen fuhr – ein gewandter und freundlicher Berliner – sprach wesentlich besser Englisch als ich. Zunächst blieb das Wetter diesig, auch als wir in das Inntal einbogen. Die Landstraße war naß. In der Luft hing noch die ganze Feuchtigkeit des gestrigen Regens. Aber plötzlich kam es! Die Wolken hoben sich, teilten sich über uns, die Sonne kam heraus, mit ihr die Berge. Bald stand ein ganzes Tal in Blüte vor uns! Es war so schön, daß ich am liebsten Purzelbäume geschlagen hätte oder in stille Andacht versunken wäre.

Diese plötzliche Begegnung mit dem Frühling werde ich nie vergessen. Deutschland hat sicher viele Gesichter, aber die Bilder dieser farbenfrohen Bergwelt, leuchtend und wie verzaubert nach dem Regen, werden für mich den Glanz der ersten Entdeckung behalten. Auf den Bergen lag noch Schnee, in der Normandie so selten und so vergänglich, daß ihm für mich der Ausdruck der Kostbarkeit, ja fast des Überirdischen anhaftet.

Wie sehr werde ich mich freuen, Schnee zu berühren, ihn zu kosten!

Die Farben der Kirschblüten und der Forsythien beherrschten das Tal. Die Obstgärten am Inn erinnerten mich an die Normandie. Das Bild, das sich mir bot, stellte ein Bündnis dar, ein harmonisches Nebeneinander von Bergen und Tal, von Natur und Mensch. Die ländlichen Häuser wirkten menschlich und mit ihren Balkonen einladend. Das viele Holz, aus dem sie bestanden, gehörte zu dieser Landschaft. Ein ausgewogenes Bild in allen Ebenen, bis zum weiß-blauen Himmel.

Am nächsten Tag wanderte ich an einem halbverfallenen Schlößchen vorbei, Richtung Petersberg und Riesenkopf. Unterwegs erregten viele Blumen und Pflanzen meine Aufmerksamkeit. Königlich allein stehend eine Waldorchidee, später in großer Zahl eine tiefblaue kleine Enzianart von begeisternd einfacher Form, deren intensive Farbe ich bisher bei keiner Blume gesehen hatte. Andere Blüten sahen wie Miniaturen mir bekannter Blumen aus. Ich kletterte über Felsen und fand den ersehnten Schnee!

Daß es, vor allem für einen Neuling in den Bergen, von Vorteil ist, den Wegen zu folgen, wußte ich nicht. Aus Freude an der Entdeckung ging ich einfach darauf los. Mein Pariser Schuhwerk mit kleinen Absätzen erwies sich als völlig ungeeignet. Von den Felsen angezogen, hatte ich den kleinen Berg von der falschen Seite erklimmen wollen. Ich suchte – ratlos und mit Herzklopfen – Halt an den Latschen, den Abgrund unter mir. Die Zwergkiefern hielten fest, und ich schloß mit ihnen ein Bündnis der Freundschaft. Als ich den Weg wieder erreicht hatte, war es, als hätte ich ein Abenteuer hinter mir.

Es wurde langsam dunkel, denn ich war von Flintsbach spät weggegangen. Nach und nach erhellten sich die Fenster in den Häusern im Tal. Ich blieb stehen und wartete. Nichts schien mir schöner, als von oben herab dem Erwachen der zur Erde gehörenden Sterne beizuwohnen.

Dann trieb mich das schlechte Gewissen nach unten. Ob die alte Dame sich meinetwegen Sorgen machte? Ich lief den Pfad hinunter. Die kleine Ortschaft um den lustigen Zwiebelturm herum schien mir bereits heimelig, obwohl ich die Sprache ihrer Bewohner nicht kannte und in vieler Weise eine Fremde war. Zu Frau Sandmann, meiner Wirtin, konnte ich lediglich sagen: »Es tut mir leid.« Für mehr reichte mein Wortschatz nicht aus. Mit Gesten versuchte ich zu erklären, was ich erlebt hatte und wie glücklich ich war. Letzteres schien sie zu begreifen. Sie lächelte und servierte mir bald einen herzhaften Kaiserschmarrn.

Am nächsten Morgen ging ich, ein Butterbrot in der Tasche, zu seiner Majestät, dem Inn. Daß er das Tal beherrschte, wurde mir, die bisher nur zahme, ruhige Flüsse gekannt hatte, fast erschreckend deutlich, als ich von der Brücke aus den rasenden, lehmfarbenen Strom beobachtete, der, ungebändigt und von der Schneeschmelze angeschwollen, Baumzweige und ganze Büsche mit sich riß. Die unheimliche Kraft des Flusses vergegenwärtigte mir meine Fremdheit. Nachdenklich zog ich weiter und, als ich die lieblichen Haine von Obstbäumen am Fuß des Heubergs erreicht hatte, war mir wohler. Die Ortschaft Nußdorf sah bezaubernd aus.

Am Wochenende kam Fräulein Sandmann, die französischsprechende Sekretärin aus Rosenheim, nach Flintsbach zu ihrer Mutter. Ein Fest für mich, denn ich hatte eine Menge zu fragen und zu erzählen. Zunächst kam ich mit ihrer Hilfe zu einem Paar Wanderschuhen von damals unschätzbarem Wert. Wir probierten sie gleich aus: Von der Talstation Brannenburg fuhren wir mit der Zahnradbahn zum Wendelstein und gingen anschließend bis zum Sonnenobservatorium von Professor Müller. Er erzählte, daß er im ständigen Kontakt mit dem Sonnenobservatorium von Pic du Midi in den französischen Pyrenäen stehe und daß die Zusammenarbeit sehr positiv und absolut problemlos sei.

»Wenn es um die Sonne geht, gibt es auf dieser Erde keine Grenzen. Hoffentlich wird es irgendwann mal für alle Menschen dieser Welt klar – in jeder Beziehung!«

Er zeigte mir seine neuesten Aufnahmen von Protuberanzen am Sonnenrand.

Am Abend gab das 250 Jahre alte Volkstheater von Flintsbach eine Komödie von Ludwig Thoma, sie war herzerfrischend und so gut gespielt, daß ich oft mitlachte.

»Die Dialoge klingen lebensecht, weil sie bayerisch und nicht hochdeutsch geschrieben sind«, erklärte mir Fräulein Sandmann während der Pause.

Hochdeutsch: Diesen Ausdruck hatte ich bereits in Bern gehört, als Markus mich davor gewarnt hatte, in der Schweiz Deutsch lernen zu wollen.

»Wieviel Deutsch-Arten gibt es eigentlich?« fragte ich verwundert und nicht ahnend, welchen Dämonen ich damit heraufbeschwor. Die Erklärung meiner netten Führerin wurde langatmig.

»Für mich ist sowieso noch alles gleich«, unterbrach ich sie heiter. »Heute abend bin ich auf die Gebärden der Schauspielerin angewiesen, und das Ratespiel macht mir viel Spaß. Das Publikum scheint ebenfalls die Darstellung zu genießen, auf eine spontane, unverfälschte Art, so als ob Humor und Fröhlichkeit hier zu Hause wären.«

Am Sonntag rückte die bayerische Kapelle samt Trachtenverein in das große Wirtshaus ein, und es sah dort im Nu wie in einer Operette aus, mit dem Unterschied, daß kein Vorhang aufzugehen brauchte. Wir saßen mitten drin und bekamen Bier in Krügen, die kaum mit einer Hand zu heben waren! Die Mädchen trugen – wie am gestrigen Abend auf der Bühne – ihr Haar in langen Zöpfen, die wie Kronen um ihre Köpfe befestigt waren.

»Diese Frisur gilt noch als Bedingung, um ein Dirndl tragen zu dürfen«, erklärte meine Begleiterin. »An den kurzen Frisuren erkennt man im Publikum die Mädchen aus dem Osten. Wir haben in Bayern viele Flüchtlinge aus Schlesien, aus dem Banat und von anderswo. Sie haben große Mühe, hier Fuß zu fassen, aber sie bemühen sich sehr. Herr Sokowsky, der bei uns im Parterre mit seiner Familie wohnt, ist Photograph – im Moment ein schlechter Beruf! Wer hat schon Geld für Photos? Seine drei Kinder fangen aber an, bayerisch zu sprechen, und seine Frau hat eine Stellung bei der Gemeinde bekommen. Irgendwie werden sie sich durchschlagen. Die Sokowskys sind nette Leute. Der Mangel an Arbeitsplätzen stimmt allerdings die Einheimischen den Flüchtlingen gegenüber nicht immer wohlwollend. Es wird Zeit brauchen, bis Bayern sie alle integriert. Es ist auch eine Religionsfrage ...«

Auch dieses Thema war mir neu. In Frankreich ersparte uns die Zugehörigkeit der großen Mehrheit der Bevölkerung zu einer einheitlichen Konfession sicher manche Probleme. Ob das ein Vorteil war? Der Gedanke, daß Deutschland in ein Bündel von Schwierigkeiten verstrickt war, deren Entwirrung keine leichte Aufgabe darstellen würde, streifte mich zwar, verflüchtigte sich jedoch sofort, weil die Trachtengruppe zu tanzen begonnen hatte.

Hier, auf der Tanzfläche, keine Spur von Zukunftsangst! In Flintsbach schienen sich ansteckende Lebensfreude, ungestüme Vitalität und unbekümmerte Heiterkeit spielend durchzusetzen, und dies, obwohl es dort kaum genug zu essen gab und vieles nicht zum besten stand. Die weiten Röcke der Mädchen drehten sich schwungvoll, während sich die Bauernburschen in Lederhosen auf die Schenkel klopften und Freudenschreie ausstießen. Fräulein Sandmann erläuterte mir den Sinn der vorgeführten Tänze, die traditionelle Tätigkeiten wie das Fällen eines Baumes (nur mit Männern) oder das »Fensterln« (zusammen mit den Mädchen) mimten.

Ein junges Paar wirkte während aller Darbietungen so verliebt, daß ich prompt meine Meinung bezüglich der »Operette« revidierte. Auch gab es kein Publikum: Die Leute waren unter sich. (Die Währungsreform lag noch fern, der Tourismus ebenso.) Was hier geschah, war kein Theater. Es gehörte zum normalen Leben dieser Menschen, die sich ihre Originalität bewahrt hatten und nicht daran dachten, sie aufzugeben, weil – wie meine Begleiterin sagte – »alles hier einer Tradition entspricht, die seit eh und je gepflegt worden ist.«

Nach einem trüben Tag kam der Föhn, und die Welt veränderte sich! Die Ankunft dieses unberechenbaren und liebenswürdigen Tyrannen nahm ich, um ehrlich zu sein, zunächst überhaupt nicht wahr. Weil mir jedoch seine Anwesenheit abwechselnd in freudiger, klagender, sachlicher, erstaunter Tonlage gemeldet wurde, fing ich an, über das Wesen eines »Fallwindes« nachzudenken, der die Menschen veranlaßte, so verschiedenartig »Heute ist Föhn!« zu sagen.

Eines war gewiß: Der Himmel war blau, und hoch oben schwebten ausgefranste Schärpen von Wolken, die sich bereits zu erschöpfen schienen. Frühmorgens hatte es im Tal Nebel gegeben, einen Dunst, der, wie aufgesaugt, über die Berge gestiegen war, um sich in nichts aufzulösen. Hatte ich nicht bei meiner Ankunft etwas Ähnliches erlebt? Der Zauberer hieß also damals vielleicht schon Föhn! Den Grund, weshalb nicht alle Menschen sich über sein Erscheinen freuten, wollte ich beim nächsten Besuch von Fräulein Sandmann ergründen.

Beschwingt wie nach dem Genuß eines Glases Sekt (hatte dies auch mit dem Föhn zu tun?), verabschiedete ich mich bis zum Abend von Frau Sandmann. Daraufhin sprach sie, freundlich auf mich deutend, von einem »Eichhörnchen« – ein Wort, das ich mich beeilte im Wörterbuch zu suchen. Wieso Eichhörnchen? überlegte ich. Vielleicht weil das Tierchen ständig in Bewegung und kaum zu fassen ist ...

»Eichhörnchen heißt auf bayerisch ›Oachkatzerl‹«, sagte sie und ließ mich spaßhalber das Wort wiederholen.

Neugierig über die Orthographie dieser neuen Errungenschaft, wollte ich wieder zum Wörterbuch greifen, aber meine Wirtin schüttelte lachend den Kopf.

Wenn sie sich die Mühe machte, mit mir zu sprechen, hüpfte ich hoffnungsvoll von einem verstandenen Wort weg und landete meistens nirgendwo, weil zu viele für mich bedeutungslose Wörter einem undefinierbaren Murmeln gleichkamen, von dem ich erhoffte, es würde irgendwann einmal einen Sinn bekommen. Möglicherweise hätte hartnäckige Schreibtischarbeit die Verständigung beschleunigt, aber der Reiz der Berge war zu stark, vor allem weil ich wußte, daß meine Zeit in Flintsbach knapp bemessen sein würde. Alles, was ich draußen versäumt hätte, schien mir unwiderruflich verloren. Der Schnee schmolz zusehends; ich mußte weiter hinauf.

Wenn mir unterwegs Menschen begegneten, sagten sie freundlich »Grüß Gott!«, und ich fand die Sitte, Fremde mit dem frommen Gruß spontan anzureden, hübsch und beruhigend. Artig grüßte ich zurück. Wenn sich die Wanderer allerdings länger mit mir unterhalten wollten, mußte ich nach kurzer Zeit das gelernte Sprüchlein »Ich spreche leider nicht deutsch!« anwenden. Meistens zogen sie erstaunt von dannen. Ob ich manchmal Angst hatte? Kaum, aber je höher ich ging, desto sicherer fühlte ich mich. Oben traf man selten Menschen an, vor allem keine Müßiggänger, sondern Leute, die einer Beschäftigung nachgingen.

Oder Tiere! Zwischen Rambaldplatte und Hochsalwand überraschte ich einige Gemsen mit einem Kitz, die am Rand des oberen Waldgürtels zwischen Sträuchern grasten. Erschreckt flohen sie, über Felsen springend. Die Bewegung erfaßte sogleich das ganze Rudel am Hang. Tiere, deren Anwesenheit ich nicht vermutet hatte, strebten von überall her in waghalsigen Sprüngen nach oben. Alles ging rasend schnell. Plötzlich waren die Gebirgsbewohner verschwunden. Reglos und still stand der Berg, so als ob ich alles nur geträumt hätte. Wieviele Gemsen waren es gewesen? Um die 30?

In Flintsbach hatten sich Mutter und Tochter bisher über meine Unternehmungslust offenkundig gefreut und mich sogar dazu ermutigt. Allmählich wurde ihnen in ihrer herzlichen Fürsorge um mich bange. Sie suchten nach Wegen, die Verantwortung mit jemandem zu teilen, und fanden in ihrer Nachbarschaft die Lösung. Diplomatisch sagte Fräulein Sandmann:

»Nachdem Sie, inzwischen gut trainiert, weitere Wanderungen unternehmen wollen, brauchen Sie einen Begleiter, der Ihnen neue Wege zeigt. Unsere Gegend ist, wegen ihrer Nähe zur österreichischen Grenze, zur Zeit nicht so harmlos, wie Sie meinen, weil Schmuggler und Schwarzmarkthändler Treffpunkte in den Bergen vereinbaren. Es gibt auch Menschen, die gute Gründe haben, ihre Papiere an der Grenze nicht zu zeigen; sie wählen den Weg nach oben. Die Nachkriegszeit bringt manche Unruhe mit sich, die Sie optimistischerweise nicht einmal vermuten und, weil Sie Ihre Unbefangenheit behalten müssen, möchte ich Ihnen einen jungen Mann vorstellen, der die Gegend gut kennt und selbst gerne wandert. Er ist sehr gut erzogen, studiert Jura, lebt normalerweise in München, für einige Wochen in Flintsbach.«

Wir gingen zu ihm. Er hieß Siegfried und sah ungefähr so aus, wie eine Französin sich den Nibelungen-Held vorstellt.

»Ist der Vorname Siegfried in Deutschland sehr geläufig?« fragte ich verschmitzt Fräulein Sandmann.

»Nein, in Bayern schon gar nicht, aber er steht ihm doch nicht schlecht, oder? Siegfried ist im übrigen ein sozial und christlich sehr engagierter junger Mann. Ich glaube, er möchte später Richter werden. Sie können ihm absolut vertrauen. Schade nur, daß er nicht französisch spricht!«

»Um so besser!« antwortete ich.

Siegfried verdankte ich bald einige Wanderungen, die ich allein wahrscheinlich nicht unternommen hätte. Unsere längste Tour am Tatzelwurm und Sudelfeld vorbei nach Bayrischzell und zurück über den Wendelstein dauerte 14 Stunden! Oft, vor allem bergauf, gingen wir still hintereinander her, aber wenn der Weg es erlaubte, versuchten wir zu plaudern, und dies brachte eine nicht alltägliche Eigenschaft meines ritterlichen Bergführers zu Tage: Er entpuppte sich als ein perfekter Humanist! Weil wir uns auf deutsch nahezu nicht verständigen konnten, griffen wir auf altbewährte Vokabeln der Antike zurück. Die bayerischen Rehe müssen sich über unser Kauderwelsch gewundert haben! Ich glaube, wir genossen das Außergewöhnliche unserer spärlichen und ein wenig verrückten Unterhaltung.

Manchmal fiel uns zuerst das lateinische Wort ein, manchmal das griechische ... oder gar nichts, was uns zum Lachen brachte. Dieses Ratespiel war nur deshalb möglich, weil wir beide erst der Schule entronnen waren; einige Jahre später hätten wir solche Kenntnisse nicht mehr gehabt. Sie fingen bereits an, sich zu verflüchtigen. Das ärgerte uns. War es nicht paradox und witzig, daß Sprachen, die wir als unnötigen Ballast betrachtet hatten, plötzlich vor den lebenden Sprachen rangierten, weil wir sie dringend brauchten!

Beim Essen sprechen Menschen gern miteinander. Wir hatten unsere belegten Brote ausgepackt und saßen stumm da. Wie wäre es, fragte ich mich, wenn ich nun singen würde? Auch dies kann ein Verständigungsmittel sein! Das kurze französische Lied, das mir einfiel, paßte zu unserer Wanderung:

»Pour la beauté de nos chemins,
pour aujourd'hui et pour demain ...«

Die Stelle »für heute und für morgen« gefiel mir besonders, weil sie von uns verlangte, daß wir die Zukunft – diese unbekannte Größe – frei und ohne Vorbehalt annahmen. Das Lied setzte eine bejahende Lebenseinstellung voraus. Bedingungen, stillschweigende Einschränkungen mögen Erwachsenen aus Erfahrung richtig erscheinen, dachte ich. Uns jungen Menschen, mitten in den Scherben, die der Krieg hinterlassen hat, bleibt wohl keine andere Wahl als der Weg nach vorne. Ob Siegfried auch so dachte? Er klatschte mir Beifall, ohne den Text verstanden zu haben, und bat mich, das Lied zu wiederholen.

»Morgen!« scherzte ich. »Jetzt habe ich Hunger!«

Weil ich später den Pfad voller Schwung bergab lief, schrie Siegfried auf deutsch:

»Nicht so schnell!«

Ich blieb stehen. Er kam nach und sagte ernst:

»Res difficilis ad servendum Mentorem tibi!« (Es ist schwer, dein Mentor zu sein!)

Ich dachte rasch nach: Mentor, das war doch der Hauslehrer des Sohnes des Odysseus und der Penelope!

»Nihil est mihi cum viro Telemacho!« (Ich habe nichts mit dem Mann Telemach zu tun!)

»Certo scio!« (Es ist mir klar!), antwortete Siegfried heiter. »Caesar sagte schon: ›Kühnheit ist der blühenden Jugend eigen!‹«

Viel älter als ich ist Siegfried eigentlich nicht, dachte ich, aber ruhiger und weiser! Wieviel Zitate hat er in seinem Kopf, dieser »homo doctus«? Ich kenne kaum welche ... Apropos Zitate, mir fiel ein Lied ein, das man im Kanon singen konnte. Sollten wir es probieren?

»Ego sum pauper, Nihil habeo, cor meum dabo!«
(Ich bin arm, nichts besitze ich, mein Herz werde ich geben.)

Es klappte vorzüglich. Als Verbindungslied zwischen uns Europäern wäre der Text nicht unangebracht, überlegte ich. Was besitzen wir noch Großes außer unseren Mut, neu zu beginnen?

In Flintsbach warteten zwei Briefe auf mich, einer von Colette aus Neuilly und einer von Eric aus Baden-Baden. Beide Briefe kündigten mir das baldige Ende meines Aufenthaltes in Flintsbach an. Mein Vater, unterwegs nach Paris, war über Baden-Baden gefahren, um eine Zuteilung von Aluminium-Folien für das Werk Rosenheim zu erwirken. Er hatte dort sowohl Eric wie seine Mutter angetroffen. Weil Papa demnächst öfter in Baden-Baden zu tun hatte, wollte er mich dorthin mitnehmen und, vor meiner endgültigen Rückkehr nach Paris, sogar eine Woche dort lassen. Eric freute sich. Ich schrieb ihm postwendend zurück:

»Auch ich freue mich, Ihre Mutter und Baden-Baden kennenzulernen, aber seien Sie so nett, cher Eric, schreiben Sie und sagen Sie nicht mehr ›Mademoiselle‹, sondern ›Danielle‹ zu mir, wie ich soeben ›Eric‹ geschrieben habe. Wir kennen uns schon so lange, wir Normannen! Ich werde Ihnen viel von Bayern erzählen und Sie mir von Ihrem Militärdienst. Welche Bücher haben Sie inzwischen gelesen? Bis bald!«

Mit Siegfried unternahm ich noch eine große Wanderung am Hochrieß. Wir wußten beide, daß es unsere letzte war. Das Gebirgswasser in meiner Hand schmeckte mir besser denn je. Der Weg führte lange an einem Grat entlang, von wo aus die Sicht weit ins Land reichte. Ich hatte diese Landschaft mit meinen Beinen kennengelernt. Sie konnte mir viel erzählen. Siegfried, Botschafter seines Landes, hatte mir einen unvermuteten Aspekt gutes Deutschlands gezeigt – nicht mit Worten, sondern einfach mit seiner Art zu »sein«.

Die Mutter von Eric konnte die besten Käse-Soufflés kochen, die ich je gegessen habe! Diese Fähigkeit erstaunte mich, weil sie nicht zu der Vorstellung paßte, die ich mir von ihr – als Hauptmann der französischen Armee – gemacht hatte. Sie war eine selbstbewußte »Karriere-Frau« vor der Zeit – einer der wenigen weiblichen Offiziere damals in Baden-Baden, und sie hatte Spaß, am Abend ihre Uniform gegen ein schickes Kleid zu vertauschen, um Gäste zu empfangen. Den Umgang mit Männern in der Armee gewöhnt, nahm sie kein Blatt vor den Mund, wenn sie mit Humor Geschichten aus der Hauptstadt der französischen Zone erzählte, aber sie übertrieb nichts. Sie blieb in ihrer ungezwungenen Art Dame von Welt mit fundierten Fachkenntnissen und gut lackierten Fingernägeln! Man merkte, daß sie es genoß, diese vielfältige Rolle zu spielen.

An diesem Abend imponierte sie mir so sehr, daß ich ihrem Sohn zunächst wenig Beachtung schenkte. Eric war nicht besonders groß, seit Le Molay kaum noch gewachsen, zumindest nicht mehr als ich in derselben Zeit, so daß der Abstand zu seinen Gunsten der gleiche geblieben war. Er sah nach wie vor sehr energisch aus, und seine braunen Augen waren, wie die seiner Mutter, bemerkenswert lebhaft. Während des Essens begegnete sein Blick oft dem meinen. Eric ließ seiner Mutter in der Unterhaltung den Vortritt und genoß ein wenig belustigt die Sympathie, die man ihr entgegenbrachte, so als ob er in der gewohnten Wirkung, die sie auf Fremde ausübte, eine Bestätigung seiner eigenen Bewunderung sähe.

Später servierte er den Kaffee, den er in der Küche zubereitet hatte, und fing an, mehr von sich zu erzählen. Wie in Le Molay vertrat er die Meinung, daß die jungen Europäer tabula rasa mit der unerfreulichen Vergangenheit machen müßten, um auf einer neuen Grundlage aufgeschlossen zu einer Verständigung zu kommen.

»Tabula rasa ...« Bei diesem Ausdruck mußte ich lächeln. Es kam mir vor, als ob wir jungen Franzosen in unserem Drang, mit der Vergangenheit aufzuräumen, in unserer Neugier, die andere Seite des Rheins kennenzulernen, plötzlich alle »klassisch« angehaucht wurden!

Ich erzählte von Siegfried, schwärmte von den bayerischen Bergen und registrierte ein unerwartet kühles Echo auf meine Äußerungen.

»Daß ich einen lateinischen Ausdruck verwende, entspricht bei mir einem äußerst seltenen Zufall«, bemerkte Eric. »Um ehrlich zu sein, ich habe in der Schule Latein wie die Pest gehaßt! Ich hoffe, es macht Ihnen nichts aus, daß ich in dieser Hinsicht ein Banause bin ... Aber was die Berge anbetrifft, habe ich einen guten Vorschlag zu machen: Es gibt in zwei Tagen einen europäischen Jugend-Treff – vielleicht der erste nach dem Krieg – auf dem Berg Merkur hinter Baden-Baden. Wir wissen zwar nicht genau, wie er sich gestalten wird, weil wir mit solchen Dingen noch keine Erfahrung haben und weil es im übrigen bei einem losen Konzept bleiben soll ...«

»Der Abend ist aber von den französischen Militärbehörden nicht nur genehmigt, sondern gefördert worden«, unterbrach seine Mutter. »Also ganz so planlos wird er nicht verlaufen. Es kommen junge Menschen – 16 bis 25jährige – aus England, Holland, Belgien, Frankreich und Deutschland, in erster Linie Pfadfinder.«

»Nicht nur!« scherzte Eric. »Wir sind auch da, selbstverständlich ohne Uniform – einige französische Soldaten, die auf freiwilliger Basis dabei sein wollen. Auch Schüler der Abiturklasse des französischen Gymnasiums Charles de Gaulle in Baden-Baden werden mit deutschen Kameraden und Studenten der Universität Straßbourg dort sein. Haben Sie Lust, Danielle, mit mir hinzugehen?«

Der Abend übertraf bei weitem meine Erwartungen. Niemals habe ich später so deutlich gespürt, wie leicht es wäre, eine europäische Gemeinschaft, ja einen europäischen Staat zu gründen! Wir waren nur unter uns jungen Menschen, von dem Eifer der Pioniere gepackt, bestrebt, alles zu vergessen, was uns trennte, und überzeugt, daß wir eine Menge Gemeinsames hatten – zu allererst unsere Jugend! Es wurde nacheinander in verschiedenen Sprachen gesungen, wir warfen Holz in ein großes Lagerfeuer, wir tanzten, wir teilten, was wir zum Essen mitgebracht hatten. Es gab keine Probleme, und wir hegten keinen Zweifel darüber, daß wir morgen – sobald wir in der Welt etwas zu sagen haben würden – die Menschen in Europa von der Notwendigkeit eines endgültigen Zusammenseins leicht überzeugen würden.

Zu dieser mit optimistischen Erwartungen verbundenen Stimmung paßte das damalige Fluidum von Baden-Baden hervorragend. In einem feuchten Treibhausklima blühten reinweiß bis purpurrosa die Magnolien auf plötzlich herbeigezauberten gepflegten Rasenflächen. Um die Häuser drängten sich Azaleen in voller Blüte und unzählige Rhododendren, deren Knospen zum Bersten gefüllt, demnächst der Stadt ihren eigentümlichen Reiz verleihen würden. Voller Erwartung schien der alte Kurort im Kesseltal der Oos, und für mich von einer Romantik geprägt, die ich als typisch deutsch deutete, zugleich aber sehr nah empfand ...

Am Abend führte mich mein Vater öfter ins Restaurant Goldener Hirsch aus, wo man bei Kerzenlicht und Kammermusik soupieren konnte. Dort traf man Gott und die Welt, auch Raoul Nordling, den schwedischen Generalkonsul, der im Einvernehmen mit General Choltiz Paris vor der Zerstörung bewahrt hatte. Ich bekam den Eindruck, daß im Hirschen im Flüsterton konspirative Gespräche, vom Crescendo der Geige gelegentlich unterbrochen, zum Wohle Europas geführt wurden.

Auch bei den anspruchsvollen Konzerten, die Baden-Baden verschwenderisch anbot, fühlte ich mich in gehobener Stimmung. Man hatte gerade François Couperin neu entdeckt, und ich ergötzte mich neben seiner Musik an den poetischen Überschriften der Sätze seiner Suiten: Sicilienne, La Tromba, Air de diable, das waren Einfälle, die einem Konzert für Violoncello und Orchester eine originelle Würze gaben! Die ›Danses sacrées et profanes‹ von Claude Debussy hörte ich mit Wonne, ebenfalls vieles von Bach, der mich zu begeistern anfing.

Zu meinen neuen Entdeckungen gehörten auch die ruhigen, verträumten Weinberge außerhalb der Stadt. Es tat mir leid, sie nun verlassen zu müssen. Der letzte Tag eines Aufenthalts, der mir nur erlebnisreiche Stunden beschert hatte, ging zu Ende.

»Überall, wo Wein angebaut wird, müßte die Freundschaft unter den Menschen gedeihen können!« sagte Eric.

Er saß neben mir im Fond des Wagens, der uns nach Paris zurückbrachte. Papa steuerte das Auto. Baden-Baden lag bereits unsichtbar in der Ferne. Im Elsaß erklommen ebenfalls Rebstöcke die Hänge.

»Die Weine des Rheinlands sind alle miteinander verwandt«, sagte Papa, »manchmal sogar aus derselben Traubenart gekeltert, und dennoch schmeckt jeder, Gott sei Dank, anders.«

»Warum lehnen Sie sich nicht zurück, Danielle?« fragte Eric. »Es muß anstregend sein, so aufrecht zu sitzen.«

»Ich bin's gewöhnt«, antwortete ich, »und momentan gibt es viel zu sehen.«

Die normannische Versuchung

Als wir in Neuilly ankamen, schien die halbe Familie bereits gedanklich am Mississippi zu leben, vor allem Colette, die nach Amerika durfte, um an der Purdue-Universität in Lafayette bei Baton-Rouge zu studieren. Als die Zusage der Fullbright-Organisation eintraf, stürzte sich unsere Familie in romantische Schwärmereien über Louisiana. Karten und einschlägige Literatur wurden herbeigeholt, und bald sprach man nur noch von Sumpfzypressen, Rotzedern, Gelbkiefern und von einer exotischen Fauna von Schlangen und Alligatoren, die ihr Unwesen in den Bayous, den Nebenarmen des Mississippi, trieben.

Colette konnte – als ob sie bereits dort gewesen wäre – die wehmütige Landschaft beschreiben, wo Schärpen von grauen Flechten Besitz von Zypressen ergriffen, die sich im dunklen Wasser durch ihre senkrecht stehenden Wurzeln unendlich vermehrten. Sie sprach auch von den merkwürdigen Lauten der riesigen Büffelkröten, die man in drei Kilometer Entfernung immer noch hören konnte, und von den selten werdenden Bibern und Waschbären, die den Reichtum der ehemaligen Trapper begründet hatten. Colette schien sich in die Stimmung der Franzosen zu versetzen, die 1682 dem Land am Golf von Mexiko den Namen Louisiane gegeben hatten.

Ein Schuß »Onkel-Toms-Hütte-Nostalgie« mit Trompeten, die mitten in sentimental schwermütigen Blues den unaufhaltsamen Sieg der Freiheit bliesen und ganze Baumwollfelder und Zuckerplantagen zu neuem Leben erweckten, mischte sich in unsere Vorstellung von Louisiana mit Bildern von weißen aristokratischen Häusern, wo rothaarige Scarletts verführerische grüne Kleider trugen. Am liebsten wären wir alle gleich ausgewandert! Daß unser Napoleon so kurzsichtig gewesen war, dieses Wunderland 1803 den Vereinigten Staaten zu verkaufen, war nur in Anbetracht dessen verzeihlich, daß die Amerikaner nachträglich alles wiedergutgemacht hatten.

»Du gehst als erste unserer Familie dorthin!« sagte Papa träumerisch zu Colette. »... Und vielleicht kommen wir alle nach!«

Später sprach unsere vernünftige und belesene Mutter von »den bösen Buben von Hannibal am Mississippi«, aber keiner wollte sich von ihren Reminiszenzen an ehemalige Lektüre von Mark Twain beeindrucken lassen. Die romantische Seite der Floßfahrten auf dem Mississippi verleitete uns höchstens zu noch größerer Begeisterung. Mit den Briganten und dunklen Gestalten, die sich in den Häfen herumtrieben, würden wir spielend fertig! Dies war insbesondere die Meinung unseres Vaters, der für Colette nicht die geringste Gefahr in ihrem fernen Abenteuer erblickte, weil er selbst gern mit von der Partie gewesen wäre.

Unsere Eltern hatten sich uns gegenüber ohnehin wesentlich geändert. Sie vertrauten uns. Nicht, daß sie es zuvor nicht getan hätten! Sie waren zum Beispiel während unserer Schulzeit leichtsinnigerweise überzeugt gewesen, daß wir alle Prüfungen bestehen würden. Die letzten Jahre hatten wir aber gelegentlich gespürt, daß sie sich sorgten, ob wir nicht Gefahr liefen, unser Leben zu früh in eine Richtung zu lenken, die uns später wenig erfreuen würde. Sie hatten Angst, daß wir uns aus Übermut Chancen verbauen könnten. Mama hatte sich von dieser Befürchtung noch nicht ganz befreit, unser risikofreudiger Vater schon eher.

In Verbindung mit der Reise von Colette in die Staaten war jedenfalls jede Grübelei verfrüht, denn die amerikanische Organisation plante ein Jahr im voraus. Colette konnte noch gemütlich ihre Sekretariatsausbildung beenden. Die Frage stellte sich nebenbei, was ich im kommenden Herbst tun wollte. Es schien niemanden – auch mich nicht – dringend zu beschäftigen. Der Sommer begann. Für alle Immatrikulationen war es noch zu früh. Ich fragte mich nur gelegentlich, ob ich im Hinblick auf Amerika nicht den Zug verpaßt hatte.

Inzwischen hatten wir unsere Hilfsküche im Erdgeschoß des Hauses Boulevard Jean Mermoz neu gestrichen und dort einen großen Kühlschrank aufstellen lassen. Damit fühlten wir uns langsam imstande, eine »Surprise-Party« zu veranstalten. Sowohl das noble Wohnzimmer mit der Marmorbüste der Juno auf dem Kamin, wie den Garten, wie einen Teil des Kellers wollten wir in den fröhlichen Trubel einbeziehen. Im Keller erstrahlten nach einer gründlichen Wäsche die weißen Kachelwände so hygienisch, daß es uns um die dort zu erwartende Stimmung bange wurde. Ein Freund von Michel – Naturtalent im Zeichnen – bekam den Auftrag, sich dem Keller zu widmen. Im Nu zauberte er uns mit schwarzer Farbe eine ganze Landschaft von schmalen, romantischen Gassen auf die weißen Wände. Damit wurde er Nummer Eins unserer Liste von ungefähr 30 Gästen. Auch den schönen Cousin hatten wir auf Veranlassung von Mama eingeladen. Eric schickte Blumen und einen langen Brief. Sehr zufrieden mit seiner neuen Anstellung bei Chartres wollte er dort Fuß fassen, bevor er uns besuchen käme. »Bei soviel Gästen hätten wir ohnehin kaum Gelegenheit zu sprechen. Ich komme lieber später allein«, schrieb er.

Ich hatte mir Blumen ins Haar gesteckt. Es wurde viel getanzt und bis tief in die Nacht geredet, immer wieder geredet. Unsere Gäste machten sich über ihre persönliche Zukunft Gedanken. Colettes Erfolg mit der Universität von Lafayette wurde groß gefeiert. Amerika, Kanada, Australien, Neuseeland standen hoch im Kurs, obwohl kaum jemand ernsthaft daran dachte, Paris endgültig zu verlassen. Höchstens für kurze Zeit zum

Studieren. Jeder freute sich allerdings, daß die plötzliche Öffnung der Welt uns die Möglichkeit gab, überall hinzugehen. Von Deutschland wurde auch, in Verbindung mit dem Militärdienst, gesprochen – ein Thema voller Tabus. Ich erwähnte Bayern und die zerstörte Stadt München.

»Ah, ja«, bemerkte wie beiläufig ein Psychologie-Student, »es liegt in der Nähe von Dachau.«

»Wegen München würde ich dir raten, Giraudoux zu lesen!« sagte zu meinem Erstaunen mein schöner Cousin. »Ich glaube, wir machen es uns ein wenig zu einfach. Wollen Sie tanzen, Danielle? Ich mag die Platte, die Michel soeben aufgelegt hat. Sie auch?«

Ich folgte ihm.

»Habe ich mich gebessert?« fragte er verschmitzt.

Unsere Party hatte neuen Schwung bekommen. Kein Gast schien daran zu denken, nach Hause zu gehen.

»Wann findet die nächste Party statt?« fragten viele, als sie sich von uns sehr spät und zum Umfallen müde verabschiedeten.

Ende August wurde ich mit meinen Eltern zu einem Mittagessen in die Normandie, an der Côte de Grâce oberhalb von Honfleur, eingeladen. Die Mutter von Eric schrieb:

»Eric und ich würden uns sehr freuen, Sie drei in dem alten Haus unserer Familie wiederzusehen.« (Sie drei, dachte ich, also, wie auf dem Kuvert, ohne meine Geschwister.) »Kommen Sie bitte so früh, wie Sie können, damit wir vor dem Mittagessen noch ein wenig bei den Quais am Rand des malerischen Hafens von Honfleur flanieren können. Dieser Brief ist eine ›Invitation au voyage‹ (Einladung zu einer Reise), wobei ich den Titel dieses von Baudelaire in Honfleur geschriebenen Gedichts mit Freude anwende. Sie können übrigens gerne bei uns übernachten und erst am nächsten Tag unsere Gegend verlassen, wo Henri de Régnier, Lucie Delarue-Mardrus – viele Schriftsteller und Maler – sich zu Hause fühlten. Danielle wird sich sicherlich freuen, ihre Normandie wiederzusehen. (Ich werde dafür sorgen, daß es ein Käsesoufflé gibt!)«

Wie schön, dachte ich, das Meer, die Normandie, Eric und seine Mutter wiederzusehen. Waren sie nicht alle Bestandteile eines heimlichen Ganzen, von dem ich nur Schönes zu erwarten hatte? Und doch stellte sich mir eine undefinierbare Frage, die ich nicht wahrhaben wollte, weil sie so vage blieb, daß ich sie mir nur eingebildet haben konnte. Sie setzte voraus, daß Eric . . ., aber nein, es konnte nicht sein.

Als Kinder hatten wir uns kennengelernt, und nun waren wir die besten Freunde der Welt . . ., mehr nicht, und gerade das war so viel. Plötzlich hatte ich Angst, Eric und alles, was er mir bedeutete, zu verlieren. Diese unbestimmte Vorahnung ließ sich nicht leicht abschütteln. Ich beschimpfte mich, was dir durch den Kopf geht, ist ein absoluter Unsinn! Es hat nicht nur mit Eric, sondern mit dir und deinem Alter zu tun. Eric, der immer alles richtig erwägt und sich von niemandem beeinflussen läßt, weiß am besten, daß du noch eine Menge vorhast, bevor du dich irgendwie bindest . . ., obwohl wir nie direkt davon gesprochen haben. Warum eigentlich nicht?

»Freust du dich, nach Honfleur zu fahren?« fragte Mama. »Für uns ist es eine angenehme Reise. Wir werden viel von Le Molay sprechen können. Papa hatte immer einen guten Kontakt zu Eric – auch zu seiner Mutter. Ich kenne sie weniger, aber sie schreibt besonders nett. Was meinst du? Sollten wir dort übernachten?«

»Ist es nicht ein wenig aufdringlich, wenn wir zum erstenmal dorthin fahren?«

»Das gleiche dachten wir, Papa und ich. Du hast recht. Wir könnten zum Beispiel in Rouen übernachten. Wir waren so lange nicht dort . . .« Später sagte sie:

»Eric mag dich sehr, glaube ich; oder wie denkst du darüber?«

»Ja. Er ist ein großartiger Freund. Über vieles denkt er genauso wie wir.«

»Das finde ich auch. Es ist erstaunlich, wie unsere Wege parallel zueinander gelaufen sind, vielleicht dadurch, daß seine Mutter eine Aufgabe in Deutschland zu erfüllen hatte, die sie – und damit Eric – mit vielen Menschen in Verbindung brachte.«

»Eric ist eine merkwürdige Mischung, ein Idealist durch und durch, und ein ganz konkreter Mensch. Wenn er sich etwas vornimmt, hängt er sein ganzes Wesen dran.«

»Ja!« lachte Mama. »Schon die Art, wie er energisch geht, hat Papa immer imponiert. In der Fabrik erkannte man von weitem seine Schritte, und die Arbeiter mochten ihn. Das ist die andere Seite seines Wesens. Ich glaube, er ist ein sehr empfindsamer Mensch . . .«

Michel kam herein.

»Du fährst nach Honfleur, höre ich. Du Glückliche! Grüß mir das Meer und meinen Freund Eric!«

»Magst du ihn?«

»Ich hatte nie die geringste Veranlassung, anders zu denken. Und du?«

Unterwegs nach Honfleur, dachte ich an das Meer.

»Wißt ihr noch«, fiel mir ein, »wie es in Port-en-Bessin war, als der Riesenschwarm von Makrelen kam, und alle Leute spielten verrückt?«

»Und wie ich mich erinnere!« sagte Papa. »Es war geradezu ein wundersamer Fischfang! Wir kamen am Abend, weil die ganze Gegend in Aufruhr geraten war. Die Leute standen dicht nebeneinander auf den Kaimauern und angelten pausenlos einen Fisch nach dem anderen.«

Im Schein der an Schnüren heruntergelassenen Taschenlampen hatte es im dunklen Wasser ständig blau und silbern geglitzert, ein unglaubliches Bild, das ich nicht vergessen konnte.

»So dicht nebeneinander habe ich nie mehr Fische gesehen«, erinnerte sich Papa. »Die Makrelen hatten sich, in Panik geraten, zu Tausenden und aber Tausenden hinter den Molen in den Hafenbecken verschanzt und wurden damit für uns alle eine leichte Beute. Wie die Leute sich freuten!«

»Waren die Makrelen nicht von größeren Raubfischen verfolgt worden?« fragte Mama.

»Man nahm es an. Auf jeden Fall ist die Geschichte in Port-en-Bessin unvergeßlich geblieben, und die Normannen aus der Gegend haben sogar damals neue Rezepte erfunden, um die Fische auf Vorrat zuzubereiten!«

Das Gartentor stand offen, und man sah bereits am Ende der Rasenfläche ein klassisches weißes Haus aus Natursteinen zwischen blühenden Hortensien, mit einer einladenden Terrasse, die hellblauen Kissen der Gartenmöbel im selben Ton wie die Hortensien. Es war einfach schön, eine wohltuende Harmonie. Papa hupte fröhlich mehrmals hintereinander, was Eric und seine Mutter rasch aus dem Haus lockte. Die Stimmung zwischen uns wurde sofort ungezwungen herzlich, und ich atmete auf.

Nach dem Aperitif fuhren wir mit zwei Autos Richtung Honfleur, die Eltern zusammen, Eric und ich im anderen Wagen. Die Straße, eine Weile von Waldgrundstücken und schönen Häusern umsäumt, erreichte plötzlich die Côte de Grâce. Unten schimmerte Wasser in der Sonne, ich mußte es sehen.

»Bitte Eric, halten Sie an!«

Wir standen oberhalb der Felsenküste. Unter uns verbreitete sich die weitläufige Mündung der Seine. Die Begegnung des ruhigen, geschichtsträchtigen Flusses mit dem ewig jungen Meer vollzog sich mit der Erhabenheit aller unausweichlichen, natürlich notwendigen Dinge. An vielen Stellen der Welt gibt es solche begnadeten Stätten, die soviel erlebt haben, daß man sich dort von der Geschichte eingeholt fühlt und plötzlich vorstellen kann, was die Menschen in früheren Zeiten bewegt hat.

Unter uns fuhren Schiffe vorbei, die vielleicht exotische Hölzer oder englische Kohle nach Paris beförderten. Ein wenig von den vibrierenden Lichtreflexen auf dem Wasser geblendet, dachte ich jedoch nur an die Drakkars der Wikinger, die flußaufwärts abenteuerlich vorangeglitten waren. Ich hörte Eric sagen:

»Wie die Normannen sich gefreut haben müssen, als sie zum erstenmal ihre Schiffe in die ruhige Strömung der Seine einlenkten und die grüne Landschaft wahrnahmen!«

Mitten in der harmonischen Stimmung, die uns verband, sagte Eric sanft: »Danielle, können Sie sich vorstellen, warum ich so sehr gewünscht habe, daß Sie mit Ihren Eltern heute zu uns kommen?« Dann rasch, mir keine Zeit lassend: »Beantworten Sie bitte nicht sofort meine Frage. Wir werden später Zeit haben, miteinander zu sprechen. Ich möchte nur, daß Sie jetzt wissen, wie glücklich ich bin, daß Sie da sind.«

Im Auto sagte er:

»Ihre Augen hatten vorhin die gleiche Farbe wie das Meer.«

In Honfleur spielt die Normandie mit all ihren Registern ein Verführungslied, dem sich kein Fremder entziehen kann. Wie hätte ich, die ich mich dort auf Anhieb zu Hause fühlte, dem Charme dieser Stadt nicht erliegen sollen? Zwischen den schmalen bunten Häusern der Quais Saint-Etienne und Sainte-Catherine, am Rand des Vieux Bassin, wo sich zwischen den Bootsmasten die Altstadt spiegelte, kam ich mir völlig ausgeliefert vor.

Warum kannst du dir ein Leben mit Eric nicht vorstellen? fragte ich mich zum erstenmal. Die sich aus meiner Antwort ergebende Vermutung erschreckte mich zutiefst. Auch wenn ich versuchen würde, Zeit zu gewinnen, irgendwann wäre ich gezwungen, Farbe zu bekennen und damit Eric weh zu tun, um so mehr vielleicht, je mehr ich ihm heute Hoffnung ließ, mich noch zu gewinnen. Ich versuchte mir einzureden, die einleitende Äußerung von Eric zu unserem nächsten Gespräch wäre nicht ernst zu nehmen, aber alles, was ich von ihm bisher kannte, war hundertprozentig und für lange Zeit gültig gewesen:

sein Engagement für seine Freunde und seinen Glauben, sein Einsatz im Beruf, seine Begeisterung für Europa ... Eric kannte keine halben Sachen. Plötzlich hatte ich regelrecht Angst vor dem, was auf mich zukam.

Sogar meine Familie verstärkte den Druck, dem ich mich zu entziehen versuchte. Papa, der Eric mochte, würde enttäuscht sein, und beide Mütter, ja sogar Michel! Es war wie ein Netz, das sich immer fester um mich schlang. Warum liebe ich Eric nicht? fragte ich mich fast verzweifelt. Ich habe nicht den geringsten vernünftigen Grund, ihn nicht zu lieben, und doch ist es so. Wegen seines Äußeren? Aber er sieht doch ganz gut aus ..., ein anderes Mädchen wäre begeistert.

Das Mittagessen schien mir lang, weil ich bemüht war, mir nichts anmerken zu lassen. Eric, in seiner vornehmen, liebenswürdigen Art, kümmerte sich um die Weine, machte mit meiner Mutter Konversation, lachte mit Papa. Ich fühlte mich überrumpelt und hatte Angst. Am liebsten hätte ich geschrien: »Ich bin erst 18; laßt mich doch nicht erwachsen sein! Warum muß ich mich dafür oder dagegen entscheiden?«

Die Eltern sprachen davon, Kaffee auf der Terrasse zu trinken. Ob ich Lust hätte, mit Eric den Garten anzuschauen?

Ich hatte Lust! Ich wollte hinaus. Am schönsten wäre es gewesen, wenn ich Eric bei der Hand genommen hätte, mit ihm durch den Garten gelaufen wäre, bis ich nicht mehr konnte, und ihm atemlos gesagt hätte: »Wollen wir nicht das Ganze vergessen?« ... So einfach durfte ich es mir aber nicht machen!

Der »Garten« (das in Frankreich übliche Bemühen, das Wort Park nicht zu gebrauchen) war riesengroß. Eigentlich hätte man von einem kleinen Wald sprechen können, dachte ich, durch die Nähe der Bäume langsam ruhiger geworden. Trotzdem wäre ich jetzt liebend gern im Garten von Neuilly gewesen. Mein Kopf arbeitete fieberhaft. Mit welcher Begründung hätte meine Familie die herzliche Einladung nach Honfleur ablehnen können? Mit keiner! Im übrigen hätte ich es Eric gegenüber nicht verantworten können. Ihm mußten alle Chancen eingeräumt werden, sich auszusprechen, und daß er alle Trümpfe auf seiner Seite bei diesem Gespräch haben wollte, war sein gutes Recht: »Unsere« Normandie, das Meer, die Wälder, Honfleur, sein schönes Haus, meine Eltern. Er hatte wirklich eine Menge Verbündete. Der größte war zweifelsohne unsere Freundschaft ..., oder etwa nicht?

»Ich mag Ihr rötliches Haar zwischen den Bäumen«, sagte

Eric neben mir. »In der Sonne bekommt es fast die Farbe mancher Eichhörnchen.«

»Nett, daß Sie das sagen!« sagte ich leichthin, aber ich freute mich doch. Den Vergleich mit dem Eichhörnchen habe ich zuletzt in Bayern gehört, dachte ich, im Inntal, von einer sehr netten alten Dame ... Erinnerungen fielen mir ein, auch naheliegende aus Neuilly.

Bei seinem letzten Besuch hatte Eric viel von seiner beruflichen Zukunft gesprochen, mich kameradschaftlich über meine Pläne gefragt. Daß ich studieren wollte, hatte ihn immer beunruhigt. Als meine Absicht sich konkretisierte – ich hatte zum erstenmal die Universität München in Erwägung gezogen –, war er regelrecht unglücklich gewesen.

»Der Abstand zwischen uns wird immer größer!« hatte Eric bemerkt.

»Unsinn!« hatte ich mich beeilt zu antworten. »Sie werden immer viel tüchtiger sein als ich, und aus Erfahrung lernen Sie vermutlich mehr, als man es an der Uni kann. Mit Ihren 21 Jahren beginnen Sie bereits eine blendende Karriere. Ist es nicht der beste Beweis dafür?«

Wir wechselten damals das Thema. Hatte Eric in Neuilly befürchtet, mich zu erschrecken, oder war er auf eine altmodische Weise – der Tradition seiner Familie entsprechend – der Meinung, er müsse vorher beweisen, daß es ihm ernst war, bevor er unbefangen mit mir sprach?

Auch jetzt zögerte er. Ich kannte ihn eher als jemanden, der selbstsicher sagt, was er denkt. Er tat mir leid. Am liebsten hätte ich ihm die Hand auf die Schulter gelegt oder irgend etwas Lustiges gesagt, um ihn zum Lachen zu bringen, wie mit Michel, wenn er Kummer hatte.

Statt dessen entfernten wir uns schweigsam immer mehr vom Haus. Jetzt gab es keinen Weg mehr zwischen den Bäumen, dafür wunderschöne hohe Farne, wie sie in der Normandie wuchern. Plötzlich sprang – wie bestellt, um die unnatürliche Spannung zwischen uns zu lösen – ein Hase hinter einem Baum hervor und versteckte sich unter den Farnen. Ich lief ihm nach. Er hopste und verschwand auf Nimmerwiedersehen. Ich mußte herzlich lachen.

»Wie Sie sich über alles freuen können!« sagte Eric. »Es ist eine Ihrer nettesten Eigenschaften. Man hat den Eindruck, Sie vergessen alles für den Augenblick, den Sie gerade erleben. Bereits in Le Molay ...«

»O ja!« scherzte ich. »Das kleine Mädchen mit den Zöpfen! Sagen Sie nicht, daß ich seitdem kaum gewachsen bin, sonst werde ich bitterböse.«

»Doch, Sie sind gewachsen, aber sehr ähnlich geblieben, spontan, verträumt, eigenwillig und verletzbar. Seit Le Molay habe ich nie aufgehört zu hoffen, daß wir uns eines Tages so treffen würden wie heute.«

»Es ist viel geschehen, inzwischen.«

»Für mich nicht, was Sie betrifft. Es mag Ihnen dumm erscheinen, aber mein Sinn für die Gleichberechtigung geht bis dahin: Was ein Mann sich von seiner Frau erhofft, das sollte er selbst bewahrheiten.«

Ich blieb sprachlos. Dieser Eric würde mich immer erstaunen.

Schon sprach er weiter:

»Ich vermute, Sie werden mir sagen, daß Sie noch zu jung sind zum Heiraten. Ist es aber nicht gerade schön, so jung wie wir sind, ein Leben ganz neu zu beginnen und alles gemeinsam zu entdecken? Wir denken über vieles ähnlich und haben gern Kontakt zu anderen Menschen. Wir würden eine Ehe führen! Danielle ...«

Alles war noch schwieriger, als ich es mir vorgestellt hatte. Ich kam mir direkt läppisch vor, als ich erneut anfing, von meiner Absicht zu sprechen, einige Jahre zu studieren.

»Ich kann Ihren Wunsch verstehen, und ich möchte ihn respektieren«, sagte Eric, »aber ich will mir nichts vormachen. In einigen Jahren werden Sie eine andere Danielle sein als jetzt, und dann finden wir wahrscheinlich nicht mehr zueinander. Deshalb bat ich Sie, nach Honfleur zu kommen. Daß Sie schwierige Dinge wie ein Studium in Deutschland reizen, verstehe ich. Auch ich mag nach Zielen streben, die schwer zu erreichen sind, aber – im Ernst – warum wollen Sie sich das antun, Danielle? Mitten in einem zerstörten Land leben, auf Paris verzichten, eine neue Sprache erlernen, Ihre Freunde dadurch in Frankreich verlieren. Ich spreche nicht von mir. Sie kennen meinen Standpunkt darüber ...«

»Ich weiß, Eric. In dieser Hinsicht sind Sie den meisten Franzosen gegenüber 20 Jahre voraus. Gerade das hat uns in der letzten Zeit zusammengeführt.«

»Eben! Es war vielleicht verrückt von mir; bei dem Treffen auf dem Berg Merkur in Baden-Baden hatte ich den Eindruck, wir zwei hätten gemeinsam etwas Bedeutendes begriffen, was unser Leben beeinflussen würde.«

»Es wird es auch tun, Eric. Wahrscheinlich ist es einer der Gründe, weshalb ich in Deutschland studieren möchte.«

»Wollen Sie mich mit meinen eigenen Waffen schlagen?« entfuhr es Eric entmutigt. Er faßte sich schnell wieder. »Möglicherweise werde ich Sie nun mit dieser Ansicht kränken – ich spreche sie trotzdem aus. Ist es nicht ein wenig egoistisch, sich so viel Zeit zu lassen, bis man aktiv im Leben steht? Gerade in unserem Land sind dringend Menschen zu überzeugen, ist ihnen zu helfen. Wie gut wir das gemeinsam könnten!«

»Ich bin erst 18, Eric, und fühle mich noch lange nicht fertig in meiner Entwicklung.«

»Ich doch auch nicht! Es wäre schlimm. Man ist nie fertig, es sei denn, man ist tot! Eine Heirat ist aber ein Anfang, vielleicht der schönste aller Anfänge!«

Oh, Gott! dachte ich. Warum ist dieser Mensch so absolut unanfechtbar in seinen Ansichten und in seinem Leben? Er will seiner zukünftigen Frau eine überaus wichtige Rolle einräumen – wahrscheinlich weil seine Mutter eine Persönlichkeit ist, die er achtet und bewundert –, aber wird die Frau an seiner Seite sich neben einem solchen energiegeladenen Mann auf die Dauer behaupten können? Eric hatte mich mit seiner Ansicht über den Egoismus in der Tat unangenehm berührt. Wieso, rebellierte ich innerlich, wäre es nicht mein gutes Recht, noch einige Jahre zu lernen, und warum sollte ich deshalb der Welt zur Last fallen, weil ich mich nicht sofort binde und eine Familie gründe? Ich war am Überlegen, wie ich das klarstellen könnte ohne ihn zu verletzen. Aber schon hatte er mein Schweigen als eine Ablehnung scheinbar all seiner Äußerungen interpretiert, denn er fragte entmutigt:

»War ich sehr ungeschickt?«

Die Art, wie er plötzlich verzagt und hilflos aussah, erschütterte mich.

»Aber nein, Eric! Sie waren im Gegenteil sehr beredt, sogar ergreifend und – wie immer – grundehrlich ..., der allerbeste meiner Freunde, mit ganz großem Abstand!«

»Nicht Siegfried?« fragte Eric zu meinem Erstaunen.

»Aber nein! Ich kenne ihn kaum. Wieso, dachten Sie ...?«

»Und wie! Dieser Siegfried und seine Berge haben mir schlaflose Nächte bereitet. Es war auch mein Pech«, scherzte er, »wer kann schon gegen einen unbekannten, unsichtbaren Siegfried gewinnen? Ich dachte schon, Sie wollten deshalb nach München ...«

Eric sah nun sehr jung aus.

»Dann ist noch nichts verloren!« stellte er fröhlich fest. »Danielle, glauben Sie nicht, daß ich Sie bedrängen will. Vielleicht war ich heute zu schnell. Ich hatte Angst. Ich verstehe, daß Sie Zeit brauchen zum Überlegen. Sagen Sie jetzt nur nicht »Nein« – das ist das einzige, worum ich Sie bitte. In zwei Wochen werde ich Sie in Paris besuchen.«

Ich fühlte mich wie erschlagen. Alles umsonst! dachte ich. Irgendwie war ich aber maßlos erleichtert, daß ich Eric nicht zu sehr hatte verletzen müssen. Die Zeit wird uns helfen, hoffte ich.

»Es ist merkwürdig«, sagte Eric, »ich habe den Eindruck, als ob wir beide bereits zwischen Deutschland und Frankreich stünden. Diese zwei Länder scheinen mir etwas Schicksalhaftes für uns zu haben. Aber ich gebe nicht so schnell auf!«

Daraufhin nahm er meine Hand, und so schritten wir zur Terrasse, wo unsere Eltern uns lächelnd und unschlüssig anschauten, nicht wissend, ob sie uns zur Verlobung gratulieren sollten.

»Nein!« sagte Eric geheimnisvoll. »Wir haben noch Zeit!«

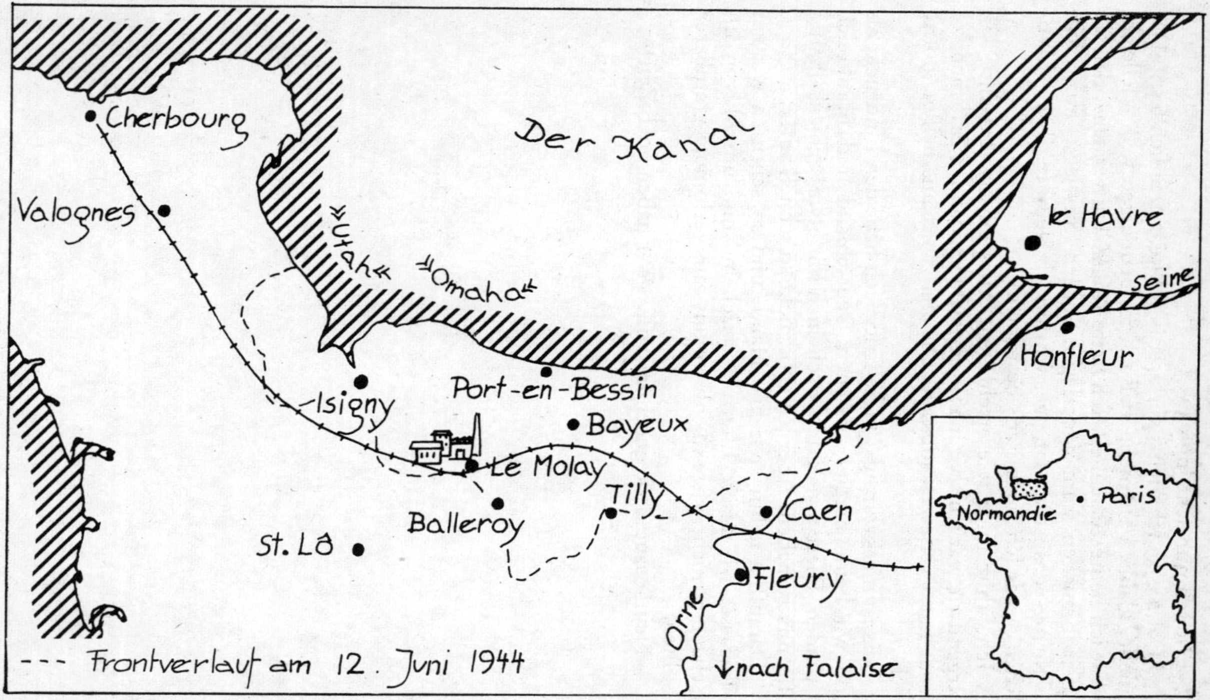
Der Kanal
Cherbourg
Valognes
»Utah«
»Omaha«
Isigny
Port-en-Bessin
Bayeux
Le Molay
Tilly
Balleroy
St. Lô
Caen
Fleury
Orne
↓nach Falaise
le Havre
Seine
Honfleur
Normandie
Paris
--- Frontverlauf am 12. Juni 1944